유가사지론 강의 상

瑜伽師地論聲聞地講錄

유가사지론 강의 상

2021년 11월 12일 초판 1쇄 인쇄
2021년 11월 25일 초판 1쇄 펴냄

지은이 남회근
옮긴이 설순남

펴낸곳 부키(주)
펴낸이 박윤우
등록일 2012년 9월 27일
등록번호 제312-2012-000045호
주소 03785 서울 서대문구 신촌로 3길 15 산성빌딩 6층
전화 02. 325. 0846 팩스 02. 3141. 4066
홈페이지 www.bookie.co.kr
이메일 webmaster@bookie.co.kr
제작대행 올인피앤비 bobys1@nate.com
ISBN CODE 978-89-6051-896-4 04220 978-89-6051-039-5(세트)

책값은 뒤표지에 있습니다. 잘못된 책은 구입하신 서점에서 바꿔 드립니다.

남회근 저작선 20

유가사지론 강의 상

남회근 지음 설순남 옮김

부·키

일러두기

1. 이 책은 대만 남회근문화사업유한공사에서 나온 『유가사지론 성문지 강록(瑜伽師地論聲聞地講錄)』 2017년 2월 초판 1쇄를 번역 저본으로 하였다.
2. 저자의 『유가사지론』 강의는 대만 진선미출판사 판본 『瑜伽師地論』으로 이루어졌다.
3. 이 책에 실린 『유가사지론』 원문은 『유가사지론 성문지 강록』의 구두점을 따랐다.
4. 『유가사지론』 원문 번역은 본문의 저자 해석에 따랐다. 다만 저자의 해석이 명백히 잘못되어 보이는 경우는 각주를 달았다.
5. 번역과 교정 과정에서 『유가사지론』 전문을 확인하기 위해 동국대학교 불교학술원에서 운영하는 불교기록문화유산아카이브 통합대장경을 이용하였다. 독자들도 『유가사지론』 전문을 확인하고 싶거나 이 책에서 생략된 부분을 알고 싶으면 이 사이트를 이용하기 바란다.
   https://kabc.dongguk.edu/content/list?itemId=ABC_IT&cate=bookName&depth=1&upPath=H&dataId=
6. 차례 앞에 실린 『유가사지론』의 구성과 내용은 고려대장경연구소 자료에서 첨삭하였다. 부록으로 실은 삼계천인표는 『불교수행법 강의』에서 일부 수정하여 재수록하였다.
7. 각 강의 표제지 다음에 실은 번역 원문은 해당 강의에 나오는 내용이다. 원서에는 없는 구성이나 본문 이해에 도움이 된다고 판단해 추가하였다. 본문의 저자 풀이를 읽고 나서 통합된 번역 원문을 읽으면 그 뜻을 이해하는 데 도움이 될 것이다.
8. 본문 좌측 면주에는 『유가사지론』의 권수와 제목을 표시하였다. 저자의 강의가 순차적으로 진행되지 않아 해당 내용이 『유가사지론』의 어느 부분인지 알기 쉽도록 하였다.
9. 본문의 각주는 옮긴이 주다. 용어 풀이를 위해 인터넷에서 다양한 자료를 참고하였다. 위키백과 불교용어, 시공불교사전, 불교기록문화유산아카이브 통합대장경 등을 참고하였다. 많은 이들의 힘으로 만든 자료 덕분에 번역과 교정에 큰 도움을 받았다.

옮긴이 말

그 옛날 현장법사가 중국에 유식법상을 전하기 위해 번역했다는 『유가사지론』은 남회근 선생의 표현에 따르면 인도에서는 이미 없어진 심요가(心瑜珈) 부분이 유일하게 남아 있는 책이라고 한다. 또한 『유가사지론』은 일체의 수증을 포함하고 있는 대론이라고 남 선생은 거듭거듭 강조하였다. 다만 교리에 대한 정확한 이해를 바탕으로 한 실제적인 수증을 강조하는 저자의 평소 지론에 맞게 『유가사지론 성문지 강록(瑜伽師地論聲聞地講錄)』은 실참 수행에 치중하여 성문지 부분을 위주로 한 강연이었다. 100권 십칠지(十七地)에 달하는 방대한 분량의 『유가사지론』을 제한된 짧은 시간에 강의하기 위해서도 어쩔 수 없었겠지만 이번 강의는 성문승 출가 중의 수증에 치중하였다. 오랜 기간 수행했지만 정(定)을 얻지 못하는 원인을 설명하기 위해 권20의 한 대목으로 강의가 시작되는 것도 그 때문이다. 이처럼 본서는 『유가사지론』의 체계를 순서 그대로 따르지 않고 저자의 강의 흐름을 따라 전개되고 있다. 수업에 집중하지 않은 학생은 자칫 그 흐름을 놓치기 십상이다. 하여 편집진이 독자들을 위해 고심이 많았다.

1999년 남회근 선생의 글을 『노자타설』로 처음 만나게 되었다. 하지만 출판되지는 못했는데 그렇게 십여 년이 더 지난 2012년 어느 날 부키 출판사에서 연락이 왔다. 중국에서 『노자타설』이 출간된 지 22년 만에 속편이 출간되었는데 전편과 함께 내고 싶다는 것이었다. 그렇게 해서 남 선생 글과의 인연은 다시 이어졌고 부키와도 10년이라는 시간을 함께하게 되었다. 『맹자』 시리즈는 비교적 재미있게 번역할 수 있었지만 『약사경 강의』를 거쳐 『밀교 대원만 선정 강의』 그리고 이제 『유가사지론 강의』까지 불법에 문외한인 역자에게는 실로 제 역량을 초과한 모험의 길이었다. 부키 편집진의 격려와 배려, 무엇보다 꼼꼼하고 전문적인 검토가 아니었다면 불가능했을 여정이었다. 그저 인사치레가 아니라 진심을 담아 감사의 인사를 전한다.

2021년 11월
설순남

출판 설명

　당대(唐代) 현장법사(玄奘法師)가 중국 문화에 끼친 공헌은 모든 사람이 알고 있다. 현장법사가 서역으로 유학을 가서 불경을 가져오는 과정에서 세상 사람들을 가장 놀라게 한 것은 그가 초월적이고도 불가사의한 의지력으로 각종 고난과 어려움을 극복했다는 사실이었다. 현장법사가 가져온 수많은 경전 가운데 이 『유가사지론』은 각별하다. 백세가 넘은 인도의 계현 대사(戒賢大師)가 오로지 동쪽 땅 대당(大唐)의 현장법사에게 전수해 준 불법의 정수이기 때문이다.

　『유가사지론』은 모두 십칠지로 나누어진다. 내용은 오취잡거지(五趣雜居地)로부터 천인지제(天人之際)에 이르고, 다시 성문지(聲聞地) 연각지(緣覺地) 십위(十位) 보살지(菩薩地)의 오승도(五乘道)에까지 이른다. 사람의 생명에서부터 시작하여 물리세계와 물질세계 심지어 전 우주에 이르기까지 이야기하고, 나아가서 한 사람이 어떻게 심신을 수지하여 무상의 도를 증득하는가를 말하였다. 부처님을 배우는 수행에서 시작하여 성불에 이르는 전 과정과 수지 방법을 포함하는 불학의 중요 전적(典籍)이라 하겠다. 이것은 또 부처님을 배우고 수지하려면 처음에 반드시 읽어야 할 서적이기도 하다. 만약 이해하지 못한다면 불법을 수행하는 것이 마치 장님이 코끼리를 더듬는 것 같아서 불법의 전모를 얻기 어렵다.

당 정관 22년(서기 648년)에 『유가사지론』의 번역이 완성되었다. 그때는 1400여 년 전의 고문(古文) 시대였고, 현장법사의 번역 또한 고대 인도어를 직역하는 방식이라 문장의 흐름이 한자 문화권의 전통과 자못 거리가 있었다. 이 때문에 읽는 사람으로 하여금 껄끄럽고 이해하기 어렵다는 탄식이 나오게 하였다.

천여 년 이래로 이 논저를 강해한 사람이 적지 않았지만 주로 문자 해석을 위주로 하였다. 『유가사지론』을 진정으로 강해할 수 있는 사람은 반드시 몇 가지 조건을 구비해야 하기 때문이다. 첫째는 불법의 진실한 의리(義理)를 훤히 알아야 한다. 둘째는 불법을 수행하여 증량(證量)이 있고 과위(果位)가 있어야 한다. 셋째는 고문에 대한 학문적 소양의 기초를 갖춰야 하고, 넷째는 상사(上師)로서 교화 능력을 구비해야 한다.

1980년 대만에서 부처님을 배우는 한 무리의 행운아들이 남회근 선생이 강해하는 『유가사지론』 과정을 들을 기연(機緣)을 가졌다. 남 선생은 일찍이 선종의 대사 원환선(袁煥仙) 선생의 인증을 얻었고, 거기에다 꿍카 호도극도의 인증을 받아 밀교 각 종파의 상사가 되었기 때문에 법을 전하는 중임을 짊어졌다. 여러 해 고명한 수행자가 단상에 올라 강해하기를 기대하였으나 결과를 맺지 못하다가 나중에 시방서원에서 비로소 이 과정을 개설하였다.

이번 과정은 성문지 정(定) 수행 부분을 중점적으로 강술하였는데, 진정으로 정을 닦는 수행자들에게 도움이 되기를 바라서였다. 치중한 곳은 성문승 출가중의 수증(修證) 방면이다. 그런 까닭에 남 선생은 항상 타인과 자신의 실제 경험을 들어 설명하고, 아울러 의리에 대한 강해를 결합시켰다.

강의에서 학인들을 계발시킨 부분은 출가중의 자아인식을 경계시킴으로써 수지의 과정에서 잘못된 길로 들어가는 것을 면하게 하는 것이다. 수행자들이 왜 잘못된 길로 들어가게 되는가? 일찍이 어떤 사람이 말하기를, 갈림길을 정도(正道)로 여기는 것이 바로 마경(魔境)으로 들어가는 것인데 그 원인은 자기 자신을 알지 못하기 때문이라고 하였다. 그러므로 먼저 이치를 알아야 잘못된 길을 분간할 수 있고, 잘못된 길을 버려야 바른 길로 들어갈 수 있다. 『유가사지론』은 논리가 정연하고 조리가 분명해서 각종 갈림길을 열거하며 길 가는 사람들을 안내하니 귀하지 않을 수 없다.

이 책은 고대 인도어 서술 방식을 따라 먼저 내용을 설명하고 나서 항목별로 해석하였는데, 그러다 보니 독자들이 중복이라고 오해하지 않을 수 없다. 때로는 두 구절에서 단 한 글자만 다른 경우도 있어서 자칫 소홀하기 쉬우므로 독자들이 주의 깊게 읽기를 바란다. 이번 강의에 사용한 책은 진선미 출판사의 판본을 채택하였다.

이 책의 강연 녹음은 먼저 장진용(張振熔)이 문자로 기록하였다. 매일 저녁 일이 끝난 후 고생스럽게 노력하여 기록했는데, 그것을 굉인 대사(宏忍大師)와 편자 등이 서로 돌려보며 그 중요성에 감동하고 출판되지 않음을 안타까워하였다. 그리하여 바로 정리 작업을 시작하였다. 그때가 2011년 3월이었다.

특별히 설명을 덧붙여야 할 것은 남 선생이 이 원고를 자세히 살펴보고 결정하였으며 덧붙이고 빼고 또 수정하였다는 점이다. 말을 하다 보면 빗나가는 경우가 자주 있고 중복도 많아서 그다지 엄밀하지 않다. 게다가 이식(耳識)과 안식(眼識)이 정보를 받아들이는 효과가 매우 다르기 때문에 강의를 문자로 바꾸는 데는 반드시 정리가 필요하다. 더더욱 중요한 것은 강연자의 심사와 인가를 거쳐야 잘못을 줄일 수 있다는 것이다.

오랫동안 허락도 받지 않고 남 선생의 강의를 문자로 정리하고 거기다가 널리 유통시키기까지 한 것이 너무나 많았다. 그 마음 씀은 비록 선했더라도 강의한 사람에게 존중이 없고 내용에 대해서도 책임감이 없어 실로 슬프고 한탄스러웠다.

편자는 정리 과정에서 다행히 굉인 대사의 협조를 얻어 경전과 대조하고 자료를 참고하고 또 세심하게 교정하였다. 여러 차례 수정한 초고는 모두 팽경(彭敬)이 타자하였고, 마지막으로 다시 남 선생이 한 글자 한 구절 자세히 살펴보고 수정하고서야 비로소 출판할 수 있었다. 책 속의 소제목은 편자가 붙인 것이며 서명(書名)은 남 선생이 정하였다.

2012년 2월 묘항에서

유우홍

『유가사지론』 구성과 내용

제1 본지분(本地分): 유가사지론의 기본이 되는 부분으로 십칠지를 분별해서 설한다. 제1 오식신상응지에서는 인간의 감각을 논하고, 제2 의지에서는 의식을 논한다. 제3~5지 유심유사등삼지에서는 윤회의 세계를 논하고, 제6~12지에서는 수행에 대해서 일반적으로 논한다. 제13~15지에서는 성문지 독각지 보살지의 수행에 대해서 논하고, 제16~17지에서는 이러한 수행으로 도달하는 이상적 경지인 열반에 대해서 논한다. 따라서 본지분의 체계는 감각과 의식 및 그로부터 파생된 세계와 이로부터 벗어나기 위한 수행과 그 수행에 의해서 도달하는 열반에 대한 설명으로 구성되어 있다. 이 부분은 유식학에서 윤회 및 열반에 관한 교리의 기초가 된다.

- 제1 오식신상응지(五識身相應地): 제1권. 오식신상응지란 감각 작용을 일으키는 다섯 가지 요인이 서로 상응하는 경지라는 뜻이다. 여기서는 팔식(八識) 중 전오식(前五識) 즉 안이비설신 등의 다섯 가지 요인인 자성(自性), 소의(所依), 소연(所緣), 조반(助伴), 작업 등에 대해 설명한다.
- 제2 의지(意地): 제1~3권. 의지란 의식신상응지(意識身相應地)의 준말로

11

서 의식 작용을 일으키는 요인들이 서로 상응하는 경지라는 의미다. 여기서는 육식, 칠식, 팔식의 체와 지를 설명한다. 먼저 체(體)에 대해 자성, 소의, 소연, 조반, 작업 등 다섯 가지 요인으로 나누어 설명하고, 지(地)에 대해서는 앞에서 말한 체의 다섯 가지 요인을 색취(色聚), 심심소품(心心所品), 무위(無爲)라는 삼처(三處)와 관련 지어서 설명한다.

- 제3~5 유심유사등삼지(有尋有伺等三地): 제4~10권. 유심유사지, 무심유사지, 무심무사지 등의 삼지에 대해서 설명한다. 제3지인 유심유사지란 심(尋)도 있고 사(伺)도 있는 경지, 제4지인 무심유사지란 심은 없고 사만 남은 경지, 제5지인 무심무사지란 심과 사가 모두 없어진 경지를 말한다. 이 삼지에 대해서 계(界), 상(相), 여리작의(如理作意), 불여리작의(不如理作意), 잡염(雜染) 등의 오문(五門)으로 나누어, 유심유사지에서는 욕계로부터 색계 초선(初禪)에 이르는 유루(有漏)와 무루(無漏)의 여러 법을 설명하고, 무심유사지에서는 초선으로부터 이선까지의 여러 법을 해석하고, 무심무사지에서는 제이선에서 제사선과 무색계 전체의 여러 법을 해석한다. (제19강에서 제20강에 해당하는 부분이다. 정을 수행하여 이른 사선의 모습과 욕계 천도에 대해 말한다.)

- 제6 삼마희다지(三摩呬多地): 제11~13권. 삼마희다란 혼침과 도거를 없애 몸과 마음을 편안하게 하는 삼매의 일종이다. 몸과 마음을 평등하게 하여 모든 공덕을 일으키기 때문에 등인(等引)이라고도 한다. 여기서는 삼마희다를 정려, 해탈, 등지(等持, 三摩地), 등지(等至, 三摩鉢底)로 정의하고 그것의 뜻, 작의(作意) 차별, 상(相)의 차별 등을 밝힌다. 또 이들이 여러 경전의 종요(宗要)를 포함한다고 하고 다시 이들의 여러 가지 뜻을 경전에서 수집하여 해석한다. (제2강에서 제13강에 걸쳐 자세히 강의한 부분으로 어떻게 정을 수행하는지와 삼매 지관의 경계를 말한다.)

- 제7 비삼마희다지(非三摩呬多地): 제13권. 삼마희다에 해당하지 않는 열두

가지 산란한 의식 상태를 설한다.

- 제8~9 유심무심이지(有心無心二地): 제13권. 유심지(有心地)인 산심(散心)과 무심지(無心地)인 정심(定心)을 오문으로 나누어 그 상(相)에 대해서 설한다. 유심지란 오식신상응지, 의지, 유심유사지, 무심유사지와 무심무사지 중 무상정(無想定) 무상생(無想生) 멸진정(滅盡定)을 제외한 그 나머지이고, 무심지란 무심무사지의 무상정, 무상생, 멸진정 등을 말한다.

- 제10 문소성지(聞所成地): 제13~15권. 오명처(五明處)와 명신(名身) 구신(句身) 문신(文身)의 차별에 대한 인식을 근거로 하여, 남의 말을 들어서 받아들이고 독송하고 기억함으로써 도달하는 경지를 말한다.

- 제11 사소성지(思所成地): 제16~19권. 사려(思慮)를 통해 여러 가지 법상을 올바로 이해함으로써 도달하는 경지를 말한다. 이 사소성지에는 자성 청정의 사택(思擇), 소지(所知)의 사택, 법(法)의 사택이라는 세 가지 방법으로 도달하게 된다고 한다. 자성 청정이란 올바른 방법에 따른 사유를 말하며, 소지의 사택이란 알아야 할 바를 잘 분별하여 아는 것을 말하며, 법의 사택이란 부처님의 가르침이 어떤 부류의 가르침인가를 잘 분별하여 아는 것을 말한다.

- 제12 수소성지(修所成地): 제20권. 수행에 의하여 도달하는 경지라는 의미로, 여기서는 수행을 4처(處) 즉 수행의 처소(處所), 인연(因緣), 유가(瑜伽), 과보(果報)를 말한다. (제1강에서 어떻게 수지해야 심성과 십지 방면에서 일체 종자의 청정에 도달하는지를 말하면서 삼마지를 이루지 못하게 하는 스무 가지 잘못을 열거하는데 이 부분에 해당한다.)

- 제13 성문지(聲聞地): 성문의 경지 즉 성문의 종성(種姓), 발심, 수행, 득과(得果) 등을 넷으로 구분하여 말한다.

    초유가처: 제21~25권. 유가의 수행을 논한 첫 부분이라는 뜻으로, 이를 다시 종성지, 취입지, 출리지 등 셋으로 나누어 설명한다. 종성지(種

性地)에서는 성문 종성의 자성과 의미 및 성문 종성에 머무는 자의 여러 가지 상(相)과 보특가라에 대해서 설한다. 취입지(趣入地)란 종성을 가지고 발심해서 성도(聖道)를 구하는 단계를 말하는데, 여기서는 취입의 자성과 의미와 취입자의 상 및 보특가라에 대해서 설한다. 출리지(出離地)란 세간과 출세간에 대한 이욕(離欲)의 경지를 말하는데, 여기서는 세간도에 따른 이욕과 출세간도에 따른 이욕으로 나누어 말한다. (제1강 후반부에 유가나 선정 수행자는 먼저 그의 근기와 종성을 알아야 한다고 했는데 21권에 해당한다. 제2강에서는 22권 계율과 수행의 중요성을 말한다.)

제2 유가처: 제26~29권. 유가의 수행을 논한 두 번째 부분이라는 뜻으로, 여기서는 어떤 부류의 보특가라가 능히 출리를 증득하는가에 대해서 16가지로 나누어 해석한다.

제3 유가처: 제30~32권. 유가의 수행을 논한 세 번째 부분으로, 수행을 시작하는 자가 스승을 찾아가는 절차와 스승이 제자를 가르치는 방법 등을 설한다. (제13강에서 제16강에 해당하는 부분으로 성문승의 정 수행에 관해 말하는데 부정관, 백골관, 자비관, 인연관 등의 수행법을 말한다.)

제4 유가처: 제33~34권. 유가의 수행을 논한 네 번째 부분이라는 뜻으로, 여기서는 세간도와 출세간도에 대해서 설한다. (제16강에서 제19강에 해당하는 부분으로, 세간법과 출세간법의 정과 신통을 말한다.)

- 제14 독각지(獨覺地): 제34권. 독각의 경지 즉 독각의 종성, 발심, 수행, 득과를 설한다.
- 제15 보살지(菩薩地): 제35~50권. 보살의 경지 즉 보살의 종성, 발심, 수행, 득과를 초지유가처(初持瑜伽處), 제2 지수법유가처(持隨法瑜伽處), 제3 지구경유가처(持究竟瑜伽處), 제4 지차제유가처(持次第瑜伽處) 네 가지로 구분하여 설한다.
- 제16 유여의지(有餘依地): 제50권. 번뇌를 없애고 열반에 도달하기는 했으

나 아직 육신이 남아 있는 상태인 유여열반을 해석한다. 이 유여의지는 십칠지 중 무심지, 수소성지, 성문지, 독각지, 보살지 등의 가장 높은 경지와 제17 무여의지 전체를 제외한 나머지의 단계에 해당한다.

• 제17 무여의지(無餘依地): 제50권. 유여열반에서 남아 있던 육신마저 없어진 상태인 무여열반을 해석한다. 십칠지 중 무심지, 수소성지, 성문지, 독각지, 보살지의 수행을 통해 이룩되는 가장 높은 경지에 해당한다.

제2 섭결택분(攝決擇分): 제51~80권까지. 결택이란 뜻을 밝혀서 의문을 풀어 주는 것을 말한다. 이 부분은 본지분에서 자세히 설명하지 못했거나 의문 나는 부분을 분별해서 설한다.

제3 섭석분(攝釋分): 제81~82권. 섭석이란 여러 경전을 모아서 해석한다는 의미다. 여기서는 경전의 체(體)와 석(釋) 등 12가지 사항을 논한다. 이를 통해 본지분과 섭결택분의 해석이 정당함을 입증하고자 하는 것이다.

제4 섭이문분(攝異門分): 제83~84권. 섭이문이란 다양한 의미를 모은다는 뜻이다. 여기서는 스승, 제일(第一), 2혜(慧), 4종의 선설(宣說) 등 경전 가운데 들어 있는 여러 용어의 의미를 정의한다.

제5 섭사분(攝事分): 제85~100권. 섭사란 현상적인 여러 일을 포괄한다는 의미다. 여기서는 경 율 논 삼장 가운데 있는 여러 가지 중요한 일의 의미를 포괄한다는 뜻으로 쓰였다.

(고려대장경연구소에서 작성한 유가사지론 개요를 바탕으로 정리하였다.
본서의 내용이 유가사지론 어느 부분에 해당하는지 덧붙였다.)

차례

하권 차례

제1강

　무엇을 세간의 일체 종자의 청정이라고 하는가. 간략하게 세 가지가 있음을 마땅히 알아야 하는데, 첫째 삼마지를 이루고 둘째 삼마지가 원만하며 셋째 삼마지가 자재한 것이다. 이 가운데 맨 처음에는 삼마지를 이루게 하는 스무 가지 대치법이 있으니, 뛰어난 삼마지를 이루지 못하게 할 수 있다. 무엇 등을 스물이라고 하는가. 첫째는 끊음과 범행을 즐거워하지 않는 사람을 도반으로 삼는 과실이 있다. 둘째는 도반은 비록 덕을 지니고 있어도 정을 수행하는 방편을 널리 말하는 스승이 과실을 지닌 것이니, 정을 수행하는 방편을 거꾸로 말하는 것을 말한다. 셋째는 스승이 비록 덕을 지니고 있어도, 스승이 말하는바 정을 수행하는 방편에 대하여 듣는 사람의 하고자 함이 허약하고 부족하며, 마음이 산란하기 때문에 받아들이지 못하는 과실이다. 넷째는 듣는 자는 비록 하고자 함이 있어서 귀를 기울여 듣지만, 어둡고 무디기 때문에 깨닫는 지혜가 부족하기 때문에 받아들이지 못하는 과실이다. 다섯째는 비록 지덕을 지니고 있지만 탐애에 현혹되어 이양과 공경을 많이 추구하는 과실이다. 여섯째는 많은 근심과 걱정으로 양생이 어렵고 만족이 어려워서 족함을 기뻐할 줄 모르는 과실이다. 일곱째는 곧 이와 같은 증상력 때문에 여러 자질구레한 일이 많은 과실이다. 여덟째는 비록 이런 과실은 없으나 태만과 나태가 있기 때문에 가행을 버리는 과실이 있다. 아홉째는 비록 이런 과실은 없으나 다른 것 때문에 각종 장애를 생기하는 과실이 있다. 열째는 비록 이런 과실은 없으나 추위와 더위 등의 괴로움에 대하여 참아내지 못하는 과실이 있다. 열한째는 비록 이런 과실은 없으나 자만하고 성질을 부리는 허물 때문에 가르침을 받아들이지 못하는 과실이 있다. 열둘째는 비록 이런 과실은 없으나 가르침에 대하여 거꾸로 사유하는 과실이 있다. 열셋째는 비록 이런 과실은 없으나 받은 가르침에 대하여 망념하는 과실이 있다. 열넷째는 비록 이런 과실은 없으나 재가와 출가가 섞여서 머무르는 과실이 있다. 열다섯째는 비록 이런 과실은 없으나 다섯 가지 잘못과 상응하는 와구를 수용하는 과실이 있으니, 다섯 가지 잘못과 상응하는 와구란 성문지에서 말하게 될 것과 같음을 마땅히 알아야 한다. 열여섯째는 비록 이런 과실은 없으나 멀리 떨어진 곳에서 제근을 지키고 보호하지 않기 때문에 바르게 심사하지 못하는 과실이 있다. 열일곱째는 비록 이런 과실은 없으나 먹는 것이 고르고 한결같지 않음으로 말미암아 몸이 가라앉고 무거워서 견뎌낼 수 없는 과실이 있다. 열여덟째는 비록 이런 과실은 없으나 본성이 잠이 많아서 많은 잠으로 수번뇌가 현행하는 과실이 있다. 열아홉째는 비록 과실은 없으나 먼저 사마타품을 수행하지 않기 때문에, 내심이 적멸하고 머무르고 멀리 떠나는 것에 대하여 기뻐하지 않는 과실이 있다. 스물째는 비록 이런 과실은 없으나 먼저 비발사나품을 수행하지 않기 때문에, 증상혜법의 비발사나 여실관을 기뻐하지 않는 과실이 있다.

이와 같은 스무 가지 법은 사마타품과 비발사나품에서 심일경성을 증득하는 것으로 대치한다. 또 이 스무 가지 대치법은 간략하게 네 가지 상으로 말미암아 삼마지를 생기하는 것에 대하여 장애가 될 수 있다. 무엇 등을 네 가지라고 하는가. 첫째는 삼마지의 방편에 대하여 선교하지 않기 때문이다. 둘째는 일체 정을 수행하는 방편에 대하여 전혀 가행이 없기 때문이다. 셋째는 거꾸로 된 가행 때문이고, 넷째는 가행이 느슨하기 때문이다.

이 삼마지의 대치법에는 스무 가지 백법 대치가 있는데, 이것과 서로 어긋나는 것은 마땅히 그 상을 알아야 하며, 이것으로 말미암아 끊을 수 있는 대치법은 행하는 것이 많기 때문에, 빨리빨리 바른 머무름을 이루어 그 마음이 삼마지를 증득하게 한다. 또 이 삼마지를 이루는 것은 곧 초정려의 근분정을 이루는 것으로, 미지위에 포함되는 것임을 마땅히 알아야 한다. 또 삼마지를 이루는 데에 거스르는 법과 삼마지를 이루는 데에 수순하는 법의 자세한 성교聖教의 이치는 오로지 이 스무 가지만 있음을 마땅히 알아야 한다. 이것을 제외하고 다시 지나치거나 더할 것이 없으니, 이 인연으로 말미암아 처음 세간의 일체 종류의 청정에 의지한다. 이 정법에 대하여 보특가라가 삼마지를 이룸을 이미 잘 널리 말하였고 이미 잘 열어 보였다.

• 제21권 본지분 중 성문지 제13 초유가처 종성지품 제1 本地分中聲聞地第十三初瑜伽處種性地品第一

이와 같이 수소성지는 이미 말하였고 무엇을 성문지라고 하는가. 일체의 성문지를 총괄하여 올타남으로 말하리라. 만약 간략하게 이 지를 말한다면 종성 등과 삭취취와 상응하는 대로 안립과 세간 및 출세간이니라. 이 지에는 간략하게 세 가지가 있으니 종성지와 취입지 및 출리상지이니, 이를 성문지라 말하네. 무엇을 종성지라 하는가. 올타남으로 말하리라. 만약 간략하게 일체를 말한다면 종성지를 마땅히 알아야 하는데 자성과 안립과 제상과 삭취취를 말하네.

『유가사지론』에 관하여

오늘부터는 방향을 바꾸어서 교리 방면에 관해 말씀드리겠습니다. 우선 연구해야 할 것이 바로 『유가사지론(瑜伽師地論論)』입니다. 불학의 입장에서 말한다면 진정으로 부처님을 배우는 사람은 중요한 불학 논저 네 부(部)는 반드시 읽어야 합니다. 그중에 두 부는 인도의 것으로 『대지도론(大智度論)』과 『유가사지론』입니다. 두 부는 중국의 것으로 지자 대사(智者大師)의 『마하지관(摩訶止觀)』과 영명수 선사(永明壽禪師)의 『종경록(宗鏡錄)』입니다. 최근 수십 년 동안 나온 수많은 불학 개론은 모두 개론적 개론의 개론입니다. 안타깝게도 현대의 청년 여러분은 부처님을 배우는 것을 현대화된 개론의 개론으로부터 시작하는데, 그것은 문제가 있습니다. 따라서 우리가 오늘부터 연구할 불학 개론은 현장법사(玄奘法師)가 번역한 『유가사지론』으로, 모두 백 권이나 되는 논서입니다.

일반적으로 학술적 입장에서 말하면 불학의 학술 사상은 네 개의 범위로 나눌 수 있습니다. 모든 경전은 대승과 소승 두 종류 경전으로 나눕니다. 대승의 불학 사상은 대승의 학술과 수증을 포함하며 또다시 두 개의 범위로 나뉩니다. 하나는 용수보살(龍樹菩薩)의 반야 불학 계통인데 석가모니 부처님이 열반한 이후의 전기 불학에 속합니다. 또 하나는 무착(無著)과 세친(世親) 두 형제 보살의 유식법상(唯識法相) 불학 계통인데 후기 불학에 속합니다. 지금 우리가 들고 있는 『유가사지론』은 학술 범위에 있어서는 후기 불학에 속합니다. 엄정하게 불학만 놓고 말한다면 어쩌면 나중의 것이 이전 것보다 뛰어나다고 할 수 있습니다. 뒤로 갈수록 더 정밀하고 빈틈없으며 포괄하는 것도 더 많기 때문입니다.

티베트 밀종(密宗) 황교(黃敎)의 총카파 대사(宗喀巴大師)의 계통 같은 것이 바로 『유가사지론』 계통입니다. 총카파 대사의 유명한 『보리도차제광론(菩提道次第廣論)』은 인도 아티샤 존자(阿底峽尊者)의 『보리도거론(菩提道炬論)』[1]을 근거로 확충한 저작입니다. 그 『보리도거론』이 『유가사지론』 계통에서 나온 것입니다.

무착과 세친 두 형제는 출가인입니다. 세친보살은 젊었을 때에는 소승 불교의 경전 및 수지(修持)를 전문적으로 연구하였고 대승 불교를 대단히 반대했습니다. 그러다가 나중에 형인 무착의 영향을 받아 대승을 공부하게 되었습니다. 대승을 공부한 후에 도를 깨닫자 죽고 싶은 마음이 들었습니다. 자신의 소승 저작에서 너무 많은 것이 부끄럽고 후회스러웠기 때문입니다. 대승을 훼방한 자신의 죄업을 소멸할 방법은 오직 죽음뿐이라고 생각했습니다. 그러자 무착보살이 말했습니다. "너는 참으로 못났구나. 한 사람이 길을 걸어가면 '땅으로 인해 넘어지고, 땅으로 인해 일어난다'고 하였다. 네가 이왕 붓으로 대승을 훼방하였으니 거꾸

---

1 아티샤 존자가 쓴 책은 『보리도등론(菩提道燈論)』이다. 저자가 언급한 책은 이것을 가리키는 것으로 보인다.

로 이 붓으로 대승을 널리 드높이면 되지 않겠느냐?" 훗날 세친보살은
새롭게 시작해서 유식법상 계통의 논저를 지었습니다.

그들 두 형제는 욕계의 도솔천에 왕생해서 미륵보살과 가까워지기를
발원하자고 약속했습니다. 무착보살이 열반하려고 하자 동생 세친이 말
했습니다. "형님이 그곳에 왕생한 후에 저에게 소식을 주십시오." "좋지,
좋아. 반드시 너에게 소식을 주마."

무착이 열반한 후 세친은 타좌(打坐)²하여 정(定)에 들었는데도 형을
볼 수 없었습니다. 심지어 꿈에서도 만나지 못하고 삼 년간 아무 소식이
없자 마음속에 회의가 일었습니다. 그러다가 다시 몇 년이 지나서야 무
착보살이 모습을 나타냈습니다. "형님은 도대체 어디로 가셨습니까?"
"나는 도솔천 내원에 있다!" "그런데 왜 지금에서야 오셨습니까?" "내가
막 미륵 내원에 도착했을 때 마침 미륵보살이 설법하고 계셨다. 그 설법
을 듣노라니 네가 마음에 걸려서 설법이 끝나자마자 서둘러 온 것이다!"
"형님, 인간 세상은 이미 여러 해가 지났습니다!" "여러 해라고? 나는 그
저 잠깐이라고 느꼈다."

『유가사지론』은 미륵보살이 설법한 내용을 무착보살이 기록한 것으로
유식법상 계열에 속한다고 합니다. 전해지는 바로는 무착보살이 밤에
정(定)에 들었는데, 그때 미륵 내원에 올라가서 미륵보살의 설법을 듣고
는 낮에 정을 마치고 나와서 그것을 기록했다고 합니다.³ 훗날 일반 학

---

2 가부좌를 하고 앉아 정(定)에 드는 것으로 참선을 가리킨다. '타(打)'는 동작이나 행위를 나타내
  는 것으로, 승려나 도인(道人)이 마음을 수습하고 정신을 집중시켜 단정히 앉아 사유하는 방법
  이다. 혹은 천태종이나 밀종에서 수행 시 취하는 좌법을 가리키기도 한다. 여기서는 정좌, 참
  선, 좌선 등으로 고치지 않고 중국어 그대로 둔다.
3 『대당서역기』에 나오는 기록이다. 미륵보살이 내려와서 가르침을 주었다는 기록도 있고, '미
  륵'이라는 이름의 논사가 지었다는 주장, 저자 불명이라는 견해도 있다.

자들은 그 말을 믿지 않고, 이것은 무착보살 자신이 쓴 것인데 후인들이 믿지 않을까 봐 일부러 미륵보살이 설법한 것이라고 말했다고 합니다. 우리 후세 사람들은 근본적으로 정(定)을 이룬 적도 없고 정에서 나온 적도 없습니다. 정(定)에 들어가고 정에서 나오는 그림자조차 없으며, 더욱이 무엇이 정에 들어가는 것인지도 모르기 때문에 믿지 못하는 것입니다.

유가사와 오승도

인도는 지금까지도 요가학파(瑜珈學派)가 있는데 요가에는 신요가(身瑜珈), 심요가(心瑜珈), 음성요가(音聲瑜珈) 세 종류가 있습니다. 다만 인도에는 신체 방면의 수련에 해당하는 신요가만 남아 있습니다. 그 정수(精髓)는 이미 밀종의 금강해모권(金剛亥母拳)으로 변했는데, 한 세트가 사십여 식(式)이며 타좌를 할 때의 동작입니다. 음성요가는 진언(呪語)이며 심요가는 심지(心地) 법문인데, 이 두 종류는 인도에서는 이미 없어졌습니다. 오직 『유가사지론』이 책에만 남아 있기 때문에, 『유가사지론』은 인도의 진정한 종교적 심요가라고 할 수 있습니다. 지금 여기에서는 '요가(瑜珈)'가 아니라 '유가(瑜伽)'[4]라고 번역한 것은, 유가가 심요가를 수행해서 성취한 바가 있는 사람이기 때문이며 그래서 유가사(瑜伽師)[5]라고 칭합니다. 중국인들이 수행자를 가리켜 도를 닦는다(修道)고

---

4 산스크리트어 yoga는 일반적으로 瑜伽, 瑜珈로 음역하는데, 저자는 두 한자의 쓰임을 구별하여 선(禪)이나 삼매, 상응(相應)의 의미일 때에는 '瑜伽'로, 수지의 방법일 때는 '瑜珈'로 표기하였다.

말하고 도를 닦아 성공한 사람은 유도지사(有道之士)라고 하는 것처럼, 요가(瑜珈) 수련을 하는 사람은 유가사(瑜伽士)라고 하고, 수행하여 성취한 사람은 유가사(瑜伽師)라고 합니다.

무엇을 '지론(地論)'이라고 합니까? 지(地)[6]는 범위입니다. 『유가사지론』은 모두 십칠지(十七地)[7]로 나뉘는데 열일곱 개의 범위로 구분하여 설명합니다. 사람의 생명에서부터 물리세계 및 물질세계와 온 우주까지 언급했고, 또 한 사람이 어떻게 심신을 수지하여 이 무상(無上)의 도를 증득하는지를 설명했습니다. 그 가운데서 또다시 소승과 대승의 수지 방법을 나누었으며, 성불에 이르기까지 총 백 권입니다.

현장법사가 최대의 공력으로 이 책을 번역했기 때문에 유식(唯識)을 연구하는 사람들은 이 책을 '대론(大論)'이라고 불렀습니다. 부처님을 배우고자 하면서 『유가사지론』을 모른다면 마치 장님이 코끼리를 만지는 것과 같으니, 그처럼 아무렇게나 해서는 안 됩니다. 『유가사지론』은 일체의 수증을 포함합니다. 먼저 사람 노릇 하는 인도(人道)의 수행에서 시작하여 위로 올라가면 천도(天道)요 다시 더 올라가면 성문도(聲聞道)·연각도(緣覺道)·보살도(菩薩道)의 오승도(五乘道)의 수증이 모두 포함되어 있습니다. 총카파 대사의 『보리도차제광론』 역시 오승도를 말하

---

5 『유가사지론』 제28권에 유가사에 대한 정의가 나온다. "정려를 부지런히 수행하는 여러 비구가 있으니 유가사이다[諸有比丘, 勤加修靜慮, 是瑜伽師]"라고 하였다.

6 불교에서 지(地)는 유정이 머무는 장소, 경지, 계위를 말하는데 여기서는 범위 영역의 뜻이다.

7 첫째 오식신상응지(五識身相應地), 둘째 의지(意地), 셋째 유심유사지(有尋有伺地), 넷째 무심유사지(無尋有伺地), 다섯째 무심무사지(無尋無伺地), 여섯째 삼마희다지(三摩呬多地), 일곱째 비삼마희다지(非三摩呬多地), 여덟째 유심지(有心地), 아홉째 무심지(無心地), 열째 문소성지(聞所成地), 열한째 사소성지(思所成地), 열둘째 수소성지(修所成地), 열셋째 성문지(聲聞地), 열넷째 독각지(獨覺地), 열다섯째 보살지(菩薩地), 열여섯째 유여의지(有餘依地), 열일곱째 무여의지(無餘依地)를 말한다.

고 있으니, 오승도야말로 진정한 학불(學佛)의 길입니다.

부처님을 배우고자 하면 먼저 사람 노릇 하는 것을 배워야 합니다. 인도를 제대로 수행하지 않으면 천도의 자격도 부족한데 어떻게 불도(佛道) 수행을 들먹일 수 있겠습니까? 그러므로 인천승(人天乘)을 제대로 수행해야 소승도(小乘道)를 수행할 자격이 있고, 소승도의 자격이 있어야 보살도를 수행해 낼 수 있습니다. 그래야 비로소 대승도(大乘道)입니다.

중국 당송(唐宋) 이후의 불교 및 불법은 모두 자신이 대승 불법이라고 말합니다. 대(大)는 무슨? 대(大)의 그림자도 없으면서 허풍만 크게〔大〕 칩니다. 대(大)는 소(小)에서 오는 것인데, 조그마한 소선(小善)도 해내지 못하면서 대선(大善)을 해낼 수 있겠습니까? 작은 일에도 희생하려 들지 않는 사람이 큰일에 희생하겠습니까? 그것은 허풍일 뿐입니다. 작은 돈도 아까워서 차마 쓰지 못하면서 틀림없이 큰돈을 쓰겠노라 말한다면, 그것 역시 다른 사람에게 하는 허풍입니다. 똑같은 이치로 인승도(人乘道)도 제대로 수행하지 않았다면 부처님을 배워 성불하겠다고 말해서는 안 됩니다. 절대로 불가능합니다. 『유가사지론』은 우리에게 이러한 수지의 이치를 엄숙하게 말해 줍니다.

『유가사지론』은 백 권으로 오로지 이 책만 이야기해도 대략 오 년의 시간이 필요합니다. 혹 매일 두 시간이라면 삼 년에 다 이야기할 수 있을지는 모르겠습니다. 저도 충분한 시간을 들여 상세히 설명하고 싶습니다. 물론 간단하게 이야기할 수도 있어서, 여러분을 이끌고 읽어 가면 아주 빨리 끝낼 수도 있습니다.

수행해도 왜 정을 이루지 못하는가

　오늘은 먼저 여러분과 연관된 부분을 골라서 시작하려 했는데, 마침 어떤 동학이 과거에 제가 '대승학사(大乘學舍)'의 동학들에게 "왜 여러분은 수행하고 타좌를 해도 정(定)을 이루지 못하는가"라는 제목으로 강연한 적이 있다는 말을 꺼냈습니다. 그 원인으로 먼저 제20권 본지분 중 수소성지 제십이(本地分中修所成地第十二)(501면에서 502면까지, 眞善美版)[8]의 다음 단락을 골랐습니다.

무엇을 세간의 일체 종자의 청정이라고 하는가. 간략하게 세 가지가 있음을 마땅히 알아야 하는데, 첫째 삼마지[9]를 이루고 둘째 삼마지가 원만하며 셋째 삼마지가 자재한 것이다. 이 가운데 맨 처음에는 삼마지를 이루게 하는 스무 가지 대치법이 있으니, 뛰어난 삼마지를 이루지 못하게 할 수 있다. 무엇 등을 스물이라고 하는가.

云何世間一切種淸淨. 當知略有三種： 一得三摩地·二三摩地圓滿·三三摩地自在.
此中最初有二十種得三摩地所對治法, 能令不得勝三摩地. 何等二十.

　지금 이 몇 구절의 대의를 설명하자면 이렇습니다. 우리가 어떻게 수지해야 심성(心性)과 심지(心地) 방면에서 일체 종자(種子)[10]의 청정에

8　彌勒菩薩說; 釋玄奘譯.『瑜伽師地論』. 眞善美, 2001年. 대만 진선미 출판사에서 나온 책이 이 강의의 대본(臺本)이었다. 출판 연도는 현재 시점에서 확인한 것이다.

9　산스크리트어 samādhi의 음역으로 삼마지(三摩地), 삼매(三昧), 정(定), 등지(等持), 정수(正受) 등으로 번역한다.

10　과거의 행위와 경험과 학습 등 업에 의해 아뢰야식에 새겨진 인상으로, 잠재력으로 있다가 외적 조건이 맞으면 현실로 드러난다. 습기(習氣), 근기(根器)라고도 한다. 제2강 73-74쪽 참조.

도달할 수 있을까요? 어떻게 해야 이 세간에서 마음을 일으키고 생각을 움직일 때의 모든 염두(念頭)가 청정한 상태에 있을까요? 미륵보살이 말하기를, 간단히 말하면 세 가지가 있다고 했습니다. 그러니까 이 세 가지 조건을 해내야 "세간의 일체 종자의 청정[世間一切種淸淨]"이라는 것입니다.

어떤 세 가지 조건일까요? 첫 번째는 "삼마지를 이룸[得三摩地]"입니다. 삼마지(三摩地)가 바로 정(定)이니, 정을 이루기 전에 청정을 닦고 싶다면 그것은 허풍입니다. 정(定)은 아주 많은 종류로 나뉘는데, 본론에서 아주 상세히 말해 놓았습니다. 그러나 단지 정(定)만 이루어서는 아직 안 됩니다. 두 번째로 "삼마지가 원만해야[三摩地圓滿]" 합니다. 이것은 한결음 더 나아간 것으로 정(定)의 원만을 이루어야 합니다. 어떠해야 원만입니까? 이 경전 안에 다 있습니다. 여러분이 재가든 출가든 부처님을 배우고자 한다면, 현교든 밀종이든 할 것 없이 각종 법문의 수지 원리가 이 경전 하나에 다 있습니다. 세 번째는 "삼마지가 자재함[三摩地自在]"입니다. 정(定)의 경계가 원만에 도달하면 곧 여섯 종류의 신통(神通)을 구족하게 됩니다. 그런데 삼마지의 경계가 자재해졌습니까? 아닙니다. 왜냐하면 그것은 최고의 경계이기 때문입니다. 말하자면 출세간의 정(定)에 들어가고 싶으면 출세간의 정에 들어갈 수 있고, 세간의 정에 들어가고 싶으면 세간의 정에 들어갈 수 있는 것입니다. 바꾸어 말하면 선(禪), 정(淨), 밀(密) 어느 법 하나라도 통하지 않는 것 없이 어떤 경계에서도 "삼마지가 자재할" 수 있습니다. 여러분은 지금 십일 층에서 타좌를 하고 있는데, 마음대로 할[自在] 수 있습니까? 당연히 마음대로 할 수 없습니다. 그 자리에 앉아서 다리가 저리다고 다리더러 저리지 말라고 해 봤자 아무 소용없습니다. 여러분 마음대로 할 수 없기 때문에 자재하지 않다는 것입니다. 그러므로 진정한 자재란 현대의 세간법으로 말한다면 성불해야만 참으로 자재할 수 있습니다.

"이 가운데 맨 처음에는 삼마지를 이루게 하는 스무 가지 대치법이 있으니, 뛰어난 삼마지를 이루지 못하게 할 수 있다〔此中最初有二十種得三摩地所對治法, 能令不得勝三摩地〕." 이것이 현장법사의 번역입니다. 대단히 충실하지만 모두 도치문입니다. 후대의 일반인들이 이런 유의 문장을 배운 경우가 아주 많은데, 웅십력(熊十力)처럼 기괴하게 배워서 다른 사람들이 이해하지 못하는 경우도 있습니다. 다들 그 사람의 학문이 훌륭하다고 여기는데, 그가 쓴 글은 봐도 이해하기 어렵기 때문입니다.

이 구절의 의미는, 삼마지에 들어가지 못하는 데 대한 스무 가지의 대치법이 있다는 말입니다. 왜 여러분은 정(定)에 들어가지 못할까요? 마음에 병이 있고 번뇌가 있어서인데, 이 번뇌와 병을 치유하는 방법을 "대치법(對治法)"이라고 합니다. 중국 문자는 외국 문자의 문법과 달라서 외국인들은 '미스터 남〔先生南〕'이라고 부르지만 우리는 '남 선생(南先生)'이라고 합니다. 우리는 '미스터 남'이라고 하면 부자연스럽고 '남 선생'이라고 해야 자연스럽습니다. 하지만 현장법사가 번역한 방식은 모두 '미스터 남'입니다.

이 스무 가지의 방법을 제대로 하지 못하거나 반대로 한다면, 영원히 좋은 정(定)의 경계를 얻을 수 없습니다. 염불이 됐건 타좌가 됐건 모두 정(定)에 들어갈 수 없습니다. 뛰어난 것을 얻지 못한다는 "부득승(不得勝)"은 가장 좋은 정(定)의 경계를 얻을 수 없다는 말입니다. 그렇기 때문에 먼저 분명하게 알아야 합니다. "무엇 등을 스물이라고 하는가〔何等二十〕"는 어떤 스무 가지인가 하는 말입니다. 현장법사의 번역 방식은 충실한데, 이 구절에는 더 많은 질문을 덧붙여 넣을 수 있습니다. 중국인은 문장을 간단하게 하는 것을 좋아하지만 외국인은 장황하게 반복하는 습관이 있습니다. 중국인은 귀납을 좋아하지만 외국인은 분석을 좋아합니다. 제각기 장점과 습관이 있습니다.

도반이 없고 밝은 스승이 없고 마음이 부족한 잘못

첫째는 끊음과 범행을 즐거워하지 않는 사람을 도반으로 삼는 과실이 있다.
一有不樂斷同梵行者爲伴過失.

보세요, 한 사람이 수행해서 도를 성취하려고 하는 것이 얼마나 어렵습니까! 조건을 보면 첫 번째가 바로 수행의 도반(道伴) 혹은 함께 거주하는 도우(道友)인데, 이것이 가장 어렵습니다. 특히 출가한 사람들인 승가(僧伽)가 그렇습니다. 함께 수도하는 승가 단체에서 열 사람이 수행하려고 해도 한 사람이 수행하지 않으면, 그 한 사람이 모두를 방해하게 됩니다. 예를 들어 우리 이 단체가 지금 이곳에서 일 초 동안 모두 청정하더라도, 만약 정신병자 한 사람이 여기에서 큰 소리를 지른다면 여러분은 계속 청정할까요, 청정하지 못할까요? 당연히 청정하지 못하게 됩니다. 그렇기 때문에 수행의 첫 번째가 도반의 어려움입니다.

세간의 잡념을 끊어 버리는 것을 좋아하지 않고 범행(梵行)을 닦는 것을 즐거워하지 않는 그런 사람들과 동료가 되는 것이 "도반을 삼는 과실〔爲伴過失〕"이니, 일종의 잘못입니다. 나는 청정 수행을 원하는데, 그는 소설책 보기를 좋아해서 재미있는 장면이 나오면 '탁' 치면서 말합니다. "아! 저 가보옥(賈寶玉)[11]은 참으로 묘하다니까." 이때 당신은 때마침 타좌를 하면서 무념에 이르렀거나 마음을 오로지하여 화두를 참구하고 있을 때인데, 그가 탁 치는 순간 당신 역시 『홍루몽』을 본 적이 있기에 곧 가보옥을 생각하게 됩니다. 바로 이렇게 남의 수지를 방해합니다. 이것은 인사(人事)상의 잘못이며 계율을 범한 것은 아닙니다.

둘째는 도반은 비록 덕을 지니고 있어도 정을 수행하는 방편을 널리 말하는 스승이 과실을 지닌 것이니, 정을 수행하는 방편을 거꾸로 말하는 것을 말한다.

二件雖有德, 然能宣說修定方便師有過失, 謂顚倒說修定方便.

　동반하는 사형 사제가 모두 수행의 훌륭한 덕성을 지니고 있더라도, 결국에는 다른 사람을 가르치는 사부가 정(定)을 수행하는 방편 즉 방법을 지니고 있지 않고 지혜도 없다면 그 스승은 바르게 지도하지 못합니다.

　이 자리에 계신 여러분은 가족 친지와 이별하고 출가했는데, 모두 구도(求道)를 위해서였습니다. 그런데 집은 나왔으나 지금까지도 법왕(法王)[12]의 집에 들어가지 못했습니다. 왜 그렇습니까? 어쩌면 동료가 적합하지 않은 과실 때문일 수도 있지만, 어쩌면 사부가 거꾸로 된 것을 지닌 과실 때문일 수도 있습니다. 그러므로 밝은 스승의 지도가 없는 것은 아주 골치 아픈 일입니다.

셋째는 스승이 비록 덕을 지니고 있어도, 스승이 말하는바 정을 수행하는 방편에 대하여 듣는 사람의 하고자 함이 허약하고 부족하며, 마음이 산란하기 때문에 받아들이지 못하는 과실이다.

三師雖有德, 然於所說修定方便, 其能聽者欲樂羸劣, 心散亂故, 不能領受過失.

---

11 중국 청나라 건륭(乾隆) 때 조점(曹霑)이 쓴 장편소설 『홍루몽(紅樓夢)』의 주인공이다.
12 진리[法]의 왕, 법문(法門)의 왕인 부처님을 찬탄하는 말.

훌륭한 동료가 있고 밝은 스승도 만났지만, 스승이 여러분에게 말해 주는 수행과 수정(修定)의 방법이 귀에 들어가지 않는다면, 이는 여러분의 복덕과 지혜가 부족해서 받아들이지 못하는 것입니다. "하고자 함이 허약하고 부족하다[欲樂羸劣]"는 것은 즐겁게 여기지 않음이니, 도를 구하고 싶은 욕망심(欲望心)이 없는 것입니다. 출가해서 수행을 하든 집에서 부처님을 배우든 항상 사흘은 물고기를 잡고 이틀은 그물을 말리는 식입니다. 어떤 사람이 불경을 강독한다는 말을 들으면 꼭 가지만 그때마다 반드시 괴로워합니다. 때로는 듣기는 들었지만 그 마음이 허약하고 부족하며 해낼 수 있는 힘이 없어서, 한평생 불경을 들어도 아무 소용이 없습니다.

영명수 선사가 『법화경(法華經)』을 읽을 때 한 무리의 양이 다리를 꿇고서 들었다지만, 그래 봤자 양입니다. 예전에 대륙에서 어떤 법사가 당(堂)에 올라 불경을 강독하자 소가 그 옆으로 와서 다리를 꿇었고, 강경(講經)이 끝나자 바로 깨어나더니 갔다고 합니다. 하지만 그것은 그래 봤자 소입니다. 이런 말은 사람을 욕하는 것이 아니라 자신을 반성하라는 뜻입니다. 여러분이 아무리 부처님을 배우고 수행을 하더라도 여전히 산란하고 혼침해지는 상태에 있다면, 이렇게 해서는 지혜를 성취하지 못할 뿐 아니라 공덕(功德)도 성취하지 못하니 아무 소용이 없습니다.

그러므로 여러분에게 훌륭한 도반이 있고 또 정(定)을 수행하는 방법을 지도해 주는 밝은 스승이 있다 할지라도, 참으로 그것을 받아들일 수 있고 참으로 그것에 의지해서 수행할 수 있어야 쓸모가 있습니다. 허약하고 부족한 마음이라면 소용이 없습니다. 도심(道心)은 남녀가 연애하는 것과 똑같아야 하니 정말로 상대방을 뒤쫓아 가려는 결심이 있어야합니다. 그래야 수행할 수 있습니다. 당신이 나에게 수행하라고 해도 수행할 것이고 나에게 수행하지 말라고 해도 수행할 것이다 하는 이런 마음이 확고해야 수행을 거론할 수 있다는 말입니다. 매일 마음이 산란해 있다면 당연히 정(定)을 이루지 못합니다. 설사 정(定)을 이루었다 할지라도 세간의 성취에 불과하여 세간을 벗어나지 못합니다. 이것을 모두가 알아야 합니다.

듣기만 하고 공경을 바라고 족함을 모르는 잘못

넷째는 듣는 자는 비록 하고자 함이 있어서 귀를 기울여 듣지만, 어둡고 무디기 때문에 깨닫는 지혜가 부족하기 때문에 받아들이지 못하는 과실이다.
四其能聽者雖有樂欲, 屬耳而聽, 然暗鈍故, 覺慧劣故, 不能領受過失.

네 번째 문제점은 이러합니다. 도반도 있고 밝은 스승도 있고 도심(道心)도 지니고 있어서 날마다 도를 닦고 싶습니다. 내일이면 대철대오하고 모레면 허공에서 빛을 내면서 땅을 움직이지 못하는 것이 한스러울 정도입니다. 하지만 이런 기구(祈求)를 지니고 있어서 "귀를 기울여 듣지만[屬耳而聽]" 그저 귀로 들을 뿐이고 마음에 녹아들지 못합니다. 오른쪽 귀로 듣지만 왼쪽 귀로 나가 버려서 제대로 들은 것이 없습니다. 이 구절이 어느 경전에서 나오는지 기억하고 있느냐고 물어보면 "아이고! 잊어버렸습니다. 스승님 죄송합니다"라고 합니다.

왜 귀로만 듣고 마음속으로 받아들이지는 못할까요? 여러분의 지혜가 어둡고 무디며, 밝고 예리하지 못하기 때문입니다. 각성(覺性)의 지혜와 지능이 부족하고, 복덕이 부족한 것입니다. 부처님께 절도 하려 들지 않고 경전도 읽으려 들지 않으면서 이런 것은 작은 법이고 자신은 큰 법을 수행한다고 생각합니다. 그래서 불전에 올라가거나 불당을 지나가면서도 배우고 싶어 하지 않습니다. 작은 선은 실행하려 들지 않고 작은 법은 깔보면서 자신은 지식인이라고 말합니다. 작은 선도 실행하지 못하는데 어떻게 큰 선을 실행하겠습니까? 이것은 마음이 어둡고 무디며, "깨닫는 지혜가 부족하기 때문[覺慧劣故]"입니다. 그 때문에 귀로는 들어도 마음이 받아들이지 못합니다. 예리한 근기[利根]와 지혜를 지녔다면 선지식(善知識)의 설법을 듣거나 불경의 한 구절을 보면 솜털이 다 일어납니다. 그래서 불경을 읽자마자 깨닫습니다. 그것이 예리한 근기입니다.

부처님을 그토록 오래 배우고 불학원(佛學院)도 다녔으니 스스로 반성해야 합니다. 왜 자신은 지혜가 어둡고 무딘 걸까요? 복덕이 부족하기 때문입니다. 왜 복덕이 부족할까요? 약간의 선행조차 없으며, 마음을 일으키고 생각을 움직이는 족족 잘못을 범하기 때문입니다. 이것은 미륵보살이 여러분을 혼내는 것이지 제가 혼내는 것이 아니니, 저한테 원망을 돌리지 마십시오. 저더러 늘 다른 사람을 혼낸다고 하는데, 저는 지금껏 남을 혼낸 적이 없습니다!

다섯째는 비록 지덕을 지니고 있지만 탐애에 현혹되어 이양[13]과 공경을 많이 추구하는 과실이다.

五雖有智德, 然是愛行, 多求利養恭敬過失.

보십시오! 세간법의 심리 행위를 연구하는 동학들, 여러분은 불경을 들으면 무슨 좋은 점이 있습니까? 여러분이 장차 지도자가 되고 관리자가 되어 대중을 이끌 때, 지혜와 총명을 지닌 사람들도 있음을 발견할

---

13 재물과 이익[財利]을 탐하여 자신만 이롭게 하려는 것.

것입니다. "지덕(智德)"은 지혜의 덕을 말하는데, 지혜가 높은 것입니다. 그런데 지혜가 높은 사람은 욕망도 큽니다. "탐애에 현혹됨〔愛行〕"이란 바로 이양(利養)과 공경(恭敬)을 추구하기 좋아하는 것입니다. 어디에 맛있는 음식과 멋있는 옷이 있나 보자! 돈 좀 많이 벌어 보자! 명성과 이양을 탐하는 것은 두려운 일이니, 공경을 탐하는 것과 마찬가지로 두려운 일입니다. 또 타인이 나를 우러러보기를 원하고, 마음속으로 '이 녀석, 네가 나를 깔보다니, 나야말로 네 녀석이 우스운데' 하고 생각합니다. 우리 사람뿐 아니고 개나 고양이 같은 동물을 봐도 모두 이런 심리가 있습니다. 여러분이 발로 차면 짖으면서 여러분에게 적의를 드러내고 화를 냅니다. 또 여러분이 한바탕 어르면 꼬리를 흔듭니다. 동물 역시 사람들이 자기를 사랑하기를 원하기 때문입니다. 바로 자신을 공경하기를 바라는 것이지요.

그러므로 우리는 자신을 점검해야 합니다. 무엇을 공경이라고 합니까? 다른 사람들이 자신을 중시하기를 바라는 것입니다. 사람들은 이것을 '자존심'이라고 합니다. 무슨 자존심이 필요합니까? 우리에게 필요한 것은 겸허한 마음입니다. '나〔我〕'까지도 비우게〔空〕 되면 나를 우러러보든 나를 깔보든 똑같은데, 다른 사람이 우러러봐야만 수행합니까? 다른 사람이 자신을 깔보면 자존심에 상처를 입어서 더 이상 수행하지 않겠다고 합니다. 그런 멍청한 사람이 무슨 부처님을 배웁니까? 이것이 공경을 탐하는 잘못을 범한 것입니다. 어떤 사람은 자신이 이양을 탐하지 않고 공경도 탐하지 않는다고 말합니다. 그러나 모르는 거사(居士)가 찾아와서 자신에게 절하고 공경한다면 겉으로는 예를 차리지 말라고 하면서도 마음속으로는 아주 흐뭇해합니다. 마치 아이스크림이 배 속에 들어간 것처럼 정말로 시원합니다! 이런 심리와 생각이 있으면 끝입니다. 그래서 어떤 사람들은 지혜도 훌륭하고 말도 잘하고 생각도 할 줄 알고 또 얻은 것도 조금 있지만, "탐애에 현혹되어 이양과 공경을 많이 추구하기〔然是愛行, 多求利養恭敬過失〕"때문에 결코 정(定)을 이루지 못합니다. 바로 이 과실을 지니고 있기 때문입니다.

여섯째는 많은 근심과 걱정으로 양생이 어렵고 만족이 어려워서 족함을 기뻐할 줄 모르는 과실이다.

六多分憂愁, 難養難滿, 不知喜足過失.

타고나기를 내향적인 사람들은 근심이 많고 감상적인데, 그가 틀렸다고 말할 수는 없습니다. 만약 그에게 "당신은 대승학사에서 먹고 자면서 모든 것이 편리하기만 한데 어떤 부분이 마음에 안 드십니까?" 하고 묻는다면, 그는 이렇게 말합니다. "좋기는 한데요, 다음 학기에는 해내지 못할지도 모르니까요." 그는 내일 침대에서 일어날지 못 일어날지도 모르면서 내년까지 근심합니다. 이런 것이 바로 "많은 근심과 걱정〔多分憂愁〕"입니다.

대승학사의 채소 요리〔素菜〕가 영양이 충분하지 못하다면서 내일부터는 영양가 있는 걸 더 넣어 주었으면 하고 또 비타민 C도 좀 부족하다고도 말하니 "양생이 어렵습니다〔難養〕." "만족이 어려워서〔難滿〕"란 공부가 너무 많아 텔레비전도 볼 수 없다는 식이니, 아무튼 영원히 만족하지 못합니다.

여러분은 경전을 볼 줄 압니다. 맞지요? 그런데 여러분 눈은 제 눈만큼 깊이 들어가지 못합니다. 여러분은 여덟 개의 눈을 가지고 있어도 들여다보지 못합니다. 아시겠습니까? 우리는 이 경전들을 보면 스스로 부끄러워서 식은땀이 줄줄 흐릅니다. 자신이 모든 잘못을 다 범했다고 생각되기 때문입니다. 여러분 스스로 살펴보십시오. 어느 한 글자 우리를 때리지 않는 것이 있습니까! 우리가 어떻게 부처님을 배웠습니까? 한 가지라도 덕행이 충분한 것이 없습니다. 그렇지 않습니까? "많은 근심과 걱정으로 양생이 어렵고 만족이 어렵습니다." 두타행(頭陀行)으로 만족한다는 것은 족함을 알고 항상 즐거워하는 것입니다. "족함을 기뻐할 줄 모름(不知喜足)"이란 현실에 만족하지 않고 현실을 편안히 여기지 않음이니, 이런 과실로 말미암아 정(定)을 이루지 못합니다.

쓸데없는 일에 바쁘고 나태한 잘못

일곱째는 곧 이와 같은 증상력¹⁴ 때문에 여러 자질구레한 일이 많은 과실이다.

七卽由如是增上力故, 多諸事務過失.

앞의 이런 심리 행위가 틀렸기 때문에 마음속으로 생각하면 할수록 더욱 틀리게 됩니다. 원래는 이 장소가 그런대로 머무를 만했는데 나중에 보니 볼수록 아니라는 생각이 듭니다. 내 생각에 부합하지 않고 이 환경이 좋지 않다면, 산 위로 올라가서 초가집이나 찾아보는 수밖에요! 그도 아니면 도서관을 찾아보십시오! 다른 장소가 다 여기보다는 좋다고 생각합니다. "이 산에서는 저 산이 높아 보이고, 저 산에 가 보니 또다시 마음이 초조하네." 사람은 영원히 만족하지 못합니다. "증상력 때문에〔增上力故〕" 자신의 잘못된 관념은 얽매일수록 더 심해집니다. 그로 인

---

14 증상(增上)은 증진(增進)과 같은 뜻으로, 증상력은 늘어가고 나아가게 하는 힘을 말한다.

해 수행하는 시간은 적고 세상일을 생각하는 시간은 많아집니다. 본래 자기 혼자 초가집에 살면 옷도 스스로 빨고 밥도 스스로 해 먹느라 충분히 수고스럽습니다. 여기에 왔더니 세탁기가 있어서 자신이 빨 필요가 없습니다. 그런데 이 세탁기가 그다지 좋지 않은 것 같고 더 좋은 새 브랜드가 있는 것 같아서 전화를 걸어 물어봅니다. 제대로 대답해 주지 않으면 불만스러워하며 다시 다른 사람에게 물어봅니다. 이렇게 자질구레한 일〔事務〕을 늘리니 사무가 갈수록 많아져서 마음이 평온할 수가 없습니다. 그래서 정(定)이 불가능합니다.

여덟째는 비록 이런 과실은 없으나 태만과 나태가 있기 때문에 가행을 버리는 과실이 있다.

八雖無此失, 然有懈怠懶惰故, 棄捨加行過失.

비록 앞의 일곱 가지 과실은 없으나 사람은 천성적인 병을 지니고 있으니, 바로 태만과 나태입니다. 태만과 나태는 크게 다릅니다. "나태〔懶惰〕"는 몸의 나태입니다. 먹기를 탐하고 잠자기를 탐하며 움직이기 싫어해서 그에게 일을 약간만 시켜도 하지 않으려 하며 하더라도 무기력합니다. "태만〔懈怠〕"은 소홀히 함이니, 일을 해도 대충대충 합니다. 매일 독경을 하니 타좌를 하니 말은 하지만, 독경도 대충 타좌도 대충 합니다. 후딱 읽어 버린 다음 한가한 시간을 조금이라도 더 가지려고 하는 것입니다. 이것이 태만한 심리입니다. 말해 보세요. 인생에서 한가한 시간이 아주 많이 생기면 뭘 합니까? 그 자리에 앉아서 멍하니 있을 뿐입니다. 멍하게 있는 과보는 지혜가 갈수록 어둡고 둔해지는 것이어서, 내세에 멍청한 거위나 돼지로 태어납니다! 배불리 먹고 난 돼지는 그 자리에 앉아서 아무 생각도 하지 않는다고 여기면 안 됩니다. 돼지도 생각이 있고

경계가 있습니다. 혼침(昏沈)으로 잠을 자는 경계입니다.

"태만과 나태〔懈怠懶惰〕" 때문에 가행(加行)을 버리는데, 무엇을 가행이라고 합니까? '가행'은 바로 가공(加工) 공장의 가공입니다. 우리의 모든 수행 방법은 다 가행일 뿐입니다. 무엇 때문에 부처님께 절하고 독경하고 정(定)을 수행해야 합니까? 이런 것들이 가행이기 때문입니다. 무시겁(無始劫) 이래의 그 나쁜 습기(習氣)를 이 가행의 법문으로 없애 버리는 것입니다. 이것은 넓은 의미의 가행입니다.

좁은 의미의 가행은 바로 사가행(四加行)이니 난, 정, 인, 세제일법입니다. '난(煖)'은 정좌(靜坐)를 통해 밀종에서 말하는 졸화(拙火)를 일으켜서 기맥(氣脈)이 통하고 온몸이 따뜻해져서 삼매진화의 힘을 얻는 것입니다. '정(頂)'은 기맥이 통하게 된 것입니다. '인(忍)'은 망념이 자연스럽게 끊어진 것인데, 이런 모습은 그저 '세제일법(世第一法)'에 불과합니다. 현교와 밀종을 포함해서 일체의 기맥 수련은 모두 사가행의 수행일 뿐입니다. 세상의 일등에 도달한 후에야 출세법을 닦을 수 있습니다.

그러므로 "태만과 나태"해서는 안 되며 부지런히 사가행을 수행해야합니다. 사가행은 대원칙이며 염불(念佛)로도 사가행을 성취할 수 있습니다. 지관(止觀) 수행을 하거나 수식(數息) 수행을 해도 마찬가지입니다. 그러나 일반인들은 수지를 해내지 못합니다. 나태하기 때문입니다. 자신을 용서하는 것이 태만함입니다. 용서한 후에 부끄러워하고 후회하면서 자신은 가망이 없다고 생각합니다. 하지만 단 몇 분 사이에 가망 없다는 생각을 떨쳐 버릴 많은 변명거리를 찾아내어 자신이 옳다고 여깁니다. 이렇게 하기 때문에 수행을 해도 영원히 성취하지 못하는 것입니다.

아홉째는 비록 이런 과실은 없으나 다른 것 때문에 각종 장애를 생기하는 과실이 있다.

九雖無此失, 然有爲他種種障礙生起過失.

앞에 나온 이런 잘못들이 없다고 가정하더라도, 때로는 외부의 일 때문에 스스로를 방해합니다. 그래서 저는 "훌륭한 고양이는 일곱 집을 관리한다"는 말을 종종 합니다. 훌륭한 고양이는 자기 집의 쥐를 잡을 뿐 아니라 다른 집의 쥐도 달려가서 잡습니다. 다른 사람의 일이 자신과 상관이 없는데도 불구하고 그 마음속은 복잡하기만 하고 또 그런 열심이 남을 질리게 만듭니다. 세상에는 이런 사람이 아주 많습니다. "다른 것 때문에[爲他]"에서 이 '타(他)'는 단지 다른 사람의 일 때문만이 아닙니다. 외부의 상관없는 일 때문에 쓸데없이 바빠서, 정신없이 바빠서 스스로에게 장애가 되고 일체의 잘못을 저지릅니다.

트집 잡고 성질 부리고 마음을 쓰지 않는 잘못

열째는 비록 이런 과실은 없으나 추위와 더위 등의 괴로움에 대하여 참아 내지 못하는 과실이 있다.

十雖無此失, 然有於寒熱等苦, 不能堪忍過失.

보살도(菩薩道)를 수행하려면 행하기 어려운 것을 행할 수 있어야 하고 참기 어려운 것을 참을 수 있어야 합니다. 너무 추운 곳인데 난방이 없다면 타좌하기가 쉽지 않습니다. 너무 더운 곳에 냉방이 없어도 타좌를 할 수가 없습니다. 여기는 풍수가 좋지 않고 저기는 습기가 너무 심하고 추울까 봐 두렵고 더울까 봐 두렵습니다. 굳게 참아 흔들리지 않는 [堅忍不拔] 두타행의 심리가 없으면 정(定)을 수행할 수가 없습니다. 환경이 좋아야 정을 수행할 수 있다고 말한다면, 석가모니 부처님의 그 자리를 내어 주면 어떻겠습니까? 여러분이 정말 그곳에 간다면 정(定)은 커녕 아마 앉아 있지도 못할 것입니다. 전등을 환하게 밝히면 전등 빛이 너무 강하다고 싫어하고, 끄면 어둡다고 싫어합니다. 아무튼 사람은 모두 각종 문제점을 지니고 있으니, 바로 참아내지 못하는 잘못입니다.

열한째는 비록 이런 과실은 없으나 자만하고 성질을 부리는 허물 때문에 가르침을 받아들이지 못하는 과실이 있다.

十一雖無此失, 然有慢恚過故, 不能領受教誨過失.

비록 이런 잘못은 없더라도 아만(我慢)과 교만(憍慢)이 있습니다. '에(恚)'는 성질이 남달리 대단한 것이지 성내는 마음[瞋心]은 아닙니다. 기(氣)를 건드리면 살인을 하는 그것이 정말 성내는 마음입니다. 여러분 어디에 성내는 마음이 있습니까? 여러분보다 성질이 더 대단한 사람은 여러분을 놀라게 할 것입니다. 여러분은 단지 성질을 부리는 마음[恚心]입니다. 성질이 대단하고 문제가 많다 보니 그냥 봐주지 못하고 성질이 나는 것입니다. 그런 경우 실제로는 간의 병이며 간에 화(火)가 왕성해서 그런 것입니다. 자만하는 마음이나 성질 부리는 마음이 있어서 다른 사람의 훌륭한 가르침을 받아들이지 못하는데, 그런 까닭에 정(定)을 이루지 못합니다.

열둘째는 비록 이런 과실은 없으나 가르침에 대하여 거꾸로 사유하는 과실이 있다.

十二雖無此失, 然有於教顚倒思惟過失.

사상이 청명(淸明)하지 않고 교리에 대해 분명하지 않으면, 해석이 바르지 않고 거꾸로 사유합니다. 마찬가지로 불경을 읽고 불학을 배우면서 그 사람이 말한 것은 옳지 않다고 생각하고 자신이 지닌 새로운 사상을 신조파(新潮派)라고 하면서 시대 조류를 좇아 가면 곧 자신을 잃어버리게 됩니다. 저는 평생 시대 조류를 좇지 않았는데, 결국 지금은 저의 오래된 것이 도리어 가장 인기 있는 것으로 변했습니다. 어떻게 그럴 수 있었을까요? 제가 조류를 좇아가는 것을 내켜하지 않았기 때문입니다. 조류는 이리 흐르고 저리 흐르고 왔다 갔다 하는데, 제가 이 자리에서 움직이지 않으면 그것은 또다시 흘러 돌아옵니다. 그래서 옛것을 믿고 좋아하며[信而好古] 성실하게 수행했습니다.

열셋째는 비록 이런 과실은 없으나 받은 가르침에 대하여 망념하는 과실이 있다.

十三雖無此失, 然有於所受教有忘念過失.

듣고는 바로 잊어버린다면, 그것이 무슨 소용이 있습니까? 이것이 "망념하는 과실[忘念過失]"이니, 있다면 고쳐야 합니다. 머리는 부모가 준 것이고 본래부터 그리 좋지 않다고 여러분은 말합니다. 솔직히 말해서 머리가 좋고 나쁘고의 문제가 아니라, 마음을 쓰려고 하느냐 아니냐의 문제입니다. 여러분은 저의 이 말을 자세히 연구해 보십시오. 총명한 사람은 한 번 들으면 기억합니다. 저는 둔해서 백 번 더 읽고 성공했습니다. 그러므로 부지런함은 서투름을 채울 수 있다는 "근능보졸(勤能補拙)"이 네 글자를 기억해야 합니다.

함부로 먹고 많이 자고 육근을 지키지 못하는 잘못

**열넷째는 비록 이런 과실은 없으나 재가와 출가가 섞여서 머무르는 과실이
있다.**

十四雖無此失, 然有在家出家雜住過失.

지금 우리처럼 재가와 출가가 함께 거주하면 때로는 이런 생각을 합니
다. 자신은 머리를 깎아서 정말로 애석한데, 다른 사람은 머리를 길러서
아주 좋아 보입니다. 이것이 "재가와 출가가 섞여서 머무르는[在家出家
雜住]" 과실이니, 실제로는 형상(形相)의 문제가 아니라 마음의 문제입
니다. 이 과실이 가장 심각합니다.

**열다섯째는 비록 이런 과실은 없으나 다섯 가지 잘못과 상응하는 와구를
수용하는 과실이 있으니, 다섯 가지 잘못과 상응하는 와구란 성문지에서
말하게 될 것과 같음을 마땅히 알아야 한다.**

十五雖無此失, 然有受用五失相應臥具過失, 五失相應臥具應知, 如聲聞地當說.

이것은 이런 말입니다. 타좌를 하는 방석이 좋지 않고, 솜이 충분히 두
텁지 않고, 베개가 잠자기에 불편하고, 이불이 좋지 않고, 이런 옷을 입
으면 타좌에 불편하다는 등 이런 문제들이 침구[臥具]와 관련된 다섯 가
지 과실입니다. 여기에서는 더 이야기하지 않고 앞으로 성문지(聲聞地)
에서 출가인과 진정한 수행자에 관해 말할 때 다시 설명하겠습니다.

**열여섯째는 비록 이런 과실은 없으나 멀리 떨어진 곳에서 제근을 지키고
보호하지 않기 때문에 바르게 심사하지 못하는 과실이 있다.**

十六雖無此失, 然於遠離處, 不守護諸根故, 有不正尋思過失.

비록 이런 과실들은 없다 할지라도 마땅히 세간과 격리되어야 하고 세간의 일을 멀찌감치 내려놓아야 하는데 끝내 진정으로 내려놓지 않습니다. "제근을 지키고 보호하지 않아서〔不守護諸根〕"란, 육근(六根)이 계(戒)를 지키지 않아서 텔레비전 보기를 좋아하고 눈으로 세간의 색상(色相)을 탐합니다. 이근(耳根)을 지키고 보호하지 않아서 음악 듣기를 좋아하고 우스갯소리 듣기를 좋아합니다. 염불하는 한편으로 마음속으로 저속한 잡생각을 합니다. 이때 여러분 머리 위의 빛이 검게 변하는데, 밝은 눈을 지닌 사람에게는 분명하게 보입니다. 이는 모두가 근문(根門) 특히 의근(意根)의 근문을 지키고 보호하지 않기 때문이니, 망상과 번뇌가 너무 많아서입니다.

열일곱째는 비록 이런 과실은 없으나 먹는 것이 고르고 한결같지 않음으로 말미암아 몸이 가라앉고 무거워서 견뎌낼 수 없는 과실이 있다.

十七雖無此失, 然由食不平等故, 有身沈重, 無所堪能過失.

먹기를 탐하고 거기다가 함부로 먹어서, 혹은 배가 고플 때에도 먹지 않아서 위장병을 키운다면 그 역시 계를 범하는 것입니다. 채소가 신선하고 맛있는 데다가 표고버섯이 많다고 실컷 집어 먹는다면 결국 위장이 나빠져서 정(定)의 수행을 방해합니다. 그러므로 음식 조절이 제일 어렵습니다. 음식을 먹는 것이 고르고 한결같지 않으면 "몸이 가라앉고 무거워서〔身沈重〕" 타좌를 하려고 해도 편안하지 않습니다. 여기저기 쑤시고 붓고 마비가 되는데, 위장 안이 깨끗하지 않기 때문에 각종 문제가 생깁니다. 그러지 않으면 위로는 트림을 하고 아래로는 방귀를 뀝니다.

위장이 통하지 않아서 트림하는 것과 기맥이 통해서 트림하는 소리는
서로 다릅니다.

**열여덟째는 비록 이런 과실은 없으나 본성이 잠이 많아서 많은 잠으로 수
번뇌가 현행하는 과실이 있다.**

十八雖無此失, 然性多睡眠, 有多睡眠隨煩惱現行過失.

잠자기를 탐하고 혼침을 좋아하면 잠이 많아서 "수번뇌(隨煩惱)"를 일
으키기 쉽습니다. 수번뇌란 성내고[忿], 원망하고[恨], 뒤집고[覆], 괴로
워하고[惱], 시기하고[嫉], 인색하고[慳], 속이고[誑], 알랑거리고[諂],
해치고[害], 거만하고[憍], 수치를 모르고[無慚], 부끄러운 줄 모르고[無
愧], 들뜨고[掉擧], 산란하고[散亂], 혼침하고[昏沈], 믿지 못하고[不信],
태만하고[懈怠], 방일하고[放逸], 정념을 잃고[失念], 잘못 이해하는[不正
知] 것입니다. 가령 잠이 많으면 누단(漏丹)하기 쉽고 꿈을 꾸기 쉽고 각
종 문제가 다 생깁니다. 많이 자면 기(氣)가 상해서 기를 통하기가 쉽지
않습니다. 오래 앉아 있으면 살[肉]을 다치기 쉬운데, 타좌를 가리키는
것이 아니라 의자에 오래 앉아 있는 것이 그렇습니다. 길을 오래 걷고
쉬지 않으면 힘줄[筋]을 다치기 쉽습니다. 우리의 이 사대(四大) 신체는
너무나도 다루기 어려운데, 사대가 조화로워야 정(定)을 이룰 수 있습니
다. 여러분은 부처님을 배우고 도를 성취하는 이 학문이 간단한 것이라
고 생각합니까? 절로 달려가서 삼귀의(三皈依) 하기만 하면 귀의한 것입
니까? 그리 간단한 것이 어디에 있습니까? 학리를 연구해야 알 수 있는
데 이런 학문이 『유가사지론』에 모두 있습니다.

지관 수행의 방법을 몰라 일으키는 잘못

열아홉째는 비록 과실은 없으나 먼저 사마타품[15]을 수행하지 않기 때문에, 내심이 적멸하고 머무르고 멀리 떠나는 것에 대하여 기뻐하지 않는 과실이 있다.

十九雖無此失, 然不先修行奢摩他品故, 於內心寂止遠離中, 有不欣樂過失.

비록 이런 과실들은 없다 할지라도 먼저 제대로 타좌하고 정(定)을 수행하지 않기 때문에 지(止)를 이루지 못합니다. 마음속 생각[心念]이 머무르지 못하고, 마음을 하나의 대상[緣]에 묶어 두지 못하는 것입니다. 마음이 청정 적멸(寂滅)하지 못하고 마음이 머무르지[止] 못하기 때문에, 타좌하여 정(定)을 닦기 싫어하고 여전히 책 읽기를 좋아합니다. 왜 그렇습니까? 여러분의 업습(業習) 과보(果報)가 무시이래로 산란심(散亂心)이 무겁기 때문이니, 책 읽기를 좋아하는 것은 산란심이 무거운 것입니다. 어떤 사람들은 책을 읽어도 눈에 들어오지 않습니다. 보기만 하면 곧 머리가 혼미해지는데, 그것은 혼침(昏沈)의 습기가 무겁기 때문입니다. 책 읽기를 싫어하지도 않고 좋아하지도 않지만, 책을 보기만 하면 혼침해지거나 멍청해져서 하루 종일 아무 일도 못 하고 그 자리에 앉아서 멍하게 있다면, 그것은 많은 생(生) 여러 겁(劫) 동안의 무기업(無記業)이 무겁기 때문입니다. 그래서 무기(無記) 과보에 떨어진 것입니다. 그에게 뭘 생각하고 있느냐고 물으면 아무 생각도 하지 않았다고 말하는데, 그는 정말로 아무 생각도 하지 않았습니다. 생각하지 않았다면 정

---

15 지(止), 적정(寂靜)이라 번역한다. 마음을 한곳에 집중하여 어지러이 흩어짐을 멈추고 평온하게 만드는 것을 말한다.

(定)에 들어간 것일까요? 아닙니다. 그저 흐리멍덩한 것으로 무기업에 떨어진 것입니다. 주의해야 합니다. 무기업이 오래되면 내세에 태어날 때 거의 대부분 돼지로 변합니다.

스물째는 비록 이런 과실은 없으나 먼저 비발사나품[16]을 수행하지 않기 때문에, 증상혜법의 비발사나 여실관[17]을 기뻐하지 않는 과실이 있다.

二十雖無此失, 然不先修行毘鉢舍那品故, 於增上慧法毘鉢舍那如實觀中, 有不欣樂過失.

처음부터 지관(止觀) 수행의 방법을 잘 알지 못하기 때문에 끝내 혜(慧)를 일으키지 못합니다. 지관 수행을 해서 성취했다 할지라도 삼마지(三摩地)라 할 수 없습니다. 삼마지는 바른 정[正定]을 이루는 것입니다. 여러분은 백골관(白骨觀)도 제대로 관(觀)하지 못합니다. 그렇지 않습니까? 관을 제대로 닦아야 혜력(慧力)을 일으킬 수 있습니다. 백골관도 관하지 못하니 여러분의 습기가 얼마나 어둡고 무디겠습니까! 더 많이 염불하고 더 많이 진언을 외우고 더 많이 참회해야 합니다. 아시겠습니까? 실망하지 마십시오. 부지런함이 서투름을 채울 수 있습니다. 일 년에 관하지 못하면 이십 년이면 틀림없이 그것을 관할 수 있습니다. 우리가 부처님을 배우려면 이런 결심을 해야 합니다. 이 스무 조항은 과실입니다. 이런 잘못을 범하면 수행을 해도 정(定)을 이루지 못합니다.

---

16 산스크리트어 vipaśyān의 음역으로 관(觀)이라 번역한다. 지혜로써 대상을 있는 그대로 자세히 주시하는 수행을 말한다. 비바사나(毘婆舍那)라고 표기하기도 하며 오늘날은 위파사나, 위빠사나라고 한다.

17 있는 그대로의 참모습을 관하는 것.

방법을 모르고 가행이 느슨하거나 잘못되어서이다

이와 같은 스무 가지 법은 사마타품과 비발사나품에서 심일경성[18]을 증득하는 것으로 대치한다. 또 이 스무 가지 대치법은 간략하게 네 가지 상으로 말미암아 삼마지를 생기하는 것에 대하여 장애가 될 수 있다. 무엇 등을 네 가지라고 하는가.

如是二十種法, 是奢摩他毘鉢舍那品, 證得心一境性之所對治. 又此二十種所對治法, 略由四相, 於所生起三摩地中, 堪能爲障. 何等爲四.

이 스무 가지 조항을 설명하자면 얼마나 두려운지요! 우리는 한 가지도 올바른 것이 없습니다. 마치 어떤 사람이 온몸에 병이 든 것과 같은데, 어떻게 치료할까요? 미륵보살은 긴장하지 말고 안심하라고 말합니다. 한 가지 방법이 있으니 바로 "심일경성(心一境性)"입니다. 일념(一念)을 전일(專一)하게 하면 이 스무 가지 병을 모두 없애 버릴 수 있습니다. 참된 마음으로 염불(念佛)해서 일심불란(一心不亂)에 도달하고, 지관을 쌍수(雙修)하는 사이에 참으로 심일경성에 도달할 수 있으면, 이 스무 가지의 문제가 모두 사라질 수 있습니다.

정(定)을 이루지 못하는 스무 가지 원인을 귀납하고 또 귀납해 보면, 네 가지 형상〔相〕이 정을 수행하는 데에 큰 장애입니다.

첫째는 삼마지의 방편에 대하여 선교하지 않기 때문이다.

---

18 마음〔心〕을 하나의 대상〔境〕에 집중해서 마음이 대상과 하나〔一〕가 되는 것이다. 산스크리트어를 의역한 것으로 정(定)의 한 형태이다. 이 책 제17강에 교리(敎理)에서 초선의 경계가 '심일경성(心一境性)'이며 이 마음은 영원히 청정한 경계에 있다고 하였다.

一於三摩地方便不善巧故.

첫 번째는 여러분이 정(定)을 수행하는 방법에 대하여 명확하게 알지 못하기 때문입니다. 예를 들어 염불(念佛) 수행을 한다고 하면서 염불 방편도 알지 못하고, 밀종의 각종 관상(觀想) 수행을 한다고 하면서 관상하는 방법을 제대로 알지 못합니다. 백골관 수행을 하는 방법과 방편도 알지 못하니 당연히 정을 이루지 못합니다. 장애가 있기 때문이지만 여러분은 연구하기도 귀찮아합니다. 연구하기 귀찮아하는 것이 아니라 여러분에게 무기(無記)와 혼침(昏沈)이 찾아온 것입니다. 멍청한 거위의 습기가 현행(現行)[19]하여 나타나서 방편을 선교(善巧)하게 운용하지 못합니다. 선교는 아주 어렵습니다.

"때로는 시방불을 염하다가 일 없이 한가하게 마음 한 조각 관한다〔有時且念十方佛, 無事閑觀一片心〕"라고 했습니다. 때로 부처님을 염(念)하다가 번뇌 망상이 모두 없어지는데, 부처님도 생각하지 않고 공(空)이 됩니다. 혼침하지도 않고 산란하지도 않으니 정(定)에 들어간 것입니다. 그 방법은 선교방편(善巧方便)[20]을 알아야 합니다. 때로 몸이 좋지 않거나 너무 많이 먹어서 정(定)을 계속할 수 없으면 자리에서 일어나 운동을 합니다. 그러지 않으면 친구를 찾아가 한담하면서 조절합니다. 다만 다른 사람의 수행을 방해해서는 안 됩니다. 혹은 다른 방법을 쓰기도 하는데, 그것은 여러분에게 달렸습니다. 이 몸과 이 마음을 조복(調伏)[21]하

---

19 아뢰야식에 일체법의 종자가 잠재해 있다가 인연이 갖추어지면 현재 법으로 드러나는 것을 말한다. 제4강 175-177쪽 참조.

20 사람의 수준(근기)이나 능력에 따라서 그들을 잘 교화할 수 있는 여러 가지 훌륭한 수단이나 방법.

21 몸과 마음을 조절하여 온갖 나쁜 생각과 행동을 다스리는 것.

는 것이 가장 어려우니, 선교방편을 알아서 자신을 조복해야 합니다.

　그런 까닭에 소승도의 비구계(比丘戒)는 노래 부르고 춤추고 우스갯소리 하는 것 모두 허용하지 않지만 대승의 보살계는 놀이〔戲〕, 머리장식〔鬘〕, 노래 부르기〔歌〕, 춤추기〔舞〕를 모두 허용합니다. 마음을 조절할 수 있기 때문입니다. 마음은 조절해야 하는데, 이 마음이 살아서 마치 원숭이처럼 뛰놀면 어떻게 합니까? 밀종을 배우는 사람이라면 화가 나려고 할 때 사부가 어떤 장소에 그 사람을 밀어 넣습니다. 안에는 아주 많은 사람이 있으며 남녀노소 다 있지만 모두 그림자입니다. 그는 한 사람 한 사람 가리키면서 욕을 하고 심지어 때리기까지 합니다. 반나절을 때려도 괜찮습니다. 다 때리고 나면 그도 기운이 없어집니다. 그러면 사부가 묻습니다. "이제 괜찮아졌느냐?" "스승님, 괜찮아졌습니다. 뉘우칩니다." "좋다! 타좌를 하거라." 그가 노래하고 춤추고 싶어 하면 역시 어떤 장소에서 노래하게 하고 춤추게 합니다. 정(定)을 이루기 전에는 몸과 마음을 조절하는 것이 어렵습니다. 사람은 그렇게 성가신 존재입니다. 배가 부르면 싸고 싶고 다 싸고 나면 또다시 먹고 싶고, 바로 그렇게 지겨운 물건입니다. 그렇기 때문에 반드시 조절을 잘 해야 하고 선교를 잘 알아야 합니다. 선교를 알지 못하면 수행을 해도 방해가 있습니다.

둘째는 일체 정을 수행하는 방편에 대하여 전혀 가행이 없기 때문이다.

二於一切修定方便全無加行故.

　정(定)을 수행하는 방법이 생기면 거기에다 가행(加行)도 해야 합니다. 예를 들어 여러분에게 백골관 수행을 하라고 해도 여러분은 모두 관(觀)하지 못합니다. 지금은 시타림(尸陀林)이 없어서 백골을 본 적이 없기 때문입니다. 그래서 제가 피 같은 큰돈을 지불해서 백골 모형을 사서

여러분에게 보도록 하는 것입니다. 이것이 방편이고 방법이며 또 가행이기도 합니다. 가행은 앞에서 이미 말씀드렸기 때문에 여기에서 더 설명하지는 않겠습니다.

셋째는 거꾸로 된 가행 때문이고, 넷째는 가행이 느슨하기 때문이다.

三顚倒加行故. 四加行慢緩故.

"느슨함〔慢緩〕"은 느릿느릿 대충대충 하는 것으로, 되는 대로 살아가는 것입니다. 틀렸다는 것을 알기에 지금은 부끄럽고 후회스럽지만, 다음번에도 예전처럼 똑같이 느슨합니다. 그래서는 안 되는 것을 알지만 매번 하고 나서 또 후회하니 그래서야 무슨 소용이 있습니까? 한평생 얼마나 후회할까요? 느슨함은 바로 그런 것입니다.

악업이 무거우면 정을 이루지 못한다

이 삼마지의 대치법에는 스무 가지 백법 대치가 있는데, 이것과 서로 어긋나는 것은 마땅히 그 상을 알아야 하며, 이것으로 말미암아 끊을 수 있는 대치법은 행하는 것이 많기 때문에, 빨리빨리 바른 머무름을 이루어 그 마음이 삼마지를 증득하게 한다.

此三摩地所對治法, 有二十種白法對治, 與此相違, 應知其相, 由此能斷所對治法, 多所作故, 疾疾能得正住其心證三摩地.

백(白)은 선념(善念)이고 흑(黑)은 악념(惡念)인데, 이것이 정(定)을 수행하는 스무 가지의 백법(白法) 대치입니다. 그런데 이렇게 들으면 수행

이라는 것이 얼마나 어렵습니까! 언제나 수행을 해낼 수 있을까요? 여러분이 "됐습니다. 저는 하지 않겠습니다"라고 말할지도 모르겠습니다. 하지만 어렵지 않습니다. 이런 문제들을 대치할 수 있는 길이 있으니 바로 선행을 많이 해서 백법을 늘리는 것입니다. 생각을 언제나 거기에 두고 선을 행하는 사람은 정(定)을 이루기 쉽습니다. 왜 우리는 정을 이루지 못할까요? 악업이 너무 무겁기 때문입니다. 어떤 것이 심리 탓이고, 어떤 것이 생리 탓일까요? 분명히 해야 합니다. "질질(疾疾)"은 아주 빠르다는 뜻입니다. "바른 머무름〔正住〕"을 이룰 수 있다는 것은 바로 정(定)의 경계이니, 마음이 삼마지에 머무릅니다. 단지 몸만 증도(證到)할 뿐 아니라 마음으로도 깨달을 수 있습니다.

또 이 삼마지를 이루는 것은 곧 초정려의 근분정을 이루는 것으로, 미지위에 포함되는 것임을 마땅히 알아야 한다.

又得此三摩地, 當知卽是得初靜慮近分定, 未至位所攝.

　　처음으로 이 삼마지를 이루었다면, 지금 여러분에게 말씀드리는데 이정(定)의 경계는 초선정(初禪定)의 전주(前奏)입니다. 그래서 정을 수행해서 성취하고자 하면 초선정이 그처럼 어렵다고 말하는 것입니다. "근분정(近分定)"은 초선에 근접한 정의 경계이고, "미지위에 포함된다〔未至位所攝〕"는 것은 아직 초선의 과위(果位)에는 이르지 못했다는 말입니다.

또 삼마지를 이루는 데에 거스르는 법과 삼마지를 이루는 데에 수순하는 법의 자세한 성교의 이치는 오로지 이 스무 가지만 있음을 마땅히 알아야 한다.

又此得三摩地相違法, 及得三摩地隨順法, 廣聖敎義, 當知唯有此二十種.

이 스무 가지는 일체 경전에 모두 있지만 흩어져 있는데, 여기에서는 그것을 종합해 놓았습니다.

이것을 제외하고 다시 지나치거나 더할 것이 없으니, 이 인연으로 말미암아 처음 세간의 일체 종류의 청정에 의지한다.

除此, 更無若過若增, 由此因緣, 依初世間一切種淸淨.

이 정(定)의 경계를 이루었다면 곧 세간정(世間定)이니, 세간의 모든 종류의 청정에 다 도달하게 됩니다. 바로 우리가 시작하는 경문에서 말했던 것이기도 한데, 이때 비로소 수행의 발걸음을 내디딜 수 있습니다. 하지만 이것이 초선(初禪)의 경계에 도달한 것은 결코 아닙니다. 단지 초선의 근분정으로 초선에 근접했을 따름입니다.

이 정법에 대하여 보특가라가 삼마지를 이룸을 이미 잘 널리 말하였고 이미 잘 열어 보였다.[22]

於此正法補特伽羅得三摩地, 已善宣說, 已善開示.

보특가라(補特伽羅)[23]는 중생이며 수도자를 나타내기도 합니다. 함의(含意)가 많기 때문에 뜻을 옮기지 않고 그냥 음을 옮겼습니다. 이렇게 수행할 수 있는 수행자라야 삼마지를 이룰 수 있고 비로소 다른 사람에게 설법할 수 있다는 말입니다. 그는 나한도 아니고 보살도 아니지만 수

---

22 이 구절에 대한 저자의 해석은 약간 다르다. "보특가라가 삼마지를 이루어서 잘 말할 수 있고 잘 열어 보일 수 있다"로 해석한 듯하다.
23 현장법사는 윤회하는 존재 중 인간을 뜻하는 산스크리트어 pudgala를 음역하여 보특가라로 옮겼다. 흔히 유정(有情), 중생(衆生)이라고 하며 삭취취(數取趣)라고도 한다.

행이 여기에 이를 수 있기에, 불법을 말해도 틀리지 않을 수 있고 다른 사람에게 열어 보일 수 있습니다.

정(定)을 수행한다는 것은 이런 것입니다. 두렵지요? 이 길을 걸어가기란 너무도 어렵습니다. 이제 제21권 본지분 중 성문지 제십삼 초유가처 종성지품 제일(本地分中聲聞地第十三初瑜伽處種性地品第一)"(521면)로 넘어가겠습니다.

『유가사지론』 백 권 가운데 앞의 오십 권은 '본지분(本地分)'인데 바로 각 지(地)의 의리(義理)입니다. 뒤의 오십 권은 섭결택분(攝抉擇分) 섭석분(攝釋分) 섭이문분(攝異門分) 섭사분(攝事分)으로 나누어지는데, 수행의 순서를 나누어서 설명했으며 모두 그처럼 많은 순서가 있습니다.

이제 본지분 중 성문지 제십삼을 먼저 말씀드리겠습니다. 여기서는 인승(人乘)과 천승(天乘)을 뛰어넘어 전문적으로 수행을 이야기합니다. 시작하는 첫 단락이 "초유가처종성지품제일(初瑜伽處種性地品第一)"인데, 유가나 선정을 닦는 수행자는 무엇보다 먼저 그의 근기(根器)와 종성(種性)을 알아야 한다는 말입니다. 즉 전생의 아뢰야식(阿賴耶識)의 종성이 어떠한지를 보고 그의 성분을 검토한다는 말입니다.

무엇을 성문지라고 하는가

이와 같이 수소성지는 이미 말하였고 무엇을 성문지라고 하는가. 일체의 성문지를 총괄하여 올타남[24]으로 말하리라. 만약 간략하게 이 지를 말한다면 종성 등과 삭취취[25]와 상응하는 대로 안립[26]과 세간 및 출세간이니라. 이 지에는 간략하게 세 가지가 있으니 종성지와 취입지[27] 및 출리상지이니, 이를 성문지라 말하네.

如是已說修所成地, 云何聲聞地, 一切聲聞地, 總嗢柁南曰: 若略說此地, 性等數取趣, 如應而安立, 世間出世間. 此地略有三, 謂種性趣入, 及出離想地, 是說爲聲聞.

제21권 이전은 인승과 천승에서부터 문(聞) 사(思) 수(修) 등에 이르기까지 설명했는데, 수소성지(修所成地)는 앞에서 이미 설명한 적이 있다는 말입니다. 지금부터는 성문지(聲聞地)를 설명하는데, 어떤 것이 성문지입니까? "일체의 성문지를 총괄하여 올타남으로 말하리라[一切聲聞地, 總嗢柁南曰]" 즉 일체 성문지의 총송(總頌)과 요강에서 이렇게 말하겠다는 뜻입니다.

이렇게 읽으면 이해하시겠습니까? (동학이 대답하다: 이해하지 못하겠습니다.) 이해하지 못한다는 대답이 솔직한 말입니다. 여러분은 불경을 보겠다고 마음을 먹어야 합니다. 많은 사람이 "저는 문을 닫아걸고 장경(藏經)을 독파할 겁니다"라고 말합니다. 장경을 본다고요? 여러분 자신을 감추고[藏] 있음을 보여 줄 뿐입니다. 우리 이 서원(書院)에서는 여러분에게 중국어 기초를 제대로 잘 다지라고 합니다. 보세요! 이 경문은 중국어가 아닙니까? 중국인이 중국어 경문을 보고도 이해하지 못한다면 어떻게 합니까? 하나씩 해설하도록 하겠습니다.

"만약 간략하게 이 지를 말한다면 종성 등과 삭취취[若略說此地, 性等數取趣]"라는 이 구절은 게송의 요강으로, 성문지의 범위를 간략하게 설

---

24 불교의 논서 등에서 논하고자 하는 내용의 요점을 먼저 운문의 게송으로 말한 다음 상세한 논의를 전개하는 경우가 많은데, 이때의 게송을 우타나(優陀那) 또는 올타남이라고 한다.

25 중생은 잘못된 생각과 업의 인연으로 되풀이하여[數] 육취(六趣, 지옥·아귀·축생·아수라·인간·천상)에 왕래한다는 뜻의 번역으로, 범부 중생을 일컫는다.

26 언어로 표현할 수 없는 것을 언어로 분별하여 다른 것과의 구별이 세워지는 것.

27 종성을 가지고 발심해서 성도(聖道)를 구하는 단계를 말하는데, 여기서는 취입(取入)의 자성과 의미와 취입자의 상(相) 및 보특가라에 대해 말한다.

명한 것입니다. 일체중생은 죽어도 또다시 태어나고 태어나도 또다시 죽는데, 육도(六道)에서 윤회하는 것을 "삭취취(數取趣)"라고 합니다. 중음신(中陰身)[28]이 소로 변하고 말로 변하고 개로 변해도 모두 그 사람의 종성(種性)을 지니고 있습니다. 왜 이 사람은 죽은 후에 개로 변하고 돼지로 변할까요? 이것은 무슨 이치일까요? 그것은 개인의 업력 인연입니다. 어떤 사람들은 천당에 올라가고 어떤 사람들은 지옥에 떨어지는데 각자의 종성이 다르기 때문입니다. 우리 각각은 모두 사람인데 왜 남자가 있고 여자가 있으며, 각 사람의 개성과 성질과 사상이 모두 다를까요? 그 까닭은 각 사람의 아뢰야식이 가지고 온 전생의 습기와 업력과 종성이 다르기 때문입니다.

"상응하는 대로 안립[如應而安立]"이란 지금부터 미륵보살이 후세의 일반 수행자를 위해 이 이치를 우리에게 말해 준다는 것입니다.

"세간 및 출세간이니라[世間出世間]"는 성문중(聲聞衆)이 모두 출가중(出家衆)이어야 한다는 것은 아니라는 말입니다. 재가(在家)에도 성문중이 있습니다. 그러므로 성문중에는 속세에 있는 사람도 있고 속세를 벗어난 사람도 있습니다.

"이 지에는 간략하게 세 가지가 있으니[此地略有三]" 즉 이 성문지는 세 가지 큰 요소를 포함합니다.

"종성지와 취입지[種性趣入]", 어떤 종류의 근기를 지닌 인재가 성문지, 아라한, 대아라한과를 쉽게 증득할까요? 근성(根性)이 부족하면 방법이 없습니다. 우리가 학생을 가르치거나 사람을 쓸 때와 똑같습니다. 예를 들어 이 자리에 계신 몇 분의 장군은 모두 병사를 거느려 본 적이 있고 장관을 지낸 적이 있습니다. 어떤 부하는 아주 마음에 들어서 두세

---

28 사람이 죽고 난 뒤부터 다시 태어나는 사이로, 육신이 없는 식신(識身)의 상태를 말한다.

계급 올려 주고 싶은데, 갖은 방법을 다 생각해 봐도 올려 줄 수가 없습니다. 마치 붙들어 줄 수 없는 구제불능의 아두(阿斗)[29] 같고, 또 땅에 쏟아지면 흩어져 버리는 연두부 같아서 받드려야 받들 수가 없고 방법이 없습니다. 그의 근성이 이와 같아서 아무리 끌어올리려고 해도 방법이 없습니다. 제가 평생 속세에서 겪거나 속세를 벗어나서 겪은 경험이 다 똑같습니다. 어떤 사람은 받들어 주고 싶어서 절반 정도 받들어 주면 그 자신이 안에서 곤두박질해 버립니다. 차라리 그를 내버려 두었으면 훨씬 좋았을 것을, 받들어 주자 바로 문제가 생겨서 내려놓는 수밖에 없었습니다. 그러므로 어떤 종류의 인재가 이 과(果)를 얻을 수 있는가 하는 것은 근성의 문제입니다.

"및 출리상지이니〔及出離想地〕", 세상을 벗어나려는 마음을 일으키지 않았다면 부처님을 배우고 도를 닦는다고 말할 수가 없습니다. 집에 있든 출가를 하든 염리심(厭離心)을 일으키지 않으면 부처님을 배운다고 말할 수 없습니다. 이 자리에 계신 거사 여러분은 자신이 부처님을 배운다고 말하지만, 염리심을 일으킨 적이 있습니까? 세상을 여전히 좋아하지 않습니까! 아들을 간섭하고 나면 손자를 간섭하려 들고, 손자를 간섭하고 나면 증손자가 있습니다. 골치가 아플 때는 "이제 더는 간섭하지 않아야지"라고 하지만 마음이 진정되면 또다시 간섭하려 듭니다. 그저께 저를 찾아온 어떤 친구는, 예전에 저에게 자식이 결혼하면 더는 간섭하지 않겠다고 말했던 친구인데, 이제는 필사적으로 손자를 간섭하고 있습니다. 예전에 그렇게 말했다고 하면 그는 바로 이렇게 말합니다. "간섭하지 않을 거야, 절대로 간섭하지 않아." 저는 그에게 큰소리치지

---

29 촉한(蜀漢) 유비의 아들인 유선(劉禪)은 우매하고 무능한 인간이었다. 그런 유선의 아명이 '아두(阿斗)'여서 후세 사람들은 아둔하고 무능한 사람을 가리켜 '붙들어 줄 수 없는 아두〔扶不起的阿斗〕'라고 했다.

말라고, 손자가 자라서 아내를 맞아들이고 증손자를 낳아도 마찬가지로 끌어안고 있을 것이라고 했습니다.

출리심(出離心)을 일으키지 않는다면 부처님을 배운다는 것도 다 쓸데없는 말입니다. 오늘 말하는 것이 진담이니, 평소에는 제가 여러분에게 어물쩍 말합니다. 여러분은 자신이 부처님을 배운다고 합니다. 그러면 저는 칭찬하기는 하지만 실은 여러분에게는 출리심의 그림자조차 없습니다. 여러분은 세상을 훨씬 좋아하고 있으니까요! 그래서 선종의 조사는 사람들을 꾸짖으면서 "네 마음이 지금 떠들썩하다〔汝心正鬧在〕"라고 했습니다. 여러분의 마음속은 여전히 시끌벅적합니다! 부처님을 배우러 온다지만 무슨 부처님을 배웁니까? 여러분은 세상에서 만족하고 기뻐하면서 자신이 아직 "앞길이 무한하고 뒷길이 무궁하게〔前途無量, 後途無窮〕" 지내고 있다고 생각합니다. "앞길이 유한하고 후환이 무궁하다〔前途有量, 後患無窮〕"는 것을 알지 못하지요. 그러므로 종성(種性) 안에 포함된 출리심을 정말로 일으켜야 부처님을 배운다고 말할 수 있습니다. 부처님을 배우는 첫걸음은 먼저 출리심을 일으키고 일체 망상을 떠나며 전부 내려놓아야 합니다. 그래야 성문도를 배운다고 할 수 있습니다.

무엇이 종성인가

무엇을 종성지라 하는가. 올타남으로 말하리라. 만약 간략하게 일체를 말한다면 종성지를 마땅히 알아야 하는데, 자성과 안립과 제상과 삭취취를 말하네.[30]

云何種性地, 嗢柁南曰: 若略說一切, 種性地應知, 謂自性安立, 諸相數取趣.

초보적인 성문의 기초[根基]는 수행자의 종성을 알아야 한다는 것입니다. 총송(總頌)에서 말했습니다. "너에게 성문지의 일체 종성을 간단하게 말한다면, 자신이 무슨 종성에 속하는지 스스로 점검해서 알아야 한다." 선지식이나 스승 된 사람은 다른 사람을 교화할 때 마땅히 그 사람의 종성을 알아야 합니다. 아래에서는 요점을 다시 해석했습니다.

"자성안립(自性安立)"이란 무엇일까요. 성불의 자질[根基]이 있다고 해서 바로 성불합니까? 위음왕불(威音王佛) 이전에는 혹 스승 없이 스스로 통달하는 사람이 있었을지 모르지만, 위음왕불 이후에는 다 밝은 스승[明師]의 교화가 있어야 합니다. 다만 모두 자성의 도를 떠나지 않습니다. 이 자질은 누가 그에게 준 범위일까요? 아무도 그에게 범위를 주지 않았습니다. 주재하는 이도 없고 스스로 그러한 것도 아니라 "자성안립"입니다. 그러나 사람의 개성은 모두 다릅니다. 그의 업력 종자가 다 다르기 때문입니다.

"제상삭취취(諸相數取趣)"라는 것은 생명의 윤회를 가리킵니다. 이 생명은 전생에 몇 생(生)을 원숭이로 지냈기 때문에 이번 생에서도 원숭이 형상[相]을 하고 원숭이의 습기를 지닙니다. 어떤 사람은 몇 생이나 여자로 지냈기 때문에 이번 생에는 남자로 태어났어도, 그의 일거수일투족이 여자 같고 여자의 습기를 지닙니다. 딱 봐도 여자가 막 남자로 변했음을 알 수 있습니다. 어떤 남자는 오랫동안 남자로 지냈기 때문에 이번 생에는 여자가 되었는데도 걸핏하면 싸울 것 같은 모습입니다. 이것

---

30 저자의 해설을 보면 저자는 "자성 안립과 제상 삭취취를 말하네"라고 해석한 것으로 보인다. 즉 자성의 안립과 여러 상의 삭취취라는 의미이다. 하지만 이어지는 『유가사지론』 원문에 "종성의 자성과 종성의 안립과 종성에 머무르는 자의 제상과 종성에 머무르는 보특가라의 이와 같은 일체를 간략하게 하나로 하여 종성지라고 한다(謂若種姓自性, 若種姓安立, 若住種姓者所有諸相, 若住種姓補特伽羅, 如是一切摠略爲一名種姓地)"를 참고하면 자성, 안립, 제상, 삭취취는 각각의 항목으로 보는 것이 타당할 것이다.

은 근성(根性)이 다르기 때문이니, 그의 언어와 행동거지에서 하나하나의 세포까지도 모두 알아낼 수 있습니다. 심지어 인체의 기미(氣味)로도 알 수 있습니다. 어떤 사람들은 축생도(畜生道)에서 나와 이번 생에 막 사람의 몸으로 변했기 때문에 그 맛이 여전히 남아 있습니다. 반면에 어떤 사람들은 선불도(仙佛道)에서 나왔습니다. 이런 것들은 여러분이 정(定)을 닦는 데에 달렸는데 수련이 경지에 이르면 알게 됩니다. 스승에게 어떻게 알게 되냐고 물을 필요 없습니다. 저도 여러분이 알도록 도와줄 방법이 없습니다. 방법이 있기는 합니다. 가르침을 잘 따라서 수행하다가 수련이 경지에 이르면 자연스럽게 알게 됩니다.

제2강

(상략) 문: 무엇을 열반법의 인연이라고 하였으나 부족하기 때문에 없기 때문에 만나지 못하기 때문에 반열반하지 못한다고 말하는가. 답: 두 가지 인연이 있다. 무엇을 두 가지라고 하는가. 첫째는 승연이고 둘째는 열연이다. 무엇을 승연이라고 하는가. 정법을 증상하는 다른 법음과 안으로 이치에 맞게 작의함을 말한다. 무엇을 열연이라고 하는가. 이 열연에는 여러 가지가 있다고 말한다. 스스로의 원만함, 다른 것의 원만함, 선법의 욕망, 바른 출가, 계율의, 근율의, 음식의 양을 아는 것, 초저녁과 새벽에 항상 부지런히 깨어 있는 유가를 수습하는 것, 바르게 알고 머무르는 것, 멀리 떠나는 것을 즐거워하는 것, 모든 개蓋를 청정히 하는 것, 삼마지에 의지하는 것을 말한다.

무엇을 스스로의 원만함이라고 하는가. 사람의 몸을 잘 얻고, 성스러운 곳에서 태어나고, 제근에 결함이 없고, 뛰어난 곳에서 청정한 믿음을 얻어 모든 업장을 떠나는 것을 말한다. 무엇을 사람의 몸을 잘 얻음이라고 하는가. 어떤 사람이 인동분에 태어나 장부의 몸을 얻어서 남근을 성취하거나 여자의 몸을 얻는다면, 이와 같은 것을 사람의 몸을 잘 얻음이라고 한다. 무엇을 성스러운 곳에 태어남이라고 하는가. 어떤 사람이 중국에 태어나고, 자세한 설명은 앞과 같으며, 선사들이 왕림하여 노닐기까지 한다면, 이와 같은 것을 성스러운 곳에 태어남이라고 한다. 무엇을 제근에 결함이 없음이라고 하는가. 어떤 사람이 본성이 우둔하지 않고, 또 어리석지 않고 벙어리도 아니고, 더 나아가서 자세히 말하였는데 사지에 결함이 없는 것을 말한다. 저 사람이 이와 같이 사지에 결함이 없고 귀에 결함이 없는 등으로 말미암아 선품을 부지런히 수행하고 모을 수 있으면, 이와 같은 것을 제근에 결함이 없음이라고 한다. (중략)

무엇을 법이 머무름을 따라서 구름이라고 하는가. 말하자면 이와 같이 정법을 증득한 사람이, 증득할 수 있는 힘이 있음을 깨달아 아는 이와 같은 정법중생이, 곧 증득한 바와 같은 가르침과 훈계를 따라서 구르고 수순하니, 이와 같은 것을 법이 머무름을 따라서 구름이라고 한다. 무엇을 다른 사람에게 가엾이 여김을 받음이라고 하는가. 다른 사람은 시주를 말한다. 저 사람이 수행자에게 가엾이 여기는 마음을 일으켜 정명에 수순하는 생활필수품, 이른바 불법에 맞는 의복과 음식, 모든 좌구와 와구, 아플 때의 의약품을 베풀어 주는 것이니, 이와 같은 것을 다른 사람에게 가엾이 여김을 받음이라고 한다.

무엇을 선법의 욕망이라고 하는가. 말하자면 어떤 사람이 부처님 혹은 제자들에게서 정법을 듣고 나서 청정한 믿음을 획득하는 것이니, 청정한 믿음을 얻고 나서는 이와 같은 배움에 상응해야 한다. 재가하여 번뇌에 시달리는 것은 먼지투성이 집에 사는 것 같고, 출가하여 한가롭고 넓은 것은 허공에 처한 것 같다. 이런 까닭에 나는 이제 마땅히 일체의 처자와 권속, 재물과 곡식과 값진 보배를 버리고, 잘 말씀하신 법과 비나야 가운데서 가법을 바르게 버리고 집이 없는 곳에 도달한다. 이미 출가하고 나서 정행을 부지런히 수행하여 원만을 얻게 하니, 선법에 대하여 이와 같은 욕망을 내는 것을 선법의 욕망이라 한다.

무엇을 바른 출가라고 하는가. 말하자면 곧 이 뛰어난 선법의 욕망을 증상하는 힘으로 말미암아 백사갈마하여 구족계를 받거나 노동으로 채찍질하며 배워야 할 시라를 받으니, 이것을 바른 출가라고 한다. 의근에 의지하여 율의의 행을 수행하니, 이것을 근율의라고 한다.

무엇을 음식의 양을 안다고 하는가. 저 사람이 이와 같이 제근을 지키고 나서 정사택으로써 먹어야 할 것을 먹으니 넘치도록 하기 위해서가 아니고, 교만하고 제멋대로 하기 위해서가 아니고, 잘 꾸미기 위해서가 아니고, 단엄하기 위해서가 아니라 먹어야 할 것을 먹는다. 먹어야 할 것을 먹는 것은 몸에 편안히 머무르기 위해서이고, 잠시 버티기 위해서이고, 배고픔과 목마름을 면하기 위해서이고, 범행을 수행하기 위해서이고, 옛 번뇌를 끊어 버리기 위해서이고, 새 번뇌가 다시 생겨나지 않도록 하기 위해서이고, 힘과 즐거움을 보존하여 기르고 죄 없이 편안하게 머무르기 위해서이니, 이와 같은 것을 음식의 양을 앎이라고 한다.

무엇을 초저녁과 새벽에 항상 부지런히 깨어 있는 유가를 수습한다고 하는가. 저 사람이 이와 같이 음식의 양을 알고 나서 낮에는 경행하고 연좌하는데, 두 가지 위의는 장애를 따르게 하는 법으로부터 그 마음을 청정하게 수행하게 한다. 이 시간이 지난 뒤에는 머물고 있는 곳의 바깥으로 나가서, 그 발을 씻고 오른쪽 옆구리를 대고 누워 그 발을 포개고 광명상에 머무른다. 정념과 정지로 사유하고 생각을 일으키며, 새벽에는 빨리 깨어나서 경행하고 연좌하는데, 두 가지 위의는 장애를 따르게 하는 법으로부터 그 마음을 청정하게 수행하게 하니, 이와 같은 것을 초저녁과 새벽에 항상 부지런히 깨어 있는 유가를 수습함이라고 한다. (하략)

• 제22권 본지분 중 성문지 제13 초유가처 출리지품 제1 本地分中聲聞地第十三初瑜伽處出離地品第一

(상략) 다시 이문異門이 있으니 불세존께서는 이 가운데 간략하게 세 가지 계성이 나타난다 하였다. 첫째는 수지계성이고 둘째는 출리계성이며 셋째는 수습계성이다. 만약 구족계에 편안히 머무른다고 말한다면, 이것으로 말미암아 수지계성을 나타내 보이는 것이다. 만약 별해탈율의를 잘 수호할 수 있다고 말한다면, 이것으로 말미암아 출리계성을 나타내 보이는 것이다. 그 까닭이 무엇인가. 별해탈율의에 포함되는 정계淨戒를 증상계학이라 하며, 곧 이와 같은 증상계학에 의지하여 증상심학과 증상혜학을 수행하는 것을 마땅히 알아야 한다. 이것으로 말미암아 일체의 괴로움이 다한 구경의 출리를 성취할 수 있다. 이와 같은 출리는 증상계를 이용하여 전행으로 삼고 의지하고 머무르는 곳으로 삼으니, 이런 까닭에 이 별해탈율의를 말하여 출리계성이라 한다. 만약 다시 궤칙으로 행한 바가 모두 원만하고 작은 죄에도

큰 두려움을 보이며 학처를 받아 배운다고 말한다면, 이것으로 말미암아 수습계성을 나타내 보이는 것이다. 그 까닭이 무엇인가. 이와 같이 말한바 여러 가지 형상의 별해탈율의로 말미암아 정계를 수습함을 잘 수습함, 지극히 잘 수습함이라 하기 때문이니, 이와 같은 한 가지 시라율의를 눈앞에 나타내어 널리 말하면 여섯 가지임을 마땅히 알아야 한다. 또 이와 같은 시라율의가 열 가지 인연에서 말미암으면 부족함이 있음을 마땅히 알아야 하고, 이것과 서로 어긋나는 열 가지 인연 때문에 원만함이 있음을 마땅히 알아야 한다.

무엇을 열 가지 부족함이 있는 인연이라고 하는가. 첫째는 맨 처음에 시라율의를 싫어하며 받음이고 둘째는 극도로 가라앉음이고 셋째는 극도로 들뜨고 흐트러짐이고 넷째는 방일과 태만함에 포함되는 것이고 다섯째는 그릇된 원을 일으킴이고 여섯째는 궤칙이 부족함에 포함되는 것이고 일곱째는 정명이 부족함에 포함되는 것이고 여덟째는 양쪽 끝에 떨어짐이고 아홉째는 출리하지 못함이고 열째는 받은 바를 잃어버림이다. 무엇을 맨 처음에 시라율의를 싫어하며 받음이라고 하는가. 어떤 사람이 왕에게 핍박을 받아서 출가를 구하거나, 혹은 날뛰는 도적에게 핍박을 받아서 혹은 빚쟁이의 핍박을 받아서 혹은 두려움의 핍박을 받아서 혹은 살아가지 못할 두려움의 핍박을 받아서 출가를 구하는 것이다. 사문성을 위해서가 아니며 바라문성을 위해서도 아니며 자신의 조복을 위해서도 아니며 자신의 적정을 위해서도 아니며 자신의 열반을 위해서도 아닌데 출가를 구하는 것이니, 이와 같은 것을 맨 처음에 시라율의를 싫어하며 받음이라고 한다. (하략)

• 제11권 본지분 중 삼마희다지 제6의 1 本地分中三摩呬多地第六之一

유심유사 등 세 가지는 이미 말하였고 무엇을 삼마희다지라고 하는가. 올타남으로 말하리라. 총표와 안립, 작의와 상의 차별이며, 여러 경의 종요를 포함하는 것이며, 마지막으로 모든 잡의라네. 만약 삼마희다지를 간략하게 말한다면 총표로 말미암고, 안립으로 말미암으며, 작의의 차별로 말미암고, 상의 차별로 말미암아 여러 경의 종요 등을 간략하게 포함하는 것을 마땅히 알아야 한다.

무엇을 총표라고 하는가. 이 삼마희다지에는 간략하게 네 가지가 있으니, 첫째는 정려이고 둘째는 해탈이고 셋째는 등지等持이고 넷째는 등지等至이다. 정려란 네 가지 정려를 말하는데, 첫째는 떠남으로부터 생겨나는 유심유사의 정려이다. 둘째는 정定으로부터 생겨나는 무심무사의 정려이며, 셋째는 기쁨을 떠난 정려이며, 넷째는 사념 청정한 정려이다. 해탈이란 여덟 가지 해탈을 말하는데, 첫째는 (내)유색관제색의 해탈이고 둘째는 내무색상관외제색의 해탈이고 셋째는 정해탈신작증구족주의 해탈이고 넷째는 공무변처의 해탈이고 다섯째는 식무변처의 해탈이고 여섯째는 무소유처의 해탈이고 일곱째는 비상비비상처의 해탈이고 여덟째는 상수멸신작증구족주의 해탈이다.

등지等持란 세 가지 삼마지를 말하는데, 첫째는 공이고 둘째는 무원이며 셋째는 무상이다. 다시 세 가지가 있으니 유심유사, 무심유사, 무심무사를 말한다. 다시 두 가지가 있으니 일분수, 구분수를 말한다. 다시 세 가지가 있으니 희구행, 낙구행, 사구행을 말한다.

이 경론은 실로 불법의 보장(寶藏)으로, 그 안에 수행에 필요한 중요한 것이 너무나도 많습니다. 지난번에 제21권 성문지에 관해 말씀드렸는데, 출가해서 전수(專修)하는 방면에 대해 말씀드리자면 무엇보다 먼저 종성(種性)을 이해해야 합니다. 물론 가장 필요한 것은 수지(修持)이지만, 종성을 이해해야 수행에 적합한 방편 법문을 알 수 있습니다. 어떻게 삼매를 증득하는가의 문제는 더욱 중요합니다.

　여러분은 오늘 말씀드리고자 하는 것에 대해 준비를 했거나 이전에 본 적이 있습니까? (동학이 대답하다: 본 적은 있지만 봐도 이해하지 못했습니다.) 봐도 이해하지 못한다는 이것이 솔직한 말입니다. 이제 시간을 벌기 위해 먼저 성문지 중 종성지(種性地)를 알아보자면, 이것은 수지 방면에서 대단히 중요합니다. 이른바 종성은 우리가 흔히 말하는 근기(根器)로 모든 사람은 각자의 근기를 지닙니다. 종성지에서는 이전의 많은 생 여러 겁 이래의 근기에 대해 토론했는데, 바로 종자(種子)이기도 합니다. 아뢰야식의 습기에 물들어서 이 생(生)에서 일으키는 현행(現行)인 것입니다. "종자현행(種子現行)"이라는 명사는 당연히 알고 있지요? 처음부터 설명하느라 너무 많은 시간을 쓰게 될 수 있으니, 모르는 사람은 알고 있는 사람에게 물어보십시오.

『유가사지론』은 성문지의 종성지까지 이야기하였는데 특히 출가해서 전문적으로 수행하는 사람에게는 이 종성이 더욱 중요합니다. 또 재가이지만 진정으로 부처님을 배우고 싶은 사람의 경우에, 만약 이 종성이 없으면 길러 낼 방법이 없습니다. 이 생(生)에서 그의 수많은 수행은 단지 약간의 선근(善根)을 심은 것이라고밖에 할 수 없습니다. 이 생의 행위 훈습(熏習)[31]을 충실하게 함으로써 다음 생의 종성을 배양하는 것이지요. 이른바 "콩 심은 데 콩 나고, 팥 심은 데 팥 난다"는 말이 아뢰야식의 종자가 현행을 생기(生起)함을 말해 줍니다.

수행의 좋은 인연과 좋지 않은 인연

문: 무엇을 열반법의 인연이라고 하였으나 부족하기 때문에 없기 때문에 만나지 못하기 때문에 반열반하지 못한다고 말하는가. 답: 두 가지 인연이 있다. 무엇을 두 가지라고 하는가. 첫째는 승연이고 둘째는 열연이다.

問: 何等名爲涅槃法緣, 而言闕故, 無故, 不會遇故, 不般涅槃. 答: 有二種緣. 何等爲二, 一勝二劣.

먼저 미륵보살은 부처님의 종성을 말하고, 부처님의 종성으로부터 다시 보살승과 성문·연각 이승(二乘)의 종성을 이야기하고 나서 다시 인

---

31 몸이나 말로 하는 습관적 행동이 사라지지 않고 그 인상이나 힘을 자기 마음에 저장해 두어 잠재되는 작용을 말한다. 마치 향이 배어드는 것에 비유했다.

승과 천승을 말했습니다. 종성의 이치는 『능가경(楞伽經)』에 아주 명확하게 설명해 놓았습니다.[32] 출가 법사들은 오늘 이후로 제자를 받아들일 때, 특히 출가 제자를 받아들일 때 마음대로 해서는 안 되고 반드시 그의 근기(根器)를 관찰해야 합니다. 종성이 너무나도 중요하기 때문입니다. 전생의 종성이 있고 거기에다 금생에서 훌륭하고 좋은 인연[勝緣]을 얻어야 합니다. 각종 조건을 구비해야 수행할 수 있습니다.

무엇을 승연이라고 하는가. 정법을 증상하는 다른 법음과 안으로 이치에 맞게 작의함을 말한다.

云何勝緣. 謂正法增上他音, 及內如理作意.

무엇이 "승연(勝緣)"입니까? 아주 좋은 근기를 지니고 있고 거기에다 이생에서 불법의 정법주세(正法住世)[33]를 만나야 합니다. 종자를 지니고 있고 정법주세를 만나고 선지식(善知識)이나 명사(明師)가 길러내는 증상연(增上緣)이 있어야 이 종자가 성장할 수 있습니다. 이것은 외적 조건 [外緣]입니다. 내적 조건[內緣]은 "안으로 이치에 맞게 작의함[內如理作意]"이니, 마음속으로 합리적인 정사유(正思惟)를 하는 것입니다. "작의(作意)"는 의식이 불법을 훈습하여 의식의 대상 영역[境界]을 조성하려는 것입니다. 예를 들면 염불이나 관상 등과 교리를 연구하고 선정 수행을 하는 것까지가 모두 "이치에 맞게 작의함"에 속합니다. 반대로 이치에 맞지 않은 작의는 범부의 망상이니, 하루 종일 하하거리거나 화를 내거

---

32 『능가경 강의』(부키, 2014) 참조. 특히 권1 '오승 종성의 분류' 권2 '삼승 종성의 기본 원인' '종성의 정의'에 종성의 이치가 상세히 언급된다.

33 부처님의 올바른 가르침[正法]이 세상에 남아 있는 시기.

나 교활한 수단을 쓰는 이런 것들이 모두 이치에 맞지 않은 작의입니다. 이치에 맞지 않은 작의의 현행(現行)이 쌓이게 되면 내세의 종자는 더더욱 두렵습니다.

무엇을 열연이라고 하는가. 이 열연에는 여러 가지가 있다고 말한다.

云何劣緣. 謂此劣緣乃有多種.

무엇이 "열연(劣緣)"입니까? 바로 좋지 않은 인연이니, 다음과 같이 여러 가지가 있습니다.

스스로의 원만함, 다른 것의 원만함, 선법의 욕망, 바른 출가, 계율의, 근율의, 음식의 양을 아는 것, 초저녁과 새벽에 항상 부지런히 깨어 있는 유가를 수습하는 것, 바르게 알고 머무르는 것, 멀리 떠나는 것을 즐거워하는 것, 모든 개蓋를 청정히 하는 것, 삼마지에 의지하는 것을 말한다.

謂若自圓滿, 若他圓滿, 若善法欲, 若正出家, 若戒律儀, 若根律儀, 若於食知量, 若初夜後夜[34]常勤修習惺寤瑜伽, 若正知而住, 若樂遠離, 若清淨諸蓋, 若依三摩地.

이러한 것과 상반되는 것을 열연(劣緣)이라고 하는데, 겉보기에는 다 좋은 것입니다. 그러니까 우리가 수행을 하려고 한다면, 이러한 것을 해내지 못하는 것이 바로 장애여서 여러분들로 하여금 성공하지 못하게 한다는 말입니다. 그 내용은 아주 많은 것을 포함하는데, 아래에서 차례로 해설을 덧붙였습니다.

"스스로의 원만함[若自圓滿]"입니다. 우리 자신은 원만하지 않습니다. 육근(六根)에 부족함이 있어서 귀가 어둡든지 눈이 잘 안 보이든지 지능이 낮든지 합니다. 혹은 마비가 되기도 하는데 이는 신근(身根)이 원만

하지 않음이니 이런 것이 열연(劣緣)입니다. 늘 말하지만 인생에서 가장 어려운 것이 '가만지신(暇滿之身)'입니다. 가(暇)는 한가함입니다. 원만한 몸을 지닌 데다 젊고 또 한가로운 시간도 있다면, 이곳에서 경문을 듣고 타좌도 할 수 있습니다. 인생에서 한가로움은 얻기 어렵습니다. 특히 이런 공업 사회에서 누군들 생활이 바쁘지 않겠습니까! 여러분은 출가했습니다. 다른 일이 없다면 계속 그 자리에 앉아서 스스로 번뇌를 만들어 내고 있겠지요. 서로 당신 코가 삐뚤어졌네, 당신 눈이 삐딱하네 하면서 말입니다. 정말로 이 생명을 낭비하는 것입니다.

"다른 것의 원만함[若他圓滿]"이란 의보(依報)[35]와 환경 등 일체가 뜻대로 원만하고 장애가 없는 것입니다.

"선법의 욕망[若善法欲]"에서 욕(欲)은 바로 욕망인데 욕망은 두 가지로 나뉩니다. 넓은 의미의 욕은 일체가 다 욕이고, 좁은 의미의 욕은 남녀 사이 욕망의 욕입니다. 불경에서 욕(欲)은 넓은 의미의 욕입니다. 무엇이 욕일까요? 여러분은 자신이 채식을 하기 때문에 아무런 욕망이 없다고 말합니다. 하지만 시골에서 막 올라와서 만든 신선한 채소 요리를 보면 젓가락이 바삐 움직입니다. 이것이 바로 욕입니다. 이 경치가 얼마나 아름다운가! 이것 역시 욕입니다. 이 세상에서 완전히 욕을 떠남[離欲]을 해내기란 어렵습니다! "욕을 떠나 존귀한 가르침에 귀의한다[歸依法離欲尊]"지만 진정으로 욕망을 떠날 수 있습니까? 청정을 탐하는 것도 욕이니, 일체의 욕을 멀리 떠나야 합니다. 출가는 이런 넓은 의미의 욕을 멀리 떠나려고 하는 것입니다. 그러나 완전히 욕을 떠나기 전에 선법

---

34 불교에서는 하루를 여섯 등분을 하는데 신조(晨朝, 아침)·일중(日中, 한낮)·일몰(日沒, 해질녘)· 초야(初夜, 초저녁)·중야(中夜, 한밤중)·후야(後夜, 새벽)라고 한다.

35 과거에 지은 행위의 과보로 받는, 중생의 몸이 의지하고 있는 환경 즉 기세간(器世間)을 말한다. 국토와 의식주 등이다.

의 욕망을 가지려고 하는 것은 바로 좋은 일[善事]을 하려는 욕망입니다. 여러분은 모두 부처님을 배우려고 한다고 말하는데, 좋을 일을 하는 것에 대해서는 욕망이 있나요? 없습니다. 모두가 어쩔 수 없어서 하는 것이지 결코 마음을 일으켜서 기쁘게 하는 것이 아닙니다. 좋은 일을 하려는 욕망을 가지고 하는 것이 아닙니다. 하지만 텔레비전을 보는 것은 욕망이 일어나서, 시간이 됐는데 켜서 보지 않으면 마음속이 근질거립니다. 텔레비전을 보는 것은 눈으로 보고 귀로 듣는 욕망입니다. 그런데 선법을 수행하는 것에는 텔레비전을 보고 영화를 보는 것만큼의 열의가 있습니까? 문제가 있습니다. 그러므로 선법의 욕망을 일으켜야 하는데, 일으키지 않는 것이 바로 열연(劣緣)입니다.

"바른 출가[若正出家]"는 비뚤어진 출가[歪出家]가 아닌 것입니다. 바른 출가의 이유는 뒤에 나오는데, 성문지의 어떤 사람들은 세상에 실망해서 출가하고 어떤 사람들은 환경에 내몰려서 출가합니다. 아래에 다 나오지만 모두 이치에 맞는[如理] 출가가 아닙니다. 생사를 구해서 끝내기 위해, 보리를 구해서 얻기 위해, 증과(證果)를 구하기 위해 이것이야말로 바른 출가입니다. 만약 이런 목적의 출가가 아니라면 그것이 바로 열연입니다.

"계율의[若戒律儀]" 즉 계행(戒行)과 율의(律儀)는 진정한 청정입니다. 그뿐 아니라 계율을 이해해야 하는데, 계율은 단순히 규율을 적은 글[條文]이 아닙니다. 이 자리에는 법관도 있지만, 판결을 내릴 때는 먼저 법조문을 외웁니다. 가끔 판결이 잘못되기도 하는데, 그렇기 때문에 법률의 정신과 운용을 알아야 합니다. 계율도 마찬가지입니다.

"근율의[若根律儀]"에서 근(根)은 넓은 의미로 종성이니 전생의 인과(因果)입니다. 좁은 의미의 근(根)은 육근 등을 가리킵니다.

"음식의 양을 아는 것[若於食知量]"은 중요합니다. 여러분은 늘 병이

나는데, 모두 음식의 적절한 양을 모르기 때문입니다. 맛있는 것을 보면 많이 먹고 위와 장에 문제가 생깁니다. 위와 장에 병이 나면 감기에 걸리기 쉽습니다. 대개 감기에 걸리려고 하면 위에 먼저 문제가 생깁니다. 그것은 동서양 의학에 똑같은 이치입니다. 위와 장에 문제가 없다면 아무리 감기에 걸리고 세균이 들어와도 그것을 통제할 수 있습니다. 이것이 자기 스스로의 생명 기능입니다. 때로는 감기에 걸렸기 때문에 위와 장에 문제가 생깁니다. 출가 수행자가 먹는 데 있어서 적절한 양을 모르고 먹어야 할 때 굶거나 굶어야 할 때 죽어라 먹는다면, 음식조차 때를 알고 양을 알지〔知時知量〕 못한다면 어떻게 수행을 하겠습니까? 이것은 부처님께서 말씀하신 것으로, 음식의 장애가 아주 중요하므로 마땅히 조절하는 것을 배워서 할 줄 알아야 합니다.

"초저녁과 새벽에 깨어 있는 유가를 항상 부지런히 수습하는 것〔若初夜後夜常勤修習悎寤瑜伽〕"에서, 초저녁〔初夜〕은 전반부 밤이고 새벽〔後夜〕은 후반부 밤인데 그 시간에 항상 정의 경계〔定境〕에 있습니다. 비구 계율은 잠잘 때에도 마음속에 일륜(日輪)을 관(觀)하고 오른쪽 옆구리를 대고 누워야 합니다. 이것이 계율인데 여러분은 해낼 수 있겠습니까? 해내지 못합니다. 삼단대계(三壇大戒)를 받은 비구는 마땅히 이치에 맞게〔如理〕 잠자야 하는데, 신체는 잠들어도 심의식(心意識)은 청명해야 합니다. "깨어 있는 유가〔悎寤瑜伽〕"를 항상 부지런히 수습(修習)하기 때문입니다. 계율을 지키는 데는 이와 같은 어려움이 있습니다.

"바르게 알고 머무름〔若正知而住〕"이란 어떤 것일까요. 망념만 한 무더기인 것은 그릇되게 알고 머무르는 것이니 정지정각(正知正覺)이 없습니다. 삼보리(三菩提)[36]가 바로 정지정각입니다.

---

36 산스크리트어 sambodhi를 음역한 것으로, 바르고 원만한 깨달음이라는 뜻이다.

"멀리 떠나는 것을 즐거워하는 것〔若樂遠離〕"이란 시끄러움〔憒鬧〕을 멀리 떠나야 한다는 말입니다. 범부는 떠들썩한 것을 좋아하지만 진정한 성문(聲聞)은 시끄러움을 멀리 떠나야 합니다. 시끄러움을 멀리 떠나지 못하는 것이 열연입니다.

"모든 개를 청정히 하는 것〔若淸淨諸蓋〕"이란, 일체의 오개(五蓋)[37] 및 탐(貪) 진(瞋) 치(癡) 만(慢) 의(疑)가 모두 청정해야 함을 말합니다. 그러나 우리는 절반도 청정하지 않기 때문에 열연입니다.

"삼마지에 의지하는 것〔若依三摩地〕"은, 언제 어디서나 바른 정〔正定〕 속에 있어야 한다는 뜻입니다. 그러나 우리는 모두 산란(散亂)과 누실(漏失) 상태에 있습니다.

당신의 몸은 선하게 얻은 것입니까

무엇을 스스로의 원만함이라고 하는가. 사람의 몸을 잘 얻고, 성스러운 곳에서 태어나고, 제근에 결함이 없고, 뛰어난 곳에서 청정한 믿음을 얻어 모든 업장을 떠나는 것을 말한다.

云何自圓滿. 謂善得人身, 生於聖處, 諸根無缺, 勝處淨信, 離諸業障.

먼저 무엇이 사람의 몸을 악하게 얻음〔惡得人身〕인지 말하겠습니다. 어떤 사람들은 외도법(外道法)을 수행해서 다른 사람의 몸을 빼앗을 수

---

37 청정한 마음을 덮는 다섯 가지 번뇌 즉 다섯 가지 잘못된 생각 경향을 말한다. 끝없이 탐하는 번뇌인 탐욕개(貪欲蓋), 성내는 번뇌인 진에개(瞋恚蓋), 마음이 어둡고 자유롭지 못하게 하는 번뇌인 수면개(睡眠蓋), 들뜨거나 한탄하는 번뇌인 도회개(掉悔蓋), 부처님의 가르침을 의심하는 번뇌인 의개(疑蓋)이다.

있습니다. 공력을 지닌 사람이 외도법을 수행해서 갓난아기의 영혼을 밀어내고 자신이 그 몸을 억지로 빼앗아 들어가는데, 이것을 탈사법(奪舍法)이라고 합니다. 그것이 바로 사람의 몸을 악하게 얻음이니, 살계(殺戒)를 범하는 것입니다.

탈사법은 특별한 교수법(敎授法)이 있습니다. 수행을 해서 정력(定力)은 지니게 되었지만 자신의 수명이 다했는데도 이번 생에서 수행에 성공하지 못했을 때, 다시 환생하는 것을 겪고 싶지 않으면 서둘러 탈사법을 닦습니다. 자신의 혼령이 구멍〔竅〕에서 나갔는데 하늘에 태어나지도 않고 지옥에 내려가지도 않고 그냥 표표히 떠돌아다닙니다! 그러다가 젊은 사람이 막 죽어서 그의 몸이 아직 썩지 않은 것을 보면, 이 집은 아직 쓸만한데 하고는 빼앗아 들어가서 차지해 버립니다. 어떤 경우에는 갓 태어난 아기 몸까지 차지해 버리기도 합니다. 그러나 그것은 죽이고 훔치는 계를 범한 것이므로 이치로 보건대 수도에 성공하지 못합니다. 불계(佛戒)를 범했기 때문입니다. 이것은 모두 "사람의 몸을 잘 얻음〔善得人身〕"이 아닙니다. 성인(聖人)이 있는 곳에 태어나고 육근이 한가하고 원만한 데다 또 정법(正法)이 세상에 머무르는 곳이라면 청정한 믿음을 낳을 수 있고 악업과 장애는 더더욱 없습니다. 일반인은 심신 안팎이 모두 업장(業障)입니다. 어떤 사람은 두뇌가 영리하고 총명하지만 『유가사지론』을 읽으면서 정지정견(正知正見)에 두뇌를 사용하면 아무리 봐도 이해하지 못합니다. 그러므로 "사람의 몸을 잘 얻음"은 아주 어렵습니다.

무엇을 사람의 몸을 잘 얻음이라고 하는가. 어떤 사람이 인동분³⁸에 태어나

장부³⁹의 몸을 얻어서 남근을 성취하거나 여자의 몸을 얻는다면, 이와 같은 것을 사람의 몸을 잘 얻음이라고 한다.

云何名爲善得人身. 謂如有一生人同分, 得丈夫身, 男根成就, 或得女身, 如是名爲 善得人身.

무엇이 "사람의 몸을 잘 얻음〔善得人身〕"입니까? 사람이 태어나서 장부 (丈夫)의 몸을 얻어 남근(男根)을 성취하거나 여근(女根)이 원만함을 말 합니다.

무엇을 성스러운 곳에 태어남이라고 하는가. 어떤 사람이 중국에 태어나 고, 자세한 설명은 앞과 같으며, 선사들이 왕림하여 노닐기까지 한다면, 이 와 같은 것을 성스러운 곳에 태어남이라고 한다.

云何名爲生於聖處. 謂如有一生於中國, 廣說如前, 乃至善士皆往游涉, 如是名爲 生於聖處.

이른바 "중국에 태어남〔生於中國〕"이란 중화민족의 중국을 말하는 것 이 아닙니다. 부처님께서 인도에서 설법하실 당시 '중국'은 세계 문화의 중심, 문화가 있고 교육이 있는 곳을 가리킵니다. 앞에서 이미 말씀드린 적이 있는데, 여러분이 이곳에 다시 환생했을 때 수행자가 많고 큰 지혜 를 지닌 선지식이 많다면 이것이 바로 "성스러운 곳에 태어남〔生於聖處〕" 입니다.

무엇을 제근에 결함이 없음이라고 하는가. 어떤 사람이 본성이 우둔하지

---

39 오늘날의 장성한 남자라는 뜻보다는 사람이라는 의미로 쓰인 듯하다.

않고, 또 어리석지 않고 벙어리도 아니고, 더 나아가서 자세히 말하였는데 사지에 결함이 없는 것을 말한다.

云何名爲諸根無缺, 謂如有一性不愚鈍, 亦不頑騃, 又不瘖瘂, 乃至廣說, 支節無減.

태어나서 결함이 없으며 개성이 어리석지 않습니다. 만약 지능지수가 부족하면 그것이 바로 "우둔(愚鈍)"입니다. '완(頑)'은 장난이 심한 것인데, 사흘이 멀다 하고 속임수를 씁니다. '애(騃)'는 어리석음입니다.

저 사람이 이와 같이 사지에 결함이 없고 귀에 결함이 없는 등으로 말미암아 선품을 부지런히 수행하고 모을 수 있으면, 이와 같은 것을 제근에 결함이 없음이라고 한다.

彼由如是支節無缺, 耳無缺等, 能於善品精勤修集, 如是名爲諸根無缺.

특히 성문지는 이근(耳根)을 중시하는데 들어서 이해할 수 있는가가 중요합니다. 알아듣지 못한다면 무슨 소용이 있습니까? 수행의 경전을 보고 이해할 수 있어야 합니다. 여러분은 "제근에 결함이 없고[諸根無缺]" "사람의 몸을 잘 얻었는데[善得人身]" 왜 경전을 보고 이해하지 못할까요? 못하는 것이 아니라 하지 않는 것입니다. 자신이 진정으로 마음을 쓰지 않기 때문입니다. 여기 성문지의 종성에 관해 여러분은 특별히 주의해야 합니다.

이제 몇 단락 건너뛰어서 526면을 다시 보겠습니다. 중요한 부분만 골라서 말씀드리는데, 그 나머지는 여러분이 마음을 써서 보면 이해할 수 있습니다.

어떻게 하는 것이 바른 출가인가

무엇을 법이 머무름을 따라서 구름이라고 하는가. 말하자면 이와 같이 정법을 증득한 사람이, 증득할 수 있는 힘이 있음을 깨달아 아는 이와 같은 정법중생이, 곧 증득한 바와 같은 가르침과 훈계를 따라서 구르고 수순하니, 이와 같은 것을 법이 머무름을 따라서 구름이라고 한다.

云何名爲法住隨轉. 謂即如是證正法者, 了知有力能證如是正法衆生, 即如所證, 隨轉隨順敎授敎誡, 如是名爲法住隨轉.

실제로 정법(正法) 상법(像法) 말법(末法) 할 것 없이 여러분이 "증득할 수 있는 힘이 있음을 깨달아 아는[了知有力能證]" 경지에 이른다면, 즉 스스로 이번 생에 증득하지 않으면 안 된다고 생각한다면 이것이 바로 "정법중생(正法衆生)"입니다. 지금 이 법당에 있는 우리로 비유한다면, 평소 여러분은 말만 했다 하면 제가 여러분을 혼낸다고 말합니다. 제가 왜 여러분을 혼냅니까? 여러분이 "가르침과 훈계를 따라서 구르고 수순하지[隨轉隨順敎授敎誡]" 못하기 때문입니다. '교(敎)'는 여러분을 가르친다는 말이고 '수(授)'는 여러분에게 전수해 준다는 말입니다. 이 일은 마땅히 이러이러하게 해야 한다고 제가 말해도 여러분은 그렇게 하지 않습니다. 가르쳐 주는 대로 할 수 있다면, 그래야 비로소 "법이 머무름을 따라서 구른다[法住隨轉]"고 하겠습니다. 이것은 정법이 세상에 남아 있는 것과 같으니 경전이 모두 있기 때문입니다. 저의 강론과 해석은 듣지 않아도 되지만 경전의 교화는 마땅히 들어야 합니다. 여러분은 경(經)을 보지 않고 논(論)을 연구하지 않았으므로 "법이 머무름을 따라서 구름"을 실행하지 않은 것입니다.

무엇을 다른 사람에게 가엾이 여김을 받음이라고 하는가. 다른 사람은 시
주를 말한다.

云何名爲他所哀愍. 他謂施主.

이것은 오로지 출가인에 대해서 말한 것으로, 기왕 집을 떠났으면 "위
로 네 가지 중은에 보답하고, 아래로 세 가지 악도의 괴로움을 구제해야
〔上報四重恩, 下濟三塗苦〕"합니다. 부처님의 은혜, 부모의 은혜, 국가의
은혜, 중생의 은혜, 모두가 우리에게 은혜를 베푼 시주(施主)입니다. 넓
은 의미로 말하면 세상의 일체중생이 모두 우리의 시주입니다. 예를 들
어 이 법당에 있는 우리는 어깨에 짐을 질 필요도 손에 물건을 들 필요
도 없이 그냥 여기 앉아 있으면 밥을 가져옵니다. 혹은 목탁을 두드리면
밥을 먹을 수 있으니, 우리 모두는 다른 사람의 공양을 받고 있는 셈입
니다. 이런 모습인데도 여전히 만족하지 못합니까? 일체중생이 모두 우
리의 시주이니, 이것이 바로 시주의 이치입니다.

저 사람이 수행자에게 가엾이 여기는 마음을 일으켜 정명[40]에 수순하는 생
활필수품, 이른바 불법에 맞는 의복과 음식, 모든 좌구와 와구, 아플 때의
의약품을 베풀어 주는 것이니, 이와 같은 것을 다른 사람에게 가엾이 여김
을 받음이라고 한다.

彼於行者起哀愍心, 惠施隨順淨命資具, 所謂如法衣服飲食, 諸坐臥具, 病緣醫藥,
如是名爲他所哀愍.

---

40 비구의 오덕(五德) 중 하나로, 비구가 깨끗한 마음으로 청정한 생활을 하는 것.

성문중 비구는 자신의 수행이 중생의 보시에 힘입었음을 항상 생각해야 합니다. 예를 들어 우리가 입는 의복, 음식, 침구 및 아플 때의 약품은 모두 그들이 가엾이 여겨 보시해 준 것입니다.

무엇을 선법의 욕망이라고 하는가. 말하자면 어떤 사람이 부처님 혹은 제자들에게서 정법을 듣고 나서 청정한 믿음을 획득하는 것이니, 청정한 믿음을 얻고 나서는 이와 같은 배움에 상응해야 한다.

云何善法欲. 謂如有一或從佛所, 或弟子所, 聞正法已, 獲得淨信, 得淨信已, 應如是學.

수행자는 첫 번째로 선법의 욕망을 일으켜야 합니다. 우리가 도를 증득하기 전에는 모두 욕망을 지닙니다. 하지만 수행의 욕망은 선법의 욕망을 일으키는 것이니, 선행(善行) 선사유(善思惟)가 성불 공덕의 근본입니다. 그렇기 때문에 선법의 욕망을 일으켜야 하고, 선법의 욕망은 날마다 늘어나야 합니다. 염리심(厭離心)도 일으켜야 하는데, 세간법을 날마다 염리(厭離)해야 합니다. 이것이 삼십칠도품(三十七道品)[41]에 나오는 사정근(四正勤)[42]의 이치입니다.

---

41 도품(道品)의 산스크리트어 문자 그대로의 뜻은 깨달음에 속하는 법, 깨달음의 일부를 이루는 법, 깨달음에 관계된 법이라는 뜻이다. 삼십칠보리분법(菩提分法), 삼십칠조도품(助道品), 삼십칠보리품(菩提品)이라고도 한다. 삼십칠도품은 사념처(四念處, 四念住), 사정근(四正勤, 四正斷), 사신족(四神足, 四如意足), 오근(五根), 오력(五力), 칠각지(七覺支, 七覺分), 팔정도(八正道)의 서른일곱 가지 도품 또는 선법 또는 수행법을 말한다.

42 깨달음에 이르기 위한 네 가지 바른 노력. 정근(正勤)이란 선법을 더욱 가까이하고 악법을 멀리 벗어나려고 부지런히 수행하는 것이다. 이미 생긴 악을 끊으려고 노력하는 단단(斷斷), 아직 생기지 않은 악을 막는 율의단(律儀斷), 아직 생기지 않은 선을 일으키려 노력하는 수호단(隨護斷), 이미 생긴 선은 더욱 커지도록 노력하는 수단(修斷)이다. 이 각각을 단(斷)이라 일컫는 것은 이러한 노력이 나태함과 나쁜 행위를 끊을 수 있기 때문이다.

어떤 사람이 부처님을 뒤따르거나 부처님의 제자들을 뒤따르거나 부처님 후세의 제자들을 뒤따르면서, 정법을 듣고도 믿음을 일으키지 않는다면 역시 소용이 없습니다. 청정한 믿음을 일으켜야 하고 청정한 믿음이 일어나면 마땅히 가르침을 받들어 실행해야 진정으로 부처님을 배운다고 할 수 있습니다. 여러분 같은 보통 청년이 사대(四大)니 오온(五蘊)이니 십이근진(十二根塵)이니 하는 약간의 불학 이론을 듣고는 말끝마다 도(道)를 들먹이면서 행위는 하나같이 잘못되었다면, 이는 부처님을 배우는 것이 아니라 허풍을 배우는 것이니 그것이 무슨 소용이 있습니까? 그러므로 정법(正法)으로 행하고, 정신(淨信)으로 행하고 "이와 같은 배움에 상응해야 합니다〔應如是學〕."

재가하여 번뇌에 시달리는 것은 먼지투성이 집에 사는 것 같고, 출가하여 한가롭고 넓은 것은 허공에 처한 것 같다.

在家煩擾, 若居塵宇, 出家閑曠, 猶處虛空.

여기에 중요한 사실이 있는데, 출가는 수행을 위해서입니다. 집에 있으면서 번뇌에 시달리는 것은 마치 먼지가 굴러다니는 집 안에 거주하는 것 같습니다. 요즘 길거리를 세 시간만 돌아다녀도 집에 와서 콧구멍을 씻으면 시커먼 것과 같습니다. 과거에는 붉은 먼지가 굴러다녔지만 오늘날 같은 공업 시대는 시커먼 먼지가 굴러다닙니다. 집을 떠나면 청정하며 또 다른 생활 형식이기도 합니다. 출가 이후에는 사람이 공중에서 사는 것처럼 광활합니다.

이런 까닭에 나는 이제 마땅히 일체의 처자와 권속, 재물과 곡식과 값진 보배를 버리고, 잘 말씀하신 법과 비나야[43] 가운데서 가법을 바르게 버리고 집

이 없는 곳에 도달한다.

是故我今應捨一切妻子眷屬, 財穀珍寶, 於善說法毗奈耶中, 正捨家法, 趣於非家.

그러므로 성문중 곧 부처님을 배우러 출가한 사람은 처자 및 권속과 일체 금은 재물 등을 버리고 선법행(善法行) 속에서 정진하고 수학합니다. 이것이 바로 "가법을 바르게 버림〔正捨家法〕"이니, 세간의 번뇌의 집이 아니라 법왕(法王)의 집에 도달합니다.

이미 출가하고 나서 정행을 부지런히 수행하여 원만을 얻게 하니, 선법에 대하여 이와 같은 욕망을 내는 것을 선법의 욕망이라 한다.

旣出家已, 勤修正行, 令得圓滿, 於善法中生如是欲, 名善法欲.

출가한 후에는 정법(正法)을 부지런히 닦아야 합니다. 이렇게 해야 선법의 욕망이 생겨납니다.

무엇을 바른 출가라고 하는가. 말하자면 곧 이 뛰어난 선법의 욕망을 증상하는 힘으로 말미암아 백사갈마⁴⁴하여 구족계⁴⁵를 받거나 노동으로 채찍질하며 배워야 할 시라를 받으니, 이것이 바른 출가라고 한다.

云何正出家. 謂卽由此勝善法欲增上力故, 白四羯摩, 受具足戒, 或受勞策所學尸羅, 是名正出家.

---

43 율(律)을 뜻한다. 산스크리트어 vinaya의 음역으로 출가자가 지켜야 할 규율을 일컫는다.

44 갈마(羯摩)는 karma의 음역이다. 승가의 규칙적인 행사를 비롯해 결정 사항이 있을 때 그 내용을 대중에게 한 번 알리고 세 번 가부(可否)를 물어 정하는 의식으로, 구족계(具足戒)를 주거나 무거운 죄를 처벌할 때 이 절차를 행한다.

45 출가한 사람이 정식 승려가 될 때 받는 계율을 말한다. 구계(具戒), 대계(大戒)라고도 한다.

염리심을 일으키고 구도(求道)의 마음을 생기(生起)하여 출가합니다. "백사갈마(白四羯摩)"는 바로 계율의 형식이며, "구족계를 받음〔受具足 戒〕"은 비구가 받는 삼단대계(三壇大戒)입니다. 이른바 "노동으로 채찍 질함을 받음〔受勞策〕"은 사미의 계를 받음인데, 바로 육체노동을 하는 일을 맡는 것입니다. 『지월록(指月錄)』의 기록에 따르면 많은 대선사들 이 대중 속에서 밥을 지었습니다. '노(勞)'는 일을 한다는 뜻이고 '책 (策)'은 채찍 같은 것이니, 가장 괴로운 노동으로 자신을 채찍질한다는 뜻입니다. 여러분은 어떻습니까? 창문을 닦는 것도 귀찮아하고 바닥을 닦는 것도 귀찮아합니다. 일을 분배해서 다른 사람에게 시키고 자기는 힘쓰는 일을 하려 들지 않습니다. 부지런히 일해서 자신을 채찍질하는 일은 더더욱 없습니다. "시라(尸羅)"는 계율입니다. 출가는 편안함을 탐 하는 것이 아닙니다. 출가는 "노동으로 채찍질하고" 고행을 스승으로 삼 아야 "바른 출가"라고 합니다. 그다음 문장은 스스로 연구하십시오.

다시 두 번째 난(欄)을 보겠습니다. 우리의 중점은 바른 수행의 길로 들어가게 하려는 것이니, 여러분은 저처럼 이렇게 건너뛰어서 보면 안 되고 쭉 내려가면서 자세히 연구해야 합니다. 수행의 방법이 모두 그 안 에 포함되어 있으니 현교와 밀종이 모조리 들어 있습니다. 일반인들은 이런 책은 읽지 않고 그저 현대인이 쓴 불학 개론만 봅니다. 그런 거라 면 저도 불학 개론 백 권은 쓸 수 있습니다. 손에 잡히는 찌꺼기만 엮어 도 되니까요. 그도 아니면 풀 한 통 가위 하나로 다른 사람의 책을 자르 고 붙여서 모아 놓으면 불학 개론 한 권이 됩니다.

대학에서도 지금은 전문적으로 개론만 읽는데, 모두 다른 사람의 찌꺼 기를 읽는 것입니다. 지금의 대학이 어디가 고등 교육입니까! 중국만 그 런 것이 아니라 외국도 마찬가지입니다. 그렇기 때문에 저는 늘 그런 교 수들은 다 사기꾼이라고 말합니다. 다른 사람의 자제를 속이고 있으니 내생의 과보가 엄청날 것입니다. 연갱요(年羹堯)⁴⁶는 자신의 아들을 위해 가정교사를 초빙하고는 스승을 대단히 공경했습니다. 전해지는 바에 의하면 그는 서재 입구에 한 폭의 대련을 걸어놓았다고 합니다. 앞 구절은 "스승의 존엄을 공경하지 않으면 하늘이 벌하고 땅이 멸하리라〔不敬師尊, 天誅地滅〕"이고, 뒤 구절은 "다른 사람의 자제를 그르치면 남자는 도둑이요 여자는 창녀라〔誤人子弟, 男盜女娼〕"입니다. 그러므로 다른 사람의 스승이 되는 것은 어려운 일이며, 교육은 마음대로 아무렇게나 해서는 안 됩니다.

　이 책은 가장 좋은 불학 개론입니다. 저는 지금 여러분에게 그저 수지의 중점만 말씀드릴 뿐으로, 어떤 문장은 그냥 건너뛰고 있습니다. 왜 그럴까요? 좋은 것이 너무 많아서 다 볼 수 없기 때문입니다. 여러분은 저처럼 건너뛰어서는 안 됩니다. 그랬다가는 가르침과 훈계를 받아들이지 않는 잘못을 범하게 됩니다. 사실 그저 마음만 쓰면 쉽게 볼 수 있습니다. 책을 사 놓고 보지 않는다면 책에게 미안하지 않습니까! 볼 시간이 없다고 말한다면, 여러분도 사람이고 저 역시 사람인데 왜 저는 그렇게 많이 볼 수 있습니까? 저는 기꺼이 부지런히 일하려고 하고, 도를 구하려고 하기 때문입니다! 정법(正法)을 구하기 위해서는 생명도 버리려고 하는 마당에 어떻게 시간이 없을 수 있습니까? 어떻게 마음이 없을 수 있습니까? 모두 자신을 용인해 주고 있습니다. 스스로 생각해 보십시오, 맞지요? 그렇기 때문에 건너뛰어 생략하고 보지 않아서는 안 됩니다.

의근에 의지하여 율의의 행을 수행하니, 이것을 근율의라고 한다.

依於意根修律儀行, 是名根律儀.

왜 계율이라고 부릅니까? 계율의 중점은 '의식[意]'에 있습니다. 여러분이 표면적인 행위로는 계를 범하지 않지만 여러분의 의식에서는 계를 범하고 있는지를 어찌 알겠습니까? 정오를 지나면 먹지 않는다고 말하지만 오후 내내 먹는 것만 생각하고 있습니다. 아무리 채식을 하고 고기는 먹지 않는다고 해도, 음식을 요리할 때 이것은 밭에서 나는 고기 밭에서 나는 생선이라고 생각합니다. 이러한 생각이 "의근(意根)"에서 계를 범하는 것입니다. 의근에 의지하여 계행(戒行)을 수지해야 맞고, 그래야 수행에 뿌리[根]가 있습니다. 겉치레뿐인 수행은 아무 소용없습니다. 수행은 제팔아뢰야식의 종자를 전화시키는 것이어야 합니다. 실제 인식기관[根]이 전화되어야 비로소 참 수행입니다.

음식은 큰 문제이다

무엇을 음식의 양을 안다고 하는가.

云何於食知量.

미륵보살이 우리를 가르치고 훈계함이 얼마나 명확합니까! 위에서 한 마디 제시한 후에 아래에서 거듭 해석해 줍니다. 출가 수행자는 음식의 양을 알아야 합니다. 저는 여러분이 음식의 양을 알지 못하는 것을 자주 발견하는데, 그렇기 때문에 병이 많습니다. 수행자는 많이 먹으면 좋지 않습니다. 수행에 불리합니다. 음식의 양을 아는 것은 아주 어렵습니다. 오늘 자신의 수지 공부가 어떤 수준에 도달했는지 스스로 주의해야 합니다. 예를 들어 타좌를 할 때 다리가 쉬 저리는 것은 위와 장이 깨끗하지 않기 때문입니다. 혈액도 깨끗하지 않습니다. 그래서 저린 것인데,

온갖 병이 모두 음식에서 옵니다. 『백장총림청규(百丈叢林淸規)』 20조(條) 중에 하나가 "질병은 감식을 탕약으로 삼는다〔疾病以減食爲湯藥〕"는 것입니다. 하지만 여러분은 감식(減食)을 하지 않고 음식이 맛있으면 필사적으로 많이 먹습니다. 크게 한 그릇 또 한 그릇 담지만, 그것은 몸 안의 기생충을 먹이는 것입니다. 그러므로 음식의 양을 아는 것 또한 수행의 첫걸음입니다.

저 사람이 이와 같이 제근을 지키고 나서 정사택으로써 먹어야 할 것을 먹으니 넘치도록 하기 위해서가 아니고, 교만하고 제멋대로 하기 위해서가 아니고, 잘 꾸미기 위해서가 아니고, 단엄하기 위해서가 아니라 먹어야 할 것을 먹는다. 먹어야 할 것을 먹는 것은 몸에 편안히 머무르기 위해서이고, 잠시 버티기 위해서이고, 배고픔과 목마름을 면하기 위해서이고, 범행을 수행하기 위해서이고, 옛 번뇌를 끊어 버리기 위해서이고, 새 번뇌가 다시 생겨나지 않도록 하기 위해서이고, 힘과 즐거움을 보존하여 기르고 죄 없이 편안하게 머무르기 위해서이니, 이와 같은 것을 음식의 양을 앎이라고 한다.

謂彼如是守諸根已, 以正思擇食於所食, 不爲倡蕩, 不爲憍逸, 不爲飾好, 不爲端嚴, 食於所食. 然食所食, 爲身安住, 爲暫支持, 爲除飢渴, 爲攝梵行, 爲斷故受, 爲令新受當不更生, 爲當存養力樂無罪安隱而住, 如是名爲於食知量.

여러분은 부처님을 배우려는 것이 아닙니까? 부처님을 배운다면 불학에 근거하고 부처님의 가르침과 훈계에 의지하여 행하는 것이 옳지 않습니까? 밥을 먹는 것에도 학문이 있어야 합니다. 어떤 것을 "음식의 양을 앎〔食知量〕"이라고 말합니까? 어떤 연령에는 얼마나 먹어야 하는가, 어떤 형상의 몸은 얼마나 먹어야 하는가 등입니다. 영양의 균형 문제도 있습니다. 영양이 과다해서도 안 됩니다. 요즘 사람들은 모두 영양 과다

인데, 오히려 먹어서 병이 납니다. 어떤 선배들은 저에게 이렇게 말합니다. "이상도 하지, 대륙에서는 제대로 먹지도 못하지 않았나? 그런데도 우리 부모는 대륙에서 장수하셨거든. 우리 어머니는 벌써 아흔이 넘으셨네." 그러면 저는 이렇게 말합니다. "그렇게 오래 사시는 것은 적게 먹기 때문입니다!" 문명 사회는 대다수 사람이 죽어라 먹어서 영양이 과다합니다. 제가 귀주(貴州) 남서쪽 변방에 있을 때, 그 산중에는 맛있는 것이라고는 없고 소금 찍은 고추가 좋은 반찬이었습니다. 어디 고기를 볼 수나 있었겠습니까? 두부는 너무도 구하기 힘든 상품 요리였습니다. 하지만 그곳 사람들은 장수했고 자손이 많았습니다. 티베트나 사천 남서부에서는 우리가 밥을 먹듯이 쌀보리 미숫가루를 먹고 거친 메밀을 먹지만 그들의 신체는 대단히 좋습니다.

무엇이 "음식의 양을 앎"입니까? 수행의 첫걸음은 근문(根門)을 지켜 육근이 제멋대로 하지 않도록 하는 것입니다. 음식을 먹는 데에도 머리를 써야 합니다. 정사유심(正思惟心)으로 음식을 선택해야 하는데, 영양이 좋은 것을 가리키는 것이 아닙니다. 중생은 성불하기 이전에는 각 사람의 체질이 다르고 병이 다르기 때문에 자신에게 필요한 것이 무엇인지 알아야 합니다. "먹어야 할 것을 먹는다〔食於所食〕"는 것은, 내가 마땅히 먹어야 할 먹거리를 먹는 것입니다. 앞의 '식(食)'은 동사이고 뒤의 '식(食)'은 명사입니다. "넘치도록 하기 위해서가 아니니〔不爲倡蕩〕" 음식을 먹는 것은 호사스러움을 과시하기 위한 것이 아닙니다. 여러분이 보다시피 제가 음식을 먹는 것에 얼마나 까다롭습니까! 음식을 만드는 것은 또 얼마나 까다롭습니까! 이것은 풍성한 음식 역시 미세한 계를 범하는 것임을 나타냅니다. "교만하고 제멋대로 하기 위해서가 아니니〔不爲憍逸〕", 즉 폼을 잡는 것이 아닙니다. 지금 우리 식사는 절에 비하면 훌륭합니다. 만약 다른 사람에게 "우리 식사가 당신네보다 훌륭해요!"라고 말한다면, 이것이 바로 교만한 마음[憍慢心], 제멋대로 하려는 마음[放逸心]을 범하는 것이니 옳지 않습니다. "잘 꾸미기 위해서가 아닙니다[不爲飾好]." 꾸미고 예쁘게 보이거나 자기를 과시하려는 것이 아닙니다. "단엄하기 위해서가 아니고[不爲端嚴]", 즉 잘 먹어서 신체가 빛이 나고 얼굴에 혈색이 돌게 하려는 것도 아닙니다. 이런 것들을 위해서 먹는 것이 아니라 우리가 마땅히 먹어야 할 것을 먹습니다. "몸에 편안히 머무르기 위해서이고, 잠시 버티기 위해서[爲身安住, 爲暫支持]"입니다. 신체 사대는 본래 가짜입니다. 하지만 우리가 수행해서 성취하기 전에는 여전히 이 육체에 머물러야 하기 때문에 그것을 잘 보충하고 돌봐서 조금이라도 늦게 죽고 조금이라도 늦게 쓰러져야 합니다.

기계는 에너지에 의지하고 육신은 음식에 의지합니다. 계율이 요구하는 것은 음식을 먹을 때 하나의 관념을 가지라는 것인데, 마치 약을 먹는 것같이 합니다. 이 몸이 잠시 살아가는 동안 배고픔과 목마름을 면하기 위해서 먹고 마시는데, 신체의 성명(性命)을 유지해야 범행(梵行)을 닦을 수 있습니다. 일체 번뇌를 끊어 버리고 청정한 범행을 수행하기 위해서는, 번뇌가 "다시 생겨나지 않게[當不更生]" 즉 더는 번뇌가 생겨나지 않게 하고, 신체의 무병(無病)을 유지하여 편안함과 즐거움을 얻되 죄를 범하지도 않고 계를 범하지도 않으며, 마음을 일으키고 생각을 움직임에 청정해야 합니다. 이런 것이라야 "음식의 양을 아는[於食知量]" 것입니다.

이런 이치를 들었으면 기억해야 합니다. 불경을 봤는데도 기억하지 않는 것은 죄과(罪過)입니다. 제가 이렇게 말을 하는 것도 기력을 소모해야 합니다. 저의 몸도 잠시 여기에 머물러 있는 것인데, 여러분에게 일 분 더 이야기하면 제 생명 체력도 일 분 더 소모하게 됩니다. 여러분은 여러분 스스로에게 떳떳해야 하고 다른 사람에게도 떳떳해야 합니다!

깨어 있거나 잠들어 있거나 마음이 청명한 경계

무엇을 초저녁과 새벽에 항상 부지런히 깨어 있는 유가를 수습한다고 하는가.

云何初夜後夜常勤修習悟寤瑜伽.

출가 후의 계율 규정은 잠잘 때 오른쪽 옆구리를 대고 누워서 광명상(光明想)을 하고 태양인 일륜(日輪)을 관해야 합니다. 몸은 잠들어도 마음은 잠들지 않고 청명한 이것이 "깨어 있는 유가〔悟寤瑜伽〕"를 수행함이니 성문승의 계(戒)이기도 합니다. 초저녁〔初夜〕은 밤의 전반부이고 새벽〔後夜〕은 밤의 후반부입니다. 수행이라는 말이 나왔으니 이야기를 들려 드리겠습니다. 몸은 깊이 잠들어서 쉬고 있고 코를 골지만 심의식(心意識) 일체는 맑게 깨어 있는 경계에 관해서입니다. 마음이 청명한 것이 바로 "깨어 있는 유가"인데, 비구 성문도(聲聞道)가 계율에 의거하는 것은 반드시 이와 같아야 합니다. 하지만 보살 경계는 또 다릅니다.

전해지는 바로는 현장법사의 제자인 삼거 화상(三車和尙) 규기 법사(窺基法師)의 전생은 가섭불(迦葉佛)[47] 말겁(末劫) 시대의 비구였는데 설산(雪山)[48]에서 타좌를 했습니다. 말겁 시대에는 선지식이 없기에 그는 정(定)에 들어가서 석가모니 부처님이 세상에 나오기를 기다렸습니다. 현장법사가 인도에 불경을 가지러 가면서 그곳을 지나갔는데, 산 위에 온통 눈이 쌓였는데 오직 한 곳에만 눈이 없었습니다. 천천히 파 봤더니 사람이 나왔는데, 정(定)에 든 비구였습니다. 얼른 인경(引磬)[49]을 사용

---

47 석가모니 부처님 이전 출현한 과거 칠불 중 여섯 번째 부처. 현겁(現劫)에 나타난 천불(千佛) 중 세 번째 부처다.

48 눈 덮인 산이라는 뜻이지만, 히말라야 산을 달리 이르는 말로도 사용된다.

해서 그를 정(定)에서 나오게 했는데, 비구가 말하기를 자신은 가섭불 말법(末法) 시대의 비구이며 여기에서 정(定)에 들어가 석가모니 부처님의 하생(下生)을 기다리고 있노라고 했습니다. 현장법사가 말했습니다. "석가모니 부처님은 이미 출생하셨고 또 열반하셨습니다." 그러자 비구가 말했습니다. "그러면 저는 다시 정(定)에 들어가서 미륵불이 세상에 나오기를 기다리겠습니다. 그때 다시 이야기합시다!" 현장법사가 말했습니다. "미륵불이 세상에 나와도 누가 스님께 알리겠습니까? 저는 석가모니 부처님 상법 시기의 비구인데 인도로 불경을 가지러 갔다가 이십 년 후에는 반드시 돌아올 겁니다. 스님은 얼른 동토(東土)로 환생해서 제가 돌아와서 스님을 제도하기를 기다리십시오. 여기로부터 동쪽으로 가다 보면 붉은색 큰 궁전을 보게 될 것인데 그 집으로 가서 환생하십시오." 현장의 뜻은 그에게 환생해서 태자가 되라는 것이었습니다. 그리하여 그는 바로 가서 환생했습니다.

현장법사는 십칠 년 후에 돌아와서 당 태종과 만났을 때 이 일을 물어보고 당시 황궁에는 태자가 출생하지 않았음을 알았습니다. 하지만 현장법사는 실망하지 않고 다시 쭉 찾아보다가 마침내 그가 대신의 집에 태어났음을 알아냈습니다. 그를 찾아갔지만 그는 현장법사를 만나도 어렴풋이 예전에 알았던 것 같을 뿐이었습니다. 나한은 모두 격음의 미혹〔隔陰之迷〕[50]을 지니기 때문에 잊어버린 것입니다. 당 태종은 그에게 황제를 대신해서 출가하여 현장법사의 제자가 되라고 했습니다. 그러자 그가 말했습니다. "제가 출가하는 데에는 세 가지 조건이 있습니다. 첫째는 채식을 하지 않는 것이니 문을 나서면 술과 고기를 지녀야 합니다.

---

49 작은 종 모양에 손잡이를 붙여 손에 잡고 의식을 집행하거나 대중을 이끄는 데 사용한다.
50 윤회하면서 전생의 대부분의 기억을 잃어버리는 것.

둘째는 독서를 해야 하니 문을 나서면 책을 지녀야 합니다. 셋째는 미녀와 궁녀가 제 시중을 들어야 합니다." 당 태종과 현장법사는 흔쾌히 그러마고 답했습니다. 그리하여 그가 문을 나서면 술과 고기, 책, 미녀를 실은 석 대의 수레가 뒤따랐고 그 때문에 삼거 법사(三車法師)라 불리게 되었습니다.

당시 종남산(終南山)에는 도선 율사(道宣律師)라는 분이 있었는데 대단한 계율사(戒律師)이기도 했습니다. 그는 속으로 규기 법사를 불러다가 한바탕 훈계를 해야겠다고 생각했습니다. 도선 율사의 도행(道行)은 천인(天人)을 감동시켜 날마다 음식을 가져오게 할 정도였습니다. 한번은 삼거 법사에게 산으로 올라와서 함께 천인의 공양을 받자고 청했습니다. 그런데 뜻밖에 오시(午時)가 되었는데도 천인이 음식을 가져오지 않았을 뿐 아니라 저녁이 되었는데도 오지 않았습니다. 그러자 규기 법사가 말했습니다. "당신이 나를 굶겼으나 하산하기에도 너무 늦어 버렸으니 타좌나 하는 수밖에 없겠소." 규기 법사는 뚱뚱했는데 코를 드르렁 드르렁 골면서 잤습니다. 다음 날 도선 율사가 그를 비난하면서 계를 범한 비구라고 했습니다. "비록 황제를 대신해서 출가했다고는 하지만 어차피 출가를 했으니 어쨌든 비구의 위의(威儀)를 지녀야 합니다! 출가인은 잠을 잘 때 오른쪽으로 누워야 하고 아울러 광명상(光明想)을 해야 하는데, 당신이 요란하게 코를 골아 대는 통에 밤새도록 청정하지 못했소." 그러자 규기 법사가 말했습니다. "나야말로 당신 때문에 밤새도록 잠을 못 잤소! 당신이 타좌를 하는데 한밤중이 되자 이 한 마리가 당신을 물었소. 당신은 손으로 살짝 그놈을 붙잡더군. 죽여 버리고 싶었겠지만 그러면 살계(殺戒)를 범하게 되니 그냥 땅으로 던져 버렸소. 그런데 그만 그놈의 한쪽 다리가 부러져 버렸고, 밤새도록 아프다고 소리치는 바람에 나도 잠을 제대로 못 잤소." 도선 율사는 그 말을 듣고 깜짝 놀랐습니다. 실제로 그랬기 때문입니다. 참으로 정(定)에 들면 개미 싸우는 소리가 천둥치는 것처럼 들립니다. 도선 율사는 그가 산을 내려가도록 두는 수밖에 없었습니다. 한낮이 되자 천인이 음식을 가져왔습니다. 도선 율사가 천인에게 물었습니다. "어제는 왜 음식을 보내지 않았소?" 천인이 말했습니다. "어제는 당신이 사는 이 초가집 바깥으로 호법신인 사대금강, 천룡팔부가 지키고 있는 것을 보았습니다. 우리는 욕계천의 작은 천인이라 들어올 수가 없었습니다." 이 말을 들은 도선 율사는 또다시 멍해졌습니다.

여러분은 이야기를 들으며 그저 재미있다고만 생각해서는 안 됩니다. 밤에 잠잘 때에는 "깨어 있는 유가"를 부지런히 수습해야 합니다. 이것은 음식과 관련이 있는데, 정오가 지나서 먹지 않으면 쉽게 혼침(昏沈)에 빠지지 않습니다. 물론 전문적으로 수행하는 사람에게 해당하는 말입니다. 그러면 수면이 부족해서 문제가 생기지는 않을까요? 그렇지 않습니다. 수행자가 수면이 부족해서 죽는 경우는 없습니다. 수행하려면 오개(五蓋)를 끊어 내야 합니다. 바로 재(財) 색(色) 명(名) 식(食) 수(睡)이니, 수면 역시 일개(一蓋)입니다. "깨어 있는 유가"를 수행하는 것은 수면을 끊어 내기 위해서입니다. 음식의 양을 아는 것 역시 중요합니다. 위와 장이 너무 가득 차도 혼침에 빠지기 쉽기 때문입니다. 그래서 중국인은 "머리가 가득 차고 창자가 살쪘다〔腦滿腸肥〕"[51]고 질책합니다. 머리가 가득 차서 아무 생각이 없다는 말인데, 머리가 마치 진흙 같고 장이 또 너무 살쪘다면, 그러고도 공(空)을 깨달을 수 있을까요? 그렇기 때문에 음식의 양을 알아야 합니다.

---

51 머릿속은 텅 비고 살만 피둥피둥 쪘다는 의미이다.

저 사람이 이와 같이 음식의 양을 알고 나서 낮에는 경행[52]하고 연좌[53]하는 데, 두 가지 위의는 장애를 따르게 하는 법으로부터 그 마음을 청정하게 수행하게 한다.

謂彼如是食知量已, 於畫日分經行宴坐, 二種威儀, 從順障法, 淨修其心.

성문지의 수행자는 낮에는 항상 경행(經行)하고 연좌(宴坐)해야 합니다. 그리고 경행과 타좌의 시간은 서로 같아야 하는데, 밤에도 마찬가지로 이렇게 수행합니다.

이 시간이 지난 뒤에는 머물고 있는 곳의 바깥으로 나가서, 그 발을 씻고 오른쪽 옆구리를 대고 누워 그 발을 포개고 광명상에 머무른다.

過此分已, 出住處外, 洗濯其足, 右脇而臥, 重累其足, 住光明想.

한밤중[中夜]이 되면 발을 씻은 다음 오른쪽 다리를 아래에 두고 왼쪽 다리를 위에 쭉 뻗고서, 마음속으로 일륜(日輪)을 관(觀)하며 광명상(光明想)에 머무릅니다.

정념[54]과 정지로 사유하고 생각을 일으키며, 새벽에는 빨리 깨어나서 경행하고 연좌하는데, 두 가지 위의는 장애를 따르게 하는 법으로부터 그 마음

---

52 참선 수행자가 좌선하다가 졸음을 막거나 병을 치료하기 위해 가볍게 걸으면서 닦는 수행법.
53 고요히 앉는 것 즉 좌선(坐禪)을 말한다.
54 산스크리트어 samyak-smrti의 한역어로 바른 마음챙김, 바른 기억, 바른 알아차림, 마인드풀니스라고도 한다. 바른 관찰이라는 의미로 신체의 움직임, 좋고 싫은 느낌, 마음의 분별, 온갖 현상을 잘 관(觀)하는 것이다.

을 청정하게 수행하게 하니, 이와 같은 것을 초저녁과 새벽에 항상 부지런히 깨어 있는 유가를 수습함이라고 한다.

正念正知, 思惟起想, 於夜後分, 速疾悟寤, 經行宴坐, 二種威儀, 從順障法, 淨修其心, 如是名爲初夜後夜常勤修習悟寤瑜伽.

이런 것을 수행이라고 하니 이래야 참으로 수도를 위해 출가했다고 하겠습니다. "장애를 따르게 하는 법으로부터〔從順障法〕"란, 장애를 전화시켜서 장애가 없는 순조로운 상태로 변화시키는 것입니다. 마치 한 무더기의 책이 어지럽게 쌓여 있는데 그것을 가지런히 정돈하는 것과 같습니다. 그 의미는 그것을 잘 정리한다는 뜻입니다.

자료가 많아 다 설명할 방법이 없으니 이제 제22권 본지분 중 성문지 제십삼 초유가처 출리지품 제일(本地分中聲聞地第十三初瑜伽處出離地品第一)[55]로 건너뛰어서 수행(修行)과 수정(修定)의 이치를 말씀드리겠습니다. 우선 제22권에서 계율과 수행의 중요성을 이야기하는 부분입니다.

왜 계를 받고 지키고 닦아야 하는가

다시 이문이 있으니 불세존께서는 이 가운데 간략하게 세 가지 계성이 나타난다 하였다. 첫째는 수지계성이고 둘째는 출리계성이며 셋째는 수습계성이다.

復有異門, 謂佛世尊, 此中略顯三種戒性: 一受持戒性, 二出離戒性, 三修習戒性.

부처님께서 말씀하시기를 성문지에는 세 가지 계성(戒性)이 있다고 했습니다. "첫째는 수지계성〔一受持戒性〕"입니다. 이것은 계율에서의 마음

의 움직임인데, 현대 학문으로 말하면 심리 행위입니다. 사실 우리 일체 범부가 마음을 일으키고 생각을 움직이는 심리 행위는 모두 계(戒)와 관계가 있습니다. 특히 부처님을 배우는 사람은 심리 행위가 먼저 바뀌어야 하는데, 이것을 일러 계성을 받아들이고〔接受〕 기억하여 지님〔憶持〕이라고 합니다. "둘째는 출리계성〔二.出離戒性〕"으로 바로 삼계(三界)를 벗어남입니다. "셋째는 수습계성〔三.修習戒性〕"으로 천천히 연습해서 선근(善根)으로 변화하여 성불함입니다.

만약 구족계에 편안히 머무른다고 말한다면, 이것으로 말미암아 수지계성을 나타내 보이는 것이다.

謂若說言安住具戒, 由此顯示受持戒性.

출가한 남녀 두 무리가 진정으로 구족계(具足戒)를 받아들이는 것이 바로 계를 받음이니, 성문지에서는 잠시 보살계는 거론하지 않습니다.

만약 별해탈율의를 잘 수호할 수 있다고 말한다면, 이것으로 말미암아 출리계성을 나타내 보이는 것이다.

若復說言, 能善守護, 別解律儀, 由此顯示出離戒性.

별해탈계(別解脫戒)[56]는 하나의 특별한 계인데, 본래는 평범한 보통 사

---

55 초유가처에는 삼지(三地)가 있는데 종성지, 취입지, 출리지이다. 제21권에서는 종성지와 취입지를 말하는데, 이 강의에서는 취입지는 거의 생략했다. 제22권은 출리지를 말한다.

56 산스크리트어 Prātimokṣa의 의역으로 별해탈계라고 하고 음역하여 바라제목차(波羅提木叉)라고도 한다. 주로 계본(戒本)이라고 한다. 신구의(身口意)로 짓는 각각의 허물을 막고 허물에서 벗어나게 하는 계율을 모아 종류별로 나누어 열거한 조문을 말한다.

람이 이제 여래의(如來衣)를 입고 세상을 벗어났기 때문에 별해탈계라고 합니다. 이것은 범부가 보살도를 본받는 것과는 차이가 있으며, 이것 역시 "출리계(出離戒)"입니다. 별해탈계를 수호하고 수행한다는 것은 세상을 빨리 벗어나고자 함입니다.

그 까닭이 무엇인가. 별해탈율의에 포함되는 정계淨戒를 증상계학이라 하며, 곧 이와 같은 증상계학에 의지하여 증상심학과 증상혜학을 수행하는 것을 마땅히 알아야 한다.

所以者何, 別解律儀所攝淨戒, 當知說名增上戒學, 卽依如是增上戒學, 修增上心, 增上慧學.

별해탈계는 일종의 증상계(增上戒), 증상연(增上緣)입니다. 여러분으로 하여금 마음을 일으키고 생각을 움직여서 선행(善行)을 일으키고 계(戒)에 의거해서 행동하게 합니다. 매 순간 생각을 함부로 하지 않고 선법(善法)의 학문을 배워 아주 빠르게 성취할 수 있습니다. 이렇게 여러분의 마음이 변화하고 마음이 변하면 자연스럽게 정(定)을 얻습니다. 비록 정(定)을 말하지 않더라도 정이 그 속에 있게 되고, 정이 생기면 자연스럽게 혜(慧)를 얻습니다. 그렇기 때문에 여기에서는 정(定)을 말하지 않았습니다. 아시겠지요? 이렇게 말하지 않으면 여러분은 이상하다고 여길 겁니다. 어째서 정(定)이 빠졌을까? 어디에서 정할까? 정은 마음의 정[心定]이니, '증상심(增上心)'학을 수행하면 정은 그 속에 있게 됩니다.

이것으로 말미암아 일체의 괴로움이 다한 구경의 출리를 성취할 수 있다.

由此能得一切苦盡, 究竟出離.

왜 출가합니까? 출가하면 삼계의 괴로운 속박에서 벗어날 수 있으니 괴로움을 떠나 열반의 즐거움을 얻습니다. 그러므로 일체의 괴로움이 다하는 해탈을 이루어 마침내 삼계를 벗어날 수 있습니다.

이와 같은 출리는 증상계를 이용하여 전행으로 삼고 의지하고 머무르는 곳으로 삼으니, 이런 까닭에 이 별해탈율의를 말하여 출리계성이라 한다.

如是出離, 用增上戒以爲前行, 所依止處, 是故說此別解律儀, 名出離戒性.

참으로 괴로움을 떠나 즐거움을 얻고 삼계를 벗어나고자 한다면, 오로지 증상계를 이용해야 합니다. 증상은 바로 가공(加工)이니 가공을 하면 빠릅니다. 증상계를 선봉 부대로 삼고, 그런 후에 비로소 삼계를 벗어날 수 있습니다. 그렇기 때문에 별해탈계가 삼계를 출리(出離)하는 계율이라고 말했습니다.

만약 다시 궤칙으로 행한 바가 모두 원만하고 작은 죄에도 큰 두려움을 보이며 학처[57]를 받아 배운다고 말한다면, 이것으로 말미암아 수습계성을 나타내 보이는 것이다.

若復說言, 軌則所行皆悉圓滿, 於微小罪見大怖畏, 受學學處, 由此顯示修習戒性.

게다가 비구 비구니계를 수행하면, 내재적 행위와 겉으로 드러난 행위 및 사람됨의 표준이 초보적이나마 원만한 성취의 궤도에 올랐다고 하겠습니다. 별해탈계를 받으면 어떤 결과가 있게 될까요? 주의하십시오! 진정으로 계를 받은 사람은 참으로 계를 깨닫습니다. 자신의 마음속에

---

57 배울 만한 곳이라는 뜻으로, 비구 비구니가 배워서 수행할 근본인 '계율'을 달리 일컫는 말이다.

약간 잘못된 생각이 조금이라도 움직이면, 인과(因果)를 두려워할 줄 알고 큰 죄를 범할까 두려워합니다.

영명수 선사가 말하기를 "담장을 사이에 두고 비녀와 팔찌의 소리를 듣는[隔牆聞釵釧聲]" 것만으로 이미 음계(淫戒)를 범했다고 했습니다. 담벼락 너머로 하이힐 소리를 들으면 생각이 뻗어 나갑니다. 이 사람은 여자군, 걸음걸이가 아주 가벼운 걸 보니 틀림없이 몸매가 훌륭할 거야. 바로 이런 분별심을 지니는 것으로 계를 범하게 됩니다. 탐진치만의(貪瞋癡慢疑)가 모두 이와 같습니다.

예를 들어 "자네들은 불서(佛書)를 선물 받았는가? 나에게도 한 권 주게"라고 말한다면 이것은 탐계(貪戒)를 범한 것입니다. 엄격하게 말하면 그렇습니다. 그러므로 진정한 심행(心行)의 계(戒)는 출가인만 이러해야 할 뿐 아니라 진정으로 부처님을 배우는 사람이라면 반드시 이와 같아야 합니다. 평소에 마음을 일으키고 생각을 움직이는 곳에서 "작은 죄에도 큰 두려움을 보이는[於微小罪見大怖畏]" 이 부분에서 배워야 진정한 학불(學佛) 수행입니다.

"이것으로 말미암아 수습계성을 나타내 보이는[由此顯示修習戒性]" 것이라고 했습니다. 우리는 무엇 때문에 계를 받고[受戒] 계를 지키고[守戒] 계를 닦아야[修戒] 할까요? 이 업근(業根)을 바꾸어야 하기 때문입니다. 이것은 종성지(種性地)에 속하는 내용이기도 합니다.

그 까닭이 무엇인가. 이와 같이 말한바 여러 가지 형상의 별해탈율의로 말미암아 정계를 수습함을 잘 수습함, 지극히 잘 수습함이라 하기 때문이니, 이와 같은 한 가지 시라율의를 눈앞에 나타내어 널리 말하면 여섯 가지임을 마땅히 알아야 한다.

所以者何. 若由如是所說諸相別解律儀, 修習淨戒, 名善修習, 極善修習, 如是一種尸羅律儀, 現前宣說, 當知六種.

"시라(尸羅)"는 계율입니다. 대승보살로 말하자면 하나의 계율만 잘
지키면 육도(六度) 등을 모두 포괄할 수 있습니다.

참된 수행자는 이런 잘못이 없어야 한다

또 이와 같은 시라율의가 열 가지 인연에서 말미암으면 부족함이 있음을
마땅히 알아야 하고, 이것과 서로 어긋나는 열 가지 인연 때문에 원만함이
있음을 마땅히 알아야 한다. 무엇을 열 가지 부족함이 있는 인연이라고 하
는가.

又卽如是尸羅律儀, 由十因緣, 當知虧損, 卽此相違十因緣故, 當知圓滿. 云何十種
虧損因緣.

계율을 말씀드리자면 심리 행위에서 다음의 열 가지 인연은 부족함이
있는 것입니다. 이렇게 해서는 수행인이 아닙니다. 이 열 가지 과실이
없을 뿐 아니라 심행(心行)의 계율이 원만해야 참된 수행인이라 할 수
있습니다. 이 단락은 특별히 주의해야 합니다.

첫째는 맨 처음에 시라율의를 싫어하며 받음이고

一者最初惡受尸羅律儀

'오(惡)'는 싫어하다[厭惡]의 오(惡)이니, "싫어하며 받는[惡受]" 것입
니다. 계(戒)를 받아도 진심으로 받는 것이 아니라 마음속으로는 계를

싫어합니다. 하지만 어차피 출가해서 승려가 되었으니, 주지(住持)도 되고 그 집도 맡으려면 계를 받지 않을 수 없습니다. 어떤 사람은 거사가되기 위해서 삼귀오계(三歸五戒)를 받습니다. 만약 이런 이유로 계를 받았다면, 기본적으로 이 한 생각의 잘못됨은 삼대아승기겁(三大阿僧祇劫)의 긴 시간도 바꾸지 못합니다. 비록 아주 작은 한 생각이지만 그 인과(因果)는 너무나 큽니다.

둘째는 극도로 가라앉음이고

二者太極沈下

하루 온종일 머릿속이 멍하니 혼침 속에 있어서, "온종일 멍하게 취한꿈 사이에 있습니다(終日昏昏醉夢間)." 혼미하고 산만해서 그저 잠만 자고 싶어 합니다. 책도 읽지 못하고 아무리 가르쳐도 안 됩니다. 하루 온종일 영문도 모른 채 어리둥절해 있으니, 비록 돼지와 똑같지는 않더라도 이미 손오공의 사제(師弟)와 별 차이가 없습니다. 좋지 않으니 주의해야 합니다.

셋째는 극도로 들뜨고 흐트러짐이고

三者太極浮散

마음이 너무 산란해서 이 생각 저 생각이 끊이지 않습니다. 어쩌다 한번 청정하고 대부분 산란 속에 있으며 혹은 화를 내기도 합니다. 탐(貪)진(瞋) 치(癡) 만(慢) 의(疑)가 일제히 일어납니다. 다들 스스로 한번 점검해 보십시오.

넷째는 방일과 태만함에 포함되는 것이고

四者放逸懈怠所攝

"방일(放逸)"은 제멋대로인 것입니다. 젊은 사람들은 제멋대로입니다. 무슨 민주 시대니 하면서 자기 하고 싶은 대로 하고 나서 그것이 해탈이라고 말하는데, 사실은 제멋대로인 것입니다. "태만함[懈怠]"은 대충대충 하는 것입니다. 사람됨이나 일처리는 결코 대충대충 해서는 안 됩니다. 어떤 사람은 불학원(佛學院)에서 배우기는 해도 제멋대로이고 태만합니다. 하는 말마다 부처님 말이고 온 얼굴에 부처님 기운이 감돌지만 사실은 사이비입니다. 그저 불학의 명사(名辭)만 기억하고 있을 따름이니 무슨 소용이 있습니까? 여러분이 항상 제멋대로이고 대충대충 한다면 근본적으로 계(戒)를 말할 필요도 없습니다. 계행(戒行)에 대해서는 이미 부족한 것이 생겼기 때문입니다.

다섯째는 그릇된 원을 일으킴이고

五者發起邪願

현대의 어떤 선사는 많은 비구를 거느리고 용궁으로 가서 용왕에게 보물을 받아다가 세상의 가난한 중생을 구제하겠다고 발원했습니다. 저는 당시 그 어록을 보고서, '이런 발원을 하다니 농담 아니야?' 하고 생각했습니다. 물론 허구가 아닙니다. 그는 당대의 대선사였으니까요. 이런 것을 그릇된 원이라고 합니다. 어떤 사람들은 수지를 하면서 신통(神通)을 얻고 십팔변(十八變)의 능력을 얻어서 휴지를 지폐로 변하게 한 다음에 큰 선당을 짓고 싶어 합니다. 이 역시 그릇된 발원입니다. 여러분 가운데 어떤 사람은 스승에게 돈이 없는 것을 보고는, 돈을 좀 벌어서 스승을 위해 일하겠다고 발원합니다. 제가 돈을 원한다면, 제가 무엇 때문에 마다하겠습니까? 주의하십시오! 여러분은 화두를 참구해야 합니다. 제 머리부터 발바닥까지 전신이 모두 화두이니 여러분은 잘 참구해 보십시오! 그릇된 발원에 관해, 돈은 하나의 문제일 뿐이고 그 외에도 그릇된 원은 아주 많습니다. 어떤 사람들은 빛을 발하고 땅을 움직이는 것을 다른 사람에게 보여 주고 싶어 합니다. 밀종을 닦는 어떤 수행자가 인도에서 밀종 책을 쓸 때 항상 빛을 발하고 대지가 여섯 종류의 진동을 일으켰다고 하기에 저 역시 그 사람에게 말했습니다. 제가 대만에서 책을 쓸 때에도 여섯 종류의 진동이 있었고 또 빛을 발했었습니다! 이런 것들이 모두 그릇된 견해(邪見), 그릇된 원(邪願)입니다. 여러분은 반드시 알아야 합니다.

여섯째는 궤칙이 부족함에 포함되는 것이고

六者軌則虧損所攝

사람됨이 규범에 맞지 않고, 계를 지키는 것도 규범에 맞지 않습니다.

일곱째는 정명이 부족함에 포함되는 것이고

七者淨命虧損所攝

"정명(淨命)"으로 살아가지 않는 것입니다. 가령 어떤 출가인은 문패를 내걸고서 운수를 점치고 관상을 보고 풍수를 봅니다. 이것은 정명이 아니라 사명(邪命)[58]입니다. 재가 혹은 출가 대보살은 방편으로 삼아도 되지만, 그 외에 수행인은 다 안 됩니다. 중국 사찰에서 제비를 뽑는 것도 어쩔 수 없이 사용하는 것입니다. 따라서 사명(邪命)으로 살아가는 것은 정명의 부족함입니다.

여덟째는 양쪽 끝에 떨어짐이고
八者墮在二邊

공(空)이 한쪽 끝(一邊)이고 유(有) 역시 한쪽 끝이니, 공(空)에 떨어지지 않으면 유(有)에 떨어집니다. 결과적으로 양쪽 끝에 떨어져 들어가게 되는데, 공인데도 비우지 못하고 유인데도 있지 못합니다. 양쪽 끝에 떨어지는 것으로도 이미 잘못되었지만, 우리 범부는 심지어 세 끝(三邊) 네 끝(四邊)에 떨어지기도 합니다.

아홉째는 출리하지 못함이고
九者不能出離

참으로 수행하고자 하면서, 참으로 생사를 끝내고 삼계 밖으로 벗어나고자 하면서 마음으로 일으키지 않았다면 계(戒)를 범한 것입니다.

열째는 받은 바를 잃어버림이다.
十者所受失壞.

받은 계를 지키지 않아서 모든 계가 없어져 버리는 것입니다.

---

58 바르지 못한 방법으로 생계를 유지하여 살아가는 그릇된 생활을 말한다.

당신이 출가한 동기는 무엇인가

무엇을 맨 처음에 시라율의를 싫어하며 받음이라고 하는가. 어떤 사람이 왕에게 핍박을 받아서 출가를 구하거나, 혹은 날뛰는 도적에게 핍박을 받아서 혹은 빚쟁이의 핍박을 받아서 혹은 두려움의 핍박을 받아서 혹은 살아가지 못할 두려움의 핍박을 받아서 출가를 구하는 것이다. 사문성을 위해서가 아니며 바라문성을 위해서도 아니며 자신의 조복을 위해서도 아니며 자신의 적정을 위해서도 아니며 자신의 열반을 위해서도 아닌데 출가를 구하는 것이니, 이와 같은 것을 맨 처음에 시라율의를 싫어하며 받음이라고 한다.

云何名爲最初惡受尸羅律儀. 謂如有一王所逼迫, 而求出家, 或爲狂賊之所逼迫, 或爲債主之所逼迫, 或爲怖畏之所逼迫, 或不活畏之所逼迫, 而求出家, 不爲沙門性, 不爲婆羅門性, 不爲自調伏, 不爲自寂靜, 不爲自涅槃而求出家, 如是名爲最初惡受尸羅律儀.

미륵보살이 해석하기를, 출가할 때 첫 번째 동기가 바르지 않은 것이 바로 계를 범한 것입니다. 예를 들어 조금 전에 언급했던 규기 법사는 당 태종이 자기 대신 출가하라고 했습니다. 또 소설 『제공전(濟公傳)』에서는 진회(秦檜)가 제공 활불에게 자신을 대신해서 출가하게 했다고 말합니다. 또 어떤 사람은 환경에 내몰려서 출가합니다. 어떤 사람들은 강도에게 붙잡혔는데 출가하면 널 죽이지 않겠다고 해서라고 말합니다.

또 『선종어록(禪宗語錄)』에 기록되기를, 장헌충(張獻忠)이 난을 일으켰는데 눈도 깜짝하지 않고 사람을 죽였다고 합니다. 당시 여인들은 전족(纏足)으로 발이 작았는데, 그는 여인의 발을 모두 잘라서 높은 탑을 쌓았습니다. 그런 후에 한탄하면서 말하기를, 이 탑은 아주 아름다운데 안타깝게도 탑의 꼭대기가 없구나 했답니다. 이때 그가 가장 사랑했던 아름다운 아홉 번째 부인이 자신의 다리를 치켜들고 교태를 부리며 말했습니다. "제 발은 어때요?" "괜찮군." 놀랍게도 그는 정말로 아내를 죽였습니다. 장헌충은 이렇게 사람을 죽였습니다. 사천(四川) 사람들 거의 대부분이 그에게 죽임을 당했습니다. 그래서 지금의 사천 사람들은 대부분 장헌충 이후 호남(湖南)과 호북(湖北)의 이주민입니다. 사천성은 대만보다 몇 배나 큰데, 살인마 장헌충이 중경(重慶)에 오자 여장군 진량옥(秦良玉)은 스승 파산명 선사(破山明禪師)를 중경으로 불렀습니다. 파산명 선사가 사람을 보내 장헌충에게 말했습니다. "사람을 죽이지 마시오. 이렇게 하는 것은 좋지 못합니다." 그러자 장헌충이 말했습니다. "좋소. 노스님이 고기를 먹으면 내가 사람을 죽이지 않겠소." 스님이 말했습니다. "한마디로 약속하지. 내가 먹겠소." 스님은 정말로 고기를 먹었고, 장헌충도 정말로 명령을 내려 사람을 죽이지 않았습니다. 여러분이 말해 보십시오. 이 스님은 계를 범했습니까? 당연히 계를 범하지 않았습니다. 파산명 선사는 이런 기백을 지니고 있었습니다. 그런 마왕을 제도했으니, 이런 일은 부처님을 배우는 출가인이라면 본받아야 합니다.

어떤 사람은 빚쟁이에게 내몰려서 출가합니다. 다른 사람에게 빚을 졌는데, 그 빚이 반드시 돈인 것만은 아닙니다. 청춘 남녀가 연애하다가 헤어지면 실망하게 되는데, 이 역시 빚쟁이에게 내몰린것과 마찬가지입니다. 정(情)의 빚 역시 빚입니다. 어떤 사람은 아파 죽을 것이 두려워서, 혹은 다른 위협이 두려워서 출가합니다. 어떤 사람은 오래 못 사는 것이 두려워서 출가하는데, 불보살에게 몇 년 더 살게 도와 달라고 합니다. 이런 것은 "생사를 끝내기" 위한 것이 아니라 죽음을 두려워하는 것입니다. 이런 사람 역시 출가의 본분이 아니니, 이런 종류의 출가는 사문성(沙門性)이 아니고 바라문성(婆羅門性)도 아닙니다. 바꾸어 말하면 진정한 출가는 자신을 조복(調伏)하기 위한 것이고, 수행하고 증도(證道)하기 위한 것이며, 적정(寂靜)을 구하기 위한 것이고, 열반을 구하기 위한 것입니다. 만약 그렇지 않다면 "맨 처음에 시라율의를 싫어하며 받음〔最初惡受尸羅律儀〕"이라고 합니다.

그다음에 나열한 아홉 가지 원인[59]은 그 요점이 여러분에게 정을 닦으라고 말합니다. 이제 앞으로 되돌아와서 제11권 본지분 중 삼마희다지 제육의 일〔本地分中三摩呬多地第六之一〕(231면)을 보겠습니다.

유심유사 등 세 가지는 이미 말하였고[60] 무엇을 삼마희다지라고 하는가. 올타남으로 말하리라. 총표와 안립, 작의와 상의 차별[61]이며, 여러 경의 종요를 포함하는 것이며, 마지막으로 모든 잡의라네. 만약 삼마희다지를 간략하게 말한다면 총표로 말미암고, 안립으로 말미암으며, 작의의 차별로 말미암고, 상의 차별로 말미암아 여러 경의 종요 등을 간략하게 포함하는 것을 마땅히 알아야 한다.

已說有尋有伺等三, 云何三摩呬多地. 嗢柁南曰：總標與安立, 作意相差別, 攝諸經宗要, 最後衆雜義. 若略說三摩呬多地, 當知由總標故, 安立故, 作意差別故, 相差別故, 略攝諸經宗要等故.

---

59 극도로 가라앉는 것, 극도로 들뜨고 흐트러지는 것, 방일과 태만함에 포함되는 것, 그릇된 원을 일으키는 것, 궤칙이 부족함에 포함되는 것, 정명이 부족함에 포함되는 것, 양쪽 끝에 떨어지는 것, 능히 출리하지 못하는 것, 받은 바를 잃어버리는 것 등이 생략된 아홉 가지이다.

60 유심유사, 무심유사, 무심무사 등 삼지(三地)는 『유가사지론』 제4권에서 제10권까지에 해당하는 내용으로, 이 책 하권 제19강과 제20강 참조.

61 사물과 다른 사물 간의 상의 차이, 차별을 말한다. 상의 차별이 있기 때문에 의식은 각각의 사물을 다른 사물과 다른 것으로 표상(表象) 즉 식별할 수 있다. 이런 뜻에서 차별은 평등(平等)의 반대말이다. 의식의 이러한 식별 작용을 상(想)이라고 한다.

여러분은 여기에서 한두 달이나 정좌(靜坐)를 했는데도 왜 제대로 못합니까? 왜 정(定)을 얻지 못합니까? 이 경문은 정(定)을 닦고 혜(慧)를 닦아 성불하는 여러 종파의 요점을 여러분에게 말해 줍니다. 삼마희다지(三摩呬多地)를 '총표(總標)' '안립(安立)' '작의 차별(作意差別)' '상 차별(相差別)' 네 가지를 가지고 말하는 것은 여러 종파의 요점을 설명하는 것이며, 마지막으로 수행의 일체 '잡의(雜義)' 즉 수행을 심신·생리·심리 각 방면과 연관 지어서 해설하는 것입니다.

무엇을 총표라고 하는가. 이 삼마희다지에는 간략하게 네 가지가 있으니, 첫째는 정려이고 둘째는 해탈이고 셋째는 등지等持이고 넷째는 등지等至이다.

云何總標. 謂此地中略有四種, 一者靜慮, 二者解脫, 三者等持, 四者等至.

"총표(總標)"는 바로 총강(總綱)입니다. 이른바 삼마지(三摩地)를 닦는다는 것은 그 속에 네 가지 의미와 네 가지 경계를 포함합니다. 정(定)을 성취하는 것이 해탈입니다. 도를 닦고 부처님을 배우면 해탈해야 하는데, 해탈하려면 반드시 정(定)을 이루어야 합니다. 그러나 정(定)만 있고 혜(慧)를 이루지 못하면 이는 외도선(外道禪)이므로 반드시 정혜(定慧)를 고르게 지녀야[等持] 합니다. 말하자면 정과 혜를 모두 성취하면 복덕지혜 역시 성취하게 됩니다. 지금 총강을 먼저 보았는데 그 속에 정려(靜慮), 해탈, 등지(等持), 등지(等至) 모두 네 가지 항목을 포함합니다.

네 가지 정려, 여덟 가지 해탈

정려란 네 가지 정려를 말하는데, 첫째는 떠남으로부터 생겨나는 유심유사

의 정려이다.

靜慮者, 謂四靜慮, 一從離生有尋有伺靜慮.

"사정려(四靜慮)"[62]는 바로 사선정(四禪定)입니다. 이생희락(離生喜樂)이 초선(初禪)인데, 이 현실의 생활 세계를 떠나고[離] 싶어 하고 마음속으로 해탈하고 싶어 하는 그것이 바로 심사지(尋伺地)입니다. 현장법사는 '심사(尋伺)'라는 두 글자를 사용해 번역하면서 틀림없이 고심을 다했을 것입니다. 당 왕조 이전의 번역은 '유각유관(有覺有觀)'이었습니다. 현장법사는 '유각유관'이라는 번역이 타당하지 못하고 "유심유사(有尋有伺)"로 번역하는 것이 마땅하다고 생각했습니다. '심(尋)'은 찾는다는 뜻입니다. 지하에 어떤 물건이 있다면 손전등을 들고 가서 찾는데, 그것이 바로 '심'의 경계입니다. '사(伺)'를 설명하자면, 여러분이 물건을 찾을 때는 관찰하고 기다리는 작용도 함께 일어나는데 그것을 '사'라고 합니다. 우리의 심리는 바로 "유심유사"입니다. 타좌를 하고 있노라면 공(空)의 경계를 찾고 있거나 그러지 않으면 멍하게 앉아서 기다리고 있습니다. 정(定)을 얻기를 바라면서 말이지요. 그렇기 때문에 온종일 "유심유사"의 경계에 있다는 것입니다. 한걸음 더 나아간 것이 바로 '무심유사(無尋有伺)'입니다. 마음으로 더 이상 찾지 않고 그저 멍하니 앉아 있으니, 마음이 약간 혼미한 것도 같은 이것이 '무심유사'입니다. 이런 심리 상태는 얼마나 많이 이야기했습니까! 다음 단계에 비로소 '무심무사(無尋無伺)'에 도달합니다.

무엇이 '심사지(尋伺地)'의 경계입니까? 본론의 제9권 제10권에 설명이 나오는데 삼지(三地)로 나누어집니다. 첫째는 유심유사지(有尋有伺

---

62 사정려에 관한 추가 설명은 하권 제17강 참조.

地)로 초선이고 둘째는 무심유사지(無尋有伺地)로 중간선(中間禪)이며 셋째는 무심무사지(無尋無伺地)로 이선(二禪) 삼선(三禪) 사선(四禪)입니다. 그런 후에 다시 유심지(有心地)에 도달하고 다시 무심지(無心地)에 도달합니다. 『유가사지론』은 수행 법문을 모조리 우리에게 말해 주었습니다. 이것이 미륵보살의 대자비입니다.

둘째는 정定으로부터 생겨나는 무심무사의 정려이며, 셋째는 기쁨을 떠난 정려이며, 넷째는 사념 청정한 정려이다.

二從定生無尋無伺靜慮. 三離喜靜慮. 四捨念淸淨靜慮.

앞에서 말한 초선의 '이생희락'은 유심유사지(有尋有伺地)에 속하는데, 다시 이선의 '정생희락(定生喜樂)'의 단계에 도달하면 바로 무심무사지(無尋無伺地)가 됩니다. 일체의 망념이 일어나지 않고 정(定)의 경계가 찾아오기 때문에 무심무사(無尋無伺)입니다. 삼선은 '이희묘락(離喜妙樂)'이고 사선은 '사념청정(捨念淸淨)'인데 모두 "무심무사"지(無尋無伺地)에 속합니다. 출가해서 수행하고 도를 구함에 있어 사선정을 얻지 못하면 증과(證果)를 이야기할 수 없습니다. 부처님께 절하고 경전을 외우고 타좌를 하는 이런 것은 가행(加行)이니, 수행의 주변 단계 수련입니다. 정(定)을 이루면 계정혜(戒定慧)가 모두 그 속에 있게 되어 한 생각도 일어나지 않고 계체(戒體)[63]가 청정하여 성문승 도업(道業)의 기초가 생겨납니다. 그러므로 오로지 정(定)을 이루어야 혜(慧)도 일으킬 수 있습니다. 그렇기 때문에 여러분에게 참된 선정(禪定) 수행을 하라고 말씀드리는 것입니다.

---

[63] 계(戒)를 받음으로써 몸에 배게 되는, 허물이나 악을 방지하는 힘을 지닌 계의 본체를 말한다.

해탈이란 여덟 가지 해탈[64]을 말하는데, 첫째는 (내)유색관제색의 해탈이고

解脫者, 謂八解脫, 一(內)有色觀諸色解脫

교리(敎理)에서 "팔해탈(八解脫)"의 원시 번역은 팔배사(八背捨)입니다. 불학의 명사를 사용해서 해석하지 않고 세속의 말로 하자면, 현실 세계의 욕계 생명 즉 색신(色身) 안에 있는 오장 육부에서 일체 물질을 관하는 것입니다. 부정관(不淨觀)과 백골관(白骨觀)을 수행해서 공정(空淨)에 도달하고 해탈을 이루면 초선에 들어갔다고 말할 수 있습니다.

둘째는 내무색상관외제색의 해탈이고

二內無色想觀外諸色解脫

이것은 색신의 내재, 색법(色法)의 장애가 청정해짐을 말합니다. '색(色)'은 사대를 가리키는데, 정(定)의 경계에서 사대가 공정(空淨)해진 것입니다. '상(想)'은 망상이 없어짐이니 마찬가지로 텅 비어[空] 버립니다. 외면(外面)의 물질세계를 다시 봐도 청정이 서로 같아서, 해탈을 이루면 마찬가지로 이선에 들어갔다고 말할 수 있습니다.

셋째는 정해탈신작증구족주의 해탈이고

三淨解脫身作證具足住解脫

심신의 안팎이 모두 명정(明淨)해지고 공령(空靈)해지면, 몸이 삼선에서 사선의 경계에 도달한 것입니다. 부처님을 배우는 것은 허풍이 아니며 단지 이론만 늘어놓는 것이 아닙니다. 여러분이 밖에 나가서 경전을 이야기하고 교리를 이야기하는 것이 이런 모습이어서는 안 됩니다. 가장 좋은 것은 그래도 불학의 명사들로 쉽게 풀이하는 것입니다. 그러나 제가 여기에서 하는 교육 방법은 다릅니다. 저는 여러분이 실증(實證)을 참으로 수행하도록 가르치려는 것입니다. 여러분이 저처럼 말했다가 사람들이 심신의 변화에 대한 진실한 문제를 물어오는데 대답을 못 하고 몸으로도 증명하지 못한다면 그것도 문제입니다. 이 세 가지 해탈은 색신의 해탈에 치우쳤습니다.

넷째는 공무변처의 해탈이고

四空無邊處解脫

사선정(四禪定)을 지나면 공무변처(空無邊處)를 증득하게 됩니다.

다섯째는 식무변처의 해탈이고 여섯째는 무소유처의 해탈이고 일곱째는 비상비비상처의 해탈이고 여덟째는 상수멸신작증구족주의 해탈이다.

五識無邊處解脫, 六無所有處解脫, 七非想非非想處解脫, 八想受滅身作證具足住解脫.

이것은 심념의 해탈에 치우쳤는데, 팔해탈을 초월한 후에는 멸진정(滅盡定)에 들어갑니다.

---

64 여덟 가지 해탈 즉 팔해탈에 대해서는 제9강에 추가 설명이 나온다.

정혜등지

등지란 세 가지 삼마지를 말하는데, 첫째는 공이고 둘째는 무원이며 셋째
는 무상이다.

等持者, 謂三三摩地: 一空, 二無願, 三無相.

첫 번째 정려 두 번째 해탈 다음에 세 번째는 "등지(等持)"입니다. 어
떤 사람은 말합니다. 이것은 대승의 삼법인(三法印)으로 바로 정혜등지
(定慧等持)라고요.(소승의 설법은 다릅니다.) "공(空)"에 대해 『금강경(金剛
經)』에서는 말하기를 삼심(三心)은 얻을 수 없다고 했습니다. 보시(布施)
를 예로 들자면 만약 상에 머무르면〔住相〕 옳지 않습니다. 대승의 일체
경전과 일체 법문의 법인(法印)은 바로 공(空), 무원(無願), 무상(無相)입
니다. "무원(無願)"은 무작(無作), 무주(無住)라고도 합니다. 무주란 일체
에 머무르지 않는 것입니다. 육조(六祖)는 "응무소주이생기심(應無所住
而生其心)"을 깨닫고서 무주의 법문으로 말미암아 들어갔습니다. 하지만
당시 아직 철오(徹悟)하지 못하고 초오(初悟)[65] 상태로 조금 깨달았기 때
문에 이런 게송을 지었습니다.

보리는 본디 나무가 아니고	菩提本無樹
명경 역시 대가 아니라	明鏡亦非臺
본래 하나의 물건도 없거늘	本來無一物
어디에서 먼지가 일어나리	何處惹塵埃

육조의 게송이 훌륭하기는 하지만 반쪽짜리에 불과해서 오직 공(空)
만 깨달았을 뿐입니다. 진공(眞空)이 묘유(妙有)를 일으키는 작용에 대

해서는, 오조(五祖)가 한밤중에 가사를 걸치고 다시 그에게 『금강경』을 들려주자 비로소 대철대오(大徹大悟)하였고 일체 만법은 자성을 떠나지 않음을 깨달았습니다. 그리하여 그는 이렇게 말했습니다. "자성이 본래 스스로 청정한 줄 어찌 알았으며, 자성이 본래 스스로 구족하였음을 어찌 알았으며, 자성이 본래 생멸하지 않음을 어찌 알았으며, 자성이 본래 동요함이 없음을 어찌 알았으며, 자성이 만법을 생겨나게 할 수 있음을 어찌 알았으랴[何期自性本自淸淨, 何期自性本自具足, 何期自性本不生滅, 何期自性本無動搖, 何期自性能生萬法]." 자성이 본래 스스로 구족하였음과 만법을 생겨나게 할 수 있음을 깨달았을 때, 공(空)에 서로 화합함[雙融]이 있어서 비공비유(非空非有) 즉공즉유(卽空卽有) 하니 그 즉시 대철대오한 것입니다. 지금 선(禪)을 이야기하는 사람들은 닭털 하나를 붙잡아 영전(令箭)⁶⁶으로 삼아서, 그저 본래 하나의 물건도 없다[本來無一物]는 것만 말합니다. 단지 공의 일면만 이야기하는 것입니다. 그리하여 훗날 어느 조사는 도를 깨닫고 나서 이런 게송을 지어 육조를 풍자했습니다.

그때 육조는 장부답지 못했으니	六祖當年不丈夫
남에게 부탁해서 벽에 썼으나 모호하구나	請人書壁已糊塗
분명 게송에는 아무 물건 없다 하였건만	分明有偈言無物
도리어 남의 집 의발을 전수 받았다네	卻受他家衣鉢盂

---

65 청원 유신(靑原惟信) 선사가 "참선하기 전에는 산을 보면 산이요 물을 보면 물이었으나, 스승을 만나 도법을 깨치고 보니 산은 산이 아니고 물은 물이 아니었다. 더욱 정진해서 크게 깨달은 지금은 전처럼 역시 산은 산이요 물은 물이다"라고 하였다. 선가의 이 유명한 화두는 사물의 외면적인 현상에 미혹되지 않고 본래의 진면목을 깨달아 가는 과정을 묘사하였는데, 각각의 인식 단계를 미오(未悟) 초오(初悟) 철오(徹悟)로 구분한다.

66 고대에 군령(軍令)을 전하던 화살 모양의 증표로, 하찮은 일을 침소봉대하여 허세를 부리는 것을 의미한다. "닭털로 영전을 대신한다"고 표현한다.

다시 세 가지가 있으니 유심유사, 무심유사, 무심무사를 말한다.

復有三種, 謂有尋有伺, 無尋唯伺, 無尋無伺.

이 세 가지 경계는 우리의 심리이니, 우리는 모두 "유심유사(有尋有伺)"의 경계에 있습니다. 우리는 개가 먹을 것을 찾는 것처럼 도처에서 찾습니다. 상갓집 개처럼 불안정한 모습으로 공(空) 혹은 유(有)의 경계를 찾고 싶어 합니다. 자리에 앉아서 찾아보지만 공(空)의 경계도 찾아내지 못하고 유(有)의 경계도 찾아내지 못합니다. 그렇지 않습니까? 모두 "유심유사" 속에 있으니 얼마나 번뇌가 많습니까! 진정으로 대철대오한 후에는 번뇌가 있을까요, 없을까요? 완전히 "무심무사(無尋無伺)" 할까요? 선종 임주선(林酒仙)[67]의 게송을 보십시오.

양자강 물결이 가장 깊은 곳	揚子江頭浪最深
행인들도 이곳에 이르면 깊이 생각하네	行人到此盡沈吟
다른 때 파도가 없는 곳에 이를지라도	他時若到無波處
여전히 파도가 있는 것처럼 마음을 쓰네	還似有波時用心

아시겠지요? 이 몇 구절에 "등지(等持)" 법문이 다 포함되어 있습니다. "유심유사"로부터 "무심무사"에 이르기까지 등지(等持)의 경계는 이미 모두 그 속에 있게 됩니다. "양자강 물결이 가장 깊은 곳, 행인들도 이곳에 이르면 깊이 생각하네"가 '유심유사'의 경계입니다. "다른 때 파

---

67 우현(遇賢) 화상. 고소장주(姑蘇長洲, 지금의 강소성江蘇省 오현吳縣) 임씨의 아들로 서른에 구족계를 받았다. 음주를 일삼고 취하면 노래를 지어서 도인과 속인들을 경계하여 주선(酒仙)이라 불렸다.

도가 없는 곳에 이를지라도"는 '무심무사'의 경계인데, "여전히 파도가 있는 것처럼 마음을 쓰네"는 여전히 참구하고 관조해야 한다는 말입니다. 따라서 참으로 정(定)을 이룬 이후에는 범부의 경계에서도 정(定)이고 심지어 노래하고 춤추고 말 타고 공을 치면서도 정(定) 속에 있어야 여래대정(如來大定)이라고 합니다. 참으로 해탈을 성취했다고 하겠습니다. 여러분은 오로지 타좌를 해야만 정(定)이라고 생각하십니까? 그것은 초보적으로 여러분에게 정(定)을 연습하게 하는 것입니다.

다시 두 가지가 있으니 일분수, 구분수를 말한다.

復有二種, 謂一分修, 具分修.

정(定)의 경계는 어떤 하나의 법문으로부터 일체의 반야 법문에 도달합니다. 마치 육조가 "응무소주이생기심(應無所住而生其心)"이라는 한 구절을 듣고서 반야 법문에 들어갔던 것처럼 말입니다. 이것이 "일분수(一分修), 구분수(具分修)"입니다. 『지월록』에 어떤 조사들은 교하(敎下)[68]의 계정혜(戒定慧)를 좇아 수십 년간 천천히 수행하여 대철대오했습니다. 그러므로 각자 인연이 있어서 일정하지는 않습니다.

다시 세 가지가 있으니 희구행, 낙구행, 사구행을 말한다.

復有三種, 謂喜俱行, 樂俱行, 捨俱行.

---

68 불법을 배우고 성취하는 방법으로 중국에는 열 개 종파가 있다. 이 중에 참선을 중심 수행으로 하는 종파가 있는데 스스로 종문(宗門)이라 한다. 나머지 아홉 종파는 의지하는 경전의 종류에 따라 나누어졌는데 그것을 교하(敎下)라고 한다. 종문의 '종(宗)' 자와 교하의 '교(敎)' 자를 따서 종교라고 하고, 종교라는 말은 열 개 종파를 아우르는 일체 불법을 이르는 말이다. 교하(敎下)에는 대승의 화엄, 천태, 유식, 삼론, 남산율, 밀종, 정토와 소승의 성실, 구사가 있다.

정의 경계를 수행함에는 또 세 가지 형상[相]이 있으니, 바로 '희(喜)' '낙(樂)' '사(捨)'입니다. 어떤 사람들은 근기가 서로 같지 않아서, 한편으로 부처님을 배우면서 다른 한편으로 수행하다가 하하하 큰 소리로 웃는데 기뻐하면서 곧바로 정(定)을 성취합니다. 그뿐 아니라 그 사람은 언제나 기쁜 상[喜相]입니다. 우리처럼 타좌를 시작했다 하면 법당 가득 죽상[死相]인 것과는 다릅니다. 어떤 사람들은 정(定)을 수행하기만 하면 생리적으로 즐거움[樂]을 얻습니다. 어떤 사람들은 정(定)을 수행하기만 하면 버리는 상[捨相]에 들어가는데, 자리에 앉으면 곧바로 공(空)입니다. 이런 경우에는 모두 정(定)의 경계에 들어갈 수 있는데, 현종(顯宗)을 수행하든 밀종(密宗)을 수행하든 어떤 종파가 됐건 모두 똑같습니다. 밀종에서는 나중에 낙(樂), 명(明), 무념(無念)이라고 했습니다. '희(喜)' '낙(樂)' '사(捨)'는 또 공(空), 낙(樂), 명(明)으로도 불렀습니다.[69]

---

69 『밀교 대원만선정 강의』(부키, 2019)가 밀종의 공, 낙, 명, 무념의 수행법을 밝힌 책이다.

제3강

• 제11권 계속

다시 네 가지가 있으니 사수정을 말한다. 다시 다섯 가지가 있으니 오성지삼마지를 말한다. 다시 다섯 가지가 있으니 성오지삼마지를 말한다. 다시 유인유구의 성정삼마지가 있다. 다시 금강유삼마지가 있다. 다시 유학·무학, 비학·비무학 등의 삼마지가 있다. 등지等至란 오현견삼마발저, 팔승처삼마발저, 십변처삼마발저, 사무색삼마발저, 무상삼마발저, 멸진정 등의 삼마발저를 말한다.

무엇을 안립이라고 하는가. 오직 이와 같은 것들을 등인지라고 하는데 욕계에서의 심일경성은 아니며 이러한 정 등은 무회와 환희와 안락이 끌어당긴 것이다. 욕계는 그렇지 않으나 욕계에서 법에 대해 자세하고 바르게 관찰하는 것이 전혀 없는 것은 아니다.

다음으로 초정려에서 떠남이 생겨나게 하는 기쁨을 말하니, 증득하고 이것에 머무름으로 말미암아 오법을 끊어 없애는데 욕이 끌어내는 기쁨, 욕이 끌어내는 근심, 불선이 끌어내는 기쁨, 불선이 끌어내는 근심, 불선이 끌어내는 내버림을 말한다. 또 오법을 수습함이 원만하니 환·희·안·낙 및 삼마지라 한다. 욕이 끌어내는 기쁨이란 묘오욕에 대하여 처음 얻었을 때에나 이미 증득하였을 때에나 바로 수용할 때, 혹은 보거나 듣거나 받아들이는 이런 여러 인연으로 말미암아 기쁨을 지닌다. 욕이 끌어내는 근심이란 묘오욕에 대하여 구해도 이루어지지 않거나 이미 수용했는데 다시 얻을 수 없거나, 혹은 얻고 나서 다시 잃어버리는 이런 여러 인연으로 말미암아 근심과 괴로움이 많이 생겨난다. 불선이 끌어내는 기쁨이란 희락과 더불어 살생의 죄업을 행하고 그릇된 견해에까지 이르는 것을 말한다. 불선이 끌어내는 근심이란 근심과 괴로움과 더불어 살생의 죄업을 행하고 그릇된 견해에까지 이르는 것을 말한다. 불선이 끌어내는 내버림이란 왕과 왕 같은 사람들, 혹은 그 나머지 관리들, 혹은 존귀하고 존중받는 사람들이 자신은 살인 등 악업을 즐거워하지 않지만 그 종이 악업을 지을 때 차마 제지하지 않으며, 또 비나야에서 편안하게 처하지 않게 하며 제멋대로 내버려 둠으로 말미암아 마침내 악업을 짓게 만드는 것을 말한다. 그는 이 업에 대하여 눈앞에 나타난 것을 깨달은 것이지 눈앞에 나타나지 않은 것이 아니다. 또 내버림에 머물러서 찾아 구하고 정밀하게 살펴보며 악한 방편을 짓는다. 또 모든 악에 대해 탐착하여 끊지 않아서 내버림을 끌어낸다. 또 불선이 눈앞에서 구를 때에는 중용은 괴로움 즐거움 할 것 없이 다 받아들인다고 한다.

환이란 본래부터 청정을 행한 사람이 자량지에서 닦은 청정한 행위가 후회 없음을 앞세움으로 인해 마음이 위안을 얻고 크게 기뻐하는 마음의 기쁨을 말한다. 희란 방편을 바르게 수습함을 앞세움으로 인해 깊이 기뻐하고 크게 기뻐하는 마음의 기쁨을 말한다. 안이란 거칠고 무거움을 떠나서 몸과 마음이 편안함에 적응한 상태를 말한다. 낙이란 이와 같이 마음이 편안함에 적응하였기 때문에 몸과 마음이 손해 없는 즐거움 및 해탈의 즐거움을 얻는 것을 말한다. 저 품의 거칠고 무거움을 떠남으로써 모든 번뇌에서 해탈을 이룬다.

삼마지란 소연에 대해 자세하고 바르게 관찰하는 심일경성을 말한다. 세존께서는 무루의 방편 중에서 먼저 삼마지를 말씀하시고 나중에 해탈을 말씀하셨다. 삼마지를 잘 성취한 힘으로 말미암아 모든 번뇌에서 마음이 영원히 해탈하기 때문이다. 유루의 방편 중에서는 먼저 해탈을 말씀하시고 나중에 삼마지를 말씀하셨다. 구경의 방편 작의의 과를 증득하여 번뇌가 끊어짐으로 말미암아 비로소 근본 삼마지를 얻기 때문이다. 혹 동시에 삼마지와 해탈을 말씀하셨는데, 말하자면 곧 이 구경의 방편 작의 및 그 나머지 무간도의 삼마지에서 삼마지와 저 해탈이 동시에 있기 때문이다.

성인의 정의 경계

여러분은 참으로 수행해서 증득을 구하고자 합니까? 진실로 증득을 구하는 것이 아니라면 이 수업을 듣는 것은 자신에 대한 학대이고 시간 낭비라고 생각합니다. 참으로 수행과 증득에 추구하는 바가 있고 진정한 실험을 원한다면 이 몇 단락에 특히 주의해야 합니다. 이것은 여러분의 주의를 환기시키는 것입니다.

다시 네 가지가 있으니 사수정을 말한다. 다시 다섯 가지가 있으니 오성지 삼마지를 말한다. 다시 다섯 가지가 있으니 성오지삼마지를 말한다. 다시 유인유구의 성정삼마지가 있다. 다시 금강유삼마지가 있다. 다시 유학·무학, 비학·비무학 등의 삼마지가 있다.

復有四種, 謂四修定. 復有五種, 謂五聖智三摩地. 復有五種, 謂聖五支三摩地. 復有有因有具, 聖正三摩地. 復有金剛喩三摩地. 復有有學·無學·非學·非無學等三摩地.

이것은 성인의 경계이니 도의 삼매(三昧)를 증득한 것입니다. 삼마지(三摩地)라는 이 명사는 지금껏 습관적으로 정(定)의 경계라고 해석해 왔지만, 실제로는 일종의 정혜(定慧)의 경계입니다. 그것을 정(定)이라고 말하면 너무 뭉뚱그린 것이니 주의해야 합니다. 지금 말하는 다섯 가지니 네 가지니 하는 것은 종합해 놓은 정의 경계이며, 모두 지난번에 말했던 '등지(等持)'의 범위 속에 있습니다.

"오성지삼마지(五聖智三摩地)"는 도를 깨달은 정(定)으로, 다섯 가지가 있습니다. 나중에 이야기하게 될 테니 여기에서는 그저 요강(要綱)만 언급합니다. 이른바 '성(聖)'은 이미 도를 깨달아서 성인의 경계에 이르렀다는 말입니다. 도를 깨달았다고 해서 더 이상 수행하지 않는다는 말은 아닙니다. 도를 깨달은 이후가 수도(修道)하기에 딱 좋습니다. 그런 까닭에 선종의 오조는 육조에게, "본성을 보지 못하면 불법을 닦아도 무익하다(不見本性, 修法無益)"라고 했습니다. 어째서 불법을 닦아도 무익하다고 했을까요? 예를 들어 부처님께 절하고 불경을 외우는 것은 모두 수행입니다! 하지만 앞에서도 말했듯이 이러한 것은 엄격하게 말하면 그저 가행위(加行位)를 수행하는 초보에 불과합니다. 바른 수행은 계(戒)로부터 정(定)에 이르고 혜(慧)에 이르는 것으로, 정(定)이 중심에 있습니다. 그러므로 삼마지(三摩地)가 정혜(定慧)의 중심입니다.

"성오지삼마지(聖五支三摩地)"는 초선의 성오지(聖五支)로, 심(尋) 사(伺) 희(喜) 낙(樂) 심일경성(心一境性)입니다. 삼선(三禪) 역시 별도로 오지(五支)가 있는데, 이 오지는 정(定)의 경계의 다섯 가지 상태입니다.

"다시 유인유구의 성정삼마지가 있다(復有有因有具, 聖正三摩地)"고 했습니다. "성정(聖正)"은 불법의 정지견(正知見)입니다. "유인(有因)"은 전생에 이미 수행한 적이 있어서 근성(根性)이 생겼는데, 이번 생에 도를 깨달아서 성인의 자격을 구비한 것을 말합니다. 이런 부류의 사람이 수행한 정(定)의 경계입니다.

"다시 금강유삼마지가 있다〔復有金剛喩三摩地〕"는 이것은 십지(十地) 이상 보살의 경계입니다. 십지 보살에 도달한 후에는 금강유정(金剛喩 定)을 얻는데, 영원히 깨트릴 수 없는 것입니다. '유(喩)'는 비유입니다. 마치 금강처럼 최후의 일품(一品)인 무명(無明)을 깨트려야 성불하는 것을 비유합니다. 현교의 이치에 따르면 삼대아승기겁을 거쳐야 비로소 성불할 수 있습니다. 최후의 일품인 무명은 어떤 일품입니까? 최초의 것이 바로 최후의 것인데, 이것은 나중에 다시 말씀드리겠습니다. 신상(身相)은 최초로 깨트려야 하는 것으로, 아직 정(定)에 들어가지 못했다면 먼저 신상(身相)을 깨트리고 제거해야 합니다. 여러분이 타좌를 시작했는데 벌써 신체의 감각이 없어졌다고 합시다. 하지만 그것은 여전히 최초의 것으로, 금강유정(金剛喩定)의 가장자리도 아직 만져 보지 못한 것입니다.

"다시 유학·무학의 〔정(定)이〕 있다〔復有有學無學〕"고 했습니다. 지금 여러분은 한 자루 향처럼 잘 앉아 있는 것이 스스로 아주 열심히 하는 것 같지만, 그것은 눈먼 고양이가 죽은 쥐를 만난 것입니다. 그 경계가 찾아와서 여러분을 만난 것입니다. 이것은 성문지 유학지(有學地)의 정(定)으로, 여전히 배우는 중입니다. 무학지(無學地)에 도달했다면 이미 소승 아라한의 경계에 도달한 것이니 더는 배울 필요가 없습니다. 하지만 아직은 과위가 아니고 여전히 증과(證果)하지 못했습니다. 그 외에 또 "비학·비무학 등의 삼마지〔非學非無學等三摩地〕"가 있는데, 정(定)이라고 할 수 없지만 그렇다고 그에게 정의 경계가 없다고도 말할 수 없으니 정의 경계를 지니고 있습니다.

등지等至란 오현견삼마발저, 팔승처삼마발저, 십변처삼마발저, 사무색삼

마발저, 무상삼마발저, 멸진정 등의 삼마발저를 말한다.

等至者, 謂五現見三摩鉢底, 八勝處三摩鉢底, 十遍處三摩鉢底, 四無色三摩鉢底, 無想三摩鉢底, 滅盡定等三摩鉢底.

참으로 성취한 어떤 사람들은 각각의 정(定)의 경계를 모두 다 알고 또다 거쳐 갔습니다. 그뿐 아니라 자신이 무슨 정에 들어가려고 하면 바로 그 정에 들어갑니다. 범부의 정(定)에 들어가려고 하면 곧 범부의 정에 들어갈 수 있습니다. 이것이 "등지(等至)"입니다. "삼마발저(三摩鉢底)"[70]는 정혜등지(定慧等持)입니다. "오현견(五現見)"은 현량(現量)의 경계이며, "팔승처(八勝處)" 곧 팔해탈(八解脫)에서 대아라한의 "멸진정(滅盡定)" 등에 이르는 정혜등지입니다.

계속되는 이 편의 내용은 모두 이런 것을 말하고 있습니다. 이것은 본론 "성문지본지분(聲聞地本地分)" 가운데 삼마희다지 여섯 번째 항목의 일부분에 속하는데, 이 제목을 기억해야 합니다. 앞에서 말한 것은 모두 '총표(總標)'의 내용 안에 있으며, 다음은 삼마지 두 번째 항목인 '안립(安立)'입니다.

무엇을 정(定)의 경계라고 합니까? 정(定)은 어떻게 세웁니까? 예를 들어 지금 일반인들은 타좌를 하면서 배꼽을 지키거나 눈으로 빛을 마주하거나 호흡에 주의합니다. 자리에 앉아서 회계가 되어 하나 둘 셋 호흡을 세는데, 마치 회계가 돈을 세는 것 같습니다. 그렇게 한나절을 헤아리고는 또 흘려버리고 또다시 붙잡아 오면서 이것을 수식관(數息觀)이라고 합니다. 혹은 신체의 기맥을 닦거나 진언을 외웁니다! 도무지 정

---

70 산스크리트어 samāpatti의 음역으로 삼마발제(三摩拔提)라고도 한다. 등지(等至), 정수(正受) 등으로 의역한다. 혼침과 산란을 떠나 심신이 평온하고 안정되어 삼매가 깊어진 상태다.

(定)이라고 말할 수가 없습니다. 그도 아니면 기맥을 닦는답시고 무슨 하거(河車)가 통했느니 등 부분이 울린다느니 하는데, 모두 자리에 앉아서 감각에만 집중하며 시간을 낭비하는 것입니다. 기맥을 닦지 않는 것이 차라리 낫습니다. 닦았다가 도리어 온몸의 병을 닦게 됩니다. 정신이 왕성해지거나 그렇지 않으면 어떤 부위에 문제가 생기니, 참으로 한탄스럽고 참으로 가련합니다.

대만 및 다른 지역에서 수십 년간, 여러분이 한번 통계를 내어 보십시오. 대륙에서 온 밀종이나 도가(道家)는 한때 크게 성행하다가 삼 년이 못 되어 소리 소문 없이 자취를 감추었습니다. 무슨 대사(大師)니 무슨 신선(神仙)이니 교주니 하는 사람들이 나타났지만, 고혈압이나 뇌일혈 아니면 정신분열로 적지 않은 사람들이 죽었습니다. 물론 저는 아무것도 아닙니다. 교주도 아니고 신선도 아니고 저는 그저 일개 범인에 지나지 않기 때문에 이렇게 마음대로 말할 수 있는 것입니다. 그러나 여러분은 주의해야 합니다. 타좌를 하면 그것이 정(定)을 수행하는 것이라고 생각하는데, 타좌는 정(定)의 수행을 연습하는 기본에 불과하며 필요한 단계에 속할 뿐입니다. 심념(心念)조차 청정하지 못하면서 그러고도 정(定)을 이야기할 수 있습니까?

입정에 잘 이끌어 들이는 등인지

무엇을 안립이라고 하는가. 오직 이와 같은 것들을 등인지라고 하는데

云何安立, 謂唯此等, 名等引地

왜 불법을 이야기하면 반드시 정(定)을 수행하라고 할까요? 정은 삼마지라고 하는데, 논리의 이론상 "안립(安立)"은 어떻게 이 정(定)을 세우는가 하는 것입니다. 앞에서 말한 이것들은 정 수행의 "등인지(等引地)"라고 하는데 평등하게 인도한다는 뜻입니다. 예를 들어 선박이 입항할 때 도선사(導船士)가 와서 배를 운항하는 것과 같습니다. 항구마다 부두의 형세가 다르기 때문에 항구로 잘 인도해야 합니다. 우리가 정의 경계로 들어가려고 할 때에도 잘 이끌어야 합니다. 이 길을 가지 않으면 안됩니다. 두 번째 길은 없습니다. 이것이 바로 "등인지"입니다.

욕계에서의 심일경성은 아니며
非於欲界心一境性

　그러나 우리 모두는 여전히 욕계에 있습니다. 욕계에서는 음식남녀(飮食男女)를 가장 중시하는데, 이른바 나는 당신을 사랑하고 당신은 나를 사랑한다며 사랑이네 애정이네 합니다. 제가 대학에서 수업할 때 어떤 동학이 벌떡 일어나서 질문했습니다. "선생님, 사랑의 철학이란 무엇을 말합니까?" 저는 이렇게 말했습니다. "무엇이 사랑입니까? 그것은 호르몬이 장난치는 것입니다. 사랑은 이기주의입니다. 내가 당신을 사랑한다면 당신을 사랑하고, 내가 당신을 사랑하지 않는다면 당신을 사랑하지 않으니 모두 '나[我]' 하나가 결정합니다. 그렇다면 나는 왜 사랑이 생겨나는 것일까요? 몸의 호르몬이 장난을 치고 있는 것입니다. 사람이 아파서 곧 죽으려고 하면 호르몬도 줄어듭니다. 그런 상태에서도 여전히 그 사람이 사랑을 할까요? 욕계는 남녀의 욕(欲)뿐 아니라 일체의 보기 좋고 듣기 좋고 맛있고 좋아하는 것이 모두 욕입니다.

　정(定)을 이루고자 하면 "욕계에서는 아니며[非於欲界]" 즉 욕계에서는 '정'을 얻을 수 없습니다. 반드시 욕계를 벗어나야 하며 "심일경성(心

一境性)"이라야 정을 이룰 수 있습니다. 여러분 스스로 자신은 욕계를 벗어났는지 잘 헤아려 보십시오. 자신은 여기에서 부처님을 배우고 있으니 혹은 이미 출가했으니 욕계를 벗어났다고 생각해서는 안 됩니다. 꿈꾸지 마십시오. 욕계를 어디 그리 쉽게 벗어날 수 있단 말입니까! 사과 맛이 나는 바나나를 보면 군침이 돌고 입맛이 당깁니다. 이것이 욕계입니다. 침대를 보고 '드러누우면 아주 편할 거야' 하는 마음이 드는 것은 촉(觸)의 욕계가 일어난 것입니다. '환경이 나쁘네. 공기가 잘 통하지 않는군!' 하는 것 또한 욕(欲)이니, 색성향미촉법(色聲香味觸法)[71]이 모두 욕입니다. 공기가 좋아져야 타좌를 할 수 있다면 그런 것을 무슨 정이라고 하겠습니까? 귀정(鬼定)입니다! 스스로를 속이고 남을 속여서는 안 됩니다. 그러므로 "욕계에서의 심일경성은 아닙니다." 정(定)은 그런 것이 아닙니다. "욕을 떠나 존귀한 가르침에 귀의해야〔歸依法離欲尊〕" 합니다. 그렇기 때문에 정(定)을 이루는 것은 욕계에서의 심일경성이 아닙니다.

이러한 정 등은 무회와 환희와 안락이 끌어낸 것이다.

由此定等, 無悔歡喜安樂所引.

이 정(定)들로 말미암아 마음속은 후회가 없고 또 기쁩니다. 여러분은 타좌를 시작하면 후회가 없습니까? 출가를 후회하고 여기 와서 수업 듣는 것을 후회하지 않습니까? 오늘 했던 일로 후회하고 내일은 내일대로 후회하고, 사람 노릇 하고 일처리 함에 있어서 수시로 후회 속에 있고 잘못 속에 있습니다. 그것이 '회(悔)'입니다. 여러분은 타좌를 하면 "기쁨〔歡喜〕"이 있습니까? 좋아함〔喜歡〕이 있습니까? 기쁨〔歡喜〕과 좋아함

---

71 안이비설신의(眼耳鼻舌身意) 육근(六根)으로 받아들이는 여섯 가지 경계를 말한다.

〔喜歡〕은 차이가 있습니다. 중국어의 차이를 잘 구분해야 합니다. 타좌하기를 좋아하면〔喜歡〕 게으르기 쉽습니다. 다른 일은 하지 않을 수 있기 때문입니다. 기쁨〔歡喜〕이란, 타좌를 시작하면 심경(心境)에서 비할 데 없는 쾌락이 있습니다. 사람이 환희의 경계에 이르면 원수를 보더라도 기쁘고 자비롭습니다. 오로지 자애와 애호만 있으니 이것을 환희심(歡喜心)이라고 합니다. 여러분은 타좌를 하면 "안락(安樂)"이 있습니까? 두 다리는 저리고 아프며 몸이 편안하지 않아서 수시로 후회하고 기쁘지 않고 안락하지 않습니다. 심리에서 "무회(無悔)" "환희(歡喜)" "안락(安樂)"의 경계에 진정으로 도달하지 못했으면서 이미 정의 경계를 끌어냈다고 말한다면 그것은 꿈꾸고 있는 것입니다. 어느 종(宗)을 수행하든지 상관없이 수행에 성공하지 못합니다. 왜 심리에서 이런 경계가 없을까요? 여러분의 복덕자량과 지혜자량이 부족하고 도덕 행위를 성취하지 못했기 때문입니다. 어쩌다 타좌를 아주 잘하고 겉모습은 도를 닦고 부처님을 배우는 사람 같아도 그것은 다 그럴듯하게 가장한 것입니다. 그러므로 정(定)의 경계는 무회, 환희, 안락이 끌어내는 것입니다.

욕계는 그렇지 않으나
欲界不爾

욕계에서는 사람으로 하여금 기쁘게 하지 않습니다. 여러분의 현재 욕계는 『유가사지론』을 듣기 좋아하는 것입니다. 이 또한 일종의 욕(欲)입니다. 바깥의 댄스홀, 노래방에 가 보십시오. 그들은 겉으로는 아주 즐거워하고 있지만 실제로는 조금도 기쁘지 않습니다. 믿지 못하겠으면 직접 유흥시설에 가서 살펴보십시오.

여기 이 법사는 외국에서 성장했기 때문에 경험이 있습니다. 유흥시설에 가면 갈수록 사람의 심경은 더 고통스러워지는데 이것이 욕계입니다. 그렇기 때문에 욕계에서는 무회, 환희, 안락을 이루어 낼 수가 없습니다. 욕계에서 기쁘고 즐거운 일이라고 생각하는 것은 모두 자신을 속이는 심리이며 진정한 쾌락은 없습니다. 진정한 쾌락과 행복은 오로지 삼계를 벗어나 구경열반(究竟涅槃) 하는 것입니다. 열반은 상락아정(常樂我淨)으로 극락세계입니다. 욕계는 극락세계가 아닙니다. "욕계는 그렇지 않아서〔欲界不爾〕" 즉 욕계에는 이런 경계가 없습니다.

욕계에서 법에 대해 자세하고 바르게 관찰하는 것이 전혀 없는 것은 아니다.
非欲界中, 於法全無審正觀察.

  욕계가 아닌 곳에서도 도에 대한 이해는 여전히 궁극적이고 철저하지 못합니다.[72] 이렇게 말한다면, 욕계를 벗어나면 성불한다는 말입니까? 아닙니다. 무색계(無色界)에 도달해도 성불하지 못합니다. 욕(欲)의 자극이 없어서 긍정적인 지혜를 만들어 내지 못하기 때문에 무색계에서도 성불하지 못하는 것입니다. 중국에는 "아이를 낳으면 삼재팔난(三災八難)이 없다"는 말이 있습니다. 이 말은 불학에서 온 것으로 당 왕조 이후에야 사용했습니다. 소삼재(小三災)는 도병(刀兵) 온역(瘟疫) 수화(水火)이며, 대삼재(大三災)는 풍재(風災) 수재(水災) 화재(火災)입니다. 이것은 물리 세계의 재난을 말합니다. 팔난(八難)이라고 하면, 장수(長壽)가 바로 일난(一難)입니다. 사람이 오래 사는 것은 고난입니다. 특히 노인네가 구십 몇 살 백 몇 살까지 살면 아들이나 손자가 죽어서 없을 수도 있습

---

72 이 부분은 원문에 대한 저자의 해석에 문제가 있어 보인다. 원문은 "전혀 없는 것은 아니다"라는 이중부정의 문장인데, 저자는 "욕계가 아닌 곳에서도 도에 대한 이해는 여전히 궁극적이고 철저하지 못하다"라고 풀이하였다. 그래서 무색계에서도 성불하지 못한다로 연결된다.

니다. 도를 닦지 않고 도를 지니고 있지 않다면 고아보다 더 고달플 것입니다. 그러므로 장수는 일난입니다. 천도(天道)[73]에 태어나는 것 역시 일난입니다. 너무 복을 누리고 괴로움이 없다 보니 자극이 와도 도를 닦고 싶어 하지 않습니다. 그러므로 무색계에서도 도를 성취하지 못합니다.

방금 한 동학이 자신은 불경을 봐도 이해하지 못한다고 말하기에 저도 마찬가지이지만 불경을 본다고 말했습니다. 여러분은 머리를 쓰지 않고 "자세하고 바르게 관찰하는 것이 전혀 없기〔全無審正觀察〕"때문에 봐도 이해하지 못하는 것입니다.

초정려를 이루어 다섯 가지 심리에서 벗어나다

다음으로 초정려에서 떠남이 생겨나게 하는 기쁨을 말하니, 증득하고 이것에 머무름으로 말미암아 오법을 끊어 없애는데 욕이 끌어내는 기쁨, 욕이 끌어내는 근심, 불선이 끌어내는 기쁨, 불선이 끌어내는 근심, 불선이 끌어내는 내버림을 말한다.

復次, 說離生喜, 由證住此, 斷除五法, 謂欲所引喜, 欲所引憂, 不善所引喜, 不善所引憂, 不善所引捨.

여러분이 심리학이나 철학을 연구하면서 심리 행위, 정치 행위, 교육, 경제, 군사를 연구하려고 한다면 먼저 융회 관통하기만 하면 모든 것을 이해할 수 있게 됩니다. 아래에서는 더 상세하게 해석했습니다.

"초정려에서 떠남이 생겨나게 하는 기쁨을 말하니〔初靜慮中, 說離生

---

73 인간 세계보다 더 나은 과보를 받는 곳 즉 욕계천, 색계천, 무색계천의 천상세계를 말한다.

喜)"란, 첫걸음에서 초선 정려정(靜慮定)의 과(果)를 얻었다는 것입니다. 초선은 심일경성이니 출리심을 일으켜서 이 욕계를 떠나 승화하면 내심에 비할 데 없는 기쁨이 찾아옵니다. 기쁨[喜]은 심리 작용인데, 여러분은 타좌를 하면 마음속으로 기쁜가요? 조금도 기쁘지 않습니다. 심지어 여기에서는 타좌 시간을 정해 놓고 있으니 처음 들어와서는 분명 후회막급이었을 것입니다. 지금은 서서히 적응했지만 처음에는 후회하지 않았습니까? (동학 가운데 어떤 사람이 대답하다: 후회했습니다.) 솔직히 말해서 "이럴 줄 미리 알았다면 애초에 하지 말 것을" 어쩌다 속임수에 넘어가 버렸습니다! 그러니 기쁨이 없을 뿐 아니라 고뇌까지 있고 심지어 원망합니다. 모 교수가 타좌를 배울 당시처럼 말이지요. 속으로 생각하기를, 이 사람들은 정말로 쓸데없어, 배불리 먹고 할 일이 없어 여기에서 가부좌를 하고 앉아 있군, 했답니다. 그런데 조금씩 정(定)의 경계를 감수(感受)하게 되면서 비로소 출리심이 생기고 희열이 일어났습니다. 이 희열은 타좌를 할 때에만 생기는 것이 아니라 언제 어디서나 마음속에 희열이 있습니다. 그 사람의 얼굴을 보면 늘 희열이 있습니다. 주위 사람들을 둘러보면 모두가 돈 빌리러 온 얼굴을 하고 있습니다. 마치 빌리기는 많이 빌리고 갚기는 조금 갚겠다는 그런 얼굴입니다. 지금 여기에 있는 사람들도 똑같습니다. 하나같이 돈을 빌리러 온 얼굴에 기쁨이라고는 조금도 없습니다. 그러므로 참으로 부처님을 배운다고 말하려면, 모든 일상생활의 행위가 자비희사(慈悲喜捨)에 있는지 주의해야 합니다. 여러분은 여전히 자칭 부처님을 배운다고 말하지요! 여러분 얼굴의 세포에서는 자비희사라고는 반 푼어치도 찾아볼 수 없습니다. 수지(修持)하지 않는 사람이라는 것을 한눈에 알 수 있습니다.

"증득하고 이것에 머무름으로 말미암아 오법을 끊어 없애는데 욕이 끌어내는 기쁨[由證住此, 斷除五法, 謂欲所引喜]"이라고 말합니다. 이 다섯 가지 불건전한 심리는 초선정을 얻으면 해탈할 수 있습니다. 제가 이렇게 경문을 해석하면 이해할 수 있겠지요! 먼저 욕계가 끌어내는 기쁨을 말하는데, 가령 술 마시기 좋아하는 사람은 술을 보기만 하면 얼굴에 웃음이 가득합니다. 이것이 바로 "욕이 끌어내는 기쁨[欲所引喜]"입니다.

"욕이 끌어내는 근심[欲所引憂]"은 심리상의 문제입니다. 한번 물어보겠습니다. 여러분은 부자가 되고 싶습니까? (동학이 대답하다: 되고 싶습니다.) 되고 싶다는 것이 바로 욕입니다! 결국 이루어 내지 못한다면, 번뇌하겠지요! 바로 "욕이 끌어내는 근심"입니다.

"불선이 끌어내는 기쁨[不善所引喜]"은 안마 같은 경우를 예로 들 수 있습니다. 사람의 신체를 살살 두드려 주어서 아주 좋아하면 안마를 했다고 하지만, 그것이 심하면 상해를 입혔다고 합니다. 어린아이를 톡톡 가볍게 치는 것은 사랑의 표현이지만, 조금 세게 치면 불편하게 느낍니다. 우리가 좋아하는 일은 모두 불선(不善)이 끌어내는 것입니다. 무좀으로 가려우면 발을 긁는데 긁으면 긁을수록 쾌감이 있습니다. 이것이 "불선이 끌어내는 기쁨"입니다. 그러므로 어떤 것이 선법(善法)이고 어떤 것이 불선법(不善法)인지 말하기는 아주 어렵습니다. 심리학에서는, 인간에게는 피학적 증상이 있다고 합니다. 사실 우리는 다른 사람에게 학대받는 것을 좋아하는데, 이것이 바로 "불선이 끌어내는 기쁨"입니다. 이와 상반되는 것이 "불선이 끌어내는 근심[不善所引憂]"입니다.

"불선이 끌어내는 내버림[不善所引捨]"이란 악법이 끌어내는 내버림이니, 만사가 뜻대로 되지 않을 때 우리는 내던져 버리는 수밖에 없습니다. '아! 내가 공(空)을 보았어.' 이것은 공을 본 것이 아니라 불선이 이끌어 낸 내버림으로서, 내던져 버릴 수밖에 없었던 것입니다. 만약 여러분 뜻대로 될 것 같으면 내던져 버리겠습니까? 공(空)을 보게 될 것 같습니까? 과연 머리카락을 밀어버리겠습니까? 아마도 그렇지 않을 것입니다! 이것이 참말입니다.

　이 오법(五法)은 세간에 속하는 것으로, 엄격히 말하면 모두 선(善)이 아니며 욕계에서 일어나는 일반적인 심리 행위이기도 합니다. 이 다섯 가지 심리는 여전히 원칙이며, 심리학을 배우는 사람이라면 전문 서적을 한 권 쓸 수도 있습니다. 예로 들 자료도 많습니다. 이런 심리 상황은 초선을 이루어야 끊어 없앨 수 있습니다. 초선정을 이루지 못한 사람은 모두 이 오법 속에서 구릅니다. 그러므로 여러분은 깊이 들어가서 이해하고 자신의 심리 행위를 관찰해야 합니다. 이 또한 계(戒)입니다. 그런데 계율을 지킨다는 것은 다분히 강제적이고 구경(究竟)이 아닙니다. 초선정을 이루어야만 이런 심리 행위가 바뀔 수 있습니다. 이 오법에서 벗어나지 못한다면 초선에 들어갈 수 없습니다.

또 오법을 수습함이 원만하니 환·희·안·낙 및 삼마지라 한다.

又於五法修習圓滿, 謂歡·喜·安·樂及三摩地.

　다섯 가지 심리 상황을 수습(修習)하기 때문에 초선정을 이룹니다. '환(歡)' '희(喜)'는 심리적인 것이고, '안(安)' '낙(樂)'은 생리적인 것으로 분명히 구분해야 합니다. 우리는 지금까지 살면서 매일 마음속에 기쁨[歡喜]이 있었습니까? 스스로 잘 생각해 보십시오. 기쁘지 않았고 몸도 안락(安樂)하지 않았습니다. 몸과 마음이 기쁘고 안락하고자 한다면 초선정을 이루지 않으면 안 됩니다. 그런데 정(定)을 이루는 것은 "수습함이 원만한[修習圓滿]"데에서 오는 것이며, 또 삼매의 경계에 도달해야 합니다. 세심하게 관찰하지 않는다면 다섯 가지 법[五法]을 한나절을 찾아도 단지 세 가지 법[三法]밖에 보지 못할 것이 분명합니다. 그러니 자세히 관찰해야 합니다.

선정 수행의 기쁨이 일으키는 마장

욕이 끌어내는 기쁨이란 묘오욕에 대하여 처음 얻었을 때에나 이미 증득하였을 때에나 바로 수용할 때, 혹은 보거나 듣거나 받아들이는 이런 여러 인연으로 말미암아 기쁨을 지닌다.

欲所引喜者, 於妙五欲, 若初得時, 若已證得, 正受用時, 或見, 或聞, 或曾領受, 由此諸緣, 憶念歡喜.

이 세상에 있는 사람의 오묘한 오욕(妙五欲)은 바로 색성향미촉(色聲香味觸)입니다. 정(定)을 수행할 때 주의해야 하는데, 타좌를 해서 선정을 닦을 때에는 "욕이 끌어내는 기쁨(欲所引喜)"을 만납니다. 흔히 마장(魔障)이라고 하는데 마(魔)로 빠져드는 것입니다. 바로 주화입마(走火入魔)로 무협 소설에는 종종 그런 예가 등장합니다. 어떤 무협 소설에는 탕자가 마음을 고쳐먹고 바른 길로 돌아와서 신선 수행을 시작했는데, 이제 곧 신선이 되려고 하는 때에 스승이 어떤 경계로 그를 시험함으로써 결국 마로 빠져드는 내용이 있습니다. 이것은 아뢰야식의 업식(業識) 종자가 폭발한 것이기도 합니다.

여러분이 타좌를 하면 왜 며칠은 잘 되고 며칠은 잘 안 됩니까? 오늘은 타좌가 아주 잘 됐어! 이렇게 말하는데 그다음 구절은 말하지 않아도 제가 이미 알고 있습니다. 내일은 아주 엉망일 것입니다. 사실은 그것이 바로 진보하는 과정의 경계입니다. 여러분 자신의 아뢰야식의 습기 종자가 마장으로 변해서 여러분을 유혹하는 것입니다. 마경(魔境)의 출현은 때로는 막 정(定)의 경계로 들어가려고 할 때 일어납니다. 때로는 이미 정의 경계에 들어가서 막 정의 경계에 있는데, 갑자기 하나의 경계가 보인다거나 들린다거나 하면서 아주 편안하게 느껴집니다. 마치 어린 시절

엄마가 나를 안아주던 것처럼 편안합니다. 그런 후에는 생각하면 할수록 기뻐집니다. 본래는 정(定)에 있었는데 결국에는 그 기쁨의 경계, 즉 마(魔)의 경계 속으로 천천히 들어가 버린 것입니다.

욕이 끌어내는 근심이란 묘오욕에 대하여 구해도 이루어지지 않거나 이미 수용했는데 다시 얻을 수 없거나, 혹은 얻고 나서 다시 잃어버리는 이런 여러 인연으로 말미암아 근심과 괴로움이 많이 생겨난다.

欲所引憂者, 於妙五欲, 若求不遂, 若已受用, 更不復得, 或得已便失, 由此諸緣, 多生憂惱.

정(定)을 수행하지 않으면 그래도 괜찮은데 정(定)을 수행하기만 하면 당시의 일들이 생각나서 많은 번뇌와 근심 걱정이 일어납니다. 아버지가 생각나고 엄마가 생각나고 어린 시절이 생각나고, 애초에 내가 그 사람과 결혼했더라면 지금 여기에서 타좌를 하고 있지는 않을 텐데 하면서 생각할수록 괴롭습니다. 결국 앉아 있을 수 없게 되지요. 이것은 모두 여러분이 곧 정(定)에 들어가려고 할 때 나타나는 현상입니다. 그것이 바로 마장이니, 자신의 마음이 스스로를 마(魔)에 빠져들게 한 것입니다. 아뢰야식의 종성 업력이 일으키는 일입니다.

여러분도 알다시피 세간법의 사람 노릇도 마찬가지입니다. 사업을 하는 사람은 이제 막 사업이 성공하려고 할 때 마장이 찾아옵니다. 여러분 최후의 일 분을 잘 참아내면 성공하고 참아내지 못하면 실패하는 것입니다. 그러므로 출세법이나 세간법이나 관건은 늘 성공하려고 하는 그 찰나에 있습니다. 부처님을 배우는 것과 똑같아서 그 찰나의 순간에 얽힌 마의 경계가 찾아옵니다. 그것을 똑똑히 봐야 합니다. 대지혜를 지니고 분명하게 인식해야 하니, 딸깍하고 하나의 겁수(劫數)가 지나가 버립니다. 그러지 않으면 전부 무너지게 됩니다. 마치 우리가 운동 경기를 하거나 운전을 하거나 달리기를 할 때 최후의 일 초가 중요한 것과 똑같습니다. 그때 실패하면 이전의 공로는 모두 헛수고가 됩니다. 부처님을 배우는 것도 이와 같으며 심지어 더 어렵습니다. 이것은 이론이 아닙니다. 오로지 그 자리에만 앉아서 불학을 하겠다면 무슨 소용이 있습니까? 이 부분에 주의해야 합니다.

기쁨 때문에 근심 때문에 짓는 악업

불선이 끌어내는 기쁨이란 희락과 더불어 살생의 죄업을 행하고 그릇된 견해에까지 이르는 것을 말한다.

不善所引喜者, 謂如有一與喜樂俱而行殺業, 乃至邪見.

　미륵보살이 얼마나 상세히 말했습니까. 개개인의 심리와 수행 행위에 대해 낱낱이 다 말해 놓았으니 비할 데 없는 자비입니다. 후인들이 제대로 알지 못할까 두려울 뿐입니다. 예를 들어 어떤 사람에게 기쁨과 쾌락이 동시에 찾아오면 결국에는 살생계(殺生戒)를 범하고 그릇된 견해〔邪見〕에까지 이르게 됩니다. 이것을 "불선이 끌어내는 기쁨〔不善所引喜〕"이라고 합니다. 여러분은 자신이 범하지 않는다고 생각합니까? 두 가지 이야기를 들려드리겠습니다.

　오계(五戒)에는 술을 마시지 못하게 하는 계가 있습니다. 원래 처음에 부처님은 술을 마시지 못한다고 규정하지 않았습니다. 계를 받은 어떤 거사가 술을 마시고 취했는데, 이웃집 닭을 훔쳐서 닭고기 안주로 술맛을 돋우었습니다. 마실수록 더 흥겨워서 흠뻑 취해 버렸지요. 이때 이웃

집 부인이 닭을 찾으러 왔고 술에 취한 이 사람은 그만 그 부인을 범하고 말았습니다. 술 때문에 계를 범했으니 살(殺) 도(盜) 음(淫) 망(妄)이 한꺼번에 왔습니다. 부처님께서 이 때문에 주계(酒戒)를 만들었습니다. 중국 도가와 밀종은 술을 금하지 않는데 다만 제한은 합니다. 마시고 취하면 계를 범한 것이 되지만, 취하지 않으면 계를 범한 것이 아니라고 합니다. 중국 문인들은 참으로 현명합니다. 정판교(鄭板橋) 같은 사람은 이렇게 말했습니다. "술은 본성을 잘 기를 수 있어서 선가(仙家)에서는 술을 마신다. 술은 본성을 어지럽힐 수 있어서 불가(佛家)에서는 술을 금한다. 나는 술이 있으면 신선을 배우고 술이 없으면 부처를 배운다." 그러므로 주계(酒戒) 하나가 네 가지 성계(性戒)[74]를 범하게 할 수 있으니, 이것이 바로 불선(不善)이 "희락과 더불어 살생의 죄업을 행하고 그릇된 견해에까지 이르는[喜樂俱行而行殺業, 乃至邪見]" 것입니다.

불경은 읽기가 아주 어렵고 이해하기도 어려운데, 부처님의 많은 것이 계율에 있습니다. 계율에서는 결혼을 "머리 맞대고 음살을 저지른다[聚頭作淫殺]"고 합니다. 요즘 말로 하면 공개적인 음살(淫殺)을 결혼이라고 하고, 비밀스러운 애정 행각은 사음계(邪淫戒)를 범했다고 합니다. 우리는 공개적인 간음에 모두가 동의하고 도장까지 찍어 주면서 술잔을 들고 기뻐합니다. 그런 다음에는 살생을 하는데 닭, 오리, 물고기, 소, 양, 돼지가 재앙을 만납니다. 그래서 불가에서는 결혼을 "머리 맞대고 음살을 저지른다"고 합니다. 사람들이 함께 모여서 살계(殺戒)와 음계(淫戒)를 범하고 그런 후에는 이것이 인도(人道)라고 여깁니다. 이 또한 "희락

---

[74] 원래 오계(五戒)에서 살생하지 않고, 훔치지 않으며, 사음(邪淫)하지 않고, 거짓말하지 않는 것의 네 가지는 행위 그 자체가 바로 죄악이 되는 근본 계율이라는 의미에서 성계(性戒)라고 한다. 반면에 술을 마시는 것은 행위 자체는 죄악이 아니지만 그로 인해 죄를 저지를 우려가 있는 것이어서 차계(遮戒)라고 한다.

과 더불어 살생의 죄업을 행하는" 것으로, 불선이 끌어내는 기쁨에 속합니다. 그냥 보기에는 결혼이 기쁜 일이지만 실제로는 지극히 불선한 행위입니다. 이것이 바로 불법(佛法)입니다.

불선이 끌어내는 근심이란 근심과 괴로움과 더불어 살생의 죄업을 행하고 그릇된 견해에까지 이르는 것을 말한다.

不善所引憂者, 謂如有一與憂苦俱, 而行殺業, 乃至邪見.

어떤 사람이 근심하고 괴로워하는데, 가령 원수를 갚기 위해 사람을 죽이기도 합니다. 역사에는 사람을 잡아먹은 사람도 있습니다. 역사의 정면에서는 볼 수 없지만 이면에는 이런 종류의 기록이 너무 많습니다. 천하가 크게 어지럽거나 큰 흉년이 들면 연로한 아버지가 스스로 목숨을 끊어서 식구들을 먹임으로써 그들의 생명을 유지시켰습니다. 인류 사회의 정면은 대단히 아름답지만, 이면을 보면 사람의 사상이 통째로 변할 수 있어서 참 무섭습니다. 중국인 가운데 어떤 사람은 뇌를 먹어서 뇌를 보(補)하고 허리를 먹어서 허리를 보하고 인육(人肉)를 먹어 몸을 보한다고 생각합니다. 제가 어렸을 때 봤던 것처럼 말입니다. 범인을 붙잡아 가서 목을 베는데 어떤 사람들은 품에 빵을 감추고 있다가 범인의 목을 잘라 피가 솟구치자 빵으로 피를 찍어서 먹었습니다. 그러고는 보(補)했다고 말했습니다. 그것이 어떻게 보법(補法)이 됩니까? 알 수 없습니다. 고대 소설에도 그런 내용이 나오는데, 이 또한 "그릇된 견해〔邪見〕"입니다.

불선이 끌어내는 내버림이란 왕과 왕 같은 사람들, 혹은 그 나머지 관리들, 혹은 존귀하고 존중받는 사람들이 자신은 살인 등 악업을 즐거워하지 않지

만 그 종이 악업을 지을 때 차마 제지하지 않으며, 또 비나야에서 편안하게 처하지 않게 하며 제멋대로 내버려 둠으로 말미암아 마침내 악업을 짓게 만드는 것을 말한다.

不善所引捨者, 謂如有一或王王等, 或餘宰官, 或尊尊等, 自不樂爲殺等惡業, 然其僕使作惡業時, 忍而不制, 亦不安處毗奈耶中, 由縱捨故, 遂造惡業.

'왕(王)'은 제왕을 가리키지만 '왕(王)'이 동사로 쓰일 수도 있습니다. "왕등(王等)"은 제왕 아래의 제후나 대신을 가리킵니다. 그들은 국가 천하를 다스리기 위해 사람을 죽이고 선법(善法)을 버립니다. 한편으로 사람을 죽이지만 마음속으로 원하지는 않습니다. 어쩔 수 없어서 죽이는 것이지요. 그런데 한편으로는 공(空)을 보려고 합니다. 손에 권력을 쥔 관리들은 마치 군벌처럼 함부로 사람을 죽입니다.

첫 번째 '존(尊)' 자는 존귀를 뜻하며, "존등(尊等)"의 이 존(尊)은 윗사람의 명령을 존중함이니 동사이고 존중한다는 뜻입니다. 이 사람들은 자신은 살업(殺業) 같은 악업을 즐거워하지 않지만 아랫사람들이 악업을 짓고 사람을 죽입니다. 지도자는 차마 사람을 죽이지 못하지만, 아랫사람이 자신을 위해 사람을 죽이면 '아마도 죽여야 했겠지!' 하고 생각합니다. 그렇게 하지 않으면 자신의 정권이 안정되지 않기 때문에 그저 한숨을 내쉬면서 말합니다. "좋소! 그대가 기왕에 이렇게 했으니 이걸로 됐소!" 이처럼 그를 막지도 않았던 것입니다. 부하가 자신에 대한 충심으로 사람을 죽이기 때문입니다. 지도자가 그를 지적하여 고치고 교육하지 않는다면, 그것은 바로 자신의 부하가 사람을 죽이도록 내버려 두는 것이기도 합니다.

예전에 토비(土匪) 출신의 어떤 군벌은 그의 부하들도 모두 토비 출신이었는데, 그는 나중에 투항해서 군대의 사령관이 되었습니다. 그가 병사를 거느리고 전투를 할 때면 앞에 서서 이렇게 말했습니다. "이 몸이 말이지 이제 싸움을 하려고 하는데, 누구든 싸움에 지면 그놈은 병신새 끼다." 그의 연설은 이렇게 간단했습니다. 무슨 주의(主義)도 없었고 무엇을 옹호하지도 않았지만 그의 말을 듣기만 하면 바로 나가서 싸웠습니다. 평상시 그의 부하들은 제멋대로였습니다. 규율도 없고 거기다가 도박도 하며 그를 큰형님이라고 불렀습니다. 도박에서 돈을 잃으면 그에게 돈을 요구했고 그러면 돈을 주었습니다. 그런데 어떤 때는 내키지 않아 하면서 이렇게 말했습니다. "너는 군인이고 나는 너에게 총 한 자루를 주었다. 총이 있는데 어째서 돈이 없느냐?" 그 말의 뜻은, 네가 가서 뺏으면 되잖아! 하는 것이었습니다. 그는 이렇게 부하들이 악업을 짓도록 만들었습니다.

그는 이 업에 대하여 눈앞에 나타난 것을 깨달은 것이지 눈앞에 나타나지 않은 것이 아니다.

彼於此業, 現前領解, 非不現前.

그는 사람을 죽이고 남에게서 빼앗는 것이 나쁜 일임을 알고 있습니다. 하지만 부하들이 그를 위해 사람을 죽이는 것을 내버려 둘 수밖에 없었습니다. 전쟁을 할 때면 그 누가 악업을 짓지 않겠습니까? 그는 이것이 나쁜 일임을 모르는 것이 결코 아닙니다. 어떤 곳을 공격해서 승리하지 못하면 지도자는 군대의 사기를 이끌어 낼 방법을 생각해야 합니다. 예를 들면 이렇게 말합니다. "너희들이 승리해 준다면 보름의 휴가를 주겠다." 승리를 거두고 나면 사령관은 신용을 지켜야 하므로 보름의 휴가를 줄 수밖에 없습니다. 그를 따르던 부하들은 자유로워집니다. 전쟁에 참가한 사람들은 전쟁이 일어나면 한 무리 야수와 같이 변합니다. 여러분

은 여기에서는 좋은 사람들이고 여기에서는 '나무나무〔南無南無〕'[75]합니다. 저는 '무남(無南)' 출신이며 선법이고 악업이고 다 잘 알고 있습니다. 여러분이 보기에 나쁜 일을 하는 지도자는 악법에 대해 모르는 것 같습니까? 대단히 잘 알고 있지만 형세가 그렇게 몰아간 것입니다. 이것이 바로 "눈앞에 나타난 것을 깨달은 것이지, 눈앞에 나타나지 않은 것이 아니다〔現前領解, 非不現前〕"라는 것입니다.

또 내버림에 머물러서 찾아 구하고 정밀하게 살펴보며 악한 방편을 짓는다.

又住於捨, 尋求伺察, 爲惡方便.

그는 비록 이것이 나쁜 일임을 아주 잘 알지만, 선법을 내버리고 도리어 악업을 짓는 사람에게 방편이 됩니다. 속 좁은 사람들은 남이 자신에게 잘못을 저지르면 반드시 되갚아 주려고 하는데, 그런 사람에게 일부러 눈을 부라리고 노려봄으로써 상대방의 화를 돋웁니다. 여러분은 이런 심리가 없습니까? 특히 여자아이들이 그렇습니다. 남자아이들도 그렇긴 한데, 그저 모습이 좀 다를 뿐입니다. 사람에게는 이런 나쁜 심리가 있는데, 특히 총명하고 요령을 부리는 사람일수록 술수가 더 많기 때문에 짓는 업도 더 무겁습니다.

또 모든 악에 대해 탐착하여 끊지 않아서 내버림을 끌어낸다.

又於諸惡, 耽着不斷, 引發於捨.

---

75 나무(南無)는 범어 namasa를 음역한 말로, 부처나 경문의 이름 앞에 붙여서 부처님께 진심으로 귀의함을 뜻한다.

"탐착(耽着)"은 연연해하는 것을 말합니다. 악업이고 악한 일임을 잘 알지만 그것이 재미있다고 생각합니다. '에이! 내일 한 번만 더 하고 이제 안 할 거야.' 이런 식의 연연하는 마음을 계속 갖고 있습니다. '사(捨)'는 두 가지를 포함합니다. 하나는 악한 일을 행하는 것을 그만두는 것이고, 또 하나는 악한 습기를 내버리려고 하지 않는 것입니다.

또 불선이 눈앞에서 구를 때에는 중용은 괴로움 즐거움 할 것 없이 다 받아들인다고 한다.

又於不善現前轉時, 發起中庸非苦樂受.

악업에 대해 철학 이론을 갖다 붙이면서, 천하의 선악은 일정하지 않고 괴로움〔苦〕과 즐거움〔樂〕은 상대적이라고 여깁니다. 철학을 하는 사람들이 이런 것을 가장 쉽게 하는데, 선악은 일정한 표준이 없기 때문에 악을 조금쯤 행해도 상관없다고 말합니다. 중용의 도는 괴로움도 부정하지 않고 즐거움도 부정하지 않고 다 받아들이는 것이라고 합니다. 그런 까닭에 때로는 학문이 높은 사람일수록 나쁜 일을 행하는 것이 더 심합니다. "학문이 그 간사함을 이루기 족하기〔學則足以濟其奸〕" 때문에 그들은 수많은 이유를 끌어다가 자신의 불선한 행위를 지지합니다.

청정한 환희, 안락한 경안을 얻어야 진정한 출가인

환이란 본래부터 청정을 행한 사람이 자량지에서 닦은 청정한 행위가 후회 없음을 앞세움으로 인해 마음이 위안을 얻고 크게 기뻐하는 마음의 기쁨을 말한다.

歡者, 謂從本來淸淨行者, 觀資糧地所修淨行, 無悔爲先, 慰意適悅, 心欣踊性.

'환(歡)'과 희(喜)는 서로 다른 두 가지 심리 상태입니다. '환'은 표면화되고 겉으로 발휘되는 성질의 것입니다. 부처님을 배우고 정(定)을 수행하는 사람은 어떻게 '환(歡)'의 심경을 일으킬까요? 생각에서 선을 생각하지도 않고〔不思善〕악을 생각하지도 않으면〔不思惡〕, 이 마음은 절대청정의 행위 안에 있습니다. "자량지(資糧地)" 즉 수행과 증과(證果)를 준비하는 최전방에서 지혜로 자신의 심행(心行)을 관찰해서, 마음을 일으키고 생각을 움직이는 모든 순간에 선을 생각하지도 않고 악을 생각하지도 않는 경계에 있어야 합니다. 일상생활에서 후회하게 되는 일을 하지 않기 때문에 뉘우치고 한탄하는 마음이 없습니다. 말하자면 기쁨〔喜〕도 없고 미움〔憎〕도 없이 아침부터 밤까지 평안하게 생활하고 잘못된 행위가 없습니다. "마음이 위안을 얻고 크게 기뻐한다〔慰意適悅〕"는 것은, 자신의 의식의 경계〔意境〕에서 아주 유쾌하여 의식의 평안함과 기쁨으로 말미암아 심리 저 깊은 곳의 환희와 쾌락을 불러일으키는 것입니다. 이것을 '환(歡)'이라고 합니다.

사람이 기쁜 일을 만나면 정신이 상쾌해지는데, 중국인이 기쁨의 경계에 대해 이야기한 네 구절이 있습니다.

오랜 가뭄에 만나는 단비	久旱逢甘雨
타향에서 만나는 오랜 벗	他鄕遇故知
동방에 화촉 밝히는 밤	洞房華燭夜
급제 명단에 이름 올리는 때	金榜題名時

여름날 오랫동안 비가 내리지 않다가 갑자기 세찬 비가 줄기차게 내리

면 사람들은 모두 기뻐합니다. 외지에서 십몇 년을 유랑하다가 동향 사람을 만나게 되면 기뻐합니다. 결혼할 때는 당연히 기쁘고, 급제해서 이름이 알려지면 더 기쁩니다. 그런데 어떤 사람이 뒤에 조각시(吊脚詩)[76]를 붙였습니다.

오랜 가뭄에 만나는 단비 — 천둥만 치고	久旱逢甘雨—光打雷
타향에서 만나는 오랜 벗 — 원수였고	他鄕遇故知—是寃家
동방에 화촉 밝히는 밤 — 석녀였고	洞房華燭夜—是石女
급제 명단에 이름 붙는 때 — 후보였네	金榜題名時—是候補

본래는 기쁜 일이었으나 모두 기쁘지 않은 일로 변해 버렸습니다.

희란 방편을 바르게 수습함을 앞세움으로 인해 깊이 기뻐하고 크게 기뻐하는 마음의 기쁨을 말한다.

喜者, 謂正修習, 方便爲先, 深慶適悅, 心欣踊性.

여러분이 선당(禪堂)에서 타좌를 하면서 거기에서 기맥을 갖고 논다거나 관상(觀想)을 제대로 하지 못하는 것은 모두 "바른 수습(正修習)"이 아닙니다. '수(修)'는 수행이고 '습(習)'은 연습인데, 진정한 방편을 가지고 수습해야 합니다. 방편이란 바로 방법이니, 방법이 없으면 당연히 정(定)을 이루지 못합니다. 방편을 얻었고 또 그것이 자신과 대단히 잘 맞아서

---

76 오언시(五言詩)의 마지막 구가 오언이 아니고 두 글자만 있기 때문에 조각시라고 한다. 네 구 모두 합쳐서 열일곱 자여서 '십칠자시'라고 하거나 '삼구반'이라고 부르기도 한다. 앞의 세 구는 다섯 글자로 장중한 복선이고, 마지막 구는 두 글자로 해학적인 조롱을 하며 주제를 드러냈다. 여기서는 조각시의 변형된 형태로 해학적인 조롱을 담은 글자를 덧붙여서 사용한 듯하다.

쉽게 정(定)을 이루고, 수행하면 곧 궤도에 오르기 때문에 마음속으로 아주 즐겁습니다. 팔만사천법문을 관통하는 하나의 법문을 얻었고 또 방편을 얻었기에 아주 기쁜 것입니다. 이것이 '희(喜)'입니다.

안이란 거칠고 무거움을 떠나서 몸과 마음이 편안함에 적응한 상태를 말한다.

安者, 謂離麤重[77], 心身調適性.

여러분은 지금 타좌를 하면서 몸이 거칠고 무거워서 견디기 힘든 경계에 있습니다. 수련이 경계에 도달하여 몸이 가벼움으로 가득 차면 거칠고 무거움을 떠나게 되고, 마음이 차분하고 편안하며 어떤 잡념도 없습니다. 이처럼 매우 편안함에 잘 적응한 상태를 '안(安)'이라고 하니, 경안(輕安) 경계입니다. 하지만 아직 정(定)은 아닙니다. 일반인은 경안을 얻기만 해도 엄청난 것이기 때문에 흔히 자신이 정(定)을 얻었다고 생각하는데, 아닙니다. 이것은 경안일 뿐입니다. 그러나 이것으로 말미암아 정(定)에 들어가서 바른 삼매를 얻을 수 있기 때문에, 여러분은 수행할 때 먼저 교리에 통하고 나서 수행해야 합니다. 그러지 않으면 타좌를 시작하고 잠을 자면서 자신이 정(定)을 이루었다고 생각합니다. 그런 그가 내세에 태어나는 과보는 아마도 축생도의 돼지일 것입니다.

낙이란 이와 같이 마음이 편안함에 적응하였기 때문에 몸과 마음이 손해 없는 즐거움 및 해탈의 즐거움을 얻는 것을 말한다.

---

[77] 추중(麤重)의 문자 그대로의 뜻은 거침과 무거움이다. 몸과 마음이 번뇌에 얽매여 순조롭고 조화롭지 못하며 거칠고 무거운 상태를 말한다.

樂者, 謂由如是心調適故, 便得身心無損害樂, 及解脫樂.

무엇이 '낙(樂)'입니까? 궁극적인〔究竟〕쾌락은 몸과 마음이 편안함에 잘 적응하였기 때문에, 거칠고 무거움을 떠나 온몸이 가볍고 그 자리에 앉아 있어도 뼈가 없는 것처럼 부드러워서 몸을 잊게 되는 것입니다. 마음속에도 망상과 잡념이 없어져서 심리적·생리적으로 "손해 없는 즐거움〔無損害樂〕"을 얻습니다. 여러분이 지금 앉아 있는 것은 손해나는 괴로움〔有損害苦〕입니다. 다리가 눌려서 기혈이 통하지 않으니 손해를 입은 것 아닙니까? 몸과 마음 곳곳에 모두 손해를 입기 때문에 즐거움을 얻지 못합니다. "손해 없는 즐거움"을 얻는다면 더 나아가서 "해탈의 즐거움〔解脫樂〕"도 얻습니다. 몸과 마음의 장애와 번뇌를 해탈해야 안락(安樂)에 이르렀다고 합니다.

저 품의 거칠고 무거움을 떠남으로써 모든 번뇌에서 해탈을 이룬다.

以離彼品麤重性故, 於諸煩惱而得解脫.

몸과 마음이 모두 해탈을 이룸으로 말미암아 생리상의 거칠고 무거운 장애, 심리상의 망념과 번뇌를 떠나기 때문에 진정한 해탈에 이르게 됩니다. 해탈에 이르러야 비로소 한 사람의 진짜 비구(比丘), 성문지에 진정으로 들어간 출가인이 됩니다.

소연을 자세하고 바르게 사유하라

삼마지란 소연에 대해 자세하고 바르게 관찰하는 심일경성을 말한다. 세존께서는 무루[78]의 방편 중에서 먼저 삼마지를 말씀하시고 나중에 해탈을 말씀하셨다. 삼마지 선을 성취하여 원만해짐으로 말미암아[79] 모든 번뇌에서 마음이 영원히 해탈하기 때문이다. 유루[80]의 방편 중에서는 먼저 해탈을 말씀하시고 나중에 삼마지를 말씀하셨다. 구경의 방편 작의의 과를 증득하여 번뇌가 끊어짐으로 말미암아 비로소 근본 삼마지를 얻기 때문이다. 혹 동시에 삼마지와 해탈을 말씀하셨는데, 말하자면 곧 이 구경의 방편 작의 및 그 나머지 무간도의 삼마지에서 삼마지와 저 해탈이 동시에 있기 때문이다.

三摩地者, 謂於所緣審正觀察, 心一境性. 世尊於無漏方便中, 先說三摩地, 後說解脫. 由三摩地善成滿力, 於諸煩惱心永解脫故. 於有漏方便中, 先說解脫, 後說三摩地. 由證方便究竟作意果煩惱斷已, 方得根本三摩地故. 或有俱時說三摩地及與解脫, 謂卽於此方便究竟作意, 及餘無間道三摩地中, 由三摩地與彼解脫俱時有故.

이 단락은 여러분이 반드시 베껴 써야 합니다. 어차피 부처님을 배우려고 출가했으면 이것이 바른 수행의 길입니다. 여러분이 어떤 종파를 수행하든 상관없이 이 길을 따라 수행하지 않으면 모두 마설(魔說)입니다. 이 도를 따라 수행하는 것을 불설(佛說)이라고 이름 붙입니다. 저는 정중히 여러분에게 말합니다. "이것이 법왕의 법이니, 법왕의 법은 이와 같다!" 들었습니까? 이런 말은 업장(業障)을 지니거나 마장(魔障)을 지닌 사람이라면 귀에 들어가지 않거나 들어도 이해하지 못합니다. 혹은 정념(正念)을 잃어서 듣지 못합니다. 이 단락은 대단히 중요하기 때문에

---

78 번뇌가 없다는 뜻이다. 누(漏)는 인간이 번뇌 때문에 각종 악업을 행하고 그 결과 고(苦)가 그 사람의 삶에 새어나오고[漏泄] 그로 인해 미혹의 세계를 이리저리 떠돌게 됨을 의미한다.

79 "삼마지를 잘 성취한 힘으로 말미암아"라고 해석할 수 있으나 여기에서는 본문의 저자 풀이에 따라 옮겼다.

80 번뇌가 있음을 뜻하는 말로, 번뇌가 없는 무루(無漏)에 상대되는 말이다.

아래에서 각각의 구절을 다시 해석하도록 하겠습니다.

삼마지란 소연에 대해 자세하고 바르게 관찰하는 심일경성을 말한다.

三摩地者, 謂於所緣審正觀察, 心一境性.

제가 이야기하기 피곤하니 여러분 가운데 몇 분이 제 대신에 이야기해 보십시오. 틀려도 상관없습니다. 학생인데 누가 틀리지 않겠습니까? 무학지(無學地)에 도달해야 말하는 데 틀리는 것이 적을 수 있습니다. 유학지(有學地)에서는 틀리는 것이 있기 마련인데, 하물며 여러분은 유학지조차 아직 거론할 수 없습니다. 초과(初果) 나한에서 삼과(三果) 나한까지는 아직 유학지이고, 사과(四果) 대아라한에 도달해야 멸진정(滅盡定)을 이루고 비로소 무학지가 됩니다. 그러니 여러분은 틀리는 것에 신경쓰지 말고 마음껏 말하십시오.

(몇 명의 동학이 일어나서 말하고, 말한 후에 선생께서 총결하셨다.)

말하지 못하는 동학은 더 주의해야 합니다. 여러분이 그렇게 흐리멍덩하니 무슨 수행을 합니까! 주의하십시오! 여러분은 왜 정(定)을 닦아도 정을 이루지 못합니까? 제가 평소 여러분에게 교리(教理)에 주의하라고 했는데, 지관 수행을 하든 참선을 하든 염불을 하든 혹은 수식(數息)을 하든 밀종의 관상(觀想)을 하든, 정(定)을 닦으려면 반드시 소연(所緣)[81]으로써 수행해야 합니다. 예를 들어 염불을 하면 이 불호(佛號)가 바로 정(定)을 수행하는 소연입니다. 밀종의 어떤 본존을 수행하는 수행법이라면, 보살상을 관할 때 한쪽 손이나 한쪽 눈을 관하는 것이 바로 소연입니다.

이른바 정(定)의 수행은 의식 경계에 먼저 하나의 소연이 있어야 합니다. 혹은 경계를 인식하여〔緣境〕 수행하거나 혹은 형상을 인식하여〔緣

影〕수행합니다. 경론(經論)에서 말하기는 했지만 육진연영(六塵緣影)[82]은 모두 아닙니다. 그것은 단지 본성을 보는 일을 말할 뿐이며 정을 닦는 수련을 말한 것은 아닙니다. 수련을 말한다면 의식에서 먼저 하나의 대상〔緣〕을 일으켜서 수행해야 합니다. 기본에서 틀린다면 곧 전부가 틀리게 됩니다. 여러분 가운데 몇 분은 일부분은 맞고 일부분은 맞지 않습니다. 논리 인명(因明)이 정확하지 않기 때문인데, 전체 이론이 정확하지 않기 때문이기도 합니다. 이른바 "소연에 대해 자세하고 바르게 관찰함〔謂於所緣審正觀察〕"이란 바로 의식의 주의력이니, 소연에 머물러야〔定〕 합니다.

그러므로 염불은 의식의 소연이 이 불호(佛號) 소리에 있고, 관상(觀想)할 때에는 의식이 일으키는 수행이 관상에 있으며, 빛을 볼 때에는 안근이 일으키는 수행이 의식과 결합해서 빛에 있습니다. 이러한 소연경(所緣境)을 "자세하고 바르게 관찰하면" 이때가 작의(作意) 수행입니다. 수행의 초보는 본래 작의가 필요한데 작의가 수행을 성공시켜야 맞습니다. 예를 들어 우리가 아미타불의 상(像)을 관상한다면, 삼십이상(三十二相) 팔십종호(八十種好)[83] 가운데 두 눈썹 사이에 난 희고 빛나는 털의 광명을 관해도 좋고, 흉부의 '범(梵)' 자(字) 나 '만(卍)' 자 자륜(字輪)을 관해도 좋습니다. 오로지 이 부분을 관하면서 소연의 이 경계에 둔 주의력은 "자세하고 발라야〔審正〕" 합니다. 가령 준제법(準提法)을 수행하면서 관정을 받은 적이 있는 사람들은 여러분에게 심월륜(心月輪)[84]

---

81 마음으로 인식하는 대상.
82 육근으로 인식하는 대상인 색(色) 성(聲) 향(香) 미(味) 촉(觸) 법(法)의 여섯 가지 경계를 육진(六塵)이라 하고, 그 육진을 인식하여 만들어진 형상을 말한다.
83 부처님이 갖춘 서른두 가지의 특별한 외적 형상과 팔십 가지의 신체 특징.
84 밀종에서는 심장을 심월륜이라 칭한다.

을 관하라고 하는데, '옴(唵)' 자가 바로 소연경(所緣境)입니다. 행주좌와 (行住坐臥) 어느 경우에도 이 소연의 '옴' 자에 있으면서 어지럽지 않아야 합니다. 청명하고 자유로워야 하고 "자세하고 바르게 관찰해야" 합니다. 마음이 이 경계에 전일(專一)하게 되면 이것을 지(止)라고 합니다.

어떤 동학이 말하기를 소연이라는 것은, 눈[眼]은 형상[色]을 대상[緣]으로 삼고 귀[耳]는 소리[聲]를 대상으로 삼는다고 했습니다. 자신을 자세히 관찰한다면 이것은 단지 행위이고 작의일 뿐, 정(定)을 수행하는 것은 아닙니다. 공(空)을 관하는 것을 소연으로 삼을 때에는 생각마다 공을 관하는데, 공 역시 하나의 대상[緣]입니다. 타좌를 시작하면서 온갖 생각을 다 떨쳐 버리고 온갖 대상을 다 내려놓는 것이 바로 공을 관하는 것입니다. 영원히 공에 머물러서 온갖 생각이 일어나지 않는다면 이 소연은 공에 있습니다. 하지만 공 역시 하나의 경계입니다. 만약 온갖 생각이 일어나지 않아서 몸과 마음을 모두 떨쳐 버리고 심지어 공(空)조차 떨쳐 버린다면, 소연이 무상(無相)에 있으니 무상 역시 소연입니다. 그러므로 팔만사천법문, 대소승 모든 수행법이 소연경이 아닌 것이 없습니다.

소연에 대해 부언하자면, 인식의 대상[緣]으로 삼아서 어느 때에 이르면 정(定)이라고 할까요? 혼침하지 않고 산란하지 않으며 "자세하고 바르게 관찰해서" 정사유수(正思惟修)[85] 한다면, 이는 소연을 사유(思惟)하는 것입니다. 마음이 하나의 대상에 머물러 전일(專一)하게 되어 '심일경성(心一境性)'에 이르면, 이것이 비로소 정(定) 수행의 시작점입니다.

여러분은 타좌를 시작했다 하면 소연이 산란입니다. 마음으로 산란을 대상[緣]으로 삼아 수행하면 공덕이 있을까요? 공덕이 있어서 좀 나은 경우에는 내세에 태어날 때 인간 세상에 다시 오고 좀 부족한 경우에는 방생(傍生)[86]으로 변하게 됩니다. 그렇기 때문에 정사유수를 해야 합니다. 그러지 않으면 업과가 아주 심각합니다. 이른바 선인(善因)을 심었는데 악과(惡果)를 얻는 경우가 있으니, 적잖은 수행자들이 이렇게 갈림길에서 잘못 들어서기도 합니다. 이러한 소연경의 수행법은 현교와 밀종의 정법(正法) 수지의 길을 포함하는데, "이것으로 말하는 자는 불설(佛說)이 되며, 이것으로 말하지 않는 자는 모두 마설(魔說)이니" 다들 주의해야 합니다.

선정을 먼저 닦는가 공성을 먼저 관하는가

세존께서는 무루의 방편 중에서 먼저 삼마지를 말씀하시고 나중에 해탈을 말씀하셨다.

世尊於無漏方便中, 先說三摩地, 後說解脫.

일체의 불경은 우리에게 수행의 길을 가르칩니다. 세존 석가모니 부처님은 우리에게 성문도 수행자는 무루과(無漏果)까지 수행하라고 가르치는데, 무루과는 곧 대아라한입니다. 무루과를 수행하는 방법은 "먼저 삼마지를 말씀하시고[先說三摩地]" 즉 반드시 정(定)을 먼저 수행해야 한다고 말씀하셨습니다. 정을 닦지 않으면 수행이라고 하지 않으며 출가해서 부처님을 배운다고 말하지도 않습니다. "나중에 해탈을 말씀하셨다[後說解脫]" 즉 정을 이룬 후에야 해탈을 이야기할 수 있으니, 정도 이루지 못하면서 해탈은 무슨 해탈입니까? 몸이 거칠고 무거워서 번뇌가

---

85 사유수는 선(禪) 또는 선나(禪那), 선정(禪定)을 달리 이르는 말로, 마음을 한곳에 모아 흔들리지 않도록 하여 적정(寂靜)의 경지에 이르도록 하는 수행법이다.

86 생물이라는 뜻. 벌레, 날짐승, 물고기처럼 몸을 가로로 눕히고 다니는 축생을 가리킨다.

모두 남아 있는데 해탈할 수 있습니까? 그러므로 이 단락은 반드시 베껴 써서 마음속에 붙여 놓고 코끝에 붙여 놓아야 합니다. 이것이 참된 학불(學佛)입니다.

삼마지 선을 성취하여 원만해짐으로 말미암아 모든 번뇌에서 마음이 영원히 해탈하기 때문이다.

由三摩地善成滿力, 於諸煩惱心永解脫故.

부처님이 우리를 교육하는 수행의 길, 대소승의 경전은 전부 우리에게 먼저 정(定)을 닦으라고 가르칩니다. 정을 이룬 이후에야 해탈할 수 있다고 했습니다. 삼마지 정의 경계라야 지선(至善)이니 번뇌와 망상이 일어나지 않습니다. 악을 짓지도 않고 선을 행하지도 않아서 선도 없고 악도 없는[無善無惡] 것을 지선이라고 합니다. 그런 까닭에 육조는 "선을 생각하지도 않고 악을 생각하지도 않는다[不思善, 不思惡]"라고 했는데, 바로 이런 경계입니다. "선을 성취하여 원만해짐으로[善成滿力]", 즉 선을 성취하여 원만해지면 일체 번뇌경(煩惱境)에 대해 이 마음이 영원히 해탈합니다.

유루의 방편 중에서는 먼저 해탈을 말씀하시고 나중에 삼마지를 말씀하셨다.

於有漏方便中, 先說解脫, 後說三摩地.

부처님이 욕계에서 설법하실 때에는 우리에게, 이 욕계 세간은 모두 유루의 원인[因]이 있어 육근이 다 누설되기 때문에 유루에서는 먼저 해탈을 말씀하셨습니다. 말하자면 방법 즉 방편이 변했다는 것입니다. 부처님께서 말씀하신 이 해탈은 방편이니 먼저 공(空)을 보고 욕계 세간을 해탈합니다. 그러고 나서 해탈한 후에 정(定)을 닦아야 합니다. 다만 해탈만 구하고 정(定)을 수행하지 않으면, 그가 내세에 태어나는 과보는 외도이거나 철학자, 사상가, 시인, 예술가입니다. 이런 부류는 사상과 학문이 높아서 문학성이 뛰어난 사람이 많습니다. 마치 소동파의 경계처럼 말입니다.

떠도는 인생이 무엇과 같은지 아는가	人生到處知何似
날아가던 기러기 눈밭을 밟는 것 같지	應似飛鴻踏雪泥
눈 위에 우연히 발자국은 남겼지만	雪上偶然留指爪
기러기 날아서 어디로 갔는지 알겠는가	鴻飛那復計東西

이 시는 얼핏 보기에는 대단히 해탈한 듯합니다. 하지만 참공부가 없습니다. 그렇기 때문에 "팔풍이 불어도 흔들리지 않는다더니, 방비 한마디에 강을 건너왔는가[八風吹不動, 一屁打過江]"[87]라는 재미있는 고사가 있는 것입니다. 이것이 바로 비록 해탈은 있으나 정(定)을 수행함이 없음이니, 정(定)을 이루지 못하면 소용이 없습니다. 단지 해탈을 이해했을 뿐으로 견해는 옳지만 정의 경계가 없어서 '심일경성(心一境性)'하지 못합니다. 부처님께서 먼저 해탈을 말씀하시고 나중에 삼마지를 말씀하신 것은 환경이 다르고 대상이 다르기 때문입니다.

---

87 소동파가 금산사 불인 선사(佛印禪師)를 방문했다가 부재중이라 시를 남겼는데, 그 시를 본 선사가 소동파를 일깨우기 위해 일부러 시 뒤에 헛소리라는 뜻의 방비(放屁)라는 글자를 붙여서 보냈다. 그것을 본 소동파는 화가 나서 바로 찾아가서 따졌고, 선사는 이 한마디로 소동파를 부끄럽게 만들었다고 한다.

구경의 방편 작의의 과를 증득하여 번뇌가 끊어짐으로 말미암아 비로소 근본 삼마지를 얻기 때문이다.

由證方便究竟作意果煩惱斷已, 方得根本三摩地故.

무엇 때문에 어떤 때에는 먼저 해탈을 말씀하셨을까요? 하나의 방편 교육인데, 해탈한 후에 여러분에게 수행을 시작하라고 한 것은 이런 이치를 깨닫고 나서 수행하라는 것입니다. 먼저 심의식(心意識)을 일으켜서 관(觀)하는, 즉 마음으로 하나의 경계를 인식[緣]하는 수행법은 여전히 방편이자 방법으로서 강을 건너는 한 척의 배에 지나지 않습니다. 강을 건너고 나면 이 배는 버려야 합니다. 그러나 아직 강을 건너지 않았다면 이 배를 먼저 버려서는 안 됩니다. "구경의 방편 작의[方便究竟作意]"라는 말은, 수행으로 마음을 일으키고 생각을 움직이는 것은 작의(作意)의 수행이지 부작의(不作意)[88]가 아니라는 것을 설명합니다.

예를 들어 정토 법문을 수행할 때 왜 여러분에게 '나무아미타불'을 염(念)하며 마음으로 서방극락세계를 관상(觀想)하라고 할까요? 이것이 바로 작의 수행입니다. 의식 업력을 그 경계로 전성(轉成)시키는 것으로서 유식학(唯識學)에서 말하는 '전식(轉識)'이기도 합니다. 작의를 성취하게 되면 세간의 번뇌를 끊을 수 있는데, 끊은 이후라야 근본적인 정(定)의 경계를 얻을 수 있습니다. 바로 근본정(根本定)이며 방편정(方便定)이 아닙니다. 예를 들어 『팔식규구송(八識規矩頌)』 안의 "육전호위염정의(六轉呼爲染淨依)"[89]는 제육의식(第六意識)이 작의를 수행하기 시작하여 염오(染汚)를 정(淨)으로 전화시킴을 말합니다.

자신의 마음은 본래 정(定)입니다. "자성이 본래 청정함을 어찌 알았으랴"라고 했는데, 이론상으로 청정을 알았다면 그것은 이론이니 단지 지견(知見) 상의 해탈일 뿐 수련으로서 해탈은 아닙니다. 정(定)을 이루지 못했다면 참된 청정이 아닙니다. 그렇기 때문에 일반 학불자들은 출가든 재가든 할 것 없이 말끝마다 공을 들먹이지만 걸음마다 유를 걸어갑니다〔口口談空, 步步行有〕. 하나같이 공(空)을 말하지만 성질이 나면 심념(心念)이 바로 흔들립니다. 이것이 무슨 공(空)입니까? 경계를 만나더라도 해탈하지도 못하고 또 비우지도 못합니다. 왜 이 모양일까요? 정의 경계가 없기 때문에 아무 소용이 없는 것입니다. 부처님의 설법에는 이런 갖가지 방편이 있지만 중요한 점은 여전히 여러분에게 정을 닦으라는 것입니다.

혹 동시에 삼마지와 해탈을 말씀하셨는데, 말하자면 곧 이 구경의 방편 작의 및 그 나머지 무간도의 삼마지에서 삼마지와 저 해탈이 동시에 있기 때문이다.

或有俱時說三摩地及與解脫, 謂卽於此方便究竟作意, 及餘無間道三摩地中, 由三摩地與彼解脫俱時有故.

불경이 우리를 교육하는 방법은 수지에 있어서 때로는 정(定)의 경계 및 해탈의 방법을 동시에 말합니다. 그러니까 해탈과 삼마지를 동시에 말하는 것입니다. 요컨대 부처님이 우리에게 말씀하신 일체 수행의 방법은 모두 방편입니다. "구경의 방편 작의"의 수행법은 별도로 의식의 경계〔意境〕를 일으킵니다. 예를 들어 정토(淨土)를 수행하려고 정토의

---

88 대상에 대한 마음 작용을 하지 않음을 말한다.

89 제육의식은 모두 제칠말나식을 의지하여 표준으로 삼기 때문에, 제육의식의 전변은 제칠말나식의 영향을 받아 더럽거나 깨끗해진다고 하였다.

경계에 작의하는 것은 여러분의 의식이 만들어 내는 것입니다. 천당, 지옥, 인간 세상이 모두 의식의 작의입니다. 끊어짐이 없는〔無間斷〕 마음으로 행주좌와(行住坐臥)의 어느 때이든지 정(定)에 있으며 해탈에 있으면, 이것이 "무간도(無間道)"를 얻음입니다. 정에 들어갔을 때에는 번뇌에서 해탈하지만 정에 들어가지 않을 때에는 번뇌가 또다시 찾아오고 해탈하지 않는다면 이것은 끊어짐이 있음〔有間斷〕입니다. 무릇 간헐적인 것은 모두 "무간도"가 아닙니다. 오로지 주야육시(晝夜六時)[90]에 한순간이 만년〔一念萬年〕이고 만년이 한순간〔萬年一念〕이어서 끊어짐이 없어야 무간도의 정의 경계에 있는 것입니다. 이러한 정의 경계에 들어감으로써 번뇌는 당연히 해탈을 얻으니 "동시에 있습니다〔俱時有〕." 정(定)과 해탈이 동시에 존재하는 이것이 바로 불법에서 말하는 성문도 수행의 바른 길입니다.

이 단락은 베껴 두었다가 적어도 외우기는 해야 합니다. 수행하고 해낼 수 있다면 졸업할 수 있지만, 해내지 못한다면 비록 여기에서 읽었더라도 만년이 지나도 제대로 성공하지 못합니다. 이것이 제가 요구하는 교육 목표입니다. 솔직히 말해서 여러분을 한 학기 동안 테스트해 봐서 만약 해내지 못하면 저는 바로 그만둘 것입니다. 그만두고 문을 닫는 것이 대길(大吉)입니다. 제가 큰소리치건대 요즘 세상에 이런 일을 내켜서 하는 사람은 없을 겁니다. 그러니 여러분은 반드시 주의해야 합니다. 가족 친지와 이별하고 출가한 것이 무슨 일 때문이었습니까? 바로 이 일 때문이 아니었습니까?

이 단락은 대단히 중요한 부분입니다. 그러니 소가 풀을 먹는 것처럼

---

90 하루를 육등분해서 낮〔晝〕을 아침〔晨朝〕, 한낮〔日中〕, 해거름(日沒)으로, 밤〔夜〕을 초저녁〔初夜〕, 한밤〔中夜〕, 후야(後夜)로 나눈 것을 말한다.

여러 번 잘 새김질하십시오! 먼저 잘 듣고 다시 토해 내서 천천히 씹으십시오. 일체 수행의 길이 모두 이 법문입니다. 그러므로 여러분이 자리에 정좌(靜坐)하고 소연을 자세하고 바르게 관찰하여 심일경성에 도달한다면 그것이 바로 지관 쌍운(止觀雙運)입니다. 자세하고 바르게 관찰함은 소연을 관(觀)하는 것이고, 작의가 끊어짐이 없는〔無間〕 것이 지(止)입니다. 일체 불법은 선종이 됐건 밀종이나 정토가 됐건 지관(止觀)을 떠나지 않습니다. 성불의 길, 성불의 과(果) 역시 지관일 뿐이므로 이 단락에 제발 주의하십시오.

제4강

• 제11권 계속

다음으로 모든 정려에 평등하게 이르는 장애에는 간략하게 오개五蓋가 있는데, 저것을 증득하려고 할 때 장애가 될 수 있다. 어떤 다섯인가. 첫째는 탐욕개이고 둘째는 진에개이고 셋째는 혼침수면개이고 넷째는 도거악작개이고 다섯째는 의개이다.

탐욕이란 묘오욕에 대하여 정상을 따라서 보려고 하고 들으려고 하고 만지려고 하는 것을 말한다. 혹은 억념을 따라서 먼저 받아들인 바를 심사하고 연연해한다. 진에란 혹은 함께 범행을 한 사람들끼리 그 범犯한 것을 들추어냄으로 인하는 것을 말한다. 혹은 옛날에 일찍이 겪었던 이롭지 않은 일과 진에의 상을 억념한 것으로 인해서 마음에 성냄과 노여움이 생긴다. 혹은 이롭지 않은 일을 하려고 하는 것과, 하려고 하는 진에의 상에 대하여 많은 심사尋伺를 따라서 마음에 성냄과 노여움이 생긴다.

혼침이란 혹은 깨끗한 시라 등과 어떤 선행을 훼손하고 무너뜨리는 것을 말한다. 근문을 지키지 않고 음식의 양을 알지 못하고 부지런히 정진하지 않고 수면을 줄이며 부정지不正知에 머무르면서 짓는 바가 있어서, 수행해서 끊어야 할 것에 대하여 부지런히 가행하지 않고 수순하여 일체의 번뇌가 생긴한다. 몸과 마음이 혼매하여 수행을 감당하지 못한다. 수면이란 마음이 지극히 흐리멍덩한 것을 말하며, 또 번뇌를 순생시키고 가행을 무너뜨리고 끊는 것이 혼침의 성질이다. 마음이 지극히 흐리멍덩한 것이 수면의 성질인데, 그런 까닭에 이 두 가지를 합해서 하나의 개蓋라고 말한다. 또 혼매하여 감당하지 못하는 성질을 혼침이라 하며, 혼매하여 마음이 지극히 줄어드는 성질을 수면이라 한다. 이 혼침으로 말미암아 모든 번뇌와 수번뇌가 생겨날 때에는 그 밖의 연이 가까이 오지 못하는데, 가령 수면과 같은 경우 그 나머지 모든 번뇌와 수번뇌가 응당 생겨날 수도 있고, 응당 생겨나지 않을 수도 있다. 만약 혼매가 생기면 수면은 반드시 다 일어난다.

도거란 친속을 심사하고 국토를 심사하고 불사를 심사함으로 인해서, 혹은 옛날에 경험했던 웃고 즐거워하며 행했던 일을 억념함을 따라서, 마음에 요동치고 뛰어오르는 성질이 생기는 것을 말한다. 악작이란 친속을 심사하는 등으로 인해 마음에 돌이켜 후회함이 생기는 것을 말하는데, 말하자면 나는 무슨 까닭에 친속과 이별하였던가, 무슨 까닭에 이와 같은 국토로 가지 않았던가, 무슨 까닭에 이와 같은 국토를 버리고 이곳에 와서, 이와 같은 먹을거리를 먹고 이와 같은 마실 거리를 마시며, 오로지 이와 같은 의복과 침구, 병의 인연과 의약, 몸을 돕는 여러 도구들을 얻었는가, 나는 본디 무슨 까닭에 어려서 출가하여 어찌하여 늙을 때까지 기다리지 않았던가. 혹은 옛날에 경험했던 웃고 즐겼던 등의 일을 돌이켜 생각함으로 인해서 바로 회환이 생겨나는데, 말하자면 나는 무엇 때문에 응당 희락을 수용하여 장식을 하고 친구와 놀던 때에 그 종친과 친구들의 뜻을 위반하여, 그들로 하여금 슬퍼서 눈물이 눈에 가득하게 하면서까지 억지로 출가하였던가. 이와 같은 갖가지 인연으로 말미암아 근심하고 연연해하는 마음을 일으켜서 악작하고 돌이켜 후회한다.

앞의 도거와 이 악작은 처소가 같기 때문에 합하여 하나의 개로 말하는 것이다. 또 마땅히 해야 하고 마땅히 하지 않아야 할 일에 대하여 그 상응하는 것을 따라서, 혹은 이미 했던 것을 혹은 아직 하지 않은 것을 마음에서 돌이켜 후회함을 일으킨다. 어찌하여 나는 옛날에 마땅히 해야 할 일을 하지 않고 도리어 하지 않아야 할 일을 하였던가. 먼저 돌이켜 후회함에서 생기게 되는 악작은 제거해도, 이 악작은 얽어매는 것이어서 오히려 버리지 못한다. 이후로 다시 근심하고 연연해하는 마음을 끊이지 않고 상속시켜서 악작하고 돌이켜 후회하는데, 이 또한 일종의 악작의 차별이다. 앞에서 생긴 비처의 악작과 뒤의 악작은 비록 도거와 처소가 같지는 않지만 저 상이 같아서 뛰어오르고 요동치며, 지금의 이것 또한 근심하고 연연해하는 상이므로, 이런 까닭에 저것과 혼합해서 하나의 개라고 말하는 것이다.

(동학들이 먼저 와서 수업하는 연습을 한다.)

여러분에게 강해(講解) 연습을 하라고 하는 데는 두 가지 이유가 있습니다. 첫째는 스스로 공부하지 않으면 안 되게 만드는 것이고, 둘째는 여러분들로 하여금 서로 교류하며 학습하게 함으로써 앞으로 나이가 좀 더 들어서 성취가 있을 때 어떻게 불법을 널리 펼칠지 알게 하는 것입니다.

방금 두 사람의 보고(報告)는 모두 좋았고 옳습니다. 문제가 어디에 있을까요? 여러분이 미래에 불법을 널리 펼치는 데 도움을 주기 위해, 자신의 수지 및 남을 이롭게 하는 것에 관해 두 사람이 법을 강해한 것은 모두 옳습니다. 그런데 말의 무게가 없습니다. 왜 그럴까요? 그들이 말한 것은 문자선(文字禪)으로, 그저 문자를 사용해서 이야기했을 뿐입니다. 그 내용을 제대로 표현해 내지 못한 것은 수증의 경험이 부족하기 때문입니다. 사실은 평상시의 생활 즉 사람됨과 일 처리 방면의 행위가 모두 수지와 관련이 있습니다. 이치가 똑같습니다. 지금까지 말씀드린 부분을 여러분은 주의해서 봐야 합니다. 수행 방면에 매우 중요합니다.

이 단락이 『유가사지론』에서 가장 중요하게 여겨야 할 부분입니다. 법을 널리 펴기 위해서는 경전의 뜻을 연구하고 이해할 뿐 아니라 이야기할 줄 알아야 합니다. 가장 중요한 것은 자신의 수지를 위해서입니다. 여러분, 주의하십시오. 출가해서 법사가 된 사람이 법을 널리 펼치려고 할 때 알아야 할 것이 있습니다. 지금 이 시대에 경전을 강론하고 설법할 때에는 예전의 길을 그대로 걸어서는 안 됩니다. 그랬다가는 사람들이 듣다가 잠들어 버릴 것입니다. 방금 두 사람이 강해한 것이 예전에 비해서는 진보했지만, 제대로 표현해 내지 못한 데는 두 가지 원인이 있습니다. 첫째는 제가 여기에 앉아 있고, 둘째는 듣는 사람들이 동학이기 때문에 심리적으로 장애가 있어서입니다. 그런데 여러분이 주의해야 할 것이 있습니다. 장래에 이 두 가지 장애가 없을 때, 경전을 강론하고 설법하는 목적이 남을 이롭게 하는 것이라는 사실입니다. 다른 사람들이 이익을 얻도록 하기 위해서이지 청중들로부터 좋은 평판을 얻기 위해서가 아닙니다. 이러한 관념은 분명히 해야 합니다. 우리가 몸과 마음을 불법에 쏟고 청중 속에 던져 넣는 것은 사람들로 하여금 이익을 얻게 하기 위해서입니다. 설사 여러분이 교육 기관을 만들고 수업을 하더라도 똑같은 이치입니다. 강단에 서서 선생 노릇을 하는 것도 자기표현이 아니라, 교육은 학생이 이익을 얻게 하기 위한 것입니다. 그것이 여러분이 강단에 올라가서 수업을 하는 목적입니다. 이제 원문을 보겠습니다.

정을 닦을 때 마음의 다섯 가지 장애

다음으로 모든 정려에 평등하게 이르는 장애에는 간략하게 오개가 있다.

復次, 於諸靜慮等至障中, 略有五蓋.

다음으로 우리가 선정 수행을 하고 지관 수행을 할 때에는 많은 장애가 있는데, 하나씩 하나씩 오는 것이 아니라 "등지(等至)"이니 평등하게 수시로 찾아옵니다. 즉 혼침이 지나가면 산란이 찾아오고 산란이 지나가면 다시 혼침이 찾아오는 것이 아니고, 혼침과 산란이 동시에 존재한다는 말입니다. 사실 혼침하면 반드시 산란한데, 이때에는 마치 생각이 없는 것 같지만 수많은 환영의 경계가 생겨나면서 대단히 산란합니다. 사실 혼침 그 자체가 산란인데, 정(定)을 얻을 수 없기 때문입니다. 바꾸어 말하면 산란 그 자체가 바로 혼침입니다. 일념이 각성(覺性)하고 청명해서 만연(萬緣)이 일어나지 않는다면 어디에 산란이 있겠습니까? 산란해서 벌써 무명(無明) 속으로 떨어져 들어갔는데 자신만 모르고 있을 뿐입니다. 산란심은 오더라도 오는 바를 모르고 가더라도 가는 바를 모르니, 그것 자체가 혼침입니다. 그러므로 혼침과 산란은 극히 짧은 순간〔一念之間〕에, 이 일체의 장애가 "평등하게 이르러〔等至〕"옵니다.

경전을 읽고 책을 읽을 때는 뜻을 알아차려야〔會意〕 합니다. 특히 경전을 읽을 때 그러합니다. 경전의 번역은 한 글자 한 글자에 심사(心思)를 다 쓰기 때문입니다. 아무렇게나 붓을 휘두르는 것이 아닙니다. 그러므로 우리가 고인의 경전을 볼 때 소홀히 대해서는 안 됩니다. 대충 본 적이 있으면 그냥 이해했다고 말하는데, 사실 그것은 우물 안 개구리일 뿐으로 통하지 못했습니다. 정(定)을 닦을 때의 장애로 "간략하게 오개가 있습니다〔略有五蓋〕." 귀납하면 대략 다섯 가지가 있는데 자세히 분석하면 거기에 그치지 않고 더 많습니다. 표면상으로 하나의 구절이지만 보이지 않는 가운데 그 속에 하나의 구절이 더 있기 때문입니다. 이렇게 이해해야 경전을 읽는다고 말합니다. 경전을 읽거나 책을 읽을 때 이렇게 할 수 있다면 제가 여러분을 위해 기뻐할 것입니다.

저것을 증득하려고 할 때 장애가 될 수 있다.

將證彼時, 能爲障礙.

    사람은 수시로 정(定)에 들어갈 수 있고 도를 증득할 수 있다고 말했는데, 그러면 문제는 어디에 있을까요? 예를 들어 두 다리를 가부좌하고 앉으면 그 찰나에는 마치 스스로가 아주 잘 하고 있는 것 같습니다. 하지만 앉아서 눈을 감으면 곧 문제가 생깁니다. 그렇지 않습니까? 그 찰나에 변해 버립니다. 그러므로 여러분이 정(定)의 경계를 증득해서 들어가려고 하는 그 찰나에 바로 장애가 일어날 수 있습니다. 옛사람의 글은 얼마나 좋았습니까! 그래서 저는 늘 여러분이 게을러서 책을 읽지 않는다고 말합니다. 여러분은 그래도 수긍하지 않는데, 그것은 여러분이 책을 보고 한 글자도 깨닫지 못했기 때문입니다. 제가 말한 것처럼 해야 경전을 보고 경전을 읽는다고 할 수 있습니다. 바야흐로 정(定)에 들어가려고 할 때 이러한 심리 작용이 일어나는데 바로 장애가 됩니다.

어떤 다섯인가. 첫째는 탐욕개이고 둘째는 진에개이고 셋째는 혼침수면개이고 넷째는 도거악작개이고 다섯째는 의개이다.

何等爲五. 一貪欲蓋, 二瞋恚蓋, 三惛沈睡眠蓋, 四掉擧惡作蓋, 五疑蓋.

    이것이 수행의 큰 오개(大五蓋)입니다. 수면도 오개의 하나이니, 잠자기를 좋아할수록 더 정(定)을 이루기가 어렵습니다. 오래 자면 기(氣)를 상합니다. 뚱뚱한 사람은 잠자기를 좋아하고 잠들면 바로 코를 고는데 왜 코를 골까요? 기(氣)가 불순하기 때문이니, 그 자리에 앉아서도 잠을 잘 수 있습니다. 그래서 수면이 장애인 것입니다. 수행의 작은 오개(小五

蓋]는 재(財) 색(色) 명(名) 식(食) 수(睡)입니다. 금전, 남녀 관계, 음식 문제, 명성을 좋아하고 이기기를 좋아하는 것〔好名好勝〕, 잠자기 좋아하는 것 등, 심리적인 것과 생리적인 것이 다 있습니다. 예를 들어 어떤 사람이 말합니다. "이것 봐, 당신들이 해내지 못하는 걸 나는 해냈다고." 비록 다른 사람들이 공경해 주기를 요구하지는 않지만, 스스로 감탄하고 영예로워하는 이런 것이 명성을 좋아하는〔好名〕 마음입니다. 사람은 무엇 때문에 이기고 싶어 합니까? 명성을 좋아하기 때문입니다. 그러니 우리가 어떻게 정(定)을 이룰 수 있겠습니까? 모두 오개에 덮여 있는데, 덮여 있는 것은 묶여 있는 것이니 돌파할 수 없어서 답답합니다. 앞에서 먼저 요강을 말하고 아래에서 분석을 덧붙였습니다.

자기 마음의 탐욕을 점검하라

탐욕이란 묘오욕에 대하여 정상을 따라서 보려고 하고 들으려고 하고 만지려고 하는 것을 말한다.

貪欲者, 謂於妙五欲, 隨逐淨相, 欲見, 欲聞, 乃至欲觸.

색(色) 성(聲) 향(香) 미(味) 촉(觸)을 탐하는 것이 "묘오욕(妙五欲)"입니다. 아름답지 않은〔不妙〕 색은 여러분이 보기를 원하지 않고 보기를 좋아하지 않습니다. 여러분에게 화를 내는 그 사람이 원수라면 여러분은 그 사람을 보려고도 하지 않을 것입니다. 그는 묘오욕이 아니기 때문입니다. 여러분은 예쁜 것을 보면 그것을 보기를 좋아합니다. 계율 때문에 감히 대놓고 보지는 못하지만 그 자리에 서서 계속 주시합니다. 그것이 바로 묘오욕입니다. 성(聲) 역시 그러합니다. 듣기 좋은 소리는 꼭 들고 싶어 합니다. 꼭 듣고 싶은데 잘 들리지 않는다면 아예 타좌를 해서 마음이 고요해지면 잘 들립니다. "묘오욕"의 '묘(妙)'는 표준이 없고 정해진 형상이 없기 때문에, 여러분은 아름답다(妙)고 여기는 것을 저는 아름답지(妙) 않다고 여길 수도 있습니다.

오욕(五欲)의 "정상(淨相)"을 따라서 달려가는데, 바로 여러분이 좋아하는 그것입니다. 예술가는 자신이 그리기 좋아하는 멋진 풍경을 보면 "이야! 아름답구나" 하면서 손을 펼치고 대자연과 하나가 됩니다. 그것이 예술가의 정상(淨相)입니다. 음악가는 듣기 좋은 음악을 들으면 자연스럽게 두 다리로 박자를 맞추고 손뼉도 치는데, 그것이 소리의 정상이기 때문입니다. 좋아하지 않는 소리에는 손뼉을 치지 않으니, 그것은 그의 정상이 아니기 때문입니다. 그러므로 우리 중생은 늘 정상(淨相)을 뒤따라갑니다. 이 정상은 유심(唯心)으로 정해지고 유식(唯識)을 따라 구르는데 오직 여러분의 심의식(心意識)이 구릅니다. 색, 성, 향, 미, 촉의 이 "묘오욕"은 중생이 이것에 대하여 "보려고 하고, 들으려고 합니다(欲見, 欲聞)." 다시 말해 더 보고 싶어 하고 더 듣고 싶어 하기 때문에 정(定)을 이루기 어렵습니다.

앞으로 여러분이 밖에 나가서 불법을 널리 펼칠 때에는 이렇게 분명하게 말해야지 이것, 그것 해서는 안 됩니다. 입에 밴 말투와 목소리에 주의해야 합니다.

혹은 억념[91]을 따라서 먼저 받아들인 바를 심사하고 연연해한다.

或隨憶念, 先所領受, 尋伺追戀.

진정한 불법은 대심리학입니다. 우리는 때때로 타좌를 시작해서 고요한 정(定)에 다가갔을 때 아스라해지는 경우가 있습니다. 마치 꿈을 꾸

는 것처럼 산도 보이고 물도 보이고 영상이 떠오르는데, 이것은 과거생의 종자가 현행(現行)을 일으키는 것으로 모두 '묘오욕'의 경계입니다. "억념을 따라서[隨憶念]"라는 말은 일부러 그것을 추억한다는 뜻이 아니라, 아뢰야식의 종자가 눈앞에 나타난 것이라는 뜻입니다. 그렇기 때문에 수많은 사람이 타좌를 하다가 정(定)에 가까워질 때쯤 해서, 외도든 부처님을 배우는 경우든 상관없이 빛을 보거나 보살을 보고서 스스로 신통을 지니게 되었다고 생각합니다. 하지만 사실은 자신의 아뢰야식의 종자가 일으킨 현행입니다. 만약 스스로 안통(眼通)의 경계라고 여긴다면 그것은 마도로 빠진[入魔] 것이며 마통(魔通)이니 귀신과 사귀는 것입니다. 이것은 아뢰야식 속의 오욕개(五欲蓋)이니, 과거생에서 현재생에 이르기까지의 종성이 형성한 습기(習氣)의 영상입니다. 이것이 바로 유식의 이치이기도 합니다.

예를 들어 밤에 잠들려고 할 때 눈앞에 흐릿하게 어떤 경계가 나타나는 경우가 있지요? (동학이 대답하다: 그렇습니다.) 많은 사람이 이런 경험이 있는데, 이때 여러분이 일부러 생각한 것은 아닙니다. 여러분은 이미 잠이 들려고 하고 있어서 결코 일부러 생각하지는 않았습니다. 이 경계는 잠이 들락 말락 하는 사이에 찾아온 것인데, 이것이 바로 "억념(憶念)"입니다. 이런 이치를 이해했다면 타좌를 하다가 막 정(定)에 들어가려고 할 때 주의해야 합니다. 이 억념은 주인이 있는 것이 아닙니다. 그렇다면 주인이 없다는 말입니까? 있기는 있습니다. 바로 과거생의 아뢰야식의 종성, 말하자면 우리 중생의 욕념이 자주 익혀서[串習] 만들어 낸 것으로 아뢰야식의 종자가 일으키는 생각[念]입니다. 그렇기 때문에 때로는 정좌(靜坐)해서 무념(無念)에 이르렀는데, 이 무념 안이 바로 유

---

91 마음에 간직하여 잊지 않고 늘 생각하는 것.

념입니다. 단지 여러분이 점검하지 않았을 따름입니다.

정력(定力)이 높은 사람일수록 경계가 더 기괴하게 찾아옵니다. "혹은 억념을 따라서 먼저 받아들인 바[或隨憶念, 先所領受]", 즉 이번 생에 가 보지도 않은 장소나 경험해 보지도 못한 일이 다 눈앞에 나타납니다. 여러분이 이런 교리를 이해하면, 이것이 이번 생에 겪은 일이 아니라 과거 어느 생에 겪은 일임을 알게 됩니다. 모든 사람은 천당에 올라가 보고 지옥에 내려가 본 경험을 지니고 있습니다. 과거생의 종자가 지금 이때 나타나는 것이 바로 현행(現行)입니다. "받아들임[領受]"은 수온(受蘊)으로, 요즘 말로 하면 과거에 경험한 적이 있는 것입니다. 우리가 과거에 몸과 마음으로 장시간 받아들인 적이 있는 그 경계입니다. 그렇기 때문에 자신의 의식 바로 아뢰야식이 회상하고 심사(尋伺)해서 눈앞에 나타난 것입니다.

타좌와 관련한 재미있는 이야기가 있습니다. 할머니가 할아버지에게 타좌를 배운 다음에 이렇게 말했다고 합니다. "아이고! 타좌가 참 좋군요. 삼십 년 전에 어떤 사람이 나에게 십 원을 빌려 갔는데, 타좌를 했더니 바로 생각이 났어요." 타좌를 해서 고요함이 지극해졌을 때 아뢰야식의 종자가 눈앞에 나타난 것입니다.

이 재미있는 이야기를 통해서 잘 생각해 보십시오. 이것이 무슨 힘일까요? 고요함이 지극해졌기 때문에 아뢰야식의 종자가 헤집고 나왔습니다. 어떤 사람은 본래 성격이 아주 온순한데, 타좌를 하면 할수록 오히려 성깔이 대단해집니다. 과거의 성내는 마음[瞋心]이 내면에 억압되어 있다가 타좌를 해서 고요해지자 폭발해서 나온 것으로 그 독이 일어난 것입니다. 그래서 때로는 타좌를 계속하다가 울기도 합니다. 정신병이 아니라 과거생의 그 자비심이거나 많은 생 여러 겁(劫)에서의 타락을 지금 고요함이 지극해지자 스스로 상심하기 시작한 것입니다. 마치 이렇게 말하는 것 같습니다. "아, 내가 어쩌다 이 모양으로까지 타락했을까!" 이것은 아뢰야식의 종자를 건드렸기 때문입니다. 이 "심사하고 연연해함〔尋伺追戀〕"은 이번 생의 현행 행위일 뿐 아니라, 종성 속의 인간사를 연연해하는 것도 포함합니다.

이것은 넓은 의미의 '탐욕개(貪欲蓋)'이며 현생 및 과거생의 아뢰야식 속의 종자를 포함합니다. 좁은 의미로 이야기하면 더 심각한데, 대부분이 현생의 현행입니다. 무엇을 현행이라고 합니까? 예를 들어 제6대 달라이라마의 정가(情歌)를 보겠습니다.

움직이면 지를 닦고 고요하면 관을 닦건만	動時修止靜修觀
연인의 모습이 역력히 눈앞에 걸려 있네	歷歷情人掛眼前
만약 이 마음을 가져다 도를 닦았다면	若把此心移修道
이번 생에 성불이 어찌 어려웠겠는가	卽生成佛有何難

선정에 들어 관을 닦아 법안이 열리고	入定修觀法眼開
삼보가 영대[92]에 강림하기를 기구했건만	祈求三寶降靈臺
관하는 중에 여러 성인들 어찌 일찍이 보았는가	觀中諸聖何曾見
도리어 청하지도 않은 연인의 모습 저절로 찾아오네	不請情人却自來

이것이 바로 현행의 '탐욕개'인데, 이 힘은 종성의 거칠고 얕음〔粗淺〕에 비하면 비교적 없애기 쉽습니다. 하지만 수지를 거치지 않았다면, 현행의 힘이 여러분을 가로막아 버려서 자신도 모르는 사이에 마장(魔障)에 빠져들게 됩니다. 가령 부모를 생각하고 그리워하는 것은 당연히 잘

---

92 영대(靈臺)는 신령스러운 곳이라는 뜻으로 마음을 일컫는다.

못이 아니지만, 정(定)을 수행하는 측면에서 말한다면 가족을 생각하는 이 마음은 수지에 장애가 되기 때문에 유달리 주의해야 합니다. 지금 말씀드린 것은 넓은 의미의 탐욕개이며 좁은 의미의 것에 더 주의해야 합니다.

여러분도 성깔이 대단하십니까

진에란
瞋恚者

어떤 사람들은 원래 성격이 좋다고 합니다. 무슨 혈액형은 성깔이 있고 무슨 혈액형은 성격이 좋다고 말하곤 하지만 사실은 일정하지 않습니다. 모든 사람은 내재적으로 '진에심(瞋恚心)'을 지니고 있습니다. 성격이 좋은 사람은 화를 내지 않습니까? 그런 사람은 우울한 경향이 있고 그 우울함이 마음속에 있습니다. 성격이 나쁜 사람은 얼굴의 세포 하나하나가 모두 사람을 싫어합니다. 웃을 때 보면 많은 사람이 험상궂은 얼굴[一臉橫 肉]에 죽상[苦惱相]입니다. 바꾸어 말하면 그 사람의 세포 속은 전부 진에(瞋恚)이며 전화하여 바꾸지 못했습니다. 만약 전화하여 바꿨더라면 설령 당신이 금강역사의 무시무시하고 흉악스러운 얼굴을 가졌더라도 자상하게 보였을 것입니다. 그것이야말로 습기(習氣)를 변화시킨 것입니다. '진(瞋)'은 겉으로 드러난 것으로 거칠고, '에(恚)'는 내재적인 것으로 미세합니다. "진에(瞋恚)"는 성깔이 대단한 것으로, 여러분 가운데는 성깔이 대단한 사람이 너무 많습니다. 하나같이 성깔이 대단해서 장차 모두 성깔 있는 부처님이 될 것입니다. 팔십팔불(八十八佛) 외에 말입니다. 진에는 어째서 오는 걸까요? 여러분이 자신을 점검하고 아래의 많은 원인을 보면 알게 됩니다.

혹은 함께 범행을 한 사람들끼리 그 범한 것을 들추어냄으로 인하는 것을 말한다.

謂或因同梵行等, 擧其所犯.

한 무리의 사람들이 모여서 수행하는 것이 바로 함께 범행(梵行)을 하는 것인데, 다른 사람의 잘못을 그냥 넘기지 못해서 성깔이 대단해집니다. 여러분은 이런 경험이 없습니까? (동학이 대답하다: 있습니다.) 그냥 있는 정도가 아니라 너무 많습니다. 다른 사람의 잘못은 샅샅이 보고 자신의 잘못은 싹 잊어버리는데, 이것이 바로 '진에'입니다. 그런 다음에는 화가 나서 타좌를 해도 제대로 되지 않습니다. 맞지요? 이것이 바로 장애이니 자신을 덮어 버렸습니다. 여러분이 곰곰이 점검해 본다면 얼굴이 뻘게질 정도가 아니라 보랏빛이 되어야 옳습니다.

혹은 옛날에 일찍이 겪었던 이롭지 않은 일과 진에의 상을 억념한 것으로 인해서 마음에 성냄과 노여움이 생긴다.

或因憶念昔所曾經不饒益事, 瞋恚之相, 心生恚怒.

혹은 과거에 다른 사람에게 모욕을 받았던 것이 생각나기도 합니다. 그 일이 타좌를 하는 지금 생각나고, 생각하면 할수록 화가 납니다. 그런 일이 없습니까? (동학이 대답하다: 있습니다.) 보십시오! 수행이 얼마나 어렵습니까.

혹은 이롭지 않은 일을 하려고 하는 것과, 하려고 하는 진에의 상에 대하여 많은 심사를 따라서 마음에 성냄과 노여움이 생긴다.

或欲當作不饒益事, 於當所爲瞋恚之相, 多隨尋伺, 心生恚怒.

혹은 타좌를 할 때 마치 그때의 모 교수처럼 됩니다. 그는 스물 몇 살에 저에게 타좌를 배웠는데, 다리가 아파서 견딜 수가 없었습니다. 불당을 가득 채운 사람들이 모두 지위가 있는 노인들인 것을 보고서, 그는 보면 볼수록 화가 났습니다. 폭탄을 찾아다가 터트려서 모두를 죽이고 싶었습니다. 이것이 바로 "이롭지 않은 일을 하려고 하는[欲當作不饒益事]" 것입니다. 그 자리에서 진에(瞋恚)와 성질이 가면 갈수록 커지고, 그런 후에는 더욱더 기름을 붓는 많은 일이 연상됩니다. "심사(尋伺)"는 현대 심리학에서 말하는 연상(聯想)입니다. 오늘은 내 다리를 아프게 하고 어제는 나에게 염불하라고 하더니 방금 전에는 또 향을 들고 돌아다니라고 하니 생각할수록 화가 나는데, 이것을 "많은 심사를 따라서[多隨尋伺]"라고 합니다. 연이어 여러 방면의 연상이 일어나서 "마음에 성냄과 노여움이 생깁니다[心生恚怒]." 즉 마음속에 더 화가 치솟는데, 이것은 넓은 의미의 진에상(瞋恚相)입니다.

좁은 의미의 진에상은 자기 자신을 미워하는 것입니다. 타좌를 시작하고 나서, '아! 왜 나는 정(定)을 얻지 못하는 걸까? 타좌를 시작한 지 이미 석 달이나 됐는데, 두 다리는 어째서 나를 도와주지 않는 거지?' 하고 한탄합니다. 인생은 종종 스스로에 대해 만족하지 못하는데, 각자 이런 경험이 있을 것입니다. 아침에 일어나서 거울을 볼 때 화장을 곱게 하고서 보면 아름답지만 가끔은 자신이 싫을 때도 있습니다. 이것이 좁은 의미의 진에상입니다. 왜 자신의 수행이 제대로 되지 않는 걸까요? 타좌 수련이 제대로 되지 않는 것이 아니라 이치에 통하지 않은 것입니다. 자신의 심리를 점검해서 철저히 알았더라면 정(定)을 이루지 못하는 일은 없었을 것입니다. 그러므로 사유수(思惟修)를 해야 하며 이 이치를 헤아려서 통해야 합니다. 마찬가지로 『유가사지론』은 여러분도 강의할 수 있고 저도 강의할 수 있지만, 왜 제가 강의하는 것이 여러분보다 청중이 많을까요? 바로 말할 줄 알기 때문입니다. 여러분은 왜 말할 줄 모를까요? 여러분은 자신의 몸과 마음을 던져 넣지 않았기 때문입니다. 아시겠지요! 자신을 이롭게 하고 남을 이롭게 하는 것은 아주 어려운 일입니다. 결코 쉽지 않습니다.

누가 번뇌하지 않고 혼침하지 않는가

지금부터는 혼침에 대해 말씀드리고자 합니다. 주의하십시오. 여러분 각자는 밤낮으로 혼침 속에 있습니다. 『천가시(千家詩)』에 이런 시가 있습니다.

온종일 혼미하게 취중 꿈속에 있다가	鎭日昏昏醉夢間
봄이 다 갔다는 말 홀연히 듣고 산에 올랐네	忽聞春盡强登山
우연히 죽원에서 스님 만나 이야기하느라	偶過竹院逢僧話
덧없는 인생에서 한나절 한가로움을 훔쳤네	偸得浮生半日閒

이 시는 아주 훌륭하고 아주 유명합니다. 원(元) 왕조 때에 글재주와 명성을 지닌 어떤 지식인이 산에 가서 놀다가 어느 절을 지나게 되었는데, 그 절의 스님이 그를 붙들고 이야기를 하는 통에 아주 귀찮았습니

다. 스님은 그가 글로 명성을 날리는 사람임을 알고서 그에게 제시(題詩)를 부탁했습니다. 그는 이 시의 처음과 끝을 뒤바꿔 놓았는데, 평측(平仄)의 압운이 모두 맞았습니다.

덧없는 인생에서 한나절 한가로움을 훔쳐서	偸得浮生半日閒
봄이 다 갔다는 말 홀연히 듣고 산에 올랐네	忽聞春盡强登山
우연히 죽원에서 스님 만나 이야기하는데	偶過竹院逢僧話
온종일 혼미하게 취중 꿈속에 있구나	鎭日昏昏醉夢間

그는 이 스님을 나무랐습니다. 하루 종일 혼침에 빠져서 멍청하게 있다고 말이지요. 문인들의 문사(文思)는 참으로 민첩해서 사람을 꾸짖어도 저속한 말은 쓰지 않았습니다.

혼침이란 혹은 깨끗한 시라 등과 어떤 선행을 훼손하고 무너뜨리는 것을 말한다.

惛沈者, 謂或因毁壞淨尸羅等隨一善行.

계를 범한 사람은 혼침하기 쉽습니다. "시라(尸羅)"는 계율인데, 남자아이가 수음(手淫)을 해서 정을 흘려 버리는〔漏丹〕 것이 "깨끗한 시라〔淨尸羅〕"가 아니라는 말입니다. 여자아이는 생리가 다가오면 마음이 어두워지고 성깔도 대단해지며 고민도 많아집니다. 그 밖에도 살도망음(殺盜妄淫)의 계를 범하면 혼침하기 쉬워서 정(定)의 경계에 도달하지 못합니다. 어떤 친구들은 문을 열고 들어오는 걸 보기만 해도 그들이 어젯밤에 한 일을 저는 훤히 알 수 있습니다. 감기에 걸렸으니 가서 약을 먹으라고 말해도 그는 인정하지 않고 약을 먹지 않습니다. 다음날 콧물이 흐르

고 기침을 하고 감기 증세가 나타나야 비로소 믿습니다. "깨끗한 시라를 훼손하고 무너뜨리는[毁壞淨尸羅]" 잘못을 범했기 때문에 그의 얼굴에 이미 나타났던 것입니다.

그러니 선지식 노릇이 어디 그리 쉽겠습니까? 대혜고 선사(大慧杲禪師)는 이렇게 말했습니다. "당신들이 내 앞에서 세 걸음만 걸으면 나는 당신 생명의 뿌리가 어디에 있는지를 알 수 있소." 이 말은 그의 눈에서 도망갈 수 없다는 뜻입니다. 그러므로 그것이 얼마나 작든 깨끗한 계[淨戒]를 함부로 훼손하고 무너뜨리고, 작은 선행이라도 함부로 훼손하고 무너뜨리면 그것이 여러분을 혼침하게 만듭니다. 선(善)의 심리 행위는 생리와 아주 큰 관계가 있습니다. 왜 동서고금의 모든 종교가 선행을 칭찬하고 기리겠습니까? 선(善)은 양(陽)을 생기게 할 수 있어서 곧 양기(陽氣)가 찾아옵니다. 선행을 하면 가장 즐거운데, 이것은 교육에만 해당되는 말이 아닙니다. 양기가 찾아오면 사람이 즐거워지기 때문입니다. 만약에 모두 음기(陰氣)뿐이면 번뇌하고 근심 걱정하게 됩니다. 음(陰)은 오음(五陰)과 오개(五蓋)이기 때문에, 어떤 종류의 선행이 됐든 음에 의해 파괴되고 혼침으로 떨어지기 쉽습니다. 머리가 흐리멍덩해지기 때문입니다. 예를 들어 사람을 죽인 사람은 결국에는 붙잡히는데, 그가 어디로 달아나든 정신이 흐리멍덩하기 때문에 붙잡히는 것입니다. 인과(因果) 역시 이런 이치입니다. 이 말은 아주 중요합니다. 경전을 공부하더라도 이 말은 소홀히 해서는 안 됩니다.

근문을 지키지 않고
不守根門

안(眼) 이(耳) 비(鼻) 설(舌) 신(身) 의(意) 육근의 문을 보호하여 지키지〔護持〕 못합니다. 텔레비전을 너무 많이 보면 타좌를 하더라도 곧 혼미해집니다. 눈의 근문〔眼根門〕을 지키지 않았기 때문입니다. 다른 사람의 이야기를 듣거나 노래를 너무 많이 들어도 타좌를 하면 혼침해지는데, 귀의 근문〔耳根門〕을 지키지 않았기 때문입니다. 날마다 기공(氣功) 수련을 하는데 너무 많이 수련해도 혼침해지기 쉽습니다. 호흡하느라 너무 힘을 쓰고 그것이 오래되면 기(氣)가 부족해서 혼침해지기 쉬운데, 코의 근문〔鼻根門〕을 지키지 않았기 때문입니다. 옛날에 이런 일이 있었습니다. 어떤 비구가 타좌를 하기만 하면 곧 혼침에 빠지자 세존께 가서 물었습니다. 부처님이 말씀하시기를, 산중에 풀(담배)이 있으니 그것으로 고단함을 풀 수 있다 했습니다. 혼침은 하나의 혼침상(昏沈相)을 지니고 있는데, 그것은 마치 어떤 사람이 곧 죽으려고 하면 죽상〔死相〕을 하고 있는 것과 같습니다. 그래서 다른 사람을 속일 수 없습니다. 타좌를 하기만 하면 혼침에 빠진다면, 깨끗한 시라에 문제가 있는 것인데 바로 "근문을 지키지 않은〔不守根門〕" 문제입니다.

하지만 여러분은 담배를 피워서는 안 됩니다! 담배를 피우면 산란해지기 때문입니다. 여러분이 정력(定力)을 지니고 있어야만 수시로 정(定)에 들어갈 수 있습니다. 여러분이 어쩌다 차나 커피를 마셔서 혼침을 줄일 수는 있지만, 이런 것도 마찬가지로 산란을 일으킬 수 있습니다. 왜 수계(受戒)에서는 오훈(五葷)[93]을 먹지 못하게 할까요? 오훈은 자극적이어서 신경을 흥분시키고 호르몬의 활동을 증가시켜 정(定)을 이루기가 쉽지 않기 때문에 금했습니다. 파 마늘 같은 것을 너무 많이 먹으면 신경을 흥분시키지만, 혼침이 지나칠 때에는 오훈을 약으로 먹더

---

93 고기와 같이 불제자가 먹지 않아야 할 다섯 가지의 매운 채소를 말하는데, 파 마늘 부추 달래 흥거(興渠) 등 다섯 가지이다.

라도 계를 범한 것이 아닙니다. 이런 이치를 알아야 합니다. 그렇다고 제 말을 구실삼아 담배를 배워서는 안 됩니다! 여러분이 정말로 혼침이 지나치다면 진한 차를 마셔도 좋습니다. 저 같은 경우는 하루에 진한 철관음 차 서너 잔이 필요합니다. 여러분은 저 정도가 아니라면 함부로 마시지 마십시오. 그랬다가는 문제가 생길 수 있습니다. 이런 것들은 배울 필요는 없고 그냥 화두로 삼아 참구해 볼만 합니다.

그 밖에 음식을 먹을 때 맛있는 것을 탐하고 많이 먹으면 바로 혼침에 빠집니다. 부처님의 계율에 정오를 지나면 먹지 않는 까닭은 혼침을 줄이기 위해서입니다. 위와 장이 깨끗해야 뇌도 청명합니다. 위와 장이 깨끗하지 않으면 뇌도 깨끗하지 않습니다. 정오가 지나면 먹지 않는 것은 과학적 이치가 있습니다. 신근(身根)은 바로 남녀의 성(性) 기관인데, 남성이 수음을 범해서 유정(遺精)하면 신근이 파괴되어서 혼침하기 쉽습니다. 여성의 두 유방 역시 생명 신근의 하나이므로 근문(根門)을 지켜야 합니다. 지금 여러분에게 분명히 말씀드렸습니다. 안 그랬다가는 여러분이 부처님을 한평생 배우더라도 신근이 무엇인지 모를 것입니다.

음식의 양을 알지 못하고
食不知量

혹은 입으로 마음껏 먹기를 탐해서 너무 많이 먹습니다. 혹은 아무것도 먹지 않아서 십이지장 궤양이나 위출혈 등 굶어서 문제가 생깁니다. 이런 것이 모두 "음식의 양을 알지 못하는〔食不知量〕" 것입니다. 노동일을 하는 사람은 더더욱 굶어서는 안 됩니다. 그랬다가는 온 얼굴에 검은 기운이 가득하고 위장을 수술해야 합니다. 그러므로 음식은 반드시 때를 알고 양을 알아서 혼침을 피해야 합니다.

부지런히 정진하지 않고 수면을 줄이며

不勤精進, 減省睡眠

　심리 방면에서 부지런히 정진하지 않으면 마음이 나태해지고, 수면이 충분하지 않으면 타좌를 해도 혼침해지기 쉽습니다. 이 경문 구절을 자칫 잘못 보면 정진해야 한다, 잠을 자서는 안 된다고 생각할 수 있는데, 그랬다가는 틀립니다. 수면의 필요량은 연령과 관계가 있으니 때를 알고 양을 알아야 합니다. 갓난아이는 열여덟에서 스무 시간이 필요하고 열 살 전후의 아이는 열 시간을 자야 합니다. 요즘 아이들은 공부하느라 매일 아침 여섯 시에 일어나서 버스를 타야 하고, 아주 늦어서야 잠드는데, 어려서부터 자신을 망가뜨리는 것입니다. 저는 가정에서 하는 이런 식의 교육과 생활 습관에 대단히 반대합니다. 수면도 이미 부족한 데다가 영양도 바르지 않습니다. 그러면서 아들은 용이 되기를 바라고 딸은 봉황이 되기를 바라지만, 결국에는 아무것도 되지 못하니 무슨 소용이 있습니까?

　그래서 저는 늘 요즘 부모는 다 새로 교육 받아야 한다고 큰 소리로 호소합니다. 이것은 아주 심각한 문제입니다. 젊은 사람들은 잠을 많이 자야 하지만, 나이 든 사람들은 하룻밤에 세 시간에서 다섯 시간만 자면 이미 충분합니다. 나이 든 사람이 늙어서도 잠을 잘 잔다고 해서 결코 나쁜 것은 아니지만, 대다수 노인은 잠이 잘 오지 않습니다. 늙을수록 잠을 적게 잡니다. 젊은 사람은 많이 자도 되지만, 사람은 너무 살찌면 잠자기를 좋아합니다. 그것은 병입니다. 그러므로 음식과 수면도 때를 알고 양을 알아야 합니다.

부정지[94]에 머무르면서 짓는 바가 있어서

不正知住, 而有所作

    여러분의 지식 범위가 바르지 않아서, 습관적으로 바르지 않고 좋지 않은 환경에서 수행합니다. 수련을 하면 수면을 끊을 수 있지만 수면을 끊는 데는 방법이 있습니다. 요가 기공의 수련처럼 불법에도 특수한 기공 방법이 있습니다. 도가에서는 "정이 가득하면 음란한 것을 생각하지 않고, 기가 가득하면 먹을 것을 생각하지 않고, 신이 가득하면 잠자는 것을 생각하지 않는다〔精滿不思淫, 氣滿不思食, 神滿不思睡〕"라고 했습니다. 정기신(精氣神)이 충실하고 뇌의 신(神)이 충족되면, 그러면 수면이 필요하지 않습니다. 이 사대 신체는 정기신의 수련이 성공해서 일신의 업력 습기가 전화한 후에는 "밤에 잠을 자도 꿈이 없습니다〔夜睡無夢〕." 한 번 잠들면 몇 년을 잘 수 있고 또 몇 년을 자지 않을 수도 있습니다. "몸의 가벼움이 나뭇잎 같아서〔身輕如葉〕" 공중을 가볍게 날 수도 있습니다. "낮이나 밤이나 항상 밝아〔晝夜常明〕" 이 마음이 모두 광명(光明)입니다. 도가의 이 세 마디를 꼭 기억하십시오.

수행해서 끊어야 할 것에 대하여 부지런히 가행하지 않고 수순하여 일체의 번뇌가 생기한다.

於所修斷, 不勤加行, 隨順生起一切煩惱.

    수면이라는 이 습기는 끊을 수 있는데, 수지 공부를 해야 끊을 수 있습

---

94 마음으로 하여금 관찰되는 대상〔所觀境〕을 본질적으로 잘못 이해하도록 하는 마음 작용이다.

니다. 수련이 경지에 도달하지 않으면 끊을 수 없지요. 의학상으로도 수면은 일종의 습관이라고 말합니다. 예를 들어 저는 수십 년간 수면 연습을 한 결과, 오래 잘 수도 있고 잠을 자지 않을 수도 있으며 낮밤에도 영향을 받지 않습니다. 반드시 밤에 자야 한다고 생각하면 낮에는 잠을 잘 수 없습니다. 수면은 단지 습기의 관념으로서 반드시 그러해야 하는 것은 아닙니다. 지금 여기는 밤이지만 미국에 가면 지금이 낮입니다. 그렇기 때문에 미국에서 몇 달을 머물다가 대만으로 돌아오면 꽤 여러 날 잠을 자지 못합니다. 낮과 밤의 시간이 거꾸로 되었기 때문이지요. 사실 여러분이 낮밤의 시간관념을 잊어버린다면, 잠을 자려고 하면 바로 잘 수 있습니다. 거꾸로 되고 말고가 없습니다. 거꾸로 되고 그렇지 않고는 심리상 의식 습기의 관념입니다. 따라서 수면이 됐건 음식이 됐건 이런 것들은 모두 수지 공부를 해야 끊을 수 있습니다. 이런 습기를 수순(隨順)하기 때문에 늘 번뇌가 있을 수밖에 없으며, 번뇌가 있으면 곧 혼침을 면할 수 없습니다.

그러나 여러분은 함부로 해서는 안 됩니다. 수면이 충분하지 못하면 무엇보다 먼저 눈이 견디지 못하고 자칫하면 눈이 멀게 됩니다. 이런 것들은 모두 가행의 방법을 알아야 하는데, 가행의 수행법은 그리 간단한 것이 아닙니다. 그러므로 여러분이 정말 제대로 수행한다면 근시가 회복될 것이며 노안도 개선될 수 있습니다. 다만 나이가 너무 많으면 언제나 눈이 피곤한 상태이기 때문에 가장 가벼운 정도의 안경을 끼는 편이 좀 수월할 것입니다.

몸과 마음이 혼매하여 수행을 감당하지 못한다.

身心惛昧, 無堪任性.

일체의 번뇌가 생겨남으로 인해 몸과 마음이 모두 헝클어지고 상쾌하지 못합니다. 사실 혼침 그 자체가 하나의 번뇌입니다. 몸이 하루 종일 무겁고 불편하며 가뿐하지 않고, 머리는 조이고 머릿속은 흐리멍덩하며 두 눈은 뻑뻑합니다. 이것은 번뇌가 아닙니까? 여러분은 번뇌에 익숙해졌기 때문에 번뇌를 느끼지 못합니다. 이런 상황에 맞닥뜨리게 된다면 저는 답답해서〔煩〕 죽을 지경이 될 것입니다. 기필코 수련해서 몸과 마음에 이런 것이 남아 있지 않게 할 것입니다. 그러지 않는다면 바로 약을 찾아서 먹음으로써 이런 병들을 해결해 버릴 것입니다. 이것이 모두 수행에 장애가 됩니다. 그렇기 때문에 큰 번뇌가 바로 "혼매(惛昧)"입니다. 하루 종일 머리가 맑고 환하지 못하며 흐리멍덩한데, 이것은 몸의 번뇌입니다. 마음의 번뇌는 지혜가 열리지 못하는 것입니다. 따라서 혼침은 여러분에게 일체의 번뇌가 생겨나게 하기에 충분합니다. 바꾸어 말하면 크게 혼침한 사람은 탐진치만의가 모두 찾아옵니다. 잠자기를 좋아하는 사람은 틀림없이 먹기를 좋아하고 게으르며 주색재기(酒色財氣)를 모두 좋아합니다. 특히 욕계의 일체중생은 범죄 행위가 모두 저녁이나 밤중에 일어나는데, 이 일을 분명하게 연구해 보면 혼매(昏昧)가 일체 번뇌를 생기게 함을 알 수 있습니다. 일체 번뇌는 모두 혼침을 좇아서 옵니다.

댄스홀에 가 보면 내부가 어두컴컴하고 보이는 것이라고는 귀신 그림자만 왔다 갔다 합니다. 그것은 지옥의 화면으로, 사람들은 어두운〔昏昧〕 경계 속에 있습니다. 왜 사람은 불빛이 어두워져야 편안할까요? 혼매와 암흑이 동일한 경계이기 때문입니다. 일체중생은 모두 몸과 마음이 혼매(昏昧)에 들어간 것을 쾌락으로 여깁니다. 이것이 바로 부처님이 말씀하신 "중생은 전도되어 있으니, 참으로 불쌍하고 가엾은 자이다〔衆生顚倒, 是爲可憐愍者〕"라는 것입니다. 그러므로 수지에 성공해서 대광명정

(大光明定)에 들어가고자 한다면 혼매(昏昧)의 경계 속에 있어서는 안 됩니다. 이치가 바로 이와 같습니다. '감(堪)'은 가능하다는 말이고, '임(任)'은 이 임무를 짊어진다는 말입니다. "몸과 마음이 혼매함(身心惛昧)"으로 말미암아 바른 수행의 공력을 짊어지지 못합니다. 이것은 혼침(昏沈)일 뿐으로 아직 수면에 대해서는 말씀드리지 않았는데, 무거운 혼침이 바로 수면입니다.

마음이 흐리멍덩하고 어둡고 어리석으며

수면이란 마음이 지극히 흐리멍덩한 것을 말하며, 또 번뇌를 순생시키고 가행을 무너뜨리고 끊는 것이 혼침의 성질이다.

睡眠者, 謂心極昧略, 又順生煩惱, 壞斷加行, 是惛沈性.

수면은 혼침보다 더 심각합니다. 잠을 많이 자면 일체 번뇌가 생기기 쉽습니다. 잠을 자는 중에 가장 유정(遺精)하기가 쉬운데, 유정 즉 누단(漏丹)이 바로 순생(順生)의 번뇌입니다. 남자아이들은 잠을 자지 않고도 유정하는 경우를 많이 경험하는데 여자아이들도 일부 그런 경우가 있습니다. 여자아이들도 누단할 수 있는데 단지 어리석어서 스스로 알지 못하는 것일 뿐이며 모두 수면 상태에 있습니다. 수면 때문에 넓은 의미의 사가행(四加行), 즉 난(煖) 정(頂) 인(忍) 세제일법(世第一法)을 마찬가지로 해낼 수 없습니다. 좁은 의미로 말하면 잠을 잘 때에는 어떤 수련도 하지 못합니다.

사람이 육십까지 산다고 하고 여러분이 한번 계산해 보십시오. 열다섯 살 이전에는 세상 물정을 모르니 말할 것이 없고, 늙어서 십몇 년은 쓸모가 없으니 다 빼버리면 이십 몇 년이 남습니다. 그 중에 절반은 침대에 누워서 잠자고 세끼 밥 먹고 대소변 보고 그러고 나면 몇 년이나 남습니까? 어떤 친구는 삼십 몇 년을 잠을 이루지 못해 아주 고통스러워서 저를 찾아왔습니다. 제가 말했습니다. "자네는 삼십 몇 년 잠을 이루지 못하면서 지금 육십 살이 넘었네. 보통 사람이 육십 년 사는 것은 단지 삼십 년 사는 것과 같은데, 자네가 육십 년 사는 것은 우리가 백이십 년 사는 것과 똑같으니 뭐가 문제인가?" 계산이 그렇지요.

사실 잠을 못 자는 그 자체는 병이 아닙니다. 잠을 못 자서 고통을 느끼는 것이 심리적인 병입니다. 그래서 수면이 "번뇌를 순생시키고 가행을 무너뜨린다(順生煩惱, 壞斷加行)"고 말하는 것입니다. 수면은 큰 혼침으로 멍청할수록 잠자기 좋아합니다. 이 세상에 어떤 사람은 먹기만 하면 바로 잠자고 깨어나면 또 먹습니다. 수면의 습기가 일단 생겨나면 이 사람처럼 변해 버립니다.

마음이 지극히 흐리멍덩한 것이 수면의 성질인데, 그런 까닭에 이 두 가지를 합해서 하나의 개라고 말한다.

心極昧略, 是睡眠性, 是故此二, 合說一蓋.

마음을 쓰지 않고 머리가 맑지 않은 것이 수면의 성질인데, 작은 수면을 혼침이라고 하고 큰 혼침을 수면이라 합니다. 이 두 가지를 합친 것이 하나의 개(蓋)이니, 수행하는 데 있어 하나의 장애(蓋)가 여러분을 덮어 버린 것입니다.

또 혼매하여 감당하지 못하는 성질을 혼침이라 하며, 혼매하여 마음이 지극히 줄어드는 성질을 수면이라 한다.

又惛昧無堪任性, 名惛沈;惛昧心極略性, 名睡眠.

여러분이 어둡고 어리석을〔昏昧〕 때에는 어떤 일도 제대로 해낼 수가 없습니다. 글을 쓴다고 하면 붓을 들고 그 자리에서 멍하니 있습니다. 책을 보더라도 두 쪽을 채 못 보고 피곤해합니다. 완전히 손오공의 사제 저팔계와 똑같이 혼미해져서 어둡고 어리석습니다. 때로는 눈을 크게 뜨고 있지만 여전히 어둡고 어리석음 속에 있습니다. 불교에서 경전을 읽을 때 왜 목어(木魚)를 두드릴까요? 잠을 잘 때에도 물고기처럼 눈을 감지 말라는 뜻입니다. 목어를 두드리는 것은 경각심을 일깨우는 것으로, 수행하는 사람은 낮이고 밤이고 늘 밝게 깨어 있어야 합니다. 머리가 하루 종일 흐리멍덩하고 아침부터 밤까지 혼침(昏沈) 속에 있다면, 그런 사람이 내세에 태어나서 받을 과보는 백치(白癡)이고 멍청이입니다. 돼지로 변한다면 멍청한 돼지가 되고, 개나 새로 변한다면 멍청한 개 멍청한 새가 됩니다. 혼침은 이렇게 무서운 것으로서 어떤 일도 맡을 수가 없습니다.

흔히 하는 말로 "사업은 정신을 본다"고 합니다. 정말로 사업을 하는 사람, 학문을 지닌 사람은 일반인을 뛰어넘는 정력을 지니고 있습니다. 이런 정력은 의기(意氣)와 지기(志氣)에서 나옵니다. 만약 토비가 총을 들고 여러분을 협박하면서 사흘 동안 잠을 못 자게 한다면, 잠을 자면 바로 총을 쏴서 죽이겠다고 한다면 여러분은 절대 잠을 자지 않을 것입니다. 그것을 감당할 수 있게 됩니다. 목숨을 보전해야 하니 정신이 번쩍 나는 것입니다. 정신은 쓸수록 점점 더 솟아나고, 두뇌는 쓸수록 점점 더 민활해집니다. 어떤 사람은 말합니다. "아이고! 안 돼요. 저는 몸이 좋지 않아요." 이런 사람은 한눈에 보기에도 게으름뱅이입니다. 저는 이런 사람에게는 절대로 일을 맡기지 않습니다. 그는 "감당할 수 없는

〔無堪任性〕" 즉 일을 맡을 수 없는 사람이기 때문입니다. 정신을 쏟은 만큼 사업을 성취하고, 정신을 쏟은 만큼 학문을 성취합니다. 사람은 모두 이러기 마련입니다. 어둡고 어리석어서 약간의 깨어 있음조차 없을 때를 수면이라고 합니다.

이 혼침으로 말미암아 모든 번뇌와 수번뇌가 생겨날 때에는 그 밖의 연이 가까이 오지 못하는데, 가령 수면과 같은 경우 그 나머지 모든 번뇌와 수번뇌가 응당 생겨날 수도 있고, 응당 생겨나지 않을 수도 있다. 만약 혼매가 생기면 수면은 반드시 다 일어난다.

由此惛沈, 生諸煩惱隨煩惱時, 無餘近緣, 如睡眠者, 諸餘煩惱及隨煩惱, 或應可生, 或應不生. 若生惛昧, 睡眠必定皆起.

　혼침으로 말미암아 일체 번뇌가 일어나고 크고 작은 수번뇌(隨煩惱)도 뒤이어 생겨나게 되면, 다른 선연(善緣)이 가까이 다가오기가 쉽지 않습니다. 잠을 잘 때 근본번뇌와 수번뇌 같은 크고 작은 번뇌가 꿈속에서 일어나는데, 이것들은 독영의식(獨影意識)이 일어난 것입니다. 꿈을 꿀 때의 이런 번뇌는 자신의 제칠의식(第七意識)이 일으키는 것인데 여러분 스스로 연구하고 관찰해 보십시오. 잠을 잘 때 그 사람의 얼굴에 나타나는 표정을 세밀하게 관찰해 보면, 여러분은 그 사람의 마음을 알 수 있는 타심통(他心通)을 지니고 그 사람의 마음속에 무슨 일이 있는지 알 수 있습니다. 때로는 실눈을 뜨고 웃기도 하고 때로는 엄청나게 화를 냅니다. 그런데 왜 그 자신은 느끼지 못하는 걸까요? 제육의식이 청명하지 않기 때문에 독영의식 겸 대질경(帶質境)이 일으키는 작용입니다. 그것이 온 몸의 세포와 표정에 나타난 것인데, 의식의 기억에는 없습니다. 낮이고 밤이고 늘 밝게 깨어 있어야 각성(覺醒)이니 그래서 불(佛)이란 깨어 있

음[覺]입니다. 선종 사조(四祖)인 도신(道信)의 『신심명(信心銘)』에 말하기를 "눈이 만약 잠들지 않으면 모든 꿈은 스스로 없어지고, 마음이 만약 다르지 않으면 만법은 하나로 돌아간다[眼若不寐, 諸夢自除, 心若不異, 萬法一如]"라고 했습니다. 그러므로 겉으로 보기에는 잠잘 때 아무 일도 없는 것 같지만, 수면 중에 아뢰야식의 범죄 행위는 깨어 있을 때보다 더 심각합니다. 오로지 정(定)을 이룬 사람만이 분명하게 볼 수 있습니다.

마음이 흔들리고 돌이켜 후회하고

도거란 친속을 심사하고 국토를 심사하고 불사를 심사함으로 인해서

掉擧者, 謂因親屬尋思, 國土尋思, 不死尋思

"도거(掉擧)"는 산란이 아닙니다. 산란은 비교적 분명하게 나타나는데, 지금 강당 안의 우리를 예로 들어보겠습니다. 한 사람은 동쪽에 서 있고 한 사람은 서쪽에 앉아 있고 제멋대로 무질서하게 흩어져[散] 있다면 틀림없이 어지러울[亂] 것입니다. 어지럽다면[亂] 틀림없이 흩어져[散] 있습니다. 그렇기 때문에 산란이라고 합니다. 도거는 흔들리는 것으로 이리 흔들리고 저리 흔들리고 규칙이 없습니다. 타좌가 잘 될 때는 마치 정(定)에 들어간 것처럼 생각되지만, 내심에는 여전히 생각[思想]이 있어서 여기에 하나 저기에 하나 이런 식입니다. 단지 좀 드물 뿐이니 그것이 도거입니다. 보기에는 마치 정(定)에 들어간 것처럼 보여도 실제로는 도거 속에 있습니다. 다만 산란에 비해서 알아차리기가 쉽지 않습니다. 마치 양동이 속 물이 흔들리지 않다가 미풍이 지나가면 약간의 파문이 일어나지만 알아차리기 어려운 것처럼 도거는 바로 그런 심리 상태

입니다. 때로는 가족이나 친척을 생각하고 과거의 애인을 생각합니다.

소만수(蘇曼殊)의 시에는 친속을 심사(尋思)하는 내용이 많습니다. "천상에 태어나 성불하는 일 내 어찌 가능하랴, 깊은 꿈속에서도 기댈 곳 없으니 한을 이기지 못하겠구나〔生天成佛我何能, 幽夢無憑恨不勝〕." 소만수는 계(戒)를 받지 않았는데, 그의 도첩(度牒)은 죽은 스님의 것을 주운 것이었습니다. "구년을 벽 보고 앉아 공상을 깨달았는데, 석장 들고 돌아와 그대 만나고 후회하였네〔九年面壁成空相, 持錫歸來悔晤卿〕." "안개 비에 삿갓 도롱이 쓰고 돌아가니, 사람들과는 사랑도 성냄도 없도다〔雨笠烟蓑歸去也, 與人無愛亦無瞋〕." 그의 이런 시구들은 보기에는 아주 소탈하고 거리낌 없어 보이지만 실제로는 거짓입니다. 이것이 바로 "친속을 심사함〔親屬尋思〕"입니다. 친속은 애인, 친구, 스승과 어른, 동학을 포함합니다. 여러분이 나중에 타좌를 하다가 저라는 이 스승이 생각난다면, 그 또한 "친속을 심사함"입니다. 하지만 이것을 상사상응법(上師相應法)으로 전화시킬 수 있다면, 그러면 변하게 됩니다. 가을철 잔잔한 물결의 방향을 바꿀 수 있는지 보십시오. 제대로 바꿀 수 있으면 악법(惡法)이 모두 승법(勝法)이 됩니다. 하지만 제대로 바꾸지 못하면 일체의 선법(善法)이 악법으로 변해 버립니다. 수행은 바로 전식성지(轉識成智)[95]입니다. "국토를 심사함〔國土尋思〕"은 국가 대사를 생각하는 것입니다. "불사를 심사함〔不死尋思〕"은 수행을 해서 불로장생할 생각을 하고, 수련을 잘해서 몇 년 더 살고자 하는 것입니다. 나이 든 사람이 타좌를 하러 오는 것은 대부분 이 목적을 위해서이며 장수를 추구합니다.

---

95 전식득지(轉識得智)라고도 한다. 식(識)이 지(智)로 전화(轉化)된다는 뜻으로 줄여서 전의(轉依)라고도 한다. 문자 그대로의 뜻은 '식(識)을 전화하여 지(智)를 이룬다'이다. 수행이라는 적극적인 실천을 통해 팔식을 전변(轉變)하여 지혜를 성취하는 것이다.

혹은 옛날에 경험했던 웃고 즐거워하며 행했던 일을 억념함을 따라서, 마음에 요동치고 뛰어오르는 성질이 생기는 것을 말한다.

或隨憶念昔所經歷, 戲笑歡娛所行之事, 心生誼動騰躍之性.

　　혹은 과거의 일이 생각나기도 합니다. 어쩌다 타좌 수련이 정말 잘 되고 있는데, 예전에 어떤 사람이 여러분에게 십 원을 빌려 간 일이 생각나기도 합니다. "당시에는 그저 일상적인 일이었건만, 지난 후에 곰곰이 생각하니 그 정이 배가 되네(當時只是尋常事, 過後思量倍有情)." 타좌를 하는 몇 시간 동안 그 자리에 앉아서 당시를 회상하면서 찡그리기도 하고 웃기도 하지만 "당시의 일은 이미 아득할 따름이네(只是當時已惘然)"라고 했습니다. 이것은 이상은(李商隱)의 시인데, 이 아득함(惘然)은 삼대아승기겁이 황급히 흘러가 버린 그런 것입니다. 이런 일이 여러분 마음속에 없다고는 말하지 못할 것입니다. 아주 많습니다! 설사 젊은 시절에 출가했다 할지라도 있을 수 있습니다. 때로는 어린 시절 어떤 아이와 놀았던 일이 생각나기도 합니다. 정말로 재미가 있었습니다. 수련을 하지 않고 마음을 가라앉히지 않으면 이런 일은 모두 생각조차 나지 않을 것들인데, 이제 수련을 잘하고 있으니 바로 찾아온 것입니다. 이것을 "도거(掉擧)"라고 합니다. 그렇기 때문에 수련을 하고 있을 때의 개(蓋)를 분명하게 알고 있어야 합니다. 그것은 이런 때에 찾아와서 여러분을 덮어(蓋) 버립니다. 누가 여러분을 덮을까요? 마(魔)입니다. 그런데 마는 마음이 만들어 내는 것입니다. 바로 여러분 자신의 마음이며 아뢰야식의 종자입니다.

악작이란 친속을 심사하는 등으로 인해 마음에 돌이켜 후회함이 생기는 것을 말하는데, 말하자면 나는 무슨 까닭에 친속과 이별하였던가, 무슨 까닭에 이와 같은 국토로 가지 않았던가, 무슨 까닭에 이와 같은 국토를 버리고 이곳에 와서, 이와 같은 먹을거리를 먹고 이와 같은 마실 거리를 마시며, 오로지 이와 같은 의복과 침구, 병의 인연과 의약, 몸을 돕는 여러 도구들을 얻었는가, 나는 본디 무슨 까닭에 어려서 출가하여 어쩌하여 늙을 때까지 기다리지 않았던가.

惡作者, 謂因尋思親屬等故, 心生追悔, 謂我何緣離別親屬, 何緣不往如是國土, 何緣棄捨如是國土, 來到於此, 食如是食, 飮如是飮, 唯得如是衣服臥具, 病緣醫藥, 資身衆具. 我本何緣, 少小出家, 何不且待至年衰老.

"악작(惡作)"은 일반적으로 유식인명(唯識因明)을 말하는 사람들은 '악(惡)' 자를 '물(物)'의 음(音)으로 읽습니다.[96] 미워하고 싫어한다는 뜻입니다. 여러분에게 많은 일을 시키면 대부분은 일하고 싶어 하지 않습니다. 어쩔 수 없어서 하기는 하지만 마음속으로는 싫어하고 있습니다. 사람이 살면서 날마다 하는 일은 모두 싫어하는 일들입니다. 흔히 "어떤 일을 해서 먹고 살면 그 일을 원망하기 마련"이라고 합니다. 여러분 가운데 어떤 사람은 출가하기는 했어도 출가를 싫어할 수도 있으며, 부처님을 배우는 사람이 부처님 배우기를 싫어할 수도 있습니다. 저 역시 자주 '악작'합니다. 저는 수업이라는 소리만 들으면 머리가 지끈거리는데, 이 일을 싫어하는 것입니다.

---

96 '악작'이 아니라 '오작'이라고 읽는다는 말이다. '惡' 자는 그 의미에 따라서 독음을 다르게 하는데, 악하다 혹은 모질다의 뜻으로 읽을 때는 '악'으로, 미워하다는 뜻으로 읽을 때는 '오'로 읽는다. 여기서는 잘못된 행위를 미워한다는 오작의 의미이지만 통례를 따라 악작으로 읽는다. '악'으로 읽을 때의 중국어 독음은 'è'이고 '오'로 읽을 때의 중국어 독음은 'wu'인데, '物' 자의 중국어 독음 'wu'와 같다.

어떤 사람은 집안의 일을 생각합니다. 만약 당시에 성질을 내지 않았더라면, 머리를 밀지 않았더라면, 이 승복으로 바꿔 입지 않았더라면 좋았을 것을 이제 입어 버렸으니 어떻게 하지? 부모를 생각하면 가끔 아주 견디기 힘듭니다. 왜 나는 부모님을 떠나 여기로 왔을까? 왜 나는 미국으로 가지 않았을까? 왜 나는 남부를 떠나서 대북으로 왔을까? 지금 이런 음식을 먹고 이런 물을 마시고 있자니 남부의 구아바가 정말로 맛있었다는 생각이 듭니다! 마음속으로 고향의 먹을거리, 마실 거리, 의복, 침구, 의약, 생활용품을 그리워합니다. 나는 왜 이렇게 젊은 나이에 출가했을까? 조금 더 나이를 먹은 후에 출가했어야 맞는 건데. 자리에 앉아서 끊임없이 후회합니다. 그렇기 때문에 인생은 모두 악작 중에 있다는 것입니다.

혹은 옛날에 경험했던 웃고 즐겼던 등의 일을 돌이켜 생각함으로 인해서 바로 회환이 생겨나는데, 말하자면 나는 무엇 때문에 응당 희락을 수용하여 장식을 하고 친구와 놀던 때에 그 종친과 친구들의 뜻을 위반하여, 그들로 하여금 슬퍼서 눈물이 눈에 가득하게 하면서까지 억지로 출가하였던가. 이와 같은 갖가지 인연으로 말미암아 근심하고 연연해하는 마음을 일으켜서 악작하고 돌이켜 후회한다.

或因追念昔所曾經戲笑等事, 便生悔恨, 謂我何緣, 於應受用戲樂嚴具朋遊等時, 違背宗親朋友等意, 令其悲戀涕淚盈目, 而强出家. 由如是等種種因緣, 生憂變心, 惡作追悔.

남녀는 한마디 따뜻하고 부드러운 말로 서로를 속이고 있습니다. 상대방이 자신을 속이고 있다는 것을 분명하게 알면서도 이 속임수에 넘어가기를 원합니다. 때로는 상대방이 여러분을 속이는 말을 해 주기를 요

구하기도 합니다. 속임수라는 것을 분명하게 알지만 그래도 듣고 싶어 하는 것입니다. 피차가 서로를 거짓말로 속이는 이것이 바로 중생상(衆生相)입니다. 이런 종류의 억지웃음, 이것이 우스운 이야기임을 분명하게 알지만 그래도 한사코 듣고 싶어 합니다. "설사 꿈이라 할지라도 풍류이어라[縱然是夢也風流]"는, 거짓임을 분명하게 알지만 거짓이라 할지라도 좋습니다. 당시에는 모두가 나에게 출가하지 말라 권했지만 나는 대답하지 않고 억지로 출가했는데, 이제 생각해 보니 후회가 됩니다. 이런 갖가지 원인으로 인해 근심하고 연연해하며, 악작하고 돌이켜 후회합니다.

앞의 도거와 이 악작은 처소가 같기 때문에 합하여 하나의 개로 말하는 것이다. 또 마땅히 해야 하고 마땅히 하지 않아야 할 일에 대하여 그 상응하는 것을 따라서, 혹은 이미 했던 것을 혹은 아직 하지 않은 것을 마음에서 돌이켜 후회함을 일으킨다. 어찌하여 나는 옛날에 마땅히 해야 할 일을 하지 않고 도리어 하지 않아야 할 일을 하였던가. 먼저 돌이켜 후회함에서 생기게 되는 악작은 제거해도, 이 악작은 얽어매는 것이어서 오히려 버리지 못한다.

由前掉擧, 與此惡作處所等故, 合說一蓋. 又於應作不應作事, 隨其所應, 或已曾作, 或未曾作, 心生追悔. 云何我昔應作不作, 非作反作. 除先追悔所生惡作, 此惡作纒, 猶未能捨.

도거와 악작은 합해서 하나의 개(蓋)가 됩니다. 지금의 형편도 싫고 인생도 싫고 자기 자신도 싫습니다. 이러한 싫은 마음을 시종일관 버리지 못해서 수행(修行)과 수정(修定)에 장애가 됩니다. 때로는 타좌를 시작했는데 양치를 하지 않아 입 냄새가 나는 것이 마음에 걸립니다. 그러면

곧 이런 생각이 떠오릅니다. 나라는 사람은 어째서 이 모양일까? 습기를 조금도 고치지 못하고 작은 일조차도 내려놓지 못하는구나. 이렇게 끊임없이 악작하고 돌이켜 후회합니다.

이후로 다시 근심하고 연연해하는 마음을 끊이지 않고 상속시켜서 악작하고 돌이켜 후회하는데, 이 또한 일종의 악작의 차별이다. 앞에서 생긴 비처의 악작과 뒤의 악작은 비록 도거와 처소가 같지는 않지만 저 상이 같아서 뛰어오르고 요동치며, 지금의 이것 또한 근심하고 연연해하는 상이므로, 이런 까닭에 저것과 혼합해서 하나의 개라고 말하는 것이다.

次後復生相續不斷憂變之心, 惡作追悔, 此又一種惡作差別. 次前所生非處惡作, 及後惡作, 雖與掉擧處所不等, 然如彼相, 騰躍誼動, 今此亦是憂變之相, 是故與彼雜說一蓋.

"악작(惡作)"은 싫어함으로, 후회하는 회(悔)에 비해서는 가볍지만 인생은 모두 악작 속에 있습니다. 예를 들면 원고료와 가정 경제 때문에 글을 쓰고 있지만 한편으로는 그것이 싫습니다. 어떤 사람들은 결혼해서 아이를 낳고 그 아이를 사랑합니다. 하지만 아이를 끌어안으면서도 한편으로는 원망하고 싫어합니다. 왜 생활의 부담은 이토록 무거운 것인가. 이 또한 악작입니다.

제5강

의란 스승에 대하여 법에 대하여 배운 것에 대하여 가르침에 대하여 증득에 대하여까지 의혹을 일으키는 것을 말한다. 이와 같이 마음이 의혹을 품었기 때문에 용맹한 방편과 바른 끊음으로 적정에 들어가지 못한다. 또 과거 미래 현재 그리고 고제 등의 진리에 대해 의혹을 일으키고 마음에 두 갈래를 품어서 헤매고 알지 못하여, 망설이고 의심하며 잰다.

문: 이 탐욕개는 무엇을 식食으로 삼는가. 답: 정묘상이 있으며, 저 상에 대해 바르지 않은 사유를 많이 수습하니, 그것을 식으로 삼는다. 정묘상이란 가장 수승하고 빼어난 모든 욕의 상을 말하는데, 만약 여기에서 염심을 멀리 떠날 수 있다면 그보다 낮고 못한 나머지도 염심을 떠날 수 있으니, 강력한 것을 제어하면 그보다 못한 나머지는 스스로 조복되는 것과 같다. 이것은 다시 무엇을 말하는가. 말하자면 여자의 몸에는 여덟 곳이 붙잡고 있는 사랑할 만한 정상이 있다. 이 여덟 곳으로 말미암아 여자가 남자를 묶는데, 이른바 노래·춤·웃음·곁눈질·아름다운 용모·행동거지·묘한 접촉·예를 갖춤이다. 이 인연으로 말미암아 모든 탐욕을, 아직 생기지 않은 것은 생기게 하며 이미 생겨난 것은 자라게 하기 때문에, 식이라고 하는 것이다.

문: 이 탐욕개는 무엇이 비식非食이 되는가. 답: 부정상이 있으며, 저 상에 대하여 이치에 맞는 작의를 많이 수습하니, 그것을 비식으로 삼는다. 이것은 다시 무엇을 말하는가. 청어 등을 말하는 것으로, 만약 이 몸을 관했는데 갖가지 부정하고 잡다한 더러운 것이 꽉 차 있다면, 몸 안의 부정상을 관한다고 한다. 다시 몸 바깥에서 청어 등의 상과 갖가지 부정한 것을 관하는 것을, 몸 밖의 부정상을 관한다고 한다. 이 두 부정상을 관함으로 말미암아 아직 생기지 않은 탐욕은 그것이 생기지 않게 하고 이미 생겨난 것은 끊을 수 있기 때문에, 비식이라고 한다. 저 상에 대해 이치에 맞게 작의함으로 말미암아 차단하여 생기지 않게 하며, 많이 수습하기 때문에 이미 생겨난

것을 끊을 수 있는 것이다. 앞의 혹품에서는 저 상에 대하여 바르지 않게 사유함으로 말미암아 아직 생기지 않은 것을 생기게 하며, 많이 수습하기 때문에 배로 다시 더해지는 것이다.

이미 안립을 말하였으니 마땅히 이 정려에서 작의와 소연, 두 가지의 차별을 알아야 한다. 작의의 차별이란 일곱 가지 근본 작의와 그 나머지 사십 가지 작의를 말한다. 무엇을 일곱 가지 작의라고 하는가. 요상작의, 승해작의, 원리작의, 섭락작의, 관찰작의, 가행구경작의, 가행구경과작의를 말한다. 무엇을 사십 가지 작의라 하는가. 연법작의, 연의작의, 연신작의, 연수작의, 연심작의, 연법작의(다른 함의가 있음), 승해작의, 진실작의, 유학작의, 무학작의, 비학비무학작의, 변지작의, 정단작의, 이단작의, 유분별영상소연작의, 무분별영상소연작의, 사변제소연작의, 소작성판소연작의, 승해사택작의, 적정작의, 일분수작의, 구분수작의, 무간작의, 은중작의, 수순작의, 대치작의, 순청정작의, 순관찰작의, 역려운전작의, 유간운전작의, 유공용운전작의, 자연운전작의, 사택작의, 내섭작의, 정장작의, 의지성판소행청정작의, 타소건립작의, 내증상취작의, 광대작의, 변행작의를 말한다.

연법작의란 들어서 성취하는 지혜에 상응하는 작의를 말한다. 연의작의란 사유하고 수행하여 성취하는 지혜에 상응하는 작의를 말한다. 연신수심법작의란 생각을 머무르게 함을 수행하는 자가 이치에 맞게 몸 등을 사유하는 작의를 말한다. (중략) 변지작의란 이것으로 말미암기 때문에 소연을 두루 알아서 미혹을 끊지 않는 것을 말한다. 이단작의란 번뇌를 끊은 후에 지니게 되는 작의를 말한다. 유분별영상소연작의란 이것으로 말미암기 때문에 분별의 체와 경을 연하는 비발사나를 수행하는 것을 말한다. 무분별영상소연작의란 이것으로 말미암기 때문에 분별의 체와 경을 연하는 사마타를 수행하는 것을 말한다. 사변제소연작의란 이것으로 말미암기 때문에 일체의 신수심법의 소연변제를 깨달아 알고, 이것을 넘어서 다시 신수심법이 없음을 아는 것을 말한다. 소작성판소연작의란 내가 여차여차 사유하면 내가 여시여시 사유함과 같아서, 마땅히 여차여차함이 있어야 하고 마땅히 여시여시함을 갖추어서 청정한 소연을 대상으로 하는 작의를 말한다. 승해사택작의란 이것으로 말미암기 때문에 혹은 맨 처음에 제법을 사택함이 있고, 혹은 사마타를 상수로 삼음을 말한다. 적정작의란 이것으로 말미암기 때문에 혹은 맨 처음에 마음을 안으로 편안하게 함이 있고, 혹은 비발사나를 상수로 삼음을 말한다. 일분수작의란 이것으로 말미암기 때문에 사마타와 비발사나에서 한 부분을 따라서 수행하는 것을 말한다. 구분수작의란 이것으로 말미암기 때문에 두 부분을 쌍으로 수행하는 것을 말한다. 무간작의란 모든 때에 끊어짐 없이 이어서 전화하는 것을 말한다.

마음에 의혹이 많아 망설이고 의심하고 재고

의란 스승에 대하여 법에 대하여 배운 것에 대하여 가르침에 대하여 증득에 대하여까지 의혹을 일으키는 것을 말한다.

疑者, 謂於師, 於法, 於學, 於誨, 及於證中, 生惑生疑.

오개(五蓋) 중 다섯 번째는 '의개(疑蓋)'입니다. 스승에 대하여 배운 법에 대하여 배운 교리에 대하여 스승의 가르침에 대하여, 심지어 자신이 수행해서 증득한 경계에 대하여 명확하게 알지 못해서 의혹이 일어나는 것입니다. 많은 사람이 수행으로 이미 일정 정도에 도달했는데도 불구하고 지혜가 부족해서 의심을 품고, 그 결과 수행해서 증득한 경계가 도리어 무너져 버립니다. 이런 사람들이 의외로 아주 많습니다.

이와 같이 마음이 의혹을 품었기 때문에 용맹한 방편과 바른 끊음으로 적정에 들어가지 못한다.

由心如是懷疑惑故, 不能趣入勇猛方便正斷寂靜.

이런 갖가지 의심으로 인해 용맹한 방편을 얻고 정도(正道)를 통해 번뇌를 끊어 적정(寂靜)을 얻지 못합니다. 아까 오후에 어느 노부인이 쓴 『참선일기(參禪日記)』[97]를 여러분에게 들려 드렸는데, 그분은 혼자 그곳에서 모색하고 진보했습니다. 아주 많은 부분이 스스로 수행해서 그 경계에 도달한 것입니다. 그분이 일기 형식의 보고서를 써서 저에게 물어보았지만 질문과 회답이 오가는 데 이십여 일이 걸렸으니, 노부인은 회답을 받지 않고도 자신을 믿을 수 있었고 또다시 진일보했습니다. 바로 의혹을 품지 않았기 때문입니다. 설사 의심이 생길 때라도 스스로 답을 찾을 수 있었습니다. 이 부분이 참으로 해내기 어려운 귀한 점입니다.

여러분 같은 경우는 여기에서 배우면서 날마다 저를 둘러싸고 스승님이 잘하시네, 스승님이 어떠시네 하지만 아무 소용없습니다. 그 이유는, 제가 여러분에게 말해 주어도 다들 입으로는 "네"라고 하지만 실상은 하나도 제대로 듣지 않기 때문입니다. 모두가 자기 말만 하고 있습니다. 그런 후에 오늘 와서 묻는 것도 이 문제이고 내일 와서 묻는 것도 이 문제입니다. 떠나고 삼사 년 후에 다시 와서 묻는 것도 역시 이 문제이니, 지혜라고는 조금도 없습니다. 특히 여기 동학들 중에는 출가한 사람도 포함해서 부처님을 배운 세월이 꽤 되는데도 불구하고 교리(教理) 연구에 대해서는 약간의 그림자조차 없습니다. 그저 오온(五蘊) 육근(六根) 육진(六塵) 십이인연(十二因緣) 십팔계(十八界) 같은 명사 정도나 외우고

---

97 『참선일기(參禪日記, 원제는 外婆禪)』(김만자金滿慈 저 남회근 비批, 1980)는 미국에 거주하던 한 노부인이 만년에 일상생활 속에서 참선 수도한 일기이다. 이 책에는 수행 공부와 수행의 경계가 담겨 있어 여성 수행자에게 수행의 거울이자 지도서 역할을 한다. 속집은 1983년에 나왔다.

있을 따름이고, 그 나머지는 맞는 것이 하나도 없습니다. 무지(無智) 때문입니다. 지혜가 없습니다.

여기서는 의개(疑蓋)에 대해 이야기하는데, 지금 여러분처럼 처음 타좌를 배우면 다리가 마비되는 현상을 포함해서 얼마나 오래 앉아 있어야 하느냐는 등의 의문이 생깁니다. 그러나 생리적 심리적 변화에 대해 도무지 아득하기만 하고 알지 못합니다. 바꾸어 말하면 불학과 불법의 교리에 대해 하나도 아는 바가 없으니, 이런 것을 눈먼 수련이라고 합니다. 참으로 자신의 생명 시간을 낭비하고 있으니 이런 모두가 의개에 속합니다.

또 과거 미래 현재 그리고 고제 등의 진리에 대해 의혹을 일으키고 마음에 두 갈래를 품어서 헤매고 알지 못하여, 망설이고 의심하며 잰다.

又於去來今, 及苦等諦, 生惑生疑, 心懷二分, 迷之不了, 猶豫猜度.

스스로 수행에 대해 의심이 많습니다. 여러분은 모두 『금강경』을 읽어 보셨지요! 뒤쪽에 "의심을 끊고 믿음을 내며 상을 없애고 종을 뛰어넘어 문득 인법을 잊어버리고 진공을 깨달으니, 반야의 맛이 거듭되며 사구에 융통하고 복덕이 무궁하도다[斷疑生信, 絶相超宗, 頓忘人法解眞空, 般若味重重, 四句融通, 福德歎無窮]"라는 찬어(讚語)가 붙어 있습니다. 의심을 끊고 믿음을 내어야 반야에 들어갈 수 있고, 반야지(般若智)를 증득할 수 있습니다. 우리는 항상 불교도(佛敎徒)와 불교계(佛敎界)를 말하지만, 칠중제자(七衆弟子)[98]를 포함해서 의심이 많은 사람이 너무나도 많습니

---

98 일곱 대중의 불제자 즉 비구, 비구니, 식차마나, 사미, 사미니, 우바새, 우바이를 가리킨다. 앞의 다섯 중(衆)은 출가중이고 뒤의 둘은 재가중이다.

다. 불법은 '삼세인과(三世因果) 육도윤회(六道輪廻)'의 기초 위에 세워졌지만, 부처님을 배우고 부처님을 믿는다는 사람들이 허심탄회하게 논의한다면 자신은 삼세인과와 육도윤회를 믿습니까? 믿는 사람은 없고 모두가 입을 벌려 자신을 속이고 있을 뿐입니다. 여러분이 믿는다고 말한다면, 맹목적으로 믿는 것은 아무런 소용이 없습니다. 이 부분을 분명하게 하지 않는다면, 부처님을 믿는다고 말하는 그것은 자신을 속이고 남을 속이는 일입니다. 삼장십이부(三藏十二部) 대소승의 불법, 각 종파의 수지, 일체 방편과 성인 경계[聖境界]의 기초가 바로 삼세인과 육도윤회 위에 세워졌습니다.

오래전 일인데 아주 유명한 큰 법사 한 분이 한번은 절에서 이런 문제를 던졌습니다. 그는 공개적으로 강연하면서 말했습니다. "거사(居士)는 인과(因果)를 두려워하고, 인과는 승려를 두려워하고, 승려는 거사를 두려워한다." 수백 명이 모두 들었습니다. 어떤 사람이 강연을 듣고 돌아와서 저에게 말해 주었는데, 그 말을 듣자 저는 감탄하지 않을 수 없었습니다. 그 법사는 물론 스스로 느끼는 바가 있어서 그렇게 말했겠지만, 그가 했던 말은 참말이었습니다. 처음 부처님을 배우는 사람은 억지로라도 인과를 믿습니다. 하지만 그것은 인과에 대한 맹목적인 미신입니다. 진정한 인과는 자기 자신이 만나고 있으면서도 스스로 분명하게 보지 않았을 뿐입니다. 그러면서도 자칭 부처님을 배우고 있다고 말하니 자신을 속여서는 안 됩니다. 다른 각종 종교의 신도는 진짜로 인과를 믿거나 진짜로 하느님을 믿을까요? 반드시 그렇지는 않습니다. 다수의 사람들이 그 자리에서 자신을 속이고 있습니다.

불법은 교리를 아는 것으로부터 수행을 시작합니다. 이 이치가 말하는 바는 이렇습니다. 일체중생은 태어나면서부터 아뢰야식이 지니고 있는 선, 악, 무기의 업보 등 종성을 스스로 아는 밝음[自知之明]이 없음으로 인해서 일체의 일에 의혹을 일으킵니다. 그러므로 지금 청년들이 반동 혁명을 외치면서 일체의 전통을 뒤집으려고 하는 것은 뭐 그리 신기한 일도 아닙니다. 인성은 본래부터 의심이 많은[多疑] 종성을 지니고 있습니다. 여러분은 자성 안에 있는 의심이 많은 성질을 분명하게 인식해야 합니다.

부처님은 우리에게 두 번째 종류의 의심에 대해 말씀하셨는데, 사람은 선법(善法)의 신념을 일으킬 수 없다는 것입니다. 왜 인생에는 그토록 많은 괴로움[苦]이 있습니까? 돈이 있으면 돈이 있어서 괴롭고 지위가 있으면 지위가 있어서 괴롭습니다. 경쟁에도 괴로움이 있는데, 명예를 추구하고 이익을 추구하는 괴로움입니다. 다만 사람마다 괴로움이 서로 다를 뿐입니다. 이런 것은 모두 많은 생 여러 겁의 인과 탓이지만 대다수 사람들은 깨닫지 못합니다. 사람들은 "과거 미래 현재[去來今]" 즉 과거 현재 미래의 삼세인과와 그로 인해 생겨나는 사제(四諦)[99]의 이치에 대해 알지 못하기 때문에 의심을 품고 믿지도 않습니다.

학문이 뛰어나고 불학이 뛰어난 학자 가운데 어떤 대사(大師)들은, 예를 들어 아무개[某] 대사의 경우에는 인과를 믿지 않았습니다. 비록 반야유식 이론에 관해서는 어느 누구보다 훌륭하게 강론했지만 말입니다. 그는 임종할 때 자신의 학생들에게 이렇게 말했습니다. "평생 배운 것이 지금 여기에 이르고 보니 하나도 쓸모가 없구나. 너희들만큼은 제대로 염불하도록 해라." 임종에 이르러서야 알게 되었고, 비로소 제자들에게 염불 수행을 당부했습니다. 우리는 그 말을 듣고 한탄하지 않을 수 없었습니다. 그저 불학 연구만 한다면 학문이 아무리 훌륭한들 무슨 소용이

---

99 고(苦)·집(集)·멸(滅)·도(道)의 네 가지 진리를 의미하는 불교의 중심 교리로 사성제(四聖諦)라고도 한다.

있습니까? 이것이 과거 미래 현재와 고제(苦諦) 등의 진리에 대해 "의혹을 일으킴〔生惑生疑〕"이니, 흔들리지 않는 깊은 믿음이 전혀 없으며 참된 믿음이 없습니다.

어떤 사람은 다리를 두 척의 배에 걸치고 있는데, 그것이 바로 "마음에 두 갈래를 품음〔心懷二分〕"입니다. 그에게 가서 불학을 참구하라고 해도 하지 않습니다. 그에게 일체를 내려놓고 몸과 마음을 던져 넣어 증득을 구하라고 해도 그것 또한 해내지 못합니다. 학리(學理)를 이야기하면 말끝마다 공(空)을 말하지만 실제로 행동하는 것은 하나같이 유(有)입니다. 강단에 서서 사람들에게 내려놓으라고 말하면서 강단 아래에서 자신은 끝없이 탐합니다. 아주 많은 사람이 이처럼 "헤매고 알지 못하니〔迷之不了〕" 영원히 알지 못합니다. 무엇을 개오(開悟)라고 합니까? 의심을 깨트려야 합니다. "의심을 끊고 믿음을 내며, 상을 없애고 종을 뛰어넘어야〔斷疑生信, 絶相超宗〕" 그래야 개오라고 합니다.

일반적으로 부처님을 믿는 사람은 삼세인과 육도윤회에 대해 보리를 증득할 수 있고 정(定)을 이룰 수 있으며 이런 일을 증과(證果)할 수도 있습니다. 솔직히 말해서 학리를 아무리 말하더라도 마음속으로 머뭇거리며 결단하지 않으면 진정으로 깊이 깨달아〔參透〕 믿음을 일으키지 못합니다. 그 결과 아무것도 제대로 하지 못하고 "망설이고 의심하며 재는〔猶豫猜度〕" 중에 있게 됩니다. 이것이 하나의 개(蓋)입니다. 부처님을 배우고 정(定)을 수행하는 사람이 왜 정을 이루지 못합니까? 이 다섯 가지의 장애〔五蓋〕에 덮여 버렸기 때문인데, 그중에서도 의개(疑蓋)가 가장 심각합니다. 양심적으로 말해서, 여러분이 부처님을 배우고는 있지만 이번 생에 반드시 성불하고야 말겠다는 신심(信心)이 있습니까? (동학이 대답하다: 없습니다.) 미치광이가 아니라면 이런 믿음을 가질 수 없습니다. 미치지 않았으면 멍청이이고 그 나머지는 모두 망설이며 불신

(不信) 중에 있습니다. 그렇기 때문에 만인(萬人)이 수행해도 증득한 사람이 하나도 없는 것입니다. 그도 아니면 수행은 수행대로 하고 있고 머리도 깎았지만 장래가 어떠할지 알지 못합니다. 한 걸음 걸으면 그만큼 계산해 봅니다. 어디 초가집이 수행하기 좋다고 하면 가서 누더기 옷이라도 걸어놓고 봅니다. 어디 채소 요리가 맛있다고 하면 가서 한 끼 먹고 나서 이야기합니다. 모두가 "망설이고 의심하며 재는" 중에 있습니다. 그렇기 때문에 증득할 수 없는 것입니다.

탐욕은 바르지 않은 사유를 먹고 자란다

문: 이 탐욕개는 무엇을 식으로 삼는가. 답: 정묘상이 있으며, 저 상에 대해 바르지 않은 사유를 많이 수습하니, 그것을 식으로 삼는다.

問: 此貪欲蓋以何爲食. 答: 有淨妙相, 及於彼相, 不正思惟, 多所修習, 以之爲食.

오개(五蓋)에 관한 토론은 대단히 상세하며, 부처님을 배우고 도를 닦는 데 있어서 첫걸음입니다. 제일 먼저 "탐욕개(貪欲蓋)"인데, 앞에서 말한 탐개(貪蓋)는 넓은 의미의 것입니다. 명예를 탐하고, 이익을 탐하고, 좋은 풍수 좋은 환경 좋은 풍경을 탐하는 모든 것이 넓은 의미의 탐욕개입니다.

이제 좁은 의미의 탐욕 문제로 전환해서 질문을 제기했습니다. "탐욕개는 무엇을 식으로 삼는가[此貪欲蓋以何爲食]." 즉 무엇이 탐욕을 키웁니까? 사람은 살면서 음식으로 생명을 유지하는데, 탐욕의 생각[念] 역시 먹어서 키워야 합니다. 답은 "정묘상(淨妙相)"이니, 그것은 아주 아름다운 모습으로 추하지 않습니다. 정식으로 선정을 닦아서 선(禪)을 수행하는 경계에 들어갔을 때 바르지 않은 사유를 일으켰다면, 그것은 견지(見地)의 사유에서 오류를 일으키고 습기를 유발한 것입니다. 바로 그렇게 "바르지 않은 사유〔不正思惟〕"를 수습하여 식(食)으로 삼습니다. 말하자면 마음으로 그 묘상(妙相)을 생각하고 그것을 식으로 삼으니, 그 묘상만 생각하면 배고프지 않습니다.

이 자리에 있는 젊은 출가인들은 이해하지 못할 수도 있습니다. 여러분은 『서상기(西廂記)』나 『홍루몽(紅樓夢)』을 본 적이 있습니까? 남녀가 상사병을 앓을 때에는 차를 마실 생각도 나지 않고 밥도 먹고 싶지 않습니다. 여러분은 아마도 애정에 온 정신을 기울인 이런 경험이 없을 것입니다. 현대의 젊은 남녀는 애정에 몰두하지 않습니다. 마치 대단히 해탈한 것처럼 보이지만 해탈이 아니라 무정(無情)입니다. 남녀의 애정을 나쁜 정(情)으로 여겨서는 안 됩니다. 6대 달라이라마가 "만약 이 마음을 바꾸어서 도를 배운다면, 이 생에 성불하는 것이 무슨 어려움이 있겠는가"라고 했던 것처럼 말입니다. 남녀의 애정과 부모의 친정(親情)은 서로 모양은 다르지만 그 정이 하나이기 때문에 전화시킬 수 있다면 그것이 바로 대자비(大慈悲)입니다. 보리살타(菩提薩埵)는 깨달은〔覺悟〕 유정(有情)입니다. 그러나 유정중생(有情衆生)은 이 정을 탐하기에, 유정이지만 깨닫지 못했습니다.

정신병원에 가 본 적이 있는 사람이 있을 겁니다. 어떤 병자들은 보면 눈물을 흘리지 않을 수 없습니다. 다른 사람을 공격할 수 있는 사람은 쇠사슬로 묶어 둡니다. 어떤 정신 질환은 몇 달이나 밥을 먹지 않을 수 있습니다. 그래도 굶어죽지 않습니다. 어떤 정신 질환은 삼층 높이 건물을 한 번에 튀어 올라갈 수 있습니다. 그런 힘이 어디에서 나올까요? 우리가 다른 일면으로 보면 이렇게도 생각할 수 있습니다. 사람이라는 이 생명은 비할 데 없는 불가사의한 힘〔神力〕을 지니고 있는데, 수지(修持)

가 경지에 이르면 그 불가사의한 힘을 일으킬 수 있습니다. 지금은 정신 병을 말하려는 것이 아니고 "그것을 식으로 삼는다〔以之爲食〕"의 '식 (食)'을 이야기하고 있습니다. 탐욕이 무거운 사람은 밥도 먹지 않고, 오로지 이 약간의 정념(情念)만으로 자신의 생명을 유지할 수 있습니다. 그런 까닭에 사식(思食)이라고 부릅니다.

정묘상이란 가장 수승하고 빼어난 모든 욕의 상을 말하는데, 만약 여기에서 염심을 멀리 떠날 수 있다면 그보다 낮고 못한 나머지도 염심을 떠날 수 있으니, 강력한 것을 제어하면 그보다 못한 나머지는 스스로 조복되는 것과 같다.

淨妙相者, 謂第一勝妙諸欲之相, 若能於此遠離染心, 於餘下劣, 亦得離染, 如制强力, 餘劣自伏.

세상 일체 욕망의 가장 수승(殊勝)하고 가장 훌륭한 경계가 바로 "정묘상(淨妙相)"입니다. 만약 염오심(染汚心)[100]을 떠날 수 있다면 일체 욕망〔欲〕을 떠날 수 있는데, 참으로 욕망을 떠날 수 있다면 참 승려가 됩니다. 욕망〔欲〕을 떠나기는 아주 어렵습니다. 예를 들면 이 환경이 편안하지 않다고 느낀다거나, 이 옷은 입고 있으면 불편하다거나, 이 음식은 입에 맞지 않는다고 하는 이런 것들이 모두 욕망입니다. 어느 것 하나 욕(欲)이 아닌 것이 없습니다. 참으로 이욕존(離欲尊)[101]에 도달한 것이 초과 나한의 예류과(豫流果)[102]의 상(相)이니 이때 비로소 욕을 떠났다

---

100 번뇌로 인해 마음이 더럽혀진 것을 번뇌에 물들었다고 한다. 염오심은 마음이 번뇌에 물든 것으로 염심(染心), 염오식(染汚識), 잡염심(雜染心)이라고도 한다.

101 불법을 공부한 후 번뇌가 없어지고 마음도 청정해지며 욕망도 옅어져 자재하고 존귀함을 나타낸다.

〔離欲〕고 합니다. 『금강경』의 수보리는 욕(欲)을 떠난 아라한이고, 아란나행(阿蘭那行)[103]은 적정행(寂靜行)으로서 욕을 떠났습니다. 참으로 욕을 떠나는 것은 이와 같이 어렵습니다. 여러분은 지금 자신이 여여부동(如如不動)[104]한 것을 욕을 떠남〔離欲〕이라고 하는데, 그것으로는 아직 한참 멉니다. 여러분은 어쩌다 우연히 흔들리지 않은 것일 뿐입니다. 진정한 유혹이 여러분 눈앞에 없었기 때문이므로 참된 여여부동이 아닙니다.

삼국 시대 초기에 관녕(管寧)과 화흠(華歆) 두 사람은 동문수학한 사이였습니다. 두 사람이 함께 땅을 파다가 황금 한 덩어리를 파냈는데, 관녕은 쳐다보지도 않고 던져 버렸습니다. 화흠 역시 대단했습니다. 그냥 한 번 쓱 보고는 "어, 황금이네!" 그러고는 그것을 버렸습니다. 관녕은 그 일 이후로 더는 화흠을 친구로 여기지 않았습니다. 화흠 이 친구에게 탐욕이 있음을 알았기 때문입니다. 그저 눈길 한 번 주었을 뿐이었는데 말이지요. 나중에 화흠이 재상이 되자 관녕은 누각에서 지내면서 한평생 아래로 내려오지 않았습니다. 화흠이 통치하는 땅이 더럽다고 여겨서 밟지 않으려고 한 것입니다. 이것은 중국 역사상 유명한 고사입니다. 그러니 사람의 탐욕 문제는 참 말하기가 어렵습니다. "만약 여기에서 염심을 멀리 떠날 수 있다면〔若能於此遠離染心〕", 즉 유혹을 마주했는데 그 유혹에 넘어가지 않고 염오(染汚)를 떠난다면 불구부정(不垢不淨)[105]이니, 이렇

---

102 성문 사과(聲聞四果)의 하나로서 산스크리트어로는 수다원이며 입류(入流), 역류(逆流), 예류(豫流)라 번역한다. 삼계의 견혹(見惑)을 끊고 처음으로 무루도(無漏道)에 드는 지위이니, 번뇌를 끊고 더는 물러나는 일이 없는 성인의 길, 진리의 흐름에 들어섰다는 뜻이다.

103 아란나(阿蘭那)란 일체의 번잡한 소리가 들리지 않는 곳 즉 수행하기 좋은 한적한 수도처를 가리키는데, 그런 곳을 정하여 일체의 번뇌와 욕망을 끊고 행하는 수행을 아란나행(阿蘭那行)이라 한다.

104 분별이 끊어져 마음 작용이 일어나지 않고, 있는 그대로 변함이 없는 불법의 경계를 말한다. 법상(法相)이 생겨나지 않고 머무는 바가 없다.

게 되면 무엇이든지 떠날 수 있습니다. 수지가 조금 부족한 사람이라 할지라도 생각이 살짝 움직일 때 눌러 버리면 곧 지나갑니다.

아름답고 훌륭한 태도에 마음이 일어나다

이것은 다시 무엇을 말하는가. 말하자면 여자의 몸에는 여덟 곳이 붙잡고 있는 사랑할 만한 정상이 있다.

此復云何. 謂女人身上, 八處所攝可愛淨相.

　이것이 무슨 의미일까요? 좀 더 분명하게 이야기한다면, 여자에게는 여덟 곳의 묘상(妙相)이 있다는 말입니다. 여자는 참으로 사랑스러운 존재라는 그런 말이 결코 아닙니다. 남자도 대단히 사랑스럽습니다. 입장이 같지 않으므로 남자가 보기에는 여자가 사랑스럽고 여자가 보기에는 남자가 사랑스럽습니다. 불경에서는 한쪽 면만을 이야기했을 뿐입니다. 그런데 부처님께서 남자를 중시하고 여자는 경시한다고 생각해서는 안 됩니다. 그렇지 않습니다. 한쪽 면을 알게 되면 나머지 한쪽 면에도 자연스럽게 통합니다. 예를 들면 어느 날 어떤 동학이 저에게 말하기를, 아무개 동학은 여성에게 유독 반감(反感)을 지니고 있다고 했습니다. 저는, 그 사람은 성(性)에 비정상적인 심리를 지니고 있다고 말해 주었습니다. 왜냐하면 다 같은 사람이지 않습니까. 마땅히 반감을 지녀서는 안 되는 것입니다. 일체중생을 평등하게 봐야지 남녀상(男女相)은 없습니

---

105 더럽지도 않고 깨끗하지도 않다는 뜻으로, 범부는 미혹이 있으면 더럽고 깨달음을 얻으면 깨끗하지만 부처는 더럽다 깨끗하다는 분별이나 차별을 초월해 있다는 의미이다.

다. 여성에 대해 편견을 지니게 되기 때문에 그런 심리는 문제가 있습니다. 그 사람의 아뢰야식에 그런 것이 존재하기 때문에 도피하기 위해 쳐다보지도 않는 것입니다. 참으로 이런 생각이 없다면 여자는 진흙덩어리 같고 남자는 개똥 같고, 다 똑같지 않습니까? 그러므로 비정상적 심리를 지닌 사람은 구부러진 것을 바로 잡으려다 도를 지나쳐서 오히려 잘못되는 경우가 많습니다.

이 여덟 곳으로 말미암아 여자가 남자를 묶는데, 이른바 노래·춤·웃음·곁눈질·아름다운 용모·행동거지·묘한 접촉·예를 갖춤이다.

由此八處, 女縛於男, 所謂歌·舞·笑·睞·美容·進止·妙觸·就禮.

이 여덟 가지 특징으로 말미암아 여자는 마치 줄을 사용하는 것처럼 남자를 묶는데, 이른바 노래하고 춤추는 것 등입니다. 저 같은 경우는 댄스홀에 가는 것을 좋아합니다. 왜냐고요? 우리가 댄스홀에 가는 복장은 긴 두루마기에 천으로 만든 신발입니다. 입장권을 사서 들어가면 커피를 앞에 놓고 앉아서 참관하는 것입니다. 그곳에 앉아서 불빛이 어두워지기를 기다리는데, 귀신 그림자 같은 것들이 왔다 갔다 하고 이리 뛰고 저리 뛰는 남녀를 보면서 우리는 그곳에서 수련을 합니다. 참 재미있습니다. 춤을 추던 여자들이 우리에게 와서 말을 거는 것도 좋은데, 거기로 가서 돈을 쓰는 것은 보시입니다. 저더러 춤을 추라고 하지만 저는 춤을 출 줄 모릅니다. 중경(重慶)에 있을 때도 늘 그랬습니다. 한평생 춤을 출 줄 몰랐지만 가서 보는 것을 좋아했습니다. 저에게는 그 안이 불도를 닦는 도량이었습니다. 이 자리에 계신 여러분은 인생에 대해 단지 팔분의 일만 알고 있습니다. 춤추고 노래 듣는 것에 중독된 사람은 이 자리에 앉혀 놓아도 가만히 있지 못합니다. 그 시간이 되면 발바닥이 근질거

리기 시작합니다. 수업을 하다 보면 어떤 부인네와 남자들은 비록 그 자리에서 수업을 듣고 있는데도 시간이 되면 슬슬 조짐이 보입니다. 몸을 비비 꼬다가 두 다리가 자연스럽게 움직이기 시작하는데, 저는 위에서 보면 바로 알 수 있습니다. 그 사람은 춤에 중독된 것입니다. 앞으로 여러분이 법사 노릇을 하게 되면, 위에서 쓱 보기만 해도 아래쪽의 배역을 알 수 있습니다. 어느 누구도 도망갈 수 없습니다. 토비 짓을 한 사람에게는 토비 짓을 한 습기가 있습니다. "웃음[笑]" 즉 여성이 치아를 드러내며 웃는 그 웃음에다가 "곁눈질[睇]"은 더 치명적입니다. 곁눈질로 빤히 보면 정말로 사람을 홀리게 합니다.

아름다운 여인의 "행동거지[進止]" 즉 하이힐을 신고 이렇게 한 걸음 내딛고 한 걸음 물러나거나 혹은 일직선으로 걸어가면, 어떤 여자들은 이런 훈련을 받기도 합니다만, 그렇게 걸어가면 정말로 눈길이 가게 됩니다. 젊은 사람은 이런 것을 잘 이해하지 못합니다. 부처님을 배우러 와 놓고 이런 마경(魔境)을 경험해 보지 못했다면 부처님을 배우는 데 성공할 수 있겠습니까? 그때에 이르러 여러분에게 "아름다운 용모[美容]"와 "행동거지"를 보여 주면 여러분의 정력(定力)은 모조리 무너질 것입니다. 연화보좌(蓮花寶座)가 한 덩어리 한 덩어리 떨어져 내릴 것입니다. 특히 출가한 사람들은 앞으로 여성 제자가 귀의하는 일이 많을 텐데 여러분의 그 법사의 법이 모조리 공(空)이 되어 버릴 것이므로, 지금 여러분에게 이 법을 전해 주니 먼저 그것을 참구해서 통해야 합니다.

손을 마주잡는 것이 바로 "묘한 접촉[妙觸]"인데, 혹은 신체가 슬쩍 맞닿을 수도 있습니다. 남녀 사이에는 한 번 스치기만 해도 그 사람의 혼을 빼버립니다. "예를 갖춤[就禮]"이란, 이 여성 혹은 이 남성이 점잖고 예의 바르며 결코 거칠지 않다면 당신은 마음속으로 이렇게 생각할 것입니다. '이런 수양에다가 이런 교양을 갖추고 게다가 이런 태도는 정말로 훌륭하구나!' 당신은 그것만으로 바로 끝나 버립니다. 이 줄이 가장 다루기 어려운데, 모두 여덟 가닥의 줄이 여러분을 묶어 버립니다.

이 인연으로 말미암아 모든 탐욕을, 아직 생기지 않은 것은 생기게 하며, 이미 생겨난 것은 자라게 하기 때문에, 식이라고 하는 것이다.
由此因緣, 所有貪欲, 未生令生, 生已增長, 故名爲食.

남녀 사이에는 이런 여덟 가닥의 줄이 있어서 이렇게 여러분을 묶어 버립니다. 예전에 노스님 한 분이 사람이 너무 싫어지자 고아 하나를 안고 산으로 올라가서 길렀습니다. 그러다가 아이가 여남은 살이 되었을 때 데리고 산을 내려왔는데, 어린 스님은 다른 사람을 본 적이 없었기 때문에 길거리를 걸어가다가 여인을 보고는 스승에게 물었습니다. "저건 뭔가요?" 스승이 말했습니다. "저것은 호랑이라고 부르는데 사람을 잡아먹을 수도 있단다." 산으로 돌아온 후 스승이 어린 스님에게 물었습니다. "오늘 나를 따라 산을 내려가서 본 것들 중에 어느 것이 가장 좋았느냐?" 어린 스님이 말했습니다. "제가 아무리 둘러봤지만 그래도 호랑이가 가장 좋았습니다." 바로 이런 이치입니다. 이 여덟 가닥의 줄은 아직 생겨나지 않은 것을 여러분에게 생겨나게 할 수 있습니다. 마음속에 약간의 그림자만 있다면, 이미 생겨난 것을 더 자라게 할 수 있습니다. "그러므로 식이라고 하는 것입니다[故名爲食]." 불경의 해석이 얼마나 명확합니까! 이것이 바로 '식(食)'입니다. 이것은 식식(識食)[106]으로 여러

---

106 불교에서는 음식을 단순히 입으로 먹는다는 개념을 넘어서 온몸으로 먹는다는 의미에서 사식(四食)이라는 용어를 쓰는데, 단식(段食) 촉식(觸食) 사식(思食) 식식(識食)의 사식 중에 식식(識食)은 심식(心識)의 힘에 의한 인식 작용을 말한다.

분 정신(精神)의 식량인데 여러분을 묶어 버립니다.

어떻게 탐욕을 없애는가

문: 이 탐욕개는 무엇이 비식이 되는가. 답: 부정상이 있으며, 저 상에 대하
여 이치에 맞는 작의를 많이 수습하니, 그것을 비식으로 삼는다.

問: 此貪欲蓋, 誰爲非食. 答: 有不淨相, 及於彼相, 如理作意, 多所修習, 以爲非食.

이 탐욕개에서 해탈하려면 어떻게 해야 합니까? 그래서 제가 항상 여
러분에게 백골관과 부정관을 하라고 말했던 것입니다. 여러분이 선종이
나 밀종이나 율종을 조사해 보면 당송(唐宋) 이후로는 불법의 승재(僧
才)가 나날이 쇠락해져서 수행으로 깨달음을 얻는 사람이 없습니다. 『고
승전(高僧傳)』을 뒤져 보십시오. 당송 이전에는 부처님을 배우고 수행으
로 깨달음을 얻는 사람이 대단히 많았습니다. 그 원인은 당시의 승려들
이 모두 선정의 노선을 걸었던 데 있습니다. 선종이 성행하고 불학이 세
상에 널리 퍼진 후로는, 불학은 창성해졌으나 수행으로 깨달음을 얻는
사람은 없어졌습니다. 수행하고 증득하는 일에 오로지 전념하는 사람이
적어졌기 때문이니, 모두 수행에 전심(專心)으로 몰두하지 않게 되었습
니다.

저는 모든 수도(修道)의 길을 어느 교가 됐든 상관없이 다 겪어 보았습
니다. 그런 후에 다시 돌아와서 불법에서 찾다가 소승 불법의 백골관과
안나반나(安那般那)가 수행과 증과의 근본 법문임을 알아차렸습니다. 특
히 중국에서 수행으로 깨달음은 얻은 조사(祖師) 및 종파를 창립한 대사
(大師)들 대다수가 걸었던 것이 모두 이 길이었습니다. 설사 밀종의 각

파에서 성취를 거둔 사람들이라 할지라도 마찬가지였습니다. 저는 일체 법문을 다 배웠으며 거기에다 스스로 폐관하고 증득을 구했습니다. 참으로 부끄러운 일이지만, 평소 대승 경전만 보고 소승은 소법(小法)이라 여겨 상대도 하지 않았습니다. 나중에 스스로 수행과 증득을 거치면서 비로소 알게 되었는데, 원래 불타가 말씀하신 부정관과 백골관의 수행법이 실제로는 현교(顯敎)와 밀교(密敎)의 일체 대승 수행법을 포함하고 있었습니다. 거기에서 더 몸을 던져 들어가서 수행해 보고 나서야 그것의 진정한 묘용(妙用)을 깨달았습니다. 그런 다음 다시 고개를 돌려 대소승 경전을 보고 알게 되었습니다. 부처님이 세상에 계실 때 인도의 조사들은 모두 부처님의 가르침을 직접 받았기 때문에, 칠 일 이내에 아라한과(阿羅漢果)를 증득한 사람이 대단히 많았습니다.

지금은 왜 그렇게 못할까요? 말법 시대이기 때문이라고 말한다면, 부처님의 삼장십이부가 모두 있지 않습니까! 경전이 모두 없어졌다면, 그때야말로 말법 시대가 도래한 것입니다. 경전도 모두 있고 부처님이 가르쳐 준 수행법도 모두 있지 않습니까! 펼쳐서 보면 완전히 옳습니다. 그러므로 여러분은 부정관과 백골관을 소법(小法)이라고 여기면 안 됩니다. 여러분에게 부정관, 백골관, 안나반나를 가르쳐 주어도 열에 여덟 아홉은 모두 제대로 관(觀)하지 못한다고 말합니다. 맞지요? (동학이 대답하다: 그렇습니다.) 그것은 여러분이 법을 얻지 못해서 어떻게 관하는지 모르는 것입니다.

제대로 관하지 못하는 관건이 어디에 있을까요? 바로 여러분의 업력이 너무 무겁기 때문인데 그것이 삼세의 인과입니다. 하지만 그렇게 말하지 않겠습니다. 제대로 관하지 못하는 것은 여러분의 반야(般若)가 부족하기 때문이고 여러분의 지력(智力)이 부족하기 때문입니다. 제대로 관할 수만 있다면 바로 성취합니다. 성취하지 못하는 사람이 없습니다.

일반인들은 교리를 이야기하는 데는 막힘없이 능숙합니다. 하지만 진짜 수행을 이야기하면 조금의 능력도 없습니다. 그렇기 때문에 부처님은 여기에서도 여러분에게 말씀하십니다. 첫째는 부정관을 수행하는 것이라고요. 그러나 부정관에도 문제는 있습니다. 이 경문 단락을 먼저 보고 나서 여러분에게 말씀드리겠습니다.

이것은 다시 무엇을 말하는가. 청어[107] 등을 말하는 것으로, 만약 이 몸을 관했는데 갖가지 부정하고 잡다한 더러운 것이 꽉 차 있다면, 몸 안의 부정상을 관한다고 한다. 다시 몸 바깥에서 청어 등의 상과 갖가지 부정한 것을 관하는 것을, 몸 밖의 부정상을 관한다고 한다. 이 두 부정상을 관함으로 말미암아 아직 생기지 않은 탐욕은 그것이 생기지 않게 하고 이미 생겨난 것은 끊을 수 있기 때문에, 비식이라고 한다. 저 상에 대해 이치에 맞게 작의함으로 말미암아 차단하여 생기지 않게 하며, 많이 수습하기 때문에 이미 생겨난 것을 끊을 수 있는 것이다. 앞의 흑품에서는 저 상에 대하여 바르지 않게 사유함으로 말미암아 아직 생기지 않은 것을 생기게 하며, 많이 수습하기 때문에 배로 다시 더해지는 것이다.

此復云何. 謂靑瘀等. 若觀此身, 種種不淨, 雜穢充滿, 名觀內身不淨之相. 復觀於外, 靑瘀等相, 種種不淨, 名觀外身不淨之相. 由觀此二不淨相故, 未生貪欲令其不生, 生已能斷, 故名非食. 由於彼相如理作意故, 遮令不生. 多所修習故, 生已能斷. 前黑品中, 由於彼相不正思惟故, 未生令生, 多所修習故, 倍更增廣.

"흑품(黑品)"은 흑업(黑業) 즉 불선(不善)의 업이고, 백품(白品)은 선업(善業)입니다. 이 단락에 주의해야 합니다. 이 단락의 문자가 무슨 뜻일

---

107 시체가 바람에 쏘이고 비에 씻겨 피고름이 엉켜 푸르뎅뎅한 형상을 말한다.

까요? 이 이치를 누가 알고 있습니까? 나와서 이야기해 보십시오! 그런데 여러분은 문자를 알면 됐다고 생각해서는 안 됩니다. 제가 무엇 때문에 여기에서 문제를 들추어내겠습니까? 이치가 어디에 있습니까? 그래서 제가 여러분에게 중국어를 제대로 하라고 하는 것입니다. 불경의 이치조차 읽고 이해하지 못하면서 무슨 외국어로 번역하겠다고 합니까? 황인종도 제도하지 못하면서 거기에다 백인종까지 헷갈리게 만들려는 것입니까? 여러분이 번역하는 것이 바르지 않으면, 그것은 다른 사람을 해롭게 만드는 것이 아닙니까? 차라리 그들이 여러 번 몸을 바꾸게〔轉身〕놔두어도 상관없으니, 지금은 책을 옆으로 밀쳐놓고 이야기하겠습니다.

부정관(不淨觀)에 대해서는 저 역시 여러분에게 신체의 내부를 관(觀)하라고 가르쳤습니다. 여러분이 도살장에 가서 돼지고기 덩어리를 늘어놓은 곳을 한번 보면, 우리 사람도 그 돼지와 똑같습니다. 지금이야 시장에 가더라도 사람들이 잘 손질해 놓은 돼지고기를 보게 되지만, 우리가 어릴 적에 시골에서는 돼지 잡는 것을 자주 보았습니다. 돼지를 잡으면 뱃가죽을 열어젖히는데, 그 속은 정말로 보기 흉합니다! 창자는 여러 색깔로 울긋불긋하고 게다가 아주 역겨운 냄새가 납니다. 사람 몸이 바로 그렇습니다. 한 겹의 피부가 바깥을 싸고 있을 뿐입니다. 비누로 씻고 수염을 깎고, 여자들은 거기다 향기로운 분을 칠하고 립스틱을 바릅니다. 그러면 이 동물은 그런대로 봐줄 만합니다. 그런데 이 한 겹의 피부를 벗기고 들여다본다면 정말로 보기 흉합니다. 이 부정관을 수행하는 것은 초보이니, 탐욕을 없앴습니까? 없애지 못합니다.

제가 여러분에게 경험을 하나 말씀드리겠습니다. 대륙에 있을 때 어떤 승려 친구가 저에게 말해 준 것인데, 자신이 출가했을 때 백골관을 수행한 적이 있다고 했습니다. 수행이 경지에 도달하자 길에서 사람을 보면 모두 백골이었는데, 나중에 수행을 더했더니 백골도 너무 사랑스러웠답니다. 그래서 이런 시를 지었습니다. "설사 백골일지라도 풍류가 넘치누나[縱使白骨也風流]." 그가 말하기를 백골관도 자신의 탐욕의 병을 치료하지 못했으며, 부정관은 더더욱 능력이 없다고 했습니다. 사람의 내장이 그리 보기 좋은 것은 아니지만 오래 보다 보면 가장 더러운 것조차 아름다운 것으로 변해 버린다는 것이었습니다. 이것은 수행의 경험이니 우스갯소리로 여기지 마십시오.

여러분은 모두 부정관이나 백골관을 말할 줄 알지만 인체가 깨끗하지 않다고 생각합니까? 양심적으로 말하면 사람들은 이런 관념이 없습니다. 거울 속에서 자신을 바라보면, 보면 볼수록 아름답습니다. 다들 다른 사람이 자신의 아름다움을 알지 못한다고 생각합니다. 맞지요? 여러분은 자신의 몸을 혐오해 본 적 있습니까? 거의 없을 것입니다. 그러면서 어떻게 부정관을 수행하겠습니까? 그러니 경전에서 아무리 부정관을 이야기해도 효과가 나지 않습니다. 맞지요?

바른 말을 하자면, 우리 진짜로 토론해 봅시다. 여러분은 자신의 신체가 깨끗하지 않다고 생각하지 않습니다. 그러면서 다른 사람의 불결함은 정말로 싫어합니다. 예를 들어 여러분이 한 사람을 좋아한다고 합시다. 여러분이 그 자리에서 관(觀)을 수행하면서 그 사람의 피부를 벗기고 그의 부정(不淨)한 모습을 관하라고 하면 할 수 있겠습니까? 참지 못할 것입니다! 정말 그렇습니다. 여러분은 남을 위해 눈물 두어 방울쯤 흘릴 수 있고 자신 때문에 힘들어할 수 있습니다. 소만수의 시처럼 말이지요. "인간 세상 화초는 너무나 바빠서, 봄이 아직 가지도 않았는데 꽃은 이미 져버렸구나[人間花草太恩恩, 春未殘時花已空]." 눈물을 흘릴 수는 있어도 부정관을 생각하지는 못합니다. 그렇기 때문에 부정관은 때로 효력을 일으키지 못합니다. 탐욕개를 제지하는 작용을 일으키지 못합니다. 불경에서 아무리 부정관을 말하고 이와 같은 깨끗하지 못함이 있다고 말해도, 여러분은 정(定)을 닦는 수련을 하면서 정말로 이 법을 수행할 수 있겠습니까? 저는 결코 없을 것이라고 말합니다. 이것은 진담입니다. 진정으로 이 법을 수행하는 사람은 백만 명 가운데 단 한 명도 없습니다.

동시에 여러분 역시 부정(不淨)한 것을 정말로 본 적은 없을 것입니다. 오로지 전쟁터에서만 볼 수 있는데, 지금은 빈의관(殯儀館)[108]에 가면 조금은 볼 수 있습니다. 사람이 죽은 후에는 빈의관으로 보내는데, 죽은 사람의 옷을 다 벗긴 후에 약물로 채운 웅덩이에 담가놓습니다. 남녀노소 할 것 없이 한군데 담가놓으면, 시신 한 구 한 구가 마치 절인 생선 같습니다. 전쟁터에 가 보면 이쪽에는 잘린 다리가 썩어 문드러져 있고 저쪽에는 팔이 썩어 문드러져 있어서 부정관을 수행할 수가 있습니다. 어떤 사람은 돼지고기를 늘어놓은 노점조차 본 적이 없으니 수행에 힘을 얻지 못하는 것입니다. 불가의 규정에는 비구는 시타림(尸陀林)에서 수행해야 하는데, 바로 중국의 난장강(亂葬崗)[109] 같은 곳입니다. 사람이 죽은 후 사흘째 되는 날부터 몸은 악취를 풍기고 보기 흉해지는데, 이것을 봐야 부정관을 닦을 수 있습니다. 하지만 저는 여러분에게 더 말씀드릴 것이 있습니다. 설사 여러분이 부패한 시체를 많이 봤더라도, 대략 사흘 정도는 밥도 못 먹고 남녀 간의 애정도 그 마음을 움직이지 못하지만, 다시 사흘이 더 지나면 여러분 눈에는 예쁜 것은 여전히 예쁘게 보입니다. 그렇기 때문에 수행이 어렵다는 것입니다! 탐욕은 없애기 어렵습니다! 이것은 아직 소승법일 뿐인데, 소승법의 수행도 성취하지 못하면서 대승을 어떻게 하겠습니까?

---

108 화장 시설을 갖춘 중국의 장례식장.
109 시체를 아무렇게나 내다버리는 일종의 노천 공동묘지이다.

백골관을 어떻게 수행하는가 하는 문제에 있어서도, 여러분은 백골을 본 적이 있습니까? 본 적이 없습니다. 그렇기 때문에 후세의 수행자들 가운데는 성취하는 사람이 거의 백에 하나가 없는 것입니다. 부처님이 말씀하신 것들이 모두 헛된 것이 되었습니다. 부정관이나 백골관은 참으로 그 경계에 도달하면 다시 돌아와야 합니다. 가령 천태종의 지자 대사(智者大師)는 안반법(安般法)과 지관(止觀) 수행을 제창했습니다. 사실은 선관(禪觀) 수행법의 한 단계를 채택한 것이지만, 모두 부정관과 백골관을 기초로 했습니다. 그러지 않는다면 안반(安般)[110]의 풍대(風大)[111]의 원리에 대해 분명하게 알기가 쉽지 않을 것입니다.

지금까지 오개(五蓋) 가운데 탐욕개(貪欲蓋), 그중에서 부정관 등의 수행법 이론을 말씀드렸습니다. 이 단락은 여러분이 스스로 볼 수 있으니 제가 더 말할 필요가 없을 것입니다. 여러분이 약간의 세속적 관념을 사용해서 보더라도 곧 알 수 있습니다. 지금 여러분은 정(定)을 수행하고 있으며 가장 중요한 것은 어떻게 정(定)을 수행하는가에 관한 것이므로, 제11권 248면의 아랫부분을 보도록 하겠습니다.

왜 수행의 첫걸음이 작의인가

이미 안립을 말하였으니 마땅히 이 정려에서 작의와 소연, 두 가지의 차별

---

110 안나반나(安那般那)의 줄임말로 수식관(數息觀), 즉 들숨과 날숨을 헤아리거나 거기에 집중하는 수행법을 말한다.

111 사대(四大) 중 하나로 호흡을 통해 왕래하는 기(氣). 부처님은 "신체의 들숨과 날숨을 하나하나 관찰하여 모두 빠짐없이 다 알아야 한다[盡觀身體入息.出息, 皆悉知之]"라고 하셨는데 이 기식(氣息)이 바로 풍대이다.

을 알아야 한다.

復次已說安立, 當知於此精慮等中, 作意所緣, 二種差別.

이 단락이 가장 중요하므로 다들 특별히 유의해야 합니다. 여러분은 불법의 길에 들어섰기 때문에 모두 정좌(靜坐)에 힘쓰고 있습니다. 앞에서 이미 정(定)을 수행하는 기본 이론을 말씀드렸기 때문에 지금부터는 마땅히 선정을 수행하는 방법을 알아야 합니다. 먼저 "작의(作意)"에 대해 말씀드리겠습니다. 유식에는 오변행(五遍行)이 있는데, 작의(作意) 촉(觸) 수(受) 상(想) 사(思)입니다. 오변행은 유식학(唯識學)에서 강조하는 것으로서, 우리가 마음을 일으키고 생각을 움직인다[起心動念]고 할 때의 심(心)은 우주의 물리세계 및 정신세계와 한데 이어진 그런 심(心)이지 인체의 심장을 가리키는 심(心)이 아닙니다.

이 '마음[心]'은 여덟 개 부분으로 나누어집니다. 안(眼) 이(耳) 비(鼻) 설(舌) 신(身)은 전오식(前五識)이며, 가장 중대한 것은 제육의식 즉 우리가 생각하고[思想] 느끼는[感覺] 분별심입니다. 제칠말나식은 아집(我執)으로, '삭취취(數取趣)' 즉 이 생명의 연속성입니다. 태어나고 죽는 육도윤회(六道輪廻)에서 끊임없이 연쇄 순환하는 생명의 근본입니다. 제팔은 아뢰야식으로 함장식(含藏識)[112]이라고도 합니다. 요즘 말하는 잠재의식은 아니니 잠재의식은 제육식 뒷면에 있는 일종의 독영의식(獨影意識)입니다. 지금 일반인들은 제칠식도 알아차리지 못하는데 어떻게 제팔식을 말하겠습니까? 제팔식은 심물일원(心物一元)으로 온 법계(法界) 우주의 물리세계 및 물질세계가 모두 제팔아뢰야식에 포함되어 있었습니다.

---

112 아뢰야식은 과거의 인식·행위·경험·학습 등으로 형성된 인상(印象)과 잠재력, 곧 종자를 저장하고 있으므로 함장식(含藏識) 또는 장식(藏識)이라고도 한다.

마음[心]은 여덟 개의 식(識)으로 나누어지는데, 각각의 식의 작용에 모두 오변행이 있습니다. 그것은 마치 공기 같고 또 원자 같아서 어떤 것이 됐든 그 여덟 개의 식에는 다 오변행이 있습니다. 밀가루에 설탕을 넣어 반죽해서 한 덩어리로 만들면 어느 부분이 됐든 모두 설탕이 들어 있는 것처럼, 어떤 곳이든 그것이 존재하기 때문에 변행(遍行)이라고 하는 것입니다.

오변행의 첫 번째가 '작의(作意)'인데, 일반 불학에서 작의는 마음을 일으키고 생각을 움직이는[起心動念] 것을 말합니다. 『화엄경(華嚴經)』에서는, "만약 사람들이 삼세의 일체불을 깨달아 알고자 하면, 마땅히 법계의 본성은 모두 오직 마음이 만들었음을 관해야 한다[若人欲了知, 三世一切佛, 應觀法界性, 一切唯心造]"라고 했습니다. 이 마음[心]은 심의식(心意識)의 심(心)으로, 이것이 작의합니다. 그러므로 삼천대천세계 및 삼계의 일체중생은 모두 일체불(一切佛)의 작의로 이루어졌고 의(意)가 만들어 낸 것입니다. 대북, 홍콩, 뉴욕, 파리 같은 현대의 건축, 또 우주 연락선, 원자탄 등은 일체중생이 공동으로 작의한 사상이 만들어 낸 것처럼 말입니다. 이것이 작의입니다. 염불할 때 그 하나의 소리 그 하나의 생각 또한 작의이며, 밀종의 관상(觀想) 수행을 하는 것도 작의입니다. 우리가 남자와 여자를 보고 예쁘다고 하는 것도 작의이며, 재(財) 색(色) 명(名) 식(食) 수(睡)가 모두 작의입니다. 일체가 모두 작의이며 의(意)가 만들고 있습니다. 작의는 바로 의작(意作)이니, 의념(意念)이 만들어 낸 것이고 의식(意識)은 마음[心]이 만든 것입니다.

오변행의 두 번째는 '촉(觸)'인데 외부와의 접촉입니다. 사람의 몸이 춥다고 느끼는 것이 바로 촉(觸)으로, 감각입니다. 손을 어디에 놓으면 촉감으로 느끼게 됩니다. 가령 허공은 아무것도 없음을 느끼게 되는데, 공(空)을 접촉[觸]한 것입니다. 그러므로 명확하게 해야 하고 지혜가 분명해야 합니다.

세 번째는 '수(受)'이니 촉(觸)이 있으면 곧 수(受)가 있습니다. 느끼고 〔感覺〕 받아들이는〔感受〕 것이니, 마음속으로 이해하고 받아들이게 됩니다. 가령 손이 허공에 있으면 아무것도 없음을 느끼는데, 손의 감각을 통해서 더듬은 것이 공(空)임을 곧바로 마음으로 알고 또 마음속으로 받아들이게 됩니다.

네 번째는 '상(想)'이니 상(想)은 표면 위로 떠오르는 것으로 생각〔念頭〕 같은 것입니다. 타좌를 시작하면 가장 고통스러운 것은 망념(妄念)이 끊이지 않는 것입니다. 이 망념이 바로 상음(想陰)이니, 하나의 상(想)에 이어 또 하나의 상(想)이 일어납니다. 하나의 상(想)을 그 자리에 눌러 놓고 머무르게 하고 싶어도 머물러 있게 할 수 없습니다. 왜냐하면 상(想)이라는 것이 거칠고 충동적이며〔粗浮〕 고정되어 있지 않고 움직이는〔浮動〕 것이기 때문에 한자리에 머물러 있게 할 방법이 없습니다.

다섯 번째는 '사(思)'인데, 거친 것은 상(想)이라고 하고 미세한 것은 사(思)라고 합니다. 여러분이 타좌를 하는데 아주 잘 될 때가 있습니다. 마치 망상이 없는 것처럼 느껴지지만 사실은 그것이 바로 사(思)의 경계이니, 여전히 하나의 생각〔一念〕이 있습니다. 여러분이 지금 다른 사람에게 빚을 지고 있다거나 집안에 제대로 처리하지 못한 일이 좀 있다면, 아무리 여기에 앉아서 수업을 듣는다 할지라도 의식은 몽땅 그 일에 매달려 있습니다. 그것이 바로 사(思)입니다. 사(思)와 상(想)은 거칠고 미세함의 차이입니다.

여덟 개의 식(識)에 모두 오변행이 있습니다. 한 생각〔一念〕도 일어나지 않을 때에도 오변행은 여전히 존재합니다. 그러므로 이치를 제대로 알지 못하면 여러분은 정(定)에 들어가고 나면 아무것도 알지 못한다고 여기겠지만 그것은 틀렸습니다. 그러면 나무토막이나 진흙덩이와 똑같은데 어떻게 "불이란 깨어 있음〔佛者覺也〕"이라고 할 수 있겠습니까? 수행에 성공해서 오변행이 전화(轉化)한 것이 바로 오방불(五方佛)입니다.

서방 아미타불(阿彌陀佛) : 작의가 만들어 냄 (색온 금)

동방 약사불(藥師佛) : 촉이 만들어 냄 (행온 목)

남방 보생불(寶生佛) : 수가 만들어 냄 (상온 화)

북방 불공여래(不空如來) : 사가 만들어 냄 (수온 수)

중앙 비로자나불(毘盧蔗那佛) : 상이 만들어 냄 (식온 토)

식이 전화해서 지혜를 이루면〔轉識成智〕 바로 오방불의 본성이 됩니다. 유식(唯識)이 기타 교리와 다른 점은, 그것이 논리적 분석이라는 사실입니다. 수행하려면 반드시 오변행의 이치를 알아야 합니다. 오변행 중 첫 번째가 작의이기 때문에 수행의 첫걸음은 먼저 작의로부터 시작해야 합니다. 불가에 귀의한 사람은 왜 계율을 받아야〔受戒〕 합니까? 일개 범부가 계율의 약속을 받지 않으면 마음속에 계(戒)가 없기 때문에 나쁜 짓을 저지르고도 스스로 알지 못합니다. 계를 받으면 의식으로 하여금 계(戒)의 종성을 심게 하는데, 그것이 바로 작의입니다. 예를 들어 염불을 하면 아미타불 한마디를 외우는 것 혹은 진언 하나를 외우는 것이 모두 외우는 작의입니다. 수식관(數息觀)을 수행하는 것 역시 작의이며, 팔만사천법문의 수행법이 모두 작의로부터 시작됩니다. 여러분이 지금 타좌를 하는 것은 초보 단계인데 어째서 정(定)을 이루지 못할까요? 먼저 여러분에게 묻겠습니다. 여러분은 작의심(作意心)을 세울 수 있습니까? 작의라는 이 일념이 견고할 수 있습니까? 첫째로 먼저 작의하고 거기다가 작의라는 이 일념이 견고해야 합니다.

일곱 가지 근본 작의와 나머지 사십 가지 작의

가령 정토(淨土) 수행을 한다면 『관무량수경(觀無量壽經)』의 관법(觀法)에 의지하여 아미타불 미간의 백호상(白毫相)[113]의 광명을 관(觀)합니다. 한편으로는 아미타불을 염(念)하면서 다른 한편으로는 아미타불 미간의 백호상의 광명을 관하는 이것이 작의(作意)입니다. 관할 수 없다면, 그것은 여러분의 작의가 제대로 되지 않았기 때문입니다. 작의할 수 있다면, 행주좌와(行住坐臥) 어떤 경우라도 아미타불 미간의 백호상의 광명속에 있게 됩니다. 관할 수 없다면 한마디의 불호(佛號)에 전일(專一)하게 작의하십시오. 작의가 견고할 수 있다면 수행의 기초가 바로 생겨서 이번 생에 성공하지 못하는 사람이 없습니다. 수행을 시작하면 작의와 소연 두 가지의 차별이 있으니, 곧 두 갈래 길이 있습니다.

작의의 차별이란 일곱 가지 근본 작의와 그 나머지 사십 가지 작의를 말한다. 무엇을 일곱 가지 작의라고 하는가. 요상작의, 승해작의, 원리작의, 섭락작의, 관찰작의, 가행구경작의, 가행구경과작의를 말한다.

作意差別者, 謂七種根本作意, 及餘四十作意. 云何七種作意. 了相作意, 勝解作意, 遠離作意, 攝樂作意, 觀察作意, 加行究竟作意, 加行究竟果作意.

무엇이 "요상작의(了相作意)"입니까? 예를 들어 선종의 강연을 들어보면 백장 선사(百丈禪師)는 마조(馬祖)가 코를 비틀자 바로 깨달았다고 합니다. "이것을 즉해서 작용하는가, 이것을 떠나서 작용하는가(卽此用, 離

---

113 부처님 두 눈썹 사이에 있다는 흰 털로서, 오른쪽으로 말려 있고 여기에서 광명을 발한다고 한다. 불상에는 진주·비취·금 따위를 박아서 표시한다.

此用〕."한 생각도 일어나지 않아야 전체가 나타나는데, 육근이 움직이자마자 구름에 가려져 버리네〔一念不生全體現, 六根纔動被雲遮〕." 언제 어디서든 행주좌와 어느 순간에든지 이 몸에 느낌〔感覺〕이 없고 감촉으로 받아들이는 것〔觸受〕도 없어서 망념이 일어나지 않고 상(想)과 사(思)가 모두 여여부동한 이것이 요상작의입니다. '요상(了相)'은 일체를 '깨달음〔了〕'이기도 합니다. 만약 이 작의의 경계가 뛰어난 과보〔勝果〕이면 바로 "승해작의(勝解作意)"입니다. 기본적으로 일곱 가지의 근본 작의가 있는데, 나머지 여섯 개는 여러분 스스로 연구해 보십시오.[114]

무엇을 사십 가지 작의라 하는가. 연법작의, 연의작의, 연신작의, 연수작의, 연심작의, 연법작의(다른 함의가 있음), 승해작의, 진실작의, 유학작의, 무학작의, 비학비무학작의, 변지작의, 정단작의, 이단작의, 유분별영상소연작의, 무분별영상소연작의, 사변제소연작의, 소작성판소연작의, 승해사택작의, 적정작의, 일분수작의, 구분수작의, 무간작의, 은중작의, 수순작의, 대치작의, 순청정작의, 순관찰작의, 역려운전작의, 유간운전작의, 유공용운전작의, 자연운전작의, 사택작의, 내섭작의, 정장작의, 의지성판소행청정작의, 타소건립작의, 내증상취작의, 광대작의, 변행작의를 말한다.

云何四十作意. 謂緣法作意, 緣義作意, 緣身作意, 緣受作意, 緣心作意, 緣法作意, 勝解作意, 眞實作意, 有學作意, 無學作意, 非學非無學作意, 遍知作意, 正斷作意, 已斷作意, 有分別影像所緣作意, 無分別影像所緣作意, 事邊際所緣作意, 所作成辦所緣作意, 勝解思擇作意, 寂靜作意, 一分修作意, 具分修作意, 無間作意, 殷重作意, 隨順作意, 對治作意, 順淸淨作意, 順觀察作意, 力勵運轉作意, 有間運

---

114 일곱 가지 근본 작의로 말미암아 욕계의 욕을 떠날 수 있는데, 근본 작의에 대한 추가 설명은 제17강과 제18강에 나온다.

轉作意, 有功用運轉作意, 自然運轉作意, 思擇作意, 內攝作意, 淨障作意, 依止成辦所行淸淨作意, 他所建立作意, 內增上取作意, 廣大作意, 遍行作意.

아래에서는 다시 하나씩 차례대로 해설했습니다.

"연법작의(緣法作意)"에서 이 '연(緣)'은 반연(攀緣)이니, 마음을 하나의 일에 걸어두는 것입니다. 마치 쇠사슬이나 목걸이처럼 하나의 고리에 또 하나의 고리가 걸려 있어서 생각이 끊이지 않는[念念不斷] 것을 반연이라고 합니다. 이것이 그것을 끌어오고[攀緣] 그것은 또 다른 하나를 끌어옵니다. 고리 하나는 아무 소용없습니다. 몇 개의 고리를 연결해야 쇠사슬이 됩니다. 그러므로 수행을 시작할 때에는 소연(所緣)이 없는 것이 아니라 반드시 소연이 있어야 합니다. 예를 들어 염불을 한다면 염불이 소연입니다. 모든 생각이 부처님께 반연합니다. 반연이 반드시 나쁜 것은 아닙니다. 선법에 반연하면 공덕을 닦는 것이지만 악법에 반연하면 육도윤회로 떨어집니다. 그렇기 때문에 수행의 첫걸음이 작의인 것입니다.

연법작의란 들어서 성취하는 지혜에 상응하는 작의를 말한다.
緣法作意者, 謂聞所成慧相應作意.

법에 귀의(皈依)하는 것을 여러분은 무엇이라고 생각합니까? 상사(上師) 앞에 무릎 꿇고 앉아서 그 몸의 어느 한 부분 혹은 진언 한마디에 주의하는 것이 법일까요? 다른 사람에게는 전해 주지 않는다고 하면서요. 아닙니다. 그것은 방편입니다. 도(道)는 천하의 공도(公道)인데 어떻게 비밀이 있겠습니까? 그렇다면 무엇이 "연법작의(緣法作意)"일까요? 바로 경전의 교리[經敎]와 부처님이 말씀하신 이치를 연구하고, 선지식(善

知識)이 말한 것을 잘 들어서 그것을 모두 이해하고, 거기에다 들은 후에는 정사유(正思惟)를 해야 하고 스스로 열심히 더 연구해야 합니다. 생각한(思) 이후에도 더 수행해야 합니다. 견고하게 수행해서 성공해야 불법이라고 합니다. 듣고 생각하고 수행한(聞思修) 후라야 비로소 지혜(慧)를 얻는 것입니다.

수업이 끝나도 경전을 더 연구해야 합니다. 제가 말씀드린 것이 반드시 옳은 것은 아니므로 잘 생각해야 합니다. 그렇기 때문에 "들어서 성취해야(聞所成)" 한다는 것입니다. 들은 후에는 생각하고(思) 연구해야 하고, 그런 후에는 그대로 수행해야 합니다. 수행에 성공해서 증득하면 바로 지혜를 개발하게 됩니다. "상응(相應)"은 요가(瑜珈)이니 몸과 마음을 던져 넣어 몸과 마음이 결합하는 것입니다. 왜 불학 수업을 해야 합니까? 지혜와 지식을 개발하기 위해서인데, 이 지혜(慧)는 듣고 생각하고 수행함으로 말미암아 성취합니다. 이것이 바로 불경의 이치입니다.

연의작의란 사유하고 수행하여 성취하는 지혜에 상응하는 작의를 말한다.

緣義作意者, 謂思修所成慧相應作意.

사유(思惟)가 불경의 이치에 이르러도, 이를테면 『금강경』에서는 공(空)을 이야기하는데 우리는 왜 비우지(空) 못할까요? 『금강경』의 공(空)을 들으면(聽, 聞) 우리는 곧 사유해야(思) 합니다. 사유한 후에는 곧 수행해서(修) 이러한 공(空)의 경계를 증득해야 합니다. 이것이 "연의작의(緣義作意)"이니, '의(義)'는 바로 이치입니다.

연신수심법작의란 생각을 머무르게 함을 수행하는 자가 이치에 맞게 몸 등을 사유하는 작의를 말한다.

緣身受心法作意者, 謂修念住者, 如理思惟身等作意.

타좌를 시작하면 다리가 왜 아픕니까? "신수(身受)" 즉 몸으로 느끼기 때문이니, 몸이 불편하고 기맥이 통하지 않아서 그렇습니다. 몸은 왜 불편합니까? 사대가 고르지 않기[不調] 때문입니다. 사대는 왜 고르지 않습니까? 어디가 고르지 않습니까? "연신(緣身)" 즉 몸을 인식 대상으로 삼아서 내가 왜 아픈지, 병이 난 원인이 어디에 있는지 돌이켜 살펴봅니다. 불법에서 말하기는 병은 업력으로부터 왔으며, 업은 마음이 짓는다[業由心造]고 하니, 나의 어떤 심념(心念)이 이런 병을 일으켰을까 하는 이것이 "연신수심법작의(緣身受心法作意)"입니다. 예를 들어 어떤 사람이 염불 법문을 수행하는데, 자리에 앉자 일념도 생겨나지 않고 망념이 일어나지 않습니다. "이치에 맞게 몸 등을 사유하는 작의[如理思惟身等作意]"는 생각[念]을 어떻게 머무르게[住] 할까요? 망념은 흐르는 물과 같은데 어떻게 그것을 끊을까요? 249면 일곱째 줄로 건너뜁니다.

변지작의란 이것으로 말미암기 때문에 소연을 두루 알아서 미혹을 끊지 않는 것을 말한다.

遍知作意者, 謂由此故, 遍知所緣而不斷惑.

저는 여러분에게 대략적인 안내만 할 뿐이니 그 나머지는 여러분 스스로 연구해야 합니다. 완전히 저에게 의지해서는 아무 소용없습니다. 다른 사람이 수행에 성공한다 할지라도 여러분을 대신해 줄 수는 없습니다. 석가모니 부처님이 수행에 성공했어도 부처님이 누구를 대신해 줄 수 있겠습니까? 부처님의 제자들은 여전히 자신의 수행에 의지해야 했습니다! 그러므로 여러분은 의지하려는 마음을 지녀서는 안 됩니다. (어떤 동학이

제기하다: 이런 작의들은 봐도 이해가 잘 되지 않는데 어떻게 합니까?) 봐도
이해가 잘 되지 않으면 열심히 책을 읽어야 합니다. 설마하니 저더러 그
것을 여러분 머릿속에 집어넣어서 보면 알 수 있게 해달라는 것은 아니
겠지요? 여러분의 머리를 제 머리로 바꿀 수도 없는 노릇입니다. 여러분
에게 열심히 책을 읽으라고 하는 것이 이런 까닭입니다.

이제 여덟째 줄을 보겠습니다. 지금부터는 정식으로 여러분에게 수행
을 말씀드립니다. 타좌 수지의 공부 말입니다.

이단작의란 번뇌를 끊은 후에 지니게 되는 작의를 말한다.

已斷作意者, 謂斷煩惱後所有作意.

깨달은 후에 수행하는데, 이 깨달음이 반드시 선종의 대오(大悟)인 것
은 결코 아닙니다. 이치에 있어서 일체가 공(空)함을 깨달은 것입니다.
그런데 왜 공을 증득하지 못하는 것일까요? 공을 증득하는 수행법에는
두 가지가 있습니다. 하나는 유분별(有分別)이고 또 하나는 무분별(無分
別)인데 둘 다 "영상소연작의(影像所緣作意)"에 속합니다.

의식이 하나의 경계를 만들어 내는 비발사나 수행법

유분별영상소연작의란 이것으로 말미암기 때문에 분별[115]의 체와 경을 연

---

115 산스크리트어 vikalpa의 한역어로 사유(思惟), 계탁(計度)이라고도 번역한다. 미루어 생각하
여 헤아리고[推量] 사유하는 것이다. 심(心)과 심소(心所: 마음 작용)가 객관의 대상에 대해 작
용을 일으키고 그 상을 취하는 것이다.

하는 비발사나를 수행하는 것을 말한다. 무분별영상소연작의란 이것으로
말미암기 때문에 분별의 체와 경을 연하는 사마타를 수행하는 것을 말한다.

有分別影像所緣作意者, 謂由此故, 修緣分別體境毘鉢舍那. 無分別影像所緣作意
者, 謂由此故, 修緣分別體境奢摩他.

이 단락이 가장 중요하기 때문에 특별히 주의하라는 뜻에서 제목을 붙
여 여러분에게 말씀을 드립니다. 여러분은 지금 타좌 수행을 하고 있는
데 이 부분에서 능력을 발휘해야 합니다. 이 부분은 문자의 뜻은 안다
치더라도 여러분은 봐도 이해하지 못하는 것이 당연합니다. 불법을 수
행하지 않는 사람도 이해하지 못합니다. 그러니 여러분에게 설명해 주
어야 할 것은 제가 말씀드리겠습니다.

수행은 귀납해 보면 두 가지 법문이 있습니다. 유분별영상(有分別影像)
을 사용해서 수행하는 것은 관(觀) 수행으로, 비발사나(毘鉢舍那) 수행
입니다. 무분별영상(無分別影像)을 사용해서 수행하는 것은 지(止) 수행
입니다. 예를 들어 염불은 나무아미타불(南無阿彌陀佛) 한마디를 한 글
자씩 외우는데, 이런 것이 유분별영상작의입니다. 진언을 외우는 것도
마찬가지입니다. 여러분이 어떤 밀법을 수행하든, 다시 말해 홍교(紅敎)
백교(白敎) 홍관음(紅觀音) 녹도모(綠度母) 대위덕금강(大威德金剛) 등
어떤 것이 됐든 관 수행을 하여 정견(正見)하려면 유분별영상작의가 있
어야 합니다. 염불을 하거나 십육관경(十六觀經)[116]이나 어떤 형상〔相〕을
관하거나 모두 유분별영상작의로써 해야 하니, 바로 의식이 하나의 경
계를 만들어 내는 것입니다. 예를 들어 『참선일기』를 쓴 그 노부인은 지

---

116 불교 정토 신앙의 근본 경전 중 하나인 『관무량수경(觀無量壽經)』을 가리키는데, 아마타불
을 관해서 극락정토를 볼 수 있는 열여섯 가지의 관법(觀法)을 중심으로 하였다.

금 언제든지 한 조각 공(空)이나 한 조각 광명 속에 머무를 수 있습니다. 그분의 오늘의 수지 역시 "유분별영상소연작의(有分別影像所緣作意)"의 경계에 속하는데, 바로 관 수행을 하는 것이기도 합니다.

유분별영상작의로 말미암아 예를 들어 염불을 한다면 일념을 마음속으로 끊임없이 염한다면 이 불호(佛號) 하나에 일념이 만년이고〔一念萬年〕만년이 일념〔萬年一念〕입니다. 그렇다고 모든 일념이 '나무아미타불(南無阿彌陀佛)'이어야 한다고 말하는 것은 아닙니다. '아(阿)' 자는 'ㄚ'로 읽어야지 'ㄷ'로 읽어서는 안 됩니다.[117] 'ㄷ'는 하타음(下墮音)이고 'ㄚ'는 '개구음(開口音)'입니다.[118] 이 세상의 각종 중생 및 동물에 이르기까지 태어나서 처음으로 하는 말이 '아(阿)'입니다. 이 소리가 먼저 나오는 것은 그것이 승화시키는 소리〔昇華音〕이기 때문이니, '아(阿)' 자는 번역하면 무량무진(無量無盡)입니다. 아미타불이라는 한마디를 외우는 것이 바로 무상(無上)의 대밀주(大密呪)이니 그 자체가 진언입니다. 아미타불을 염하다가 나중에 참으로 지관(止觀)에 이르면, 정(定)의 경계가 찾아오고 생각을 일으키지 않게 됩니다. 어떤 사람들은 염하다가 생각이 일어나지 않으면 이렇게 말합니다. "끝났어. 그토록 오랫동안 염불을 했는데 생각이 일어나지 않게 됐어, 망했구나!" 그러면 제가 말합니다. "생각이 일어나지 않는 것을 알면 그것이 염불 아닙니까? 그렇게나 어리석다니."

그러므로 여러분은 주의해야 합니다. 염불을 하는 많은 사람이 임종에

---

117 대만에서 사용하는 중국어 발음기호인 주음부호(注音符號)로 'ㄚ'는 'a'에, 'ㄷ'는 'o'에 해당한다.

118 모음을 발음할 때 입술은 움직이지 아니하고 입만 벌리고 내는 소리를 개구음(開口音)이라고 한다. 'ㄚ' 'ㄷ' 모두 개구음지만, 'ㄷ'의 경우 우리말 '오'가 아니라 '워'와 비슷하다. 그래서 개구음이기는 하지만 하타음(下墮音) 즉 아래로 떨어지는 소리라고 한 듯하다.

이르렀을 때 이 이치를 몰라서 왕생하지 못할 뿐 아니라 도리어 타락합니다. 임종 시 더 이상 숨[氣]을 쉬지 못하게 되면 염불을 도와주던 사람들이 큰 목소리로 이 임종하는 사람에게 소리쳐서 권합니다. "얼른 우리를 따라서 아미타불을 외우세요, 외우세요! 외우세요! 외워야 합니다!" 정말 형편없습니다! 이런 식으로 염불을 도와주는 사람은 그냥 매장하는 사람입니다. 숨[氣]과 생각[意]은 함께합니다. 숨[氣]이 곧 끊어지려고 하는데 그에게 자기를 따라서 아미타불을 외우라고 한들 어떻게 외울 수 있겠습니까? 이제 무엇을 염불이라고 하는지 이해해야 합니다. 그 사람의 마음속에 그때 염(念)이 없어도 여러분이 그에게 염불하라고 했을 때 그 의미를 그가 이해했다면, 그것을 '염(念)'이라고 합니다! 중생은 어리석습니다! 아주 많은 사람이 염(念)이 이르렀는데도 자신이 교리에 통하지 않아서 모르고 있을 뿐입니다.

염불은 고기만두로 개를 때리는 것[119]과 같습니다. 망념이 오면 아미타불을 외우고 망념이 많이 오면 큰 소리로 외우는데, 고기만두로 개를 때리는 것과 똑같아서 가는 것은 있어도 되돌아오는 것이 없습니다. 외우다가 마지막에는 개도 오지 않아서 고기만두로 때릴 필요도 없어집니다. 이때가 비로소 '염(念)'으로, 정념(正念)이 눈앞에 나타납니다. 여러분이 「대세지염불원통장(大勢至念佛圓通章)」[120]을 보면 알 수 있습니다. 이때를 "청정한 염이 끊어지지 않고 이어진다[淨念相繼]"라고 하는데, 이때에는 망념이 없으며 불념(佛念)도 얻지 못합니다. 혼침도 아니고 산란도 아니고, 또렷한 이 일념(一念)이 맞습니다. 이 일념은 제육의식의 유분별영상작의이기도 해서 분별이 있습니다. 여러분은 이것을 알기만

---

119 개에게 고기만두를 던지면 개가 다 먹어 버려서 돌아오는 게 없다는 뜻이다.
120 『능엄경』 속의 한 장(章)이다.

하면 됩니다.

여러분 주의하십시오. 앞으로 임종하려는 사람을 인도할 때, 절대로 소리를 내서 '아미타불'이라는 네 글자를 외워야만 염(念)이라고 오해해서는 안 됩니다. 그랬다가는 그 사람을 해롭게 할 수 있으니, 그 사람이 신심(信心)을 잃어버리게 할 수도 있습니다. 여러분은 그냥 이렇게 말하면 됩니다. "당신은 이제 알았습니다. 일념이 청명한데, 내가 염불하는 것을 당신이 들었으니 그것으로 됐습니다. 당신은 이 일념으로 곧 왕생하게 됩니다." 현대인들은 교리에 통하지 않아서, 한 무리의 소경이 또 다른 무리의 소경을 인도합니다. 소경이 소경을 인도하는 일이 너무도 많기 때문에 불법이 쇠락하게 된 것입니다.

왜 백골을 관하지 못하는가

그러므로 여러분처럼 광명을 관상(觀想)하는 사람들, 때로는 백골을 관(觀)하는 사람들은 모두 유분별영상작의입니다. 여러분은 왜 백골을 관하지 못합니까? 무엇 때문인지 알고 있습니까? 그것은 여러분이 백골을 관하면서 줄곧 여러분 자신의 뼈를 보고 싶어 하기 때문입니다. 볼 수 있습니까? 그것은 단지 영상(影像)일 뿐입니다! 정(定)이 오래 지속되면 바로 보입니다. 이해가 됐습니까? 이것은 여러분에게 큰 법을 전해 준 것이 아닙니까? 이러한 영상을 지니기만 하면 된다니까요! 어째서 그렇게 어리석습니까! 영상이 일어날 때 바로 작의가 일어났습니다. 작의가 일어날 때 일념이 머무르고, 서서히…… 그러다 어느 날 '탁!' 하면서 자신의 몸과 마음으로 와서 몸의 백골과 오장육부를 또렷하게 볼 수 있게 되고, 그런 후에는 또 그것을 빛[光]으로 변화시키고 공(空)으로 변화시켜야 합니다. 그러므로 일주일 만에 증과(證果)한다는 것이 절대로 남을 속이는 것이 아닙니다. 여러분이 이치에 통하지 않았을 뿐입니다! 모든 부처님은 각기 자신의 보배를 여러분에게 말해 주었지만, 여러분이 봐도 이해하지 못하는 것입니다. "유분별영상소연작의"라는 이 말의 진실한 뜻을 알지 못하기 때문에, 한사코 죽어라 자신의 백골을 보려고 하는 것입니다. 어떤 고지식한 사람들은 그래도 발끝을 끌어당기며 쳐다보면서 말합니다. "나는 어째서 관할 수 없는 거지?" 당연히 관할 수 없는 것이, 그것은 부모님이 낳은 피부와 살이기 때문입니다! 자기 몸은 '영상소연작의'가 아닙니다! 제가 돈을 들여 백골 모형을 사서 여러분에게 보여 드리는 것은 여러분 스스로에게 이 영상을 남겨두라는 것입니다! 이제 아시겠지요? 이제는 관할 수 있겠지요?

유분별영상을 사용하는 관법(觀法)은 아주 많습니다. "이것으로 말미암기 때문에〔謂由此故〕", 예를 들어 자신이 병에 걸렸다면 약사여래(藥師如來) 혹은 백의관음보살(白衣觀音菩薩)을 관하면 됩니다. 어떤 고지식한 사람들은 제가 아무리 말해도 관음(觀音)의 영상조차 없습니다. 그러면 저는 이렇게 말합니다. "당신의 제육의식에 있는 분별영상의 관음, 의식의 경계로 떠오른 관음의 영상을 관하는 것입니다. 버들가지〔楊枝〕를 든 관음이 정수(淨水)를 여러분의 정수리에 뿌리는 것을 관하면 낫지 않는 병이 없습니다."

여러분이 "이것은 저의 작의인데 관음보살과 무슨 상관이 있습니까?"라고 말한다면 저는 이렇게 답합니다. "자타불이(自他不二)이지 않습니까!" 여러분이 바로 관음보살이고 관음보살이 바로 여러분입니다. 그뿐 아니라 여러분 스스로 그러한 관음보살이나 약사여래를 작의해서 관(觀)하기만 하면, 물을 뿌리기만〔灌〕 하면 그의 힘이 여러분을 가피(加被)해서 낫지 못할 병이 없습니다. 이렇게 대단하다고 아무리 말해 주지만 여러분의 신심(信心)이 부족합니다. 게다가 이러한 분별영상작의는 아주 많습니다. 하지만 알아두십시오. 그것에 공(空)하라고 하면 공이 되고 유(有)하라고 하면 유가 되어야 연기성공(緣起性空) 성공연기(性空緣起)라고 합니다. 그러지 않으면 여러분은 그저 입으로만 떠드는 법사일 뿐 쓸모가 없습니다.

비발사나는 관(觀) 수행을 하는 방법입니다. 말하자면 부처님께서 지금 여러분에게 일체 관상(觀想)의 방법을 전해 준 것이 "유분별영상소연작의"입니다. 이것은 여러분의 소연이니 주의해야 합니다. 예를 들어 여러분이 관음보살을 관해서 눈앞에 있거나 마음속에 있다면 이것은 소연경(所緣境)입니다. 이 소연(所緣)을 능연(能緣)하는 것입니다.[121] 이것이 '능(能)'과 '소(所)'입니다. 능(能)은 무엇입니까? 이 부분은 잠시 거론하지 않겠습니다. 지금은 여러분에게 수행법을 가르치는 시간이니, 여러분은 수행법만 이해하면 됩니다. 그래서 불경은 한 글자라도 아무렇게나 써서는 안 됩니다. "소연작의(所緣作意)"라고 했지 결코 '능'연작의(能緣作意)라고 말하지 않았습니다. 이 영상은 무엇이 온 것일까요? 여러분의 작의소연(作意所緣)이 온 것입니다. 이런 것이야말로 교리(敎理) 연구입니다. 그러지 않고 어떻게 불학을 연구한다고 말합니까? 나중에 밖에 나가서 남의 자식들을 망쳐서는 안 됩니다. 법으로 중생을 제도한다고 말하면서 틀린 길을 가리켜서는 안 됩니다. 소경이 소경을 인도해서는 안 됩니다. 비발사나는 관(觀) 수행을 하는 것인데, 그렇다면 무엇이 관일까요? 무엇을 관할까요? 바로 유분별영상소연작의입니다.

---

121 소연(所緣)은 인식 대상이고, 능연(能緣)은 대상을 인식하는 마음의 작용을 가리킨다.

일념을 비워 공의 경계에 머무는 사마타 수행법

또 하나는 "무분별영상소연작의(無分別影像所緣作意)"입니다. 관상(觀想)을 성취한 후에 일념을 비워〔空〕 버리고 공(空)의 경계에 머물러〔定〕 있는 것이 지(止)인데, 지가 바로 "무분별영상(無分別影像)"입니다. 관(觀)했던 그것, 그 일념을 비워 버린 것입니다. 그렇다면 이것은 '능(能)'이 아닌가요? 아닙니다. 일념조차 비워 버린 경계에서 즐거워하는 것은 여전히 소연이고 여전히 작의입니다. 이 부분에서는 명심견성(明心見性)을 말하지 않습니다. 명심견성은 "능과 소가 모두 사라져서〔能所雙亡〕" 즉 본체가 적멸한〔體寂滅〕 것인데, 그것은 지금 거론하지 않고 수행법만 말씀드리겠습니다. "무분별영상소연작의"는 바로 공(空)이 되는 것입니다. 분별영상(分別影像)이 없습니다. 예를 들어 염불을 한다면 부처님이라는 일념조차 없어집니다. 아무것도 없고 몸도 없어집니다. 몸과 마음이 모두 청정해지고 머물러 있게〔定住〕 되니, 바로 지(止)입니다. "이것으로 말미암기 때문에〔謂由此故〕", 즉 여러분이 관상(觀想)에 성공한 후 염불을 한다면 역시 유분별영상작의(有分別影像作意)이지만 아미타불을 외우더라도 떠올릴 수 없게 됩니다. 어떠한 생각도 없어지니 바로 일념의 공령(空靈)이 거기에 있습니다. 그것은 결코 알지 못하는 것이 아닙니다. 보고 듣고 깨닫고 아는〔見聞覺知〕 것을 모두 알지만 여여부동(如如不動)합니다. 이러한 경계가 "분별의 체와 경을 연하는 사마타를 수행함〔修緣分別體境奢摩他〕"이고 지(止)입니다. 지관(止觀)은 이런 이치입니다. 총카파 대사(宗喀巴大師)가 황교(黃敎)를 창립했던 중심 수행법이 이 단락입니다. 제가 이렇게 쉽게 여러분에게 설명해 주었으니 반드시 귀하게 여겨야 합니다. 총카파 대사는 이렇게 해서 총카파 대사가 되었습니다. 이것에 의지해서 수행할 수 있으면 여러분도 장차 무슨 대사가 될지 어떻게 압니까? 그러니 이 단락을 잘 연구해야 합니다.

여러분이 지관 경계라는 이 이론을 알았다고 해도, 그저 무엇이 지(止)이고 무엇이 관(觀)인가 하는 이론을 안 것일 뿐입니다. 여기에는 종파의 제한이 없으니, 각자의 인연을 따라서 어떤 종파의 법문을 사용하든 오로지 입문(入門)하여 수행에 성취가 있으면 됩니다. 저에게는 어떤 법보(法寶)이든 다 있는데, 모두 부처님께 배운 것으로 종파를 나누지 않습니다.

사변제소연작의란 이것으로 말미암기 때문에 일체의 신수심법의 소연변제를 깨달아 알고, 이것을 넘어서 다시 신수심법이 없음을 아는 것을 말한다.

事邊際所緣作意者, 謂由此故, 了知一切身受心法所緣邊際, 過此更無身受心法.

"사변제(事邊際)"의 '사(事)'는 출세간의 소승 과위[小乘之果], 대승보살(大乘菩薩), 구경성불(究竟成佛)을 모두 포함하는데 그 모두가 하나의 사(事)입니다. 심지어 여러분이 세상에서 장사를 하고, 돈을 벌고, 공명을 떨치는 것까지도 모두 하나의 사(事)입니다. 여러분이 부귀와 공명을 얻고 성공했다면 불법을 보호하여 지녀야[護持] 합니다. 불법은 칠중제자가 함께 성취해야 하는 것으로, 불법을 지킴[大護法]은 재가와 출가를 따지지 않습니다. 각각의 비구, 각각의 거사가 성공하였다면 그것이 불법을 지킴이고 불법이 항상 머물게 함[常住]입니다. 이것들도 모두 '사(事)'입니다.

이러한 심신(心身) 수지의 결과로 말미암아 "깨달아 알게[了知]" 됩니다. "일체의 신수[一切身受]", 즉 모든 신체의 감수(感受) 작용을 철저히 이해하게 됩니다. 왜 다리가 시큰거릴까? 왜 쾌락의 느낌이 발생할까? 왜 신체의 기맥이 통할까? 이 모두가 신체의 감수 작용입니다. "심법(心

法)"은 마음을 일으키고 생각을 움직이는[起心動念] 것에 관한 것입니다. 이 생각[念頭]은 51심소(心所)¹²² 중에 있는데 탐심(貪心)에 속할까요, 아니면 진심(瞋心)에 속할까요? 자신의 생각을 『백법명문론(百法明門論)』 중에서 근본번뇌(根本煩惱)이든 수번뇌(隨煩惱)이든 심지어 일념불생(一念不生)까지 모두 분명하게 볼 수 있는데, 이것이 바로 "심법"입니다. "신수(身受)"는 몸이고 "심법(心法)"은 마음속입니다. "소연변제(所緣邊際)"는 몸과 마음의 소연변제인데, 모두 명확하게 보게 됩니다.

(어떤 동학이 질문하다: 몸과 마음의 소연변제가 무엇입니까?) 몸과 마음의 변제(邊際)는 공(空)입니다. 몸과 마음이 모두 공(空)이 되어서 공성(空性), 성공(性空)을 증득해야 합니다. 이러한 몸과 마음의 변제의 경계를 넘어서면 당연히 아무것도 없습니다. "다시 신수심법이 없다[更無身受心法]"란 결국에는 공(空)이고 철저한 공이니, 이것이 이른바 반야바라밀입니다.

"사변제(事邊際)"를 말씀드렸는데, 정(定)을 수행하는 수련이 이런 단계에 도달하면 일체의 사변제(事邊際), 사업변제(事業邊際)를 성취하지 못하는 바가 없습니다. 바꾸어 말하면 이 속에 비밀이 있으니, 일체의 신통 경계도 여러분이 작의하기만 하면 성공합니다. 바로 찾아옵니다. 여러분이 지관쌍운(止觀雙運) 정혜등지(定慧等持)를 이루면, 사(事)의 변제 즉 여러분은 이미 증도(證到)를 구했습니다. 불법은 공허한 이론이 아닙니다. 증도를 구한 후에는 세간법은 소작성판(所作成辦)이니 여러분이 무슨 일을 하든지 모두 목적에 도달하게 됩니다. 출세법, 육통묘용(六通妙用)은 더더욱 성취하지 못하는 바가 없습니다.

---

122 심소유법(心所有法)의 준말로, 대상의 전체를 주체적으로 인식하는 심왕(心王)에 부수적으로 일어나서 대상의 부분을 구체적으로 인식하는 마음 작용을 말한다.

지止 위주의 수행, 관觀 위주의 수행

소작성판소연작의란 내가 여차여차 사유하면 내가 여시여시 사유함과 같아서, 마땅히 여차여차함이 있어야 하고 마땅히 여시여시함을 갖춰야 함을 말한다.

所作成辦所緣作意者, 謂我思惟如此如此, 若我思惟如是如是, 當有如此如此, 當辦如是如是.

미륵보살은 여기에 이르자 참말을 하지 않습니다. 그에게도 비밀이 있습니다. 제가 이제 미륵보살의 비밀을 낱낱이 드러내는데, 이런 말입니다. 여러분이 이것을 수행해서 성공에 도달했을 때, 여러분은 "여차여차 사유하는데〔思惟如此如此〕" "마땅히 여차여차함이 있어야 합니다〔當有如此如此〕." 여러분이 "여시여시〔如是如是〕"해야 하면 마땅히 "여시여시〔如是如是〕"할 수 있어야 합니다. 이 말은 하나 마나 한 소리입니다. 하지만 청중 여러분 자신이 이해한다면 부처님 역시 여기까지밖에 말씀하실 수 없습니다. 이것은 우주의 큰 비밀입니다. 모든 불보살도 여기까지만 말했으니, 이와 같음이 바로 이와 같음이라고밖에는 말할 수 없습니다. 여러분이 이해했다면 그것도 바로 이와 같음입니다. 그렇기 때문에 선종 조사가 이거다 저거다 했어도 결국에는 어느 것 하나 명확하지 않고, 미륵보살 역시 이렇게 장난치는 것입니다. 하지만 미륵보살은 아주 명확하게 말했습니다. 여러분이 이해했다면 미륵보살이 아주 명확하게 말했다는 것을 알게 됩니다. 말하자면 이런 뜻입니다. 여러분이 정혜(定慧) 수행을 해서 성공하면 일체 신통 지혜를 다 지니게 됩니다. 바꾸어 말하면 정(定)을 이루지 못했는데 혜(慧)가 생겨나는 일은 없다는 것입니다. 이때가 되면 "소작성판(所作成辦)"이니, 공자가 말한 "마음이 원하는 바

를 따르나 법도를 넘어서지 않는다〔隨心所欲而不逾矩〕"라는 것과 같습니다. 반야, 해탈, 법신(法身), 등지(等持)를 성취하게 됩니다.

청정한 소연을 대상으로 하는 작의에 미치며[123] 승해사택작의란

及緣淸淨所緣作意, 勝解思擇作意者.

수행의 일체 방법은 모두 오로지 마음이 지어냅니다〔唯心造〕. 세간법의 일체 업을 지음〔造業〕 및 삼악도(三惡道)[124]의 업(業) 또한 모두 오로지 마음〔唯心〕이 짓는 바입니다. 그러므로 범부에서 성인에 이르기까지 소승의 과위를 증득하고 나아가 대승보살, 성불까지 모두 오로지 마음이 지어냅니다〔唯心造〕. 오로지 마음이 지어내기 때문에 시작하자마자 바로 작의를 합니다. 작의에는 사십 가지가 있는데, 미륵보살은 우리에게 그것을 말해 주어 우리의 지혜를 개발합니다.

이것으로 말미암기 때문에 혹은 맨 처음에 제법을 사택함이 있음을 말한다.

謂由此故, 或有最初思擇諸法.

이러한 정(定)의 경계로 말미암아, 여러분이 일념 작의에 전일(專一)

---

123 이 구절은 앞의 소작성판소연작의자(所作成辦所緣作意者) 원문과 연결되는 것이 맞는 듯한데, 저자는 승해사택작의자(勝解思擇作意者)를 설명하는 부분 앞에 붙여 놓았다. 역자는 원문 그대로 따랐다. 만약 앞 구절에 연결되면 다음과 같이 해석할 수 있다. "소작성판소연작의란 내가 여차여차 사유하면 내가 여시여시 사유함과 같아서, 마땅히 여차여차함이 있어야 하고 마땅히 여시여시함을 갖추어서 청정한 소연을 연하는 작의를 말한다〔所作成辦所緣作意者, 謂我思惟如此如此, 若我思惟如是如是, 當有如此如此, 當辦如是如是, 及緣淸淨所緣作意〕."

124 악업(惡業)의 결과로 죽으면 가는 세 가지 괴로운 세계, 즉 지옥도(地獄道) 아귀도(餓鬼道) 축생도(畜生道)를 말한다.

하면 바로 정이 됩니다. 여러분이 정말로 정을 이루었다고 해서 그것이 사상(思想)을 사용해서 수행해서는 안 된다는 뜻이 결코 아닙니다. 선(禪)은 본래 사유수(思惟修)입니다. 다만 여러분은 정의 경계를 이루고 나서 생각하지 않으면서 생각해야[不思而思] 합니다. 바로 이 정의 경계에서 불경 삼장십이부를 모두 익히고 조금 조금씩 연구합니다. 참선(參禪)의 참(參)이 바로 사유(思惟)이니, 전일하게 사유하고 하나의 문제를 제대로 참(參)해야 합니다. 참해서 통(通)했다면, 아! 원래가 이런 것이구나, 합니다. 이것이 크게 깨달은 것입니다. "제법을 사택함[思擇諸法]"은 교리를 연구하는 것입니다. 선종에서는 참구(參究)라고 하는데 단어를 바꾼 것일 뿐입니다. 어떤 사람들은 근성의 차이로 인해 사택(思擇)[125]의 노선을 내키지 않아 합니다.

혹은 사마타를 상수로 삼는다
或奢摩他而爲上首

그런 사람은 사마타를 수행하기 좋아하는데 바로 지(止)입니다. 예를 들면 이 자리에 있는 많은 사람이 그렇습니다. 지(止)로 시작하기를 좋아하는데, 일념이 청정하고 내려놓으면[放下] 그것이 옳습니다. 정(定)이 되면 다시 이야기합시다. 정(定)을 이룬 후에 혜(慧)는 자연스럽게 일어나게 됩니다.

어떤 사람들은 그렇지 않아서 사상(思想)을 사용하기 좋아합니다. 사상을 사용함이 바르다면 나중에 "제법을 사택하는[思擇諸法]" 길을 걸어

---

125 참구의 참(參)과 비슷한 뜻으로, 탐구하고 고찰하는 것을 가리킨다. 각관(覺觀), 사유관찰(思惟觀察)이라고도 한다.

가지만, 사상을 사용함이 바르지 않다면 사견(邪見)으로 변하고 맙니다. 어떤 학자들은 불학에 대해 사택(思擇)을 사용하기 좋아해서 모든 것이 사상(思想)으로 변해 버리고 수증(修證)하지 않습니다. 그리하여 몸 바깥에서 불법을 구하는[身外求法] 것으로 변해 버립니다.

무엇을 수증이라고 할까요? 지관(止觀)을 쌍운(雙運)하는 것입니다. 그렇기 때문에 수련을 하지 않으면 안 된다는 것입니다. 보십시오. 석가모니 부처님은 열아홉 살에 출가해서 무상정(無想定) 삼 년, 비상비비상정(非想非非想定) 삼 년, 설산고행(雪山苦行) 육 년의 수행을 했습니다. 그 모든 기간 동안 수련을 계속했고 정(定)을 수행했습니다. 그렇게 해서 지혜를 일으킨 다음에 비로소 세상에 나와서 불법을 폈습니다. 후세의 많은 사람을 보더라도 불학 경전 두어 권 읽으면 생각[思想]할 수 있고 글을 쓸 수도 있고 강연도 할 수 있지만, 두 다리를 책상다리로 앉지도 못하고 조금이라도 정(定)을 수행한 경력은 더더욱 없습니다. 그런데도 곧 대법사가 되어 불법을 폅니다. 석가모니 부처님도 정을 수행해서 된 것입니다. 그러니 주의해야 합니다. 사마타와 비발사나가 이처럼 중요합니다.

적정작의란 이것으로 말미암기 때문에 혹은 맨 처음에 마음을 안으로 편안하게 함이 있고, 혹은 비발사나를 상수로 삼음을 말한다.

寂靜作意者, 謂由此故, 或有最初安心於內, 或毘鉢舍那而爲上首.

수지(修持)를 시작하면서 어떤 사람은 "마음을 안으로 편안하게 함[安心於內]"으로 시작하여 이 마음이 흔들리지 않습니다. 선종에서는 일체를 내려놓는 것으로 마음을 편안하게 하여 흔들리지 않게 하는데 마찬가지로 성취를 거둘 수 있습니다. 그러므로 법문은 다방면입니다. 애초에 이조(二祖)가 달마조사를 만났을 때 안심(安心)을 구하고자 왔다고

했더니, 달마는 그에게 마음을 가져오라고 했습니다. "마음을 찾아보았지만 얻을 수 없습니다"라고 말하자 달마조사는 이렇게 말했습니다. "내가 이미 그대의 마음을 편안하게 하였네." 당신을 편안하게 해 주었다고 말하자 그는 바로 깨달았습니다. 이 마음을 얻을 수 없기 때문에 매 순간이 모두 공(空)이고 바로 지금 공[當下即空]입니다. 이렇게 매 순간이 공[一念一空]인 경계에서 정(定)을 계속 유지해서 끝까지 해 간다면, 이것이 바로 "비발사나를 상수로 삼음[毘鉢舍那而爲上首]"이며 관(觀)을 위주로 한 수행법입니다. 이처럼 찰나에 일어나는 온갖 인연[一念萬緣]을 내려놓음으로써 일념도 생겨나지 않고 이 마음이 안정된 다음에, 다시 세상의 모든 것을 바라보면 원래가 여여부동(如如不動)합니다. 이것은 정(定) 속에 관(觀)이 있음이니, 이것이 바로 안심법문(安心法門)에서 관(觀)을 상수(上首)로 삼음입니다.

일분수작의란 이것으로 말미암기 때문에 사마타와 비발사나에서 한 부분을 따라서 수행하는 것을 말한다.

一分修作意者, 謂由此故, 於奢摩他, 毘鉢舍那, 隨修一分.

어떤 사람들은 근성의 차이로 지관(止觀)을 쌍운(雙運)하지 못해서, 수행을 시작하면서 오로지 정(定)을 수행하고 지(止)를 수행하고 싶어 합니다. 또 어떤 사람들은 시작하자마자 오로지 관(觀)을 수행하고 싶어 합니다. 지(止)와 관(觀) 중에서 오직 한 가지만 수행하는 것을 "일분수(一分修)"라고 합니다.

구분수작의란 이것으로 말미암기 때문에 두 부분을 쌍으로 수행하는 것을 말한다.

具分修作意者, 謂由此故, 二分雙修

어떤 사람은 두 부분[二分]을 함께 수행하지 못하고 동시에 할 수가 없습니다. 일체중생의 근성이 같지 않기 때문입니다. 그러므로 하나의 법문으로 만 명의 중생을 교육하고, 모든 사람에게 하나의 노선을 걷게 하는 것은 진정한 선지식이 아닙니다. 다른 사람을 인도할 수 없으니 교수법(教授法)이 없기 때문입니다. "당나라에는 선사가 없었다[大唐無禪師]"라는 말은 교수법이 없는 선사가 너무 많았음을 가리킵니다. 그렇기 때문에 부처님을 배움에 있어서는 오로지 어느 하나의 종, 어느 하나의 파만 배워서는 안 됩니다. 각종 서로 다른 근성은 각종 서로 다른 법문으로 인도해야 되기 때문입니다. 정토(淨土)라야 옳고 다른 나머지는 마도(魔道)라거나 혹은 밀종이라야 옳다 혹은 선종이라야 옳다고 말한다면, 이런 관념 자체가 범부의 견해입니다. 중생의 근성은 모두 같지 않기 때문에 방편도 같지 않습니다. 방편도 알지 못하면서 어떻게 다른 사람을 교화할 수 있습니까? 바로 이런 이치입니다. 그러므로 "한 부분을 수행함[一分修]"도 괜찮고 "두 부분을 수행함[二分修]"도 괜찮습니다. 이분수(二分修)가 바로 구분수(具分修)이니, 동시에 수행한다는 뜻입니다. 지관쌍수(止觀雙修) 같은 경우에 정(定) 속에 관(觀)이 있고 관(觀) 속에 정(定)이 있는 것이니, 바로 지관쌍수입니다.

무간작의란 모든 때에 끊어짐 없이 이어서 전화하는 것을 말한다.

無間作意者, 謂一切時無間無斷相續而

염불을 예로 들면 염불을 해서 염이무념(念而無念) 무념이념(無念而念)에 도달하는 것이 바로 "무간작의(無間作意)"입니다. 일체의 행주좌와에서 매 순간 수행하고 중단하지 않으면 일 초라도 혼침과 산란이 있을 수 없습니다. 저에게 뒷부분까지 이끌고 가라고 하지 마십시오! 계속해서 스스로 읽어 갈 줄 알아야 합니다![126] 수업이 끝나도 읽어야 합니다! 스스로 읽지 않고 오로지 저에게만 의지해서 무슨 소용이 있습니까? 스승은 문에 들어가도록 이끌 뿐이고 수행은 개인에게 달렸습니다.

---

126 제6강에서 무간작의에 이어 은중작의에 대한 원문과 해설이 나오며 사십 가지 작의를 모두 설명하였다.

제6강

• 제11권 계속

　은중작의란 느슨하지 않은 가행방편을 말한다. 이 중에서 승해사택작의로 말미암기 때문에 청정하게 지견을 수행한다. 적정작의로 말미암기 때문에 경안을 키운다. 일분수작의와 구분수작의로 말미암기 때문에 모든 개蓋에서 마음이 해탈에 이른다. 무간은중작의로 말미암기 때문에 모든 결사에서 마음이 해탈에 이른다. 또 무간작의로 말미암기 때문에 끝내 헛되이 신명을 버리지 않는다. 은중작의로 말미암기 때문에 속히 통혜를 증득한다. 수순작의란 이것으로 말미암기 때문에 소연을 싫어하고 무너뜨리고 번뇌를 따라서 끊는 것을 말한다. 대치작의란 이것으로 말미암기 때문에 모든 미혹을 바르게 버려서 끊음을 주관하고, 모든 번뇌로 하여금 상속에서 멀리 떠나게 하는 것을 말한다. 순청정작의란 이것으로 말미암기 때문에 여섯 가지 수념을 수행하거나 혹은 따르는 하나의 묘사를 다시 사유하는 것을 말한다. 순관찰작의란 이것으로 말미암기 때문에 모든 번뇌를 끊음과 아직 끊지 못함을 관찰하고, 혹은 자신이 증득한 것과 먼저 관찰한 제법의 이치를 다시 관찰하는 것을 말한다. 역려운전작의란 처음 업을 닦아서 아직 작의를 얻지 못한 자가 가지게 되는 작의를 말한다. 유간운전작의란 이미 작의를 얻었는데, 위의 느슨해짐에 대하여 가행을 수행하는 자가 가지게 되는 작의를 말한다. 유공용운전작의란 곧 이 용맹한 정진에 있어서 느슨해짐 없이 가행을 수행하는 자가 가지게 되는 작의를 말한다. 자연운전작의란 네 가지 때에 결정작의하는 것을 말하니, 첫째는 작의를 얻었을 때이며, 둘째는 근본정에 바로 들어가고 이미 들어갔을 때이며, 셋째는 현관을 수행할 때이며, 넷째는 아라한을 바로 이루고 이미 이루었을 때이다. 사택작의란 비발사나품의 작의를 말한다. 내섭작의란 사마타품의 작의를 말한다. 정장작의란 이것으로 말미암기 때문에 모든 누漏를 내버리고, 거칠고 무거운 것을 영원히 막는 것을 말한다. 의지성판소행청정작의란 이것으로 말미암기 때문에 일체의 거칠고 무거움을 떠난 몸을 의지하여, 일체의 소연 경계를 행할지라도 모든 번뇌가 다시는 현행하지 않는 것을 말한다. 타소건립작의란 모든 성문이 가지게 되는 작의를 말하며 반드시 다른 소리를 좇아야 하니, 안에서 이치에 맞게 작의할 수 있기 때문이다. 내증상취작의란 모든 독각과 모든 보살이 지니고 있는 작의를 말하니, 스승을 좇지 않고 깨닫기 때문이다. 광대작의란 생사의 과실을 잘 깨달아 알기 위해 출리의 방편으로 홍서의 원을 일으키고 대보리로 나아가는 모든 보살이 가지고 있는 작의를 말한다. 변행작의란 모든 불세존께서 일체를 현현하여 장애 없는 지혜와 상응하는 작의를 말한다. 모든 보살이 삼승 및 오명처와 선교방편에 두루하면서 지니게 되는 작의를 말한다.

이 중에 요상작의는 연법과 연의를 포함하고 그 나머지 여섯 작의는 오직 연의만 포함한다. 연신 등 네 가지 작의는 두루 일곱 가지에 포함된다. 요상작의, 승해작의, 가행구경과작의는 승해작의와 진실작의를 모두 포함한다. 관찰작의는 오직 승해만 포함한다. 나머지 세 작의는 오직 진실만 포함한다. 이것은 전문에 나아간 것이고 그 나머지 문에 나아갈 경우에는 마땅히 일곱 가지 작의에 따라서 상응해야 함을 알아야 하니, 모두 유학 및 비학 비무학 두 가지 작의를 포함하고 또 무학작의를 포함한다. 청정지료상작의 및 가행구경과작의를 말하며, 요상작의 승해작의 관찰작의는 변지작의를 포함한다. 그 나머지 세 가지 작의는 정단작의를 포함하고, 가행구경과작의는 이단작의를 포함하고, 관찰작의는 오직 유분별영상소연작의를 포함하고…… 또 요상작의 중에 타소건립작의가 포함하는 것은 다른 소리를 듣고 안으로 이치에 맞는 작의로써 머무르며 그 인연으로 삼는다. 내증상취작의가 포함하는 것은 오직 먼저의 자량을 그 인연으로 삼는다. 그 나머지 작의는 전전후후로 변화하여 그 인연으로 삼는다.

다음에 무엇을 소연의 차별이라 하는가. 상의 차별을 말하는데, 무엇 등을 상이라고 하는가. 간략하게 네 가지가 있으니, 첫째는 소연상이고 둘째는 인연상이며 셋째는 응원리상이며 넷째는 응수습상이다. 소연상이란 아는 바 대상의 체와 상을 분별하는 것을 말한다. 인연상이란 정의 자량을 말한다. 응원리상에는 다시 네 가지가 있는데 침상, 도상, 난상, 착상을 말한다. 응수습상은 마땅히 이 네 가지 상을 다스리는 것임을 알아야 하는데, 무엇 등이 침상인가. 근문을 지키지 않고, 양을 알지 못한 채 먹으며, 초저녁과 새벽에 항상 깨어 있어서 관행을 부지런히 수행하지 않으며, 정지正知에 머무르지 않는 이것이 어리석은 행동의 본성이다. 수면에 탐착하고 교편혜가 없으며, 악작과 함께 행하고 구함과 힘씀과 마음과 관함의 정사마타를 일찍이 수습하지 않으며, 사마타에 대해 아직 온전히 잘하지 못한다. 한결같이 사마타상을 사유해도 그 마음이 어두워서 뛰어난 경계에 대하여 반연을 즐거워하지 못한다. 무엇 등이 도상인가. 근문을 지키지 않는 등의 네 가지는 앞에서 자세히 말한 것과 같으며, 탐을 행하는 본성으로 적정하지 않음을 즐기며, 염리심이 없으며, 교편혜가 없으며, 크게 들뜸과 함께 행하며, 앞에서 말한 욕 등의 들뜸을 일찍이 닦지 않으며, 들뜸에 대하여 아직 온전히 잘하지 못하며, 오로지 한결같이 수행해도 갖가지 도법에 수순하여 친척과 고향의 생각 등으로 그 마음을 흔들고 어지럽히는 것을 말한다.

정(定)을 수행하는 수련 방면에 관해, 이른바 지관쌍수(止觀雙修)에서 지관은 정혜(定慧)의 인(因)이고 정혜는 지관의 과(果)입니다. 지난번에 충분하게 해석하지 못했던 "유분별영상작의(有分別影像作意)" 및 "무분별영상작의(無分別影像作意)"를 다시 해석하도록 하겠습니다.

영상작의를 수습하는 관건

무엇이 영상작의(影像作意)입니까? 불상을 관(觀)하는 것을 예로 든다면 여러분이 영상작의의 방법을 분명하게 하지 않았기 때문에 관하지 못하는 것입니다. 가령 지금 이 불상을 본다고 하면, 보지 않을 때에도 의식에 이 부처님의 영상이 있어야 합니다! 이것이 바로 영상작의입니다. 첫걸음은 의식에 먼저 이 영상을 머물러 있게 하는 것입니다. 그것이 흙으로 빚은 것이든 나무로 깎은 것이든 혹은 그린 것이든 모두 괜찮습니다.

여러분은 무엇 때문에 불상을 관(觀)하지 못할까요? 여러분이 불상을 관할 때 그 부처님이 살아 있어서 우리 육신과 똑같으며 거기다가 여러분의 머리를 쓰다듬을 수 있다면 가장 좋겠다고 생각하기 때문에 관하지 못하는 것입니다. 여러분의 부모님이 고향에 계셔서 여러분 곁에 없는데, 부모님이 눈앞에 나타나서 여러분을 안는다고 생각하라고 하면 여러분은 할 수 있습니까? (동학이 대답하다: 못합니다.) 그렇지만 여러분의 마음속에는 부모님의 영상이 있지요? (동학이 대답하다: 그렇습니다.) 세간법의 부모님 영상을 불상으로 바꿔서 의식의 경계에 머무르게 하면 됩니다. 여러분이 타좌를 할 때 제육의식의 독영의식 경계에서 이러한 영상이 출현하면 영상이 위에 있든 아래에 있든, 안에 있든 바깥에 있든 상관없이 오로지 영상을 붙잡아 두면 됩니다.

이 영상을 붙잡아 둔다는 것은 화가가 하나의 장면을 구상하는 것과 같은데, 그것은 근본적으로 환상이지만 화가는 이 영상을 지니고 있습니다. 시인이 시 한 수를 생각하는 것은 "구름 옅고 바람 가벼워 정오에 가깝고〔雲淡風輕近午天〕······"라며 상상(想像)으로 첫 장면은 움직이고 있습니다. 사람들은 모두 시 속의 그림〔詩中畵〕의 경계에 도달하여 그 영상을 영원히 머물러 있게 합니다. 영상은 대질(帶質)[127]의 작용을 지니고 있어서 심념(心念)이 멈추고〔止〕 나면 서서히 제육의식이 멈추게 됩니다. 육식이 멈춘 후에는 의식이 청명해지는 단계에 도달하여 자연스럽게 몸과 마음이 조화를 이룹니다. 백골을 관하고 불상을 관하고 자륜(字輪)을 관하는 것이 다 이러합니다.

여러분도 한번 해 보십시오. 영상작의는 마음을 쓰면〔用心〕 안 되고 아주 자연스러워야 합니다. 여러분은 아버지 어머니를 생각해 본 적이 있을 것입니다. 생각만 하면 영상이 떠오르는데 그것이 영상작의입니다.

---

[127] 본질이 있으면서도 본질 그대로 나타나지 않는다는 의미이다.

설사 영상이 없더라도 이 일념만으로도 이미 영상작의가 됩니다. 할 수 있겠습니까? 예를 들어 부처님 미간의 백호상(白毫相)의 빛을 관해도 됩니다. 백호상의 빛을 관하면 이 영상을 머물러 있게 하는데, 비록 망념이 있다 할지라도 서로 상관하지 않습니다. 협산 선사(夾山禪師)가 말했던 "용은 진주를 머금고 물속에 노니는 물고기 돌아보지 않네(龍銜海珠, 游魚不顧)"라는 말을 이해하겠지요? 영상작의가 여기에 멈추어 있으면, 망념과 생각(思想)이 있다 할지라도 그것은 물속에 노니는 물고기이므로 돌아보면 안 되고 시종일관 오로지 이 진주만 생각합니다. 아시겠지요? 할 수 있겠지요? 여러분이 못 하겠다면 제가 마땅히 할 수 있게끔 해 주어야지, 그러지 않으면 제가 괴롭습니다.

영상작의가 생겼다면 여기에 하나의 문제가 있습니다. 여러분, 잘 생각해 보십시오. 질문 없습니까? 불경의 기록을 보면 불제자들은 그처럼 많은 질문을 했습니다. 그러므로 질문을 할 수 있는 것도 아주 좋습니다. 질문도 못 하면서 어떻게 배우겠습니까! 배우고 묻고 배우고 묻고, 배우려면 물어야 합니다. 지금부터 제가 여러분을 대신해서 묻겠습니다. 선생님, 질문 있습니다. 이 영상작의와 정신병자의 정신 상태는 그 경계에 어떤 차이가 있습니까? 당연히 같지 않습니다. 어떻게 다릅니까? 하나는 내 마음대로 할 수 있고, 하나는 내 마음대로 할 수 없습니다. 내 마음대로 할 수 있는 것은 그것이 자신이 만들기 때문이고, 내 마음대로 할 수 없는 것은 영문도 모르게 찾아와서 자신도 어떻게 된 일인지 모르기 때문입니다.

예를 들어 여러분이 명점(明點)을 닦아서 부처님 미간의 백호광점(白毫光點)을 수행한다고 합시다. 밀종 각 파의 명점 수행은 모두 똑같습니다. 지금 제가 여러분에게 하나의 영상, 명점의 영상을 남겨 드리겠습니다. (남 선생이 크고 작은 수정 구슬 두 개를 꺼내어 불빛에 비추자 약간 희고 밝은 명점이 있다.) 이제 주의해서 보십시오. 빛을 반사하는 이 밝은 명점을 본 다음에 눈을 감으면 의식의 경계에 이것의 영상이 약간 남아 있습니다. 이것이 바로 영상의 작용이니, 이 명점에 집중[定]한 것입니다. 그것을 아미타불의 백호상(白毫相)의 빛으로 간주해도 됩니다. 영원히 광명 속에 있으며 심지어 잠잘 때에도 계율을 따릅니다. 이 밝은 빛이 마음속에 있어서 참도 아니고 거짓도 아니니[非眞非假] 연기성공(緣起性空)입니다. 마음이 거칠 때에는 명점을 관하면 조금 큰데, 마음이 미세할 때에는 이 명점이 관하면 할수록 작아지다가 나중에는 나를 잊어버리고[忘我] 몸을 잊어버리니[忘身] 이것이 바로 영상작의입니다. 이제 여러분도 해 보십시오. 명점의 영상을 관해 보십시오. 정수리 위에 있든 마음속에 있든 몸 바깥에 있든 상관없이 편한 대로 하면 됩니다. 이 영상이 있지요? 단지 하나의 영상일 뿐, 실제로 어떤 명점을 구하는 것이 아닙니다. 애쓰면 안 됩니다. 제육의식이 지나치게 작의하면 영상이 아니고, 지나치게 느슨하면 영상이 없어집니다.

첫 단계인 영상작의로부터 수행을 시작해서 이 한 점(點)에 멈추어 머물게 합니다. "용은 진주를 머금고 물속에 노니는 물고기 돌아보지 않고" 한참 있으면 자연스럽게 심념(心念)이 멈추는 것입니다. 바로 사마타를 얻은 것이니, 이것을 "무분별영상작의(無分別影像作意)"라고 합니다. 이 명점은 분별할 필요가 없습니다. 그것이 어떤 밝은 빛이 됐든 단지 이 명점이, 즉 밝은 빛의 영상이 있음을 알기만 하면 됩니다.

이제 "유분별영상작의(有分別影像作意)"를 말씀드리겠습니다. 예를 들어 나무아미타불 한마디를 외우면 분별영상이 바로 찾아옵니다. 아미타불은 삼십이상(三十二相) 팔십종호(八十種好)를 지니고 있으며, 극락세계에는 칠보(七寶)로 장식되어 늘어선 나무[行樹]가 있습니다. 그렇게 수많은 관상(觀想)을 더하고 그런 후에는 또 마음속으로 염불하는 사람이 누구인가를 참구합니다. 이 염불의 염(念)은 생각하는 바[所念]이지만, 생각할 수 있는[能念] 것은 무엇입니까? 그런 후에는 또 일념만년(一念萬年) 만년일념(萬年一念), 염즉불념(念即不念) 불념즉념(不念即念) 이런 것들이 모두 찾아옵니다. 이것을 "유분별영상작의"라고 합니다. 아시겠지요! 그런 까닭에 선종에서는 염불하는 자는 누구인가, 나는 누구인가, 밥을 먹는 자는 누구인가, 길을 가는 자는 누구인가 같은 화두를 참구합니다. 이 또한 "유분별영상작의"입니다.

그러므로 유분별영상작의 및 무분별영상작의는 일체의 수행법을 포함합니다. 진언을 외우는 것을 예로 들면, 진언을 분별해서 해석할 수 없는 것은 무분별영상작의입니다. 가령 『심경(心經)』은 해석이 가능합니다. '아제아제(揭諦揭諦)'는 자신을 제도하고 자신을 제도한다[自度自度]는 뜻이고, '바라아제(波羅揭諦)'는 지혜로 자신을 제도하여 피안(彼岸)에 도달한다는 뜻이며, '바라승아제(波羅僧揭諦)'는 일체중생을 제도한다는 뜻이고, '모지사바하(菩提娑婆訶)'는 빨리빨리 대철대오해서 지혜를 성취하고 피안에 도달한다는 뜻입니다.[128] 진언의 뜻을 알게 되면 진언은 곧 유분별영상작의로 변해 버립니다. 그런 까닭에 밀종의 진언은 대부분 해석하지 않습니다. 사람은 일단 유분별영상작의가 생기면 망념과 산란이 바로 오기 때문입니다. "아제아제 바라아제 바라승아제 모지사바하"라고 외우면서 빨리빨리 자신을 제도하자는 것으로 번역한다면 곧 마음속으로 이렇게 생각합니다. '나는 언제쯤이나 깨달음의 경계에 도달[得度]할지 모르겠구나. 내가 이렇게 하는 것이 간절한 것인지도 모르겠구나. 나는 전일(專一)하지 않은 것 같아!' 속마음에서 한참 동안 싸

---

128 중국어 揭諦 揭諦 波羅揭諦 波羅僧揭諦 菩提 娑婆訶는 산스크리트어 gate gate paragate parasamgate bodhi svaha를 소리 나는 대로 적은 것이다.

움을 벌이느라 유분별영상작의가 산란과 망상으로 변해 버립니다. 일체의 진언에 그 뜻을 해석하지 않는 이치가 여기에 있습니다. 옛날부터 오로지 외우게 했습니다. 외우는 동안 여러분이 해석할 수 없기 때문에 일념이 오로지 진실하여 "무분별영상작의"가 되니, 그러면 지(止)를 얻을 수 있습니다. 이 법문으로 말미암아 백천만 법문의 이치를 이해할 수 있게 되니, 모두가 이와 같아서 다 꿰뚫게 됩니다.

어떤 사람들은 말하기를 자신은 자리에 앉으면 일념이 청명해지고 만사를 상관하지 않는다고 합니다. 정말로 상관하지 않습니까? 미세한 사유(思惟)가 흉용(洶湧)하는 파도와 같은데 자신만 느끼지 못하고 있을 뿐입니다. 이 밝은 빛인 명점을 한곳에 머무르게[定住] 하면, 다리는 여전히 마비되고 시큰거리지만 여러분의 명점 영상은 여전히 존재합니다. 이것 또한 지(止)를 수행하는 것이라고 할 수 있습니다. 마비되는 것은 '수온(受蘊)'이고 명점이 존재하는 것은 '상온(想蘊)'으로, 의식이 청정하면 이러한 일념은 동요하지 않습니다. 수온과 상온은 별개의 일이며, 여러분 몸의 혈액이 여전히 돌고 있고 호흡도 여전히 들락날락하는 것은 '행음(行陰)'입니다. 여러분으로 하여금 상음작의(想陰作意)를 할 수 있게 하는 것은 '식온(識蘊)'입니다. 오온(五蘊)이 동시에 같은 곳에 있습니다. 관상(觀想) 작의를 수련한 후에 천천히 연습해서 지(止)를 이루고, 지관을 쌍운한 후에 그대로 계속하면 해탈을 이룹니다. 그래야 오온이 청정하고, 그때가 되어야 비로소 "오온조차 모두 공임을 비추어 보고, 일체 괴로움과 액난을 제도한다[照見五蘊皆空, 度一切苦厄]"라고 말할 수 있습니다. 수지(修持)의 길은 바로 이런 것입니다. 아시겠지요? 저는 두 번 이야기하지 않습니다. 여러분이 이 길을 좇아 잘 수행하기를 바랍니다.

덧붙이자면 천태종에서 수행하는 육묘문(六妙門)의 소지관법문(小止

觀法門)인 수식(數息) · 수식(隨息) · 지식(止息) 등은 "유분별영상작의"의 법문에 속하는데, 배우기는 쉽지만 성취가 어렵습니다. "무분별영상작의"의 수행법은 비교적 편리하지만 배우기가 어렵고 성취는 쉽습니다.

여러분은 경안을 얻었습니까

이제 250면을 보겠습니다.

은중작의란 느슨하지 않은 가행방편을 말한다.

殷重作意者, 謂不慢緩加行方便.

이 구절은 우리에게 이 일을 존중한다는 것은 열심히 수련할 때 조급하게 굴지 않아야 한다는 것을 말합니다. 시작하자마자 곧 정(定)을 이루고 증과(證果)하고 싶어 한다면 이미 끝난 것입니다. 부처님께서는 여러분에게 말씀하십니다. 열심히 수련하는 것은 마치 거문고를 타는 것과 똑같아서 거문고 줄이 너무 팽팽하면 '핑!' 하고 끊어져 버립니다. 반대로 너무 느슨하면 거문고를 타도 소리가 나지 않습니다. 부처님께서는 거문고를 타는 이치를 빗대어, 제자들에게 열심히 수련할 때 빠르지도 않고 느리지도 않게 하라고 말씀하십니다. 급하게 나아가는 것을 추구해서도 안 되고 느슨해서도 안 됩니다. 다른 사람은 칠 일 만에 깨달았다고 하지만 내가 칠십 년 만에 깨달은 게 뭐 어때서요? 깨달음은 다 똑같으니 느리고 빠른 것이 무슨 대수입니까! 그러므로 빠르지도 않고 느리지도 않습니다. 토끼와 거북이의 달리기 경주 이야기처럼 스스로 자신의 근성을 잘 따져서 빠르지도 않고 느리지도 않게 일체 가행(加行)

의 방법을 닦아야 합니다. 가행의 방법은 너무 많습니다. 예를 들어 감기에 걸려서 몸이 좋지 않다면, 약을 먹는 것도 가행이고 운동을 해서 땀을 내는 것도 가행이며 각종 요가도 가행입니다. 지관(止觀) 수행을 할 때 여러분의 정(定) 수행을 도와주는 기타 방법이 모두 가행 방편에 속합니다.

이 중에서 승해사택작의로 말미암기 때문에 청정하게 지견을 수행한다.

此中由勝解思擇作意故, 淨修智見.

지(止)를 이루려면 어떻게 수행해야 할까요? 하나의 방법을 선택하고 아울러 그것이 옳다고 인정해야 합니다. 예를 들어 여러분이 불상이나 부처님 미간의 백호광(白毫光)의 명점을 관한다고 합시다. 자신이 전수(專修)하는 불당이라면 불상을 여러분이 똑바로 보이는〔平視〕 높이에 놓고 이 불상의 영상을 관하면 됩니다. 전신(全身)을 관할 수 없다면 미간의 밝은 점인 명점을 관하거나 부처님 가슴의 만(卍) 자륜(字輪)을 관하면 됩니다. 요점은 먼저 윗부분부터 관해야지 아랫부분부터 관해서는 안 된다는 것입니다. 그 이치는 앞으로 다시 말씀드리겠습니다. 이 영상 작의를 관한 후에 머물러 있게 하는 것이 바로 멈추어 머무름〔止住〕이며 이 경계에 집중하는 것이기도 합니다.

이때에 생각〔思想〕을 사용해도 됩니다. "승해사택작의(勝解思擇作意)"는 제5강에서 말씀드린 적이 있으며, 삼장십이부 경문의 가르침 속 지정(止定) 방면의 이치에 다 있습니다. 서서히 정(定)이 극에 이르면 혜(慧)가 생겨납니다. 지혜가 개발되면 깨닫지 못한 수많은 이치를 깨닫게 됩니다. 그런 까닭에 많은 사람이 정(定)을 이룬 후에 지금껏 공부한 적이 없었는데 갑자기 책을 읽을 줄 알고 시를 지을 줄 압니다. 팔지두타(八指

頭陀)[129]는 시를 잘 지었는데, 그의 문자반야 지혜는 정(定)에서 개발되었으니 "승해사택작의"로 말미암아 온 것이기도 합니다. 불상의 영상 경계에 머무르게[定住] 되면, "청정하게 지견을 수행한다[淨修智見]" 즉 정사유(正思惟) 팔정도(八正道) 사념처(四念處)[130] 등이 모두 이 법문을 수행하는 가행으로 변합니다. 선종의 공안(公案), 아미타불의 불호(佛號)에 이르기까지 기타 팔만사천법문이 모두 여러분이 주로 닦는 법문의 가행입니다. 마치 이런 식입니다. 사람들이 여기에 앉아 있는데, 상사(上師)인 사람이 중간에 앉으면 나머지 사람들은 모두 상사에게 부속됩니다. 주인과 손님의 입장이 다르기 때문에 일체법은 모두 가행입니다.

수많은 경전에서의 이치에 대해 평상시에는 이해가 철저하지 못했는데, 이제 모두 철저히 이해하게 되었습니다. 이것이 바로 "승해(勝解)"입니다. 정사유를 하는 중에 비로소 자신이 어떻게 수행해야 하는지를 알게 됩니다. 이때에는 학문이 훌륭할수록 경전을 많이 읽을수록 지혜가 더 개발됩니다. 대(大) 자 하나도 알지 못하던 사람이라면, 본래 지닌 종성(種性)이 가져온 지혜가 참으로 개발되어서 무엇이든지 다 알게 됩니다. 하나에 정통하면 백을 알게 됩니다[一通百通]. 지혜의 힘은 일체를 포괄하며, 삼세인과까지도 모두 포괄시켜 버립니다. 예전에 공부를 한 적이 있든 없든 상관없이 이제 전부에 통하게 되고, 심지어 과거와 미래의 일까지도 모두 알게 됩니다. 이래야 일체라고 합니다.

---

129 유명한 시승(詩僧)이었던 경안(敬安) 스님은 소신공양으로 손가락이 여덟 개뿐이고 두타행(頭陀行)을 철저히 해서 팔지두타(八指頭陀)라 불렀다.

130 팔정도의 정념(正念)에 해당하는 수행법이다. 이 염(念)은 관(觀)한다고 할 때의 관과 같은 뜻으로, 팔리어에서는 사티, 영어에서는 마인드풀니스(mindfulness)라고 한다. 요즘은 주로 마음챙김, 알아차림으로 번역하며 깨어 있음, 마음집중 등이라고도 한다. 신념처(身念處), 수념처(受念處), 심념처(心念處), 법념처(法念處)가 사념처이며 사념주(四念住)라고도 한다.

적정작의로 말미암기 때문에 경안을 키운다.

由寂靜作意故, 生長輕安.

　명점을 관상하거나 불상을 관상한다면, 마음이 안정되고 고요함〔定靜〕이 극점에 도달하면 서서히 어느 날 정수리에서 청량(淸凉)함이 발생해서 온몸을 꿰뚫고 지(止)를 이루고 정(定)을 이루게 됩니다. 그것이 경안(輕安)의 경계입니다. 이런 종류의 청량함과 편안함은 사람으로 하여금 부귀공명 따위에 더는 어떠한 미련도 갖지 않게 합니다. 하지만 이것은 여전히 경안의 거친 형상〔麤相〕으로, 정수리의 청량함이 바로 온몸에 통합니다. 물론 여러분은 지금 경안을 얻지 못했으므로 오로지 추중(麤重)[131]만 있습니다. 청량한 경안은 편안함을 나타내는데, 여러분이 신체 내부에 서늘한 기운을 느낀다면 그것은 감기에 걸린 것으로 경안과는 차이가 있습니다. 이것은 지혜가 필요합니다.

　더욱이 정수리에서 먼저 일어난 청량한 경안은 쉽게 물러가 버립니다. 예를 들어 오전에 이 법당에서 타좌가 아주 잘 되어 정수리가 청량하고 경안을 얻었다 할지라도, 정오에 채소 요리가 맛있어서 두 입 더 먹었다가는 경안이 물러가 버려서 머리가 팽창하고 속이 답답하며 소화불량이 옵니다. 그 결과 오후에는 타좌가 잘 안 되고 경안 또한 추중으로 변해 버립니다. 그러므로 음식과 의복도 모두 중요합니다. 경안을 일으키면 더워지는데 겁낼 것 없다는 생각에 옷을 벗어 버리거나 바람이 통하는 곳에 앉아서 바람을 쐽니다. 그러면 오후에 몸이 거칠고 무거워질 뿐 아

---

[131] 문자 그대로의 뜻은 거침〔麤〕과 무거움〔重〕이다. 번뇌에 속박되어 있는 상태로, 몸과 마음이 번뇌에 묶여 조화롭지 못하고 거칠며 무거운 것이다. 경안에 의해 다스려지는 장애이다.

니라 콧물이 흐릅니다. 감기에 걸렸으니 또다시 끝났습니다. 이렇게 변해 버리면 한 달이 될지 두 달이 될지, 얼마가 지나야 그 현상이 돌아올지 알 수 없습니다. 그러므로 수행에 힘쓰는 것은 세상에서 돈을 벌어 집을 짓는 것과 똑같아서, 짓기 시작하기도 어렵고 짓는 중간에 무엇이 든지 다 잘 조절해야 합니다. 이것이 바로 수행입니다.

적정(寂靜)[132]이 극점에 도달해야 경안을 얻을 수 있습니다. 정수리에 가벼움이 일어나는 것은 경안의 전상(前相)으로, 진정한 경안에 도달하면 밀종과 도가에서 말하는 기경팔맥(奇經八脈) 삼맥칠륜(三脈七輪) 등이 단번에 통합니다. 이때가 되면 온몸이 마치 나뭇잎이 공중에 흩날리는 것같이 가볍게 느껴집니다. 어느 한 군데 가뿐하지 않고 편안하지 않은 곳이 없습니다. 어떤 사람이 경안을 얻었다는 것이 수행의 성공은 아닙니다! 맥이 풀어지고 가슴이 열리는〔脈解心開〕경계 역시 아닙니다.

덮이고 묶인 마음이 청정을 따라 해탈에 이른다

일분수작의와 구분수작의로 말미암기 때문에 모든 개蓋에서 마음이 해탈에 이른다.

由一分具分修作意故, 於諸蓋中, 心得解脫.

"일분(一分)"은 오로지 정(定)만 수행하는 것이고, "구분(具分)"은 동시에 관(觀)을 수행해서 지관을 쌍운하는 것입니다. 정(定)을 수행하고 지관을 쌍운한 후에는 오개(五蓋)의 탐진치만의(貪瞋癡慢疑)라는 심리의

---

132 적정이 어떤 상태인지에 대한 자세한 설명은 제12강 참조.

나쁜 문제들이 모두 가벼워지고 옅어집니다. 저는 늘 여러분을 관찰하는데 여러분의 현재 행위는 아무리 수행을 해도 오개가 갈수록 덮이고 갈수록 무거워집니다. 목화솜을 덮었는데 그 위에 다시 석회 덮개를 더하는 격입니다. 그러므로 참으로 수련을 해서 이 시기에 도달하면, 이 오개는 모두 자신을 검증하는 것입니다. 스스로 마음을 일으키고 생각을 움직임에 있어서 그릇된 견해〔邪見〕가 있지는 않은지 점검해야 합니다. 오개의 문제가 없어지면 마음은 바로 해탈에 이릅니다.

예를 들어 어떤 사람들은 대단히 총명해서 만사를 모두 아는데, 지나치게 총명하기 때문에 의개(疑蓋)를 지니고 있습니다. 어떤 말을 듣기만 하면 곧 의심이 일어납니다. 사실 정말로 총명하다면 여여부동합니다. 정(定)은 혜(慧)를 생겨나게 할 수 있어서 듣기만 하면 이것이 어떻게 된 일인지 곧 압니다. 이것이 혜통(慧通)입니다. 일반적인 세간의 총명은 눈동자를 데굴데굴 굴리며 이리 의심하고 저리 의심합니다. 이 세상에서 어리석은 사람은 의심이 적지만, 총명한 사람은 의심이 많고 별것 아닌 일에 시시콜콜 따지기 좋아해서 탐개(貪蓋)도 더 무거워집니다. 어떤 사람은 아무것도 필요하지 않고 오로지 책을 보고 싶어 하는데, 책을 보는 것 역시 탐(貪)입니다. 책에 대한 애호가 특히 심해서 다른 사람이 책을 빌려 가면 훼손해서는 안 되고 사흘 만에 꼭 돌려줘야 한다고 말합니다. 남송의 유명한 시인 신기질(辛棄疾)은 "평생을 산과 계곡에 빚지지 않았건만, 책 욕심은 온갖 약으로도 고치기 어렵네〔一生不負溪山債, 百藥難治書史淫〕"라는 유명한 구절을 지었습니다. 저는 늘 이 구절로 책을 사랑하는 저의 개성을 한탄합니다. "제개(諸蓋)"는 바로 탐진치만의의 일체 개(蓋)입니다. 오로지 정(定)을 이루어야 "마음이 해탈에 이를〔心得解脫〕" 수 있습니다.

무간은중작의로 말미암기 때문에 모든 결사에서 마음이 해탈에 이른다.

由無間殷重作意故, 於諸結中, 心得解脫.

여러분이 정(定)을 수행하다 보면 어떤 때는 열심히 할수록 관(觀)하지 못합니다. 제육식의 분별심이 너무 무거워서 영상이 달아나 버리고, 느슨해지면 또 혼침(昏沈)이 옵니다. 그러므로 빠르고 느리고 느슨하고 팽팽하고 하는 모든 경우에 스스로 조절해야 합니다. 도가에서는 이것을 '화후(火候)'¹³³라고 합니다. 채소를 볶는 것과 같아서 오래 볶으면 물러져 버립니다. 그것은 여러분의 능력이니 스승도 가르쳐 줄 재간이 없지요. 수련하는 것도 그러하여 여러분 자신의 조절에 달렸습니다. "무간작의(無間作意)"로 말미암아 행주좌와의 모든 순간에 이러한 정(定)에 있으면 참으로 정을 이룬 것이니, 마음속에 팔십팔 결사(結使)가 서서히 해탈합니다.

'결사(結使)'는 무시이래의 습기(習氣)인데, 하나의 '매듭〔結〕'이기도 합니다. 수행으로 해탈을 구하려면 먼저 이 결을 풀어 버려야 합니다. 결사는 결습(結習)이라고 번역하기도 합니다. 수행하는 사람이 결습을 완전히 풀어 버릴 수 있다면 그것이 바로 해탈입니다. 예쁜 것을 사랑하는 사람이 길거리를 걷다가 상점 유리창을 마주하고 자신의 옷맵시나 머리를 가다듬는다면, 그것이 아름다움을 사랑하는 결습(結習)입니다. 거울이 있으면 한 번 비춰 보지 않으면 안 되는 것입니다. 아름다움을

---

133 불의 세기를 조절하듯이 수련할 때에도 시간과 분량을 잘 알아야 한다는 의미의 도가 용어이다. 불가에서는 어떤 공부를 하든 또 어떤 방법으로 하든 어느 정도에 도달하면 방법을 바꿔야 한다는 의미로 '역관(易觀)'이라는 말을 쓴다. 화후에 대해서는 『참동계 강의』 20강, 23강, 26강, 27강, 28강 등에 자세히 나온다.

사랑하는 것은 바로 사랑을 지님[有愛]이라는 결습입니다. 사랑을 지님은 바로 욕망을 지니는[有欲] 것이니, 일체를 욕망함 등등이 곧 찾아옵니다. 그렇기 때문에 결습은 너무나도 풀기 어려우며, 결습을 풀어 버릴 수 있다면 곧 해탈합니다. 소승도의 측면에서 말한다면 결습을 풀어 버리는 것은 과위(果位)를 증득하는 것입니다. 증과(證果)는 바로 결습을 분명하게 해탈하여 자성이 본래부터 청정한 성과(成果)를 증득하는 것이기도 합니다. 보통 사람은 모두 결습에 묶여 있는데, 마치 사과에 진흙이 잔뜩 묻어 있는 것과 같습니다. 그렇기 때문에 마음을 일으키고 생각을 움직이며 행주좌와를 하는 중에도 수시로 지관(止觀) 수행을 해야 마음이 해탈에 이를 수 있습니다.

또 무간작의로 말미암기 때문에 끝내 헛되이 신명을 버리지 않는다.

又由無間作意故, 終不徒然而捨身命

끊임없이[無間] 열심히 수행함으로 말미암아 행주좌와의 모든 경우에 정(定) 속에 있으며 남을 이롭게 하고 세상을 이롭게 하겠다는 원(願)도 그침이 없습니다. 그로 인해 자살도 하지 않고 중도에 달아나 버리지도 않습니다. 자살 이야기가 나와서 하는 말인데, 부처님께서 세상에 계실 때에는 많은 사람이 예류과(預流果)의 소아라한(小阿羅漢)에 들었습니다. 아라한과는 공(空)을 증득하는데, 그러면 이 몸이 큰 짐이라는 것을 느낍니다. 그래서 다른 사람의 자살을 전문적으로 도와주는 비구가 있었습니다. 부처님께서 그 사실을 아시고 계율을 만들어 자살해서는 안 된다고 했습니다. 이 일에서도 드러나는데 설사 예류과를 증득했다 할지라도 사견(邪見)을 범하기 쉽고 오류가 있습니다. 상견(常見)[134]과 단견(斷見)[135] 모두 관념의 문제인데 견해와 사상이 잘못되었습니다. 그러

므로 명확하게 인식해야 합니다. 생명은 분단생사(分段生死)[136]와 변역생사(變易生死)[137]를 포함하는데, 수행이 분단생사와 변역생사를 해탈해야 생사를 벗어났다고 할 수 있습니다. 분단생사 중에서 자살하는 것이 생을 끝내고 죽음을 벗어나는(了生脫死) 길이라고 생각한다면, 그것은 가장 크게 어리석고 미친 사견(邪見)입니다.

은중작의로 말미암기 때문에 속히 통혜를 증득한다.
由殷重作意故, 速證通慧.

처음에 발심하고 수행할 때에는 진지하고 수행을 중시하는 마음에서 반드시 정(定)을 닦아서 증과하지 않으면 안 된다는 태도로 하는데, 그것이 "은중작의(殷重作意)"입니다. 이렇게 결심하고 정(定)을 수행하면 빨리 신통을 얻고 대지혜를 얻을 수 있습니다. 수행에는 오로지 하나의 대로(大路)만 있으니, 바로 정(定)을 닦고 혜(慧)를 닦는 것입니다. 정혜(定慧) 지관(止觀)의 수지(修持) 방법은 작의하여 수행함입니다. 분석하면 팔만사천이 있지만, 귀납시켜 보면 본론에서는 두 가지가 있다고 말

---

134 사람은 죽으나 자아는 없어지지 않으며, 오온으로 이루어진 세상도 계속된다는 그릇된 견해.
135 만유는 무상한 것이어서 결국엔 실재하지 않는 것과 같이, 사람도 죽으면 심신이 모두 없어져서 공무(空無)로 돌아간다고 하는 그릇된 견해. 결국 업의 이어짐을 믿지 않아 윤회를 부정하게 된다. 단멸견(斷滅見)이라고도 한다.
136 온갖 번뇌나 선(善)과 불선(不善) 등의 업에 감응하여 얻게 된 삼계(三界) 육도(六道)의 과보로, 이런 과보에는 여러 단계 즉 분단(分段)의 차이가 있다고 해서 분단생사라고 한다. 견혹과 사혹을 지닌 범부는 모두 분단생사 속에 있고, 나한은 분단생사를 끝낼 수 있지만 아직 구경은 아니다.
137 삼계의 괴로움을 벗어난 보살이 성불할 때까지 받는 생사로, 신체와 수명을 자유자재로 변화시킨다고 하여 변역(變易)이라 한다. 번뇌로부터 초월한 아라한 이상 성자의 생사로, 변역생사를 끝낼 수 있는 것은 보살 경계에 이르러서야 가능하다.

합니다. 하나는 유분별영상작의(有分別影像作意)이고 하나는 무분별영상작의(無分別影像作意)입니다. 이것은 『해심밀경(解深密經)』 중의 지관에 근거해서 나온 것인데, 반드시 "은중작의"를 해야 진보할 수 있고 성공할 수 있습니다.

수순작의란 이것으로 말미암기 때문에 소연을 싫어하고 무너뜨리고 번뇌를 따라서 끊는 것을 말한다.

隨順作意者, 謂由此故, 厭壞所緣, 順斷煩惱.

여러분이 "수순작의(隨順作意)"를 하여 지관 수행을 하고 정 수행을 하기 때문에, 자연스럽게 세속을 싫어하여 떠나고 세간의 일체 나쁜 인연을 끊어 버리게 되니, 일체의 번뇌와 망심이 자연스럽게 끊어집니다.

대치작의란 이것으로 말미암기 때문에 모든 미혹을 바르게 버려서 끊음을 주관하고, 모든 번뇌로 하여금 상속에서 멀리 떠나게 하는 것을 말한다.

對治作意者, 謂由此故, 正捨諸惑, 住持於斷, 令諸煩惱遠離相續.

정(定)을 이룬 후에는 마음을 일으키고 생각을 움직이는 모든 순간에 동요하지 않으니, 범계(犯戒)라고 할 것이 없습니다. 계가 바로 그 속에 있게 되므로 계를 거론하지 않습니다. 정(定)이 가장 중요하니, 정은 일체의 망상 번뇌와 무명 습기를 다스립니다(對治). "이것으로 말미암기 때문에(謂由此故)"란 정을 이룸으로 말미암아 일체 번뇌를 끊을 수 있고 일체 번뇌에서 멀리 떠나 계속 이어 나가지 않게 된다는 것입니다. 그래서 "대치작의(對治作意)"라고 합니다.

순청정작의란 이것으로 말미암기 때문에 여섯 가지 수념을 수행하거나 혹은 따르는 하나의 묘사를 다시 사유하는 것을 말한다.

順淸淨作意者, 謂由此故, 修六隨念, 或復思惟隨一妙事.

정(定)을 수행하기 때문에 여섯 가지 수념(隨念: 염불, 염법, 염승, 염계, 염시, 염천)[138]이 있습니다. 혹은 사유수(思惟修)로 말미암아 오묘한 일[妙事]이 따라서 옵니다. 예를 들어 말한다면 정(定)으로 인해 청정의 경계를 이루면 서방 극락세계나 동방 약사여래의 청정 광명의 경계가 얼른 연상되는 것입니다. 연상하면 그 경계가 금방 눈앞에 나타나고, 육근이 따라서 청정해집니다.

순관찰작의란 이것으로 말미암기 때문에 모든 번뇌를 끊음과 아직 끊지 못함을 관찰하고, 혹은 자신이 증득한 것과 먼저 관찰한 제법의 이치를 다시 관찰하는 것을 말한다.

順觀察作意者, 謂由此故, 觀諸煩惱斷與未斷, 或復觀察自己所證, 及先所觀諸法道理.

이 정(定)의 경계에 있음으로 말미암아 자신의 습기, 말하자면 어떤 종류의 번뇌가 끊어졌거나 가벼워졌는지 혹은 어떤 종류의 번뇌가 여전히 무거운지를 관찰할 수 있습니다. 예를 들어 자신이 지금 먹기를 탐하는 습기가 무거운지 탐욕스러운 마음이 무거운지 스스로 분명하게 볼 수

---

138 수념(隨念)은 계속해서 생각해 기억하는 것을 말하는데, 육수념은 불(佛)·법(法)·승(僧)·계(戒)·시(施)·천(天)의 여섯 가지를 끊이지 않고 생각하는 수행법으로 육념 수행이라고도 한다.

있습니다. 또는 자신이 증득한 이 공(空)의 경계와 청정의 경계 및 오묘한 신통(妙神通)의 경계, 나아가서 기맥 변화의 경계가 바른지 바르지 않은지 관찰할 수 있습니다. 자신이 정(定)의 경계에서 자연스럽게 혜(慧)를 일으켜 아주 분명하게 관찰할 수 있는 것입니다. "먼저 관찰한 제법의 이치[及先所觀諸法道理]"는 물론이고 과거에 배운 것, 불경에서 봐온 것, 스승에게 들은 것, 선지식이 이해한 불법에 이르기까지, 어느 것이 옳고 어느 것은 옳지 않은지가 아주 분명해집니다.

반주삼매 수행, 괴로움을 스승으로 삼다

역려운전작의란 처음 업을 닦아서 아직 작의를 얻지 못한 자가 가지게 되는 작의를 말한다.

力勵運轉作意者, 謂修始業未得作意, 所有作意.

자신을 있는 힘껏 격려합니다. "시업(始業)"이란 수행을 시작할 때이며, "미득작의(未得作意)"란 관해도 제대로 관할 수 없고 영상도 없는 것입니다. 불학의 오근(五根)이나 육진(六塵) 등은 철저히 잘 알고 있지만 노력하는 것이 아직 궤도에 오르지 않습니다. 언제나 작의를 제대로 못하니, 관상(觀想)도 제대로 하지 못하고 고요히 멈춤[靜止] 역시 제대로 안 됩니다. 수행을 하지 않으면 그래도 낫습니다. 그런데 수행만 했다 하면 생각과 망념이 더 많아집니다. 혹은 자리에 앉기만 하면 곧 혼침이 찾아오는데, 이것이 바로 "처음 업을 닦아서 아직 작의를 얻지 못한[修始業未得作意]" 것입니다. 모든 작의의 경계를 일으키지 못하니, 이때에는 반드시 결심을 하고 굳센 의지로 방법을 찾고 자신을 채찍질하듯 격려해야 합니다.

반주삼매(般舟三昧) 수행은 빈 공간에서 어떤 물건도 지녀서는 안 됩니다. 불상이 있으면 의지하는 것이 있게 되므로 불상도 없어야 합니다. 위쪽에 줄을 많이 매어 두고 자기 팔을 줄로 된 고리에 걸고 경행(經行)을 합니다. 염불을 해도 좋고 참선을 해도 좋고 작의나 관상을 해도 좋습니다. 칠 일이나 이십일 일이나 사십구 일이나 백 일 동안 아무튼 계속해서 걸으면서 앉지도 않고 눕지도 않습니다. 정말 피곤하면 선 채로 잠시 쉽니다. 그런 후에 다시 걷습니다. 밥을 먹는 것도 선 채로 해야 하고 배변 역시 선 채로 합니다. 앉는 것이 허락되지 않으므로 당연히 불편합니다. 하지만 반주삼매 수행은 반드시 이렇게 해야 합니다. 어떤 노선배가 말하기를, 팔구 일쯤 되면 정말로 견딜 수 없는데, 죽는 것보다 고통스럽다고 했습니다. 두 다리가 부어서 마치 물통처럼 커지지만 그래도 그는 도를 위해 자신의 몸을 바칠[以身殉道] 준비를 했습니다. 사십 며칠을 걸으면 두 다리가 작아지고, 오십 며칠에 이르면 그것은 더 이상 걷는 것이 아니라 마치 공중에서 나는 것처럼 대단히 가볍고 편안하다고 했습니다. 이것이 반주삼매입니다.

혼침이 너무 무거운 사람이나 산란심이 너무 무거운 사람은, 자신의 업력이 무겁다고 느껴서 가장 고통스러운 고행으로 자신을 북돋우고 수행을 격려합니다. 그런 까닭에 수행은 괴로움[苦]을 스승으로 삼습니다. 타좌를 할 때 가부좌를 하면 편안하지 않습니다. 정(定)을 이루어야 어디를 가든 즐겁습니다. 정(定)을 이루기 전에는 일체가 모두 괴로움이고 추구하는 것도 모두 괴로움입니다. 이것이 "역려작의(力勵作意)"입니다. 예를 들어 어떤 사람이 예불을 한다면, 밤낮으로 계속 절을 하느라 바닥에 엎어져서 일어나지도 못하지만 그래도 억지로 일어나서 절합니다. 이런 것들이 모두 역려작의의 수행입니다. 참된 수행은 그렇게 가벼운 것이 아닙니다. 자신을 용서하고 우대하고 자신에게 너그러워져서 게으름을 피운다면 절대 성공할 수 없습니다.

유간운전작의란 이미 작의를 얻었는데, 위의 느슨해짐에 대하여 가행을 수행하는 자가 가지게 되는 작의를 말한다.

有間運轉作意者, 謂已得作意, 於上慢緩修加行者, 所有作意.

앞에서 무간작의(無間作意)라는 것이 있었는데 바로 끊어짐이 없는 것입니다. 그런데 여기에서는 "유간(有間)"이니 끊어질 수 있습니다. 이것은 변환 방법입니다. 예를 들어 염불하는 사람이 이미 염불삼매(念佛三昧)를 이루었거나 이미 청정이 눈앞에 나타났는데도 더 수행하고자 하면 방법을 바꿀 수 있습니다. "느슨해짐에 대하여 가행을 수행하는 자가 가지게 되는 작의[慢緩修加行者所有作意]"는 각종 방법을 사용해서 시험해 보고 수지(修持)를 변경하는 것입니다.

유공용운전작의란 곧 이 용맹한 정진에 있어서 느슨해짐 없이 가행을 수행하는 자가 가지게 되는 작의를 말한다.

有功用運轉作意者, 謂卽於此勇猛精進, 無有慢緩修加行者, 所有作意.

"유공용(有功用)"은 수시로 열심히 하고 있음이니, 정(定)을 수행할 때 일관되게 노력해서 모든 가행을 수행합니다. 다만 주요 수행법을 벗어나지는 않습니다. 의미는 바로 "용은 진주를 머금고 물속에 노니는 물고기 돌아보지 않는다[龍銜海珠, 游魚不顧]"라는 것입니다.

성문중의 여러 가지 작의

자연운전작의란 네 가지 때에 결정작의하는 것을 말하니, 첫째는 작의를 얻었을 때이며, 둘째는 근본정에 바로 들어가고 이미 들어갔을 때이며, 셋째는 현관을 수행할 때이며, 넷째는 아라한을 바로 이루고 이미 이루었을 때이다.

自然運轉作意者, 謂於四時決定作意, 一得作意時, 二正入已入根本定時, 三修現觀時, 四正得已得阿羅漢時.

여러분이 열심히 수행해서 이 단계에 도달하면 아주 편안해지는데, "무공용행(無功用行)"에 거의 곧 도달한 것입니다. 앞에서 말한 것은 힘쓸 필요가 있는 것이었지만, 정력(定力)이 생긴 후에는 자연스럽게 작의하여 무엇을 하든 정(定)이 아닌 경우가 없습니다. 등산을 해도 정에 있고 달리기를 해도 정에 있고 운동을 해도 정에 있습니다. "자연운전작의(自然運轉作意)"는 네 가지 상황의 "결정작의(決定作意)"를 포함하는데, 바로 이 네 가지 상황에서 수지의 법문을 모두 알게 됩니다. 아래에서는 다시 하나씩 해석합니다.

첫 번째 "작의를 얻었을 때[得作意時]"로, 예를 들어 여러분이 명점을 수행하는데, 관할 수 있게 되어 행주좌와에서 이 영상이 시종일관 있다면 바로 작의를 얻은 것입니다. 그런 후에는 그렇게 주의할 필요 없이 자연스럽게 영상이 존재하게 됩니다. 어떤 경계가 됐든 상관없이 이 지관작의(止觀作意), 지관경계(止觀境界)는 변하지 않을 것입니다.

두 번째 "근본정에 바로 들어가고 이미 들어갔을 때[正入已入根本定時]"로, 정(定)에 바로 들어갈 때 혹은 정에 이미 들어가서 근본정을 이루었을 때의 작의관상(作意觀想) 경계입니다. 공(空)하고자 하면 바로 공이고 유(有)하고자 하면 바로 유인데, 즉공즉유(卽空卽有)요 비공비유(非空非有)요 성공연기(性空緣起)라서 초선, 이선, 삼선에 뜻대로 출입할 수 있습니다.

세 번째 "현관을 수행할 때(修現觀時)"로, 이 '현관(現觀)'은 한계가 있다는 뜻으로, 제육의식의 현관입니다. 출세나 입세에 상관하지 않고 심지어 전방에서 전쟁을 하는 경계에서조차 일체 공(空)을 관하고, 시종일관 청정의 경계에서 있을 수 있습니다. 마치 영가 대사(永嘉大師)가 "설령 무쇠바퀴를 정수리에서 돌릴지라도 정혜가 원만하고 밝아 끝내 잃지 아니하네(縱使鐵輪頂上旋, 定慧圓明終不失)"라고 했던 것처럼 말입니다. 어떤 위험한 경계이든 상관없이 모두 정(定)에 있습니다. 심지어 뼈가 부서져 가루가 될지라도 정(定)의 경계는 변하지 않습니다. 이것이 바로 "현관을 수행할 때"의 "자연운전작의"입니다.

네 번째 "아라한을 바로 이루고 이미 이루었을 때(正得已得阿羅漢時)"로, 구차제정(九次第定)을 증득하여 멸진정(滅盡定)에 완전히 들어가면 대단히 자연스럽고 자유자재합니다. 바로 아라한과입니다.

사택작의란 비발사나품의 작의를 말한다.

思擇作意者, 謂毘鉢舍那品作意.

비발사나는 바로 관(觀)으로, 일체가 관 속에 있어야 합니다. 가령 사람들이 공(空)을 관하거나 무소유처정(無所有處定)을 관하는데, 작의를 일으켜서 일념도 움직이지 않는다면 지(止)이니, 지 속에 관(觀)이 있습니다. 여러분이 공을 관하는데, 이 공을 관하는 것이 바로 작의가 관하는 것이기 때문에 지(止) 속에 관(觀)이 있다고 말하는 것입니다.

내섭작의란 사마타품의 작의를 말한다.

內攝作意者, 謂奢摩他品作意.

　일체를 일념으로 돌리는 것이 "내섭작의(內攝作意)"입니다. 여러분이 불경을 연구할 때 주의할 것이 있는데, 안[內]과 밖[外]이라는 말이 여러분을 애매하게 만듭니다. 명점을 안[內]에 머물러 있게[定止] 한 후에는 필사적으로 명점이나 불상을 붙잡고 몸 안에서 그것을 관하면서 여기 명치에다 놓습니다. 그래서 혈압도 높아지고 위도 안 좋아지고 병이 생기는 것입니다. 사실 미륵보살은 몸 안이라고 말하지 않았습니다. 그저 '안[內]'일 뿐입니다. 무엇이 안입니까? 이 안은 안도 없고 밖도 없으니, 오로지 마음이 붙잡는[攝] 바입니다. 심의식이 어지럽게 흩어져서[散亂] 바깥을 향해 내달리며 추구하는 것을 밖[外]이라고 합니다. 억지로 그것을 몸 안에 두려고 한다면 옳지 않습니다. 도가에는 이것 때문에 구멍을 지킨다[守竅]는 설법이 있어서, 배꼽 아래 한 치 세 푼[一寸三分]의 단전(丹田)을 지키라고 말합니다. 여성이 여기를 지킨다면 혈붕(血崩)이 일어날 수 있고, 남성이 오랫동안 단전을 지키면 유정(遺精)을 할 수도 있고 온갖 병이 찾아오기도 합니다. 그러므로 해서는 안 됩니다. 이른바 안[內]이라는 것은 몸 안에 있는 것이 아닙니다. 이 마음이 안으로 머무는[內定] 것으로, 안팎을 나누지 않는 안[內]입니다.

정장작의란 이것으로 말미암기 때문에 모든 누漏를 내버리고, 거칠고 무거운 것을 영원히 막는 것을 말한다.

淨障作意者, 謂由此故, 棄捨諸漏, 永害麤重.

일체 장애를 깨끗하게 제거하는 작의가 바로 정(定) 수행입니다. 이런 수행법으로 말미암아 무루과(無漏果)를 얻을 수 있는데, 육근(六根) 육진(六塵)을 분간하지 않고 안팎이 고요히 청정하며 일체의 거칠고 무거운[麤重] 습기가 모두 없어집니다.

의지성판소행청정작의란 이것으로 말미암기 때문에 일체의 거칠고 무거움을 떠난 몸을 의지하여, 일체의 소연 경계를 행할지라도 모든 번뇌가 다시는 현행하지 않는 것을 말한다.

依止成辦所行淸淨作意者, 謂由此故, 依離一切麤重之身, 雖行一切所緣境界, 而諸煩惱不復現行.

참으로 정(定)을 이룬 사람은 부모님이 낳아 준 이 몸이 바뀝니다. 범부는 평소에 거칠고 무거운데, 도가에서는 그것을 일러 선골(仙骨)이 없다고 합니다. 그래서 골격이 대단히 중요합니다. 당조(唐朝)의 재상 이필(李泌)은 뼈마디가 가늘어서 길을 걸어가면 대단히 가벼운 것이 선골을 지니고 있었습니다. 도를 이루고 정력(定力)을 얻은 사람은 뼈마디가 반드시 가벼워서 거칠고 무거운 몸을 떠납니다. 비록 세상에 들어가서 사람 노릇 하고 일처리를 하더라도 영원히 번뇌를 일으키지 않습니다. 일부러 번뇌를 일으키지 않는 것이 아니라 일으키고 싶어도 번뇌가 일어나지 않습니다. 그래서 도가에서는 "번뇌가 일어나지 않아 마음 쓸 것이 없다[煩惱無由更上心]"라고 합니다. 마음이 해탈했기 때문에 영원히 번뇌가 없습니다.

타소건립작의란 모든 성문이 가지게 되는 작의를 말하며 반드시 다른 소리를 좇아야 하니, 안에서 이치에 맞게 작의할 수 있기 때문이다.

他所建立作意者, 謂諸聲聞所有作意, 要從他音, 乃能於內如理作意故.

'타(他)'는 바로 외연(外緣)이니, 이는 부처님의 소승 제자들을 가리킵니다. 성문중(聲聞衆)의 작의는 바깥 소리[外音]에 기대야 합니다. 여러분도 똑같아서 수업을 들으면 번뇌가 곧바로 약간 적어지고 사람됨도 0.5초 정도 좋아집니다. 하지만 듣지 않으면 오랜 고질병이 도집니다. "들불 일어도 다 태우지는 못해서, 봄바람 불면 또다시 자라나네[野火燒不盡, 春風吹又生]"라는 것입니다. 날마다 욕을 먹고 욕을 먹어야 말을 잘 듣습니다. 욕을 먹지 않으면 근질거립니다. 다른 사람에게 큰 소리로 으르렁거리는 소리를 들어야 여러분은 말을 잘 듣습니다. "타소건립작의(他所建立作意者)"란 염불, 타종(打鐘), 목어(木魚) 두드리기 같은 외부의 힘[外力]에 기대어 작의하는 것이니, 환경이 그 사람에게 영향을 주어야 선행(善行)과 선심(善心)이 조금 일어납니다. 하지만 문을 나가서 목어나 인경 소리에서 멀어지면 원래 상태로 되돌아가 버립니다. 그렇지 않습니까? 이것이 바로 성문중이 "다른 소리를 좇아야 하는[要從他音]" 까닭입니다. 염불이나 진언 염송에 기대고 부처님의 음성에 기대어야 비로소 이치에 맞게 작의할 수 있습니다. 성문(聲聞)이 세운 작의는 자신의 공력(功力)이 아니라 선지식과 불보살에 의지하고 성인(聖人)의 인도(引導)에 의지해야 자신에게 아주 약간의 좋은 심리 경계가 출현하는 것입니다. 그렇기 때문에 경전을 많이 듣고 염송(念誦)을 많이 들어야 합니다. 그런 후라야 마음이 이치에 맞게 됩니다. 만약 사흘만 제대로 규칙을 지키지 않으면 그는 또다시 야생마가 멋대로 날뛰는 식이 되어 버립니다.

독각승과 보살승의 작의

내증상취작의란 모든 독각과 모든 보살이 지니고 있는 작의를 말하니, 스 승을 좇지 않고 깨닫기 때문이다.

內增上取作意者, 謂諸獨覺及諸菩薩所有作意, 以不從師而覺悟故.

이번에는 높아졌는데, 자신에게 내재한 정혜(定慧)의 능력이 날마다 자라납니다. 이것이 독각(獨覺) 벽지불(辟支佛)이며, 연각(緣覺) 및 일체 보살의 경계라고 하기도 합니다. 그는 환경에도 기대지 않고 스승의 지 도에도 기대지 않으며 선지식도 필요치 않습니다. 자신이 수시로 "안에 서 증상하여 작의를 취할〔內增上取作意〕" 수 있습니다.

광대작의란 생사의 과실을 잘 깨달아 알기 위해 출리의 방편으로 홍서의 원 을 일으키고 대보리로 나아가는 모든 보살이 가지고 있는 작의를 말한다.

廣大作意者, 謂諸菩薩, 爲善了知生死過失, 出離方便, 發弘誓願, 趣大菩提, 所有 作意.

대승도(大乘道) 대보살 경계의 일체 원력(願力)은 지관 수행법으로 말 한다면 모두 "광대작의(廣大作意)" 원력에 속합니다. 예를 들어 보현십 대원(普賢十大願)의 "허공은 다함이 있어도 내 원력은 무궁하다〔虛空有 盡, 我願無窮〕"라는 것이 얼마나 위대합니까! "허공이 다함이 없기 때문 에 내 원력 또한 무궁합니다〔以虛空無盡故, 我願亦無窮〕." 중생을 제도할 수 없음을 잘 알지만 그래도 제도하려고 합니다. 이것을 보살의 광대한 원(願)이라고 합니다. 보살의 경계가 있어야 "홍서의 원을 일으키게〔發 弘誓願〕" 됩니다. '홍(弘)'이 바로 광대함이니, 일체중생은 나를 반대할

수 있지만 나는 시종일관 일체중생에게 자비하고 영원히 일체중생을 뒤따릅니다. 이것이 대승도 보살이 일으켜서 무상의 대보리로 나아가는 대원(大願)의 "광대작의"입니다.

변행작의란 모든 불세존께서 일체를 현현하여 장애 없는 지혜와 상응하는 작의를 말한다.

遍行作意者, 諸佛世尊, 現見一切無障礙智相應作意.

"변행(遍行)"은 존재하지 않는 곳이 없으며 정법(正法) 상법(像法) 말법(末法)의 구별이 없습니다. 부처님은 영원히 계시며 영원히 일체중생과 함께 계시지만 일체중생만 알지 못할 뿐입니다. 이것을 "변행작의(遍行作意)"라고 하니, 부처님 경계의 작의이며 오로지 부처님 경계를 지녀야 해낼 수 있습니다. 그래서 『능가경』에서는 여러분에게 "열반할 부처님도 없고 부처님의 열반도 없다〔無有涅槃佛, 無有佛涅槃〕"라고 했습니다. 부처님은 어디에 계십니까? 석가모니 부처님은 수시로 계시며, 아미타불 및 시방삼세(十方三世) 일체불 역시 중생의 마음속에 수시로 계십니다. 예를 들어 『화엄경』에서 "만약 삼세 일체불을 깨달아 알고자 하면, 마땅히 법계의 본성을 관해야 하니, 일체가 오직 마음이 지어낸다〔若人欲了知, 三世一切佛, 應觀法界性, 一切唯心造〕"라고 말한 것도 바로 이런 이치입니다.

모든 보살이 삼승 및 오명처와 선교방편에 두루하면서 지니게 되는 작의를 말한다.

若諸菩薩, 遍於三乘及五明處, 方便善巧所有作意.

대승보살도는 삼승(三乘)[139]과 오명(五明)[140], 팔만사천 선교방편(善巧方便)에 알지 못하는 바가 없고 깨닫지 못하는 바가 없으니 바로 부처님의 경계입니다.

이것을 지관(止觀) 수행이라고 하는데, 요가의 사십 가지 작의의 범위입니다. 미륵보살이 얼마나 자비합니까! 총강을 설명하고 나서 다시 하나하나 분석을 덧붙여 우리에게 말해 주었습니다. 그렇기 때문에 여러분이 보고 이해했다고 말하는 것입니다. 하지만 여전히 다른 사람의 해설을 들어야 합니다. 여러분이 세심하지 못하고 부주의하기 때문입니다. 부처님의 설법과 미륵보살의 설법을 당시의 청중, 그 중에 어떤 사람들은 대보살이었는데 그런데도 이해하지 못했을까요? 모두가 다 이해한 것이 아닐 수도 있습니다. 부주의하게 그냥 지나쳐 버렸기 때문에 미륵보살이 다시 분석을 덧붙인 것입니다.

사십 가지 작의를 사유하여 귀납하다

이 중에 요상작의는 연법과 연의를 포함하고 그 나머지 여섯 작의는 오직 연의만 포함한다.

此中了相作意, 攝緣法緣義, 餘六作意, 唯攝緣義.

---

139 부처님이 말씀하신 사성제(四聖諦)의 법문을 듣고 관하여 해탈을 이룬 성문승, 스스로 십이연기라는 실상의 이치를 깨달아 해탈을 이룬 연각승, 육바라밀의 법문을 행하여 스스로 해탈하고 남을 해탈하게 하여 부처를 이룬 보살승을 가리킨다.

140 명(明)은 학문을 뜻하며, 고대 인도의 다섯 가지 학문을 가리킨다. 성명(聲明)은 언어학, 인명(因明)은 논리학, 내명(內明)은 불학, 의방명(醫方明)은 의학과 약학, 공교명(工巧明)은 공예·기술에 대한 학문이다.

'섭(攝)'은 포함한다는 뜻이니, "연법연의(緣法緣義)"를 포함합니다. 이 '연(緣)'은 소연의 경계인데, 염불 수행법은 염불을 대상으로 하는 것입니다. 수행하기 시작하는 하나하나가 모두 소연입니다. "연법(緣法)"은 사념처(四念處)와 사정근(四正勤)을 대상으로 하는데, 삼십칠보살도품(三十七菩薩道品)이 모두 법이며 심지어 진언을 외우는 것도 법입니다. 십념(十念) 가운데 염법(念法)과 명점을 관(觀)하는 것이나 불상을 관하는 것도 연법에 속합니다. 하나의 방법을 대상〔緣〕으로 하며 일체의 현상〔事〕, 일체의 진리〔理〕를 포함합니다.

그 이치를 참구하는 것이 "연의(緣義)"이니, '의(義)'는 바로 이치〔理〕입니다. 예를 들어 "바다와 같은 깨달음의 성품은 맑고 원만하며, 맑고 원만한 깨달음은 원래 오묘하거늘, 원래의 밝음이 비추어 대상이 생겨나고, 대상이 세워지니 비춤의 본성은 없어지네〔覺海性澄圓, 圓澄覺元妙, 元明照生所, 所立照性亡〕"라고 하는 『능엄경(楞嚴經)』의 이치를 참구합니다. 또 아침저녁 수업에서 외우는 능엄주(楞嚴呪)는 그 앞에 아난이 지은 게송이 있습니다. "오묘하고 맑은 덕을 모두 지니고 흔들림이 없으신 세존께서는, 수능엄왕으로서 세상에 드문 존재이십니다. 저의 억겁 동안 전도되었던 생각을 없애 주시어, 아승기겁을 거치지 않고도 법신을 얻게 하십니다〔妙湛總持不動尊, 首楞嚴王世希有, 銷我億劫顚倒想, 不歷僧祇獲法身〕." 그저 한 글자 한 글자 외우기만 한다면 이 말의 의미는 어디에 있습니까? 여러분이 참구한 적이 없고 그대로 실행하지 않았으면, 그것은 "연의"가 아니며 "연법"도 아닙니다. 그러므로 수행은 연법이 아니라 연의입니다. "요상작의(了相作意)"는 연법과 연의를 포함하지만, "그 나머지 여섯 작의〔餘六作意〕"란 일곱 가지 근본 작의 가운데 "요상(了相)"을 제외한 여섯 가지를 가리키는데, 이 여섯 가지 작의는 연의(緣義)뿐입니다. 그 속의 이치를 모두 참구해야 합니다.

연신 등 네 가지 작의는 두루 일곱 가지에 포함된다.

緣身等境四種作意, 遍在七攝

"연신(緣身)"등 네 가지 작의란 신(身) 수(受) 심(心) 법(法)의 사념처를 대상으로 하는 것을 가리킵니다. 예를 들어 밀종의 기맥 수행, 도가와 요가의 기맥 수행법은 모두 연신입니다. 더 나아가 밀종 연화부(蓮華部)에서 범자(梵字)가 몸의 각 부위에 분포되어 있는 것을 관상하고, 어떻게 수인을 맺고 어떻게 관상하고 어떻게 만다라를 바치고 꽃을 바치는지 등등이 모두 "연신작의(緣身作意)"입니다. 신요가(身瑜珈)로부터 노사나불(盧舍那佛)[141]의 경계를 수행해도 마찬가지로 성취할 수 있습니다. 보편적으로 일곱 가지 근본 작의 안에 포함되어 있습니다.

요상작의, 승해작의, 가행구경과작의는 승해작의와 진실작의를 모두 포함한다.

了相·勝解·加行究竟果作意, 通攝勝解·眞實作意

이 요상작의(了相作意)는 앞에서 이미 설명한 적이 있는데, 그러므로 고대에 성취를 거둔 선사의 말이 옳았습니다. "오직 요인으로 깨달아지는 것이지, 생인[142]으로 생겨나는 것이 아니다〔唯了因之所了, 非生因之所

---

141 바이로차나(Vairocana)의 음역인 비로자나(毗盧遮那)의 다른 이름이다. 그 의미를 좇아 모든 곳에 두루한다는 변일체처(遍一切處) 또는 모든 곳에 두루 비친다는 광명변조(光明遍照)라고 한역되기도 한다. 노사나불은 진리의 몸인 법신(法身)이기 때문에 곧 삼라만상을 있게 하는 근본 원리요 본체임을 뜻한다.

142 어떠한 현상이 생기게 된 원인, 어떠한 결과를 초래한 원인을 말한다.

生]"라는 것입니다. 요인(了因)이 여기에서 말하는 요상(了相)이며, 마음에서 끝이 난 것입니다. 그러므로 "요상으로 깨달아지는 것이지, 생인으로 생겨나는 것이 아닙니다[了相之所了, 非生因之所生]." 가령 이 유리 공이 바닥에 떨어져서 깨어졌다고 합시다. 이것이 바로 끝난 것입니다. 맞지요? 여러분은 여전히 미련이 남습니까? 미련이 없어도 끝났고 미련이 남더라도 끝났습니다. 이것이 "요인으로 깨달아지는 것[了因之所了]"입니다. 참으로 깨달았을 때가 바로 이런 모습입니다. 그러므로 도(道)를 수행해서 과(果)를 증득하는 것은 "요인으로 깨달아지는 것이지, 생인으로 생겨나는 것이 아닙니다." 여러분에게 별도의 다른 것이 생겨나는 것이 아니라는 말입니다.

저는 많은 친구에게 이렇게 말합니다. "자네도 이젠 이만큼 나이를 먹었고 자손들도 많아서 모든 게 만족스러우니 부처님의 가르침을 잘 배워 보는 게 어떤가." 그러면 이렇게 말합니다. "아직 끝나지 않은 일들이 있어. 다 끝난 후에 스승에게 부처님의 가르침을 배우겠네." 끝나는 때가 어디 있습니까? 언제가 되어야 끝납니까? 그래서 옛사람은 이렇게 말했습니다. "지금 그만두려면 바로 그만두어야지, 끝날 때를 기다리면 끝날 때는 없다." 내려놓으려면 바로 내려놓아야 합니다. 일을 다 끝내고 수행하겠다면 언제까지 기다립니까? '끝나는[了]' 때는 없습니다. 그렇기 때문에 "요상작의(了相作意)"라고 합니다. 끝내려고 하면 바로 끝내야 하고, 한 가지 중요한 일을 끝내면 나머지는 따라서 풀립니다[一了百了].[143]

---

[143] 요(了)는 '끝내다'의 뜻과 '깨닫다'의 뜻이 있어서, 일료백료(一了百了)는 "하나의 근본을 알면 나머지 만사에 다 통한다"는 뜻도 된다.

관찰작의는 오직 승해만 포함한다. 나머지 세 작의는 오직 진실만 포함한다. 이것은 전문에 나아간 것이고 그 나머지 문에 나아갈 경우에는 마땅히 일곱 가지 작의에 따라서 상응해야 함을 알아야 하니, 모두 유학 및 비학 비무학 두 가지 작의를 포함하고 또 무학작의를 포함한다.

觀察作意, 唯攝勝解. 餘三作意, 唯攝眞實. 此就前門, 就餘門者, 當知隨應七種作意, 皆攝有學及非學非無學二種作意, 亦攝無學作意.

"유학(有學)"은 이제 막 부처님을 배우려고 하는 것입니다. "비학(非學)"은 무학위(無學位)와 같으며 더는 배울 필요가 없습니다. "비무학(非無學)"은 이미 이승(二乘)을 증득하였으며 절대무학(絶對無學)도 포함하는데, 대아라한과 보살의 경계가 포함된 것입니다.

청정지료상작의 및 가행구경과작의를 말하며, 요상작의 승해작의 관찰작의는 변지작의를 포함한다. 그 나머지 세 가지 작의는 정단작의를 포함하고, 가행구경과작의는 이단작의를 포함하고, 관찰작의는 오직 유분별영상소연작의를 포함하고……

謂淸淨地了相作意, 及加行究竟果作意, 了相勝解觀察作意, 攝遍知作意. 餘三作意, 攝正斷作意, 加行究竟果作意, 攝已斷作意, 觀察作意, 唯攝有分別影像所緣作意……

제가 이렇게 읽어 내려가면 재미가 조금도 없습니다. 『유가사지론』을 배우고 불법을 배우려면 어떻게 배워야 합니까? 저는 여러분이 이해하지 못한다는 것을 알기에 여러분에게 설명하지 않겠습니다. 이 단락은 여러분이 표를 그려 봐야 하는데, 표를 그려서 이 이론은 어떤 범위에 배치할 것인지 귀납합니다. 이것이 논리 즉 인명(因明)이니, 이 이론은 어떤 범위에 속하는지 반드시 연관시켜야 합니다. 그렇기 때문에 유식법상(唯識法相)의 학문인 『유가사지론』의 학술은 인명(논리)에 대단히 치중합니다. 때로는 먼저 귀납하고 나중에 분석하고 때로는 먼저 분석하고 나중에 귀납하는 등 운용(運用)에 일정한 규칙이 없기 때문에 논리적 사유를 필요로 하는데, 그러지 않으면 무엇이라고 말하는지 모릅니다. 세심하지 않고 소홀히 한다면, 거기에다 자신은 깨달았다고 여긴다면 틀렸습니다. 분석하고 귀납해서 이것은 저것에 귀납하고 저것은 이것에 귀납하면, 이것이 바로 저것이고 저것이 바로 이것입니다. 이런 식으로 해서 그것들의 연관 관계를 여러분에게 말해 줍니다. 아래의 내용을 더 보면 바로 알 수 있습니다.

수행에도 자본이 필요하다

또 요상작의 중에 타소건립작의가 포함하는 것은 다른 소리를 듣고 안으로 이치에 맞는 작의로써 머무르며 그 인연으로 삼는다. 내증상취작의가 포함하는 것은 오직 먼저의 자량을 그 인연으로 삼는다. 그 나머지 작의는 전전후후로 변화하여 그 인연으로 삼는다.

又了相作意, 若他所建立作意攝者, 以聞他音, 及內如理作意, 定爲其緣. 若內增上取作意攝者, 唯先資糧, 以爲其緣, 所餘作意, 前前後後, 轉爲其緣.

이 단락은 결론입니다. 장사를 하려면 밑천이 있어야 하고 사람 노릇을 하려면 밥을 먹어야 하듯, 수행을 하려면 두 가지가 있어야 한다고 합니다. 부처님을 배우려면 먼저 수행의 밑천을 준비해야 하는데, 밑천은 복덕자량과 지혜자량입니다. 자량이 없으면 수행해서 성취하지 못합니다. 예를 들면 이제 막 수행을 시작해서 절에서 일주일 동안 수행하려고 생각했는데, 갑자기 집에서 전화가 왔습니다. 어머니가 편찮으시다니 집으로 돌아가지 않으면 안 됩니다. 맞지요? 혹은 타좌를 시작해서 막 잘 되려고 하는'순간 옆에 있던 사람이 구린 방귀를 뀌거나 긴 트림을 해서 여러분을 화나게 한다면 이것은 모두 복보(福報)가 부족한 것입니다. 그러므로 수행을 하고 싶다면 복덕자량을 갖춰야 합니다. 복보는 어떻게 닦을까요? 평소 사람 노릇 하고 일처리 함에 있어서 일체 선행(善行)을 하고 매 순간 보리(菩提)로 회향(回向)[144]하는 이것이 복덕자량을 닦는 것입니다. 두 번째로 지혜자량도 있어야 합니다. 선지식(善知識)을 좇아서 일체 경전의 교리에 통달하면 환하게 관통하여 지혜가 열립니다. 복덕과 지혜 두 자량을 갖춘 연후에 비로소 수행을 시작할 수 있습니다.

여기에 계신 여러분은 두 가지 자량을 모두 지니고 있습니다. 그런데 여러분은 두 가지 자량을 쓰레기통 안에 쏟아 버렸습니다. 보배를 모두 쏟아 버렸으니 그것은 복덕을 잃어버린 것으로 그 과보(果報) 또한 미루어 헤아릴 수 없으니〔不可思議〕 앞으로가 참으로 두렵습니다. 여러분에게 경고하는데, 제가 말씀드린 것은 모두 증거가 있습니다. "쉽게 얻지 마라, 도리어 대수롭지 않게 여기게 되니〔莫將容易得, 反作等閒看〕"라는 이것은 선종 조사가 한 말입니다. 이토록 좋은 수행 환경을 만들어 주었는데 여러분은 복덕자량을 닦지 않고 지혜자량을 아낄 줄 모르고 여전히 그 자리에서 번뇌를 일으키고 있습니다. 여러분이 지금이야 마음껏 놀겠지만 그 과보는 미루어 헤아릴 수 없으니 한번 보십시오! 속어로

---

144 자기가 닦은 선근의 공덕을 다른 중생이나 자신의 불과(佛果)에 돌리는 것을 말한다.

"두고 보자"라고 합니다. 하나하나의 과보가 모두 찾아올 것입니다. 그러지 않으면 불법이 영험하지 않은 것이니, 그런 것이라면 저는 부처님을 믿지 않을 것입니다. 불법은 인과(因果)가 뚜렷해서 한 점의 오차도 없습니다. 그렇기 때문에 "오직 먼저의 자량을 그 인연으로 삼는다〔唯先資糧, 以爲其緣〕"고 했습니다.

수행은 앞에 원인이 있으면 뒤에 그에 따른 결과가 있습니다〔前因後果〕. 오늘 왜 감기에 걸렸습니까? 어제 얇게 입었기 때문입니다. 이것이 그것의 전인(前因)이고, 감기에 걸린 것이 그것의 후과(後果)입니다. 어제 잘못 먹었기 때문에 오늘 설사를 하는 것이 그것의 전인과 후과입니다. "전전후후로 변화하여 그 인연으로 삼으니〔前前後後, 轉爲其緣〕" 상호 인과가 됩니다. 오늘 병이 났기 때문에 함부로 음식을 먹지 않고 함부로 돌아다니지 않으며 천천히 약을 먹으면 내일 좋아져서 비로소 편안해집니다. 특히 수행하는 사람이 마음을 일으키고 생각을 움직이는 곳에서 자신이 잘못했는데도 전혀 알지 못하면, 그 인연이 어디에 뿌려질까요? 마지막에 결산할 때 오로지 자신만 손해를 봅니다. 자기가 만들고 자기가 받는 것이지요.

정 수행에서 발생하는 문제점

다음에 무엇을 소연의 차별이라 하는가.

復次云何所緣差別.

지금 말하는 "소연(所緣)" 즉 유분별영상소연과 무분별영상소연은 무엇을 대상으로 할까요? 방금 제가 말한 것은 빛을 대상으로 하고 명점을 대상으로 하고 불상을 대상으로 합니다. 당연히 여러분의 애인을 대상으로 해서는 안 됩니다. 그렇게 했다가는 대상으로 하면 할수록 엉망이 되고 타락하므로, 그것은 안 됩니다. 지폐를 대상으로 해서도 안 되니, 대상으로 하면 할수록 좋지 않습니다. 불법승(佛法僧)을 대상으로 해야 맞습니다.

상의 차별을 말하는데, 무엇 등을 상이라고 하는가. 간략하게 네 가지가 있으니, 첫째는 소연상이고 둘째는 인연상이며 셋째는 응원리상이며 넷째는 응수습상이다.

謂相差別, 何等爲相, 略有四種, 一所緣相, 二因緣相, 三應遠離相, 四應修習相

상의 차별에는 네 가지가 있습니다.

소연상이란 아는 바 대상의 체와 상을 분별하는 것을 말한다.

所緣相者, 謂所知事分別體相

"소연상(所緣相)"은 여러분이 알고 있는 대상으로, 의식에서 분별이 있습니다. 수행법으로 말한다면 사람마다 각자의 인연이 있어서 대상〔所緣〕이 다릅니다. 어떤 사람은 관세음보살에 대해 유달리 인연이 있어서 백의관음상(白衣觀音像)을 선택합니다. 특히 백의관음의 여성의 성상(聖像)은 우리 사바세계와 유독 인연이 깊습니다. 관세음보살은 무엇 때문에 여성으로 화신(化身)할까요? "보살의 자비는 여인의 몸을 생각합니다〔菩薩慈悲念女身〕." 관세음보살은 이 세상에서 여인이 가장 위대하고 가장 고통받으며 가장 구원받고 제도되어야 마땅하다고 여깁니다. 그런 까닭에 관세음보살은 동방세계에서 한결같이 여신상(女身像)으로

나타나는데, 청정하고 장엄하고 자비함이 모성애의 위대함을 대표합니다. 반면에 미륵보살은 남성상(男性像)으로 아버지의 사랑〔父慈〕을 대표하는데 자씨(慈氏)[145]라고 합니다.

어떤 사람은 아미타불에 대해 남달리 인연이 있고 어떤 사람은 관음보살에게 인연이 있습니다. 밀종을 수행하는 어떤 사람들은 녹도모(綠度母)를 보면 특별한 인연을 지니는데 그러면 녹도모의 법문을 닦습니다. 모두 스물한 분〔尊〕의 도모(度母)가 있는데, 붉은 도모 흰 도모 각종 도모가 있으며 금강도모(金剛度母)도 있습니다. 이른바 '도모(度母)'란 관세음보살의 서른두 가지 화신(化身)이니 모(母)는 어머니입니다. 그런 까닭에 저는 늘 이렇게 말합니다. 우리가 불교를 떠나서 세상의 종교를 보면 일반인들은 모두 남녀 중에 어느 쪽이 위대한가를 놓고 다툽니다. 하지만 한나절을 다투어도 여전히 여인이 위대합니다. 천주교도 결국에는 역시 성모 마리아이고, 불교도 가장 대단한 존재는 관세음보살이니 모두 여자의 몸으로 이 세상에 나타났습니다. 도교의 옥황대제가 그토록 위풍당당하지만 결국은 자신의 어머니인 요지금모(瑤池金母)에게로 돌아갑니다. 세상 모든 종교의 최후의 우상은 여전히 모성의 지고무상(至高無上)입니다.

인연상이란 정의 자량을 말한다. 응원리상에는 다시 네 가지가 있는데 침상, 도상, 난상, 착상을 말한다.

因緣相者, 謂定資糧. 應遠離相, 復有四種, 謂沈相, 掉相, 亂相, 著相.

정(定)을 이루고 일체 지관 수행을 함에 있어서 마땅히 멀리 떠나야 할

---

145 자씨보살(慈氏菩薩)을 줄인 말로 미륵보살의 다른 이름이다.

〔應遠離〕네 가지 형상〔相〕이란 마땅히 지녀서는 안 되는 것을 말합니다. "침상(沈相)"은 타좌를 했다 하면 곧 혼침이 와서 잠드는 것입니다. "도상(掉相)"은 도거(掉擧)이니 요동하는 것입니다. 청정한 듯하지만 갑자기 한 생각이 떠오르고 그것이 드러난 후에는 또 그것을 떨쳐 버립니다. "난상(亂相)"은 산란해서 도무지 계속 앉아 있지 못하는 것입니다. "착상(着相)"은 설사 공(空)을 이루었고 정(靜)을 얻었더라도 역시 착상인 것입니다.

예를 들어 명점(明點)을 관한다고 하면, 빛나는 명점이 있다면 그것 역시 착상(着相)입니다. 청정상(淸淨相)이라 할지라도 집착하지 않아야 옳습니다. 유분별영상의 수행을 예로 들면, 본래는 명점을 관하거나 불상을 관하려고 했지만 관할 수가 없었는데, 청정상이 찾아와서 몸과 마음이 대단히 청정합니다. 그럴 때 청정을 탐하면서 정(定)을 계속하고 자신이 옳다고 생각한다면, 사실은 틀렸습니다. 그것이 바로 착상으로, 여러분은 청정상에 미혹된 것입니다. 그렇게 되어 여러분의 청정이 전일(專一)하고 정(定) 경계의 분별영상이 주체(主體), 각체(覺體)를 떠나면 도리어 정(定)을 이룰 수 없게 됩니다. 그런 까닭에 수많은 수행자가 근접한 경계〔邊緣〕에 이르러 정(定)을 이루지 못하는데, 바로 착상 때문입니다. 모두 특히 주의해야 합니다. 침상, 도상, 난상, 착상이라는 네 가지 상에 머물러서는 안 됩니다. 『금강경』에 나오는 사상(四相) 즉 무인상(無人相) 무아상(無我相) 무수자상(無壽者相) 무중생상(無衆生相)은 대승보살이 마음의 본체〔性體〕에 의지하여 논의한 네 가지 상입니다. 여기서의 사상(四相)은 작용〔功用〕의 측면에서 논의한 것으로, 마땅히 멀리 떠나야 할 것에 속합니다.

응수습상은 마땅히 이 네 가지 상을 다스리는 것임을 알아야 하는데, 무엇

등이 침상인가. 근문을 지키지 않고, 양을 알지 못한 채 먹으며, 초저녁과 새벽에 항상 깨어 있어서 관행을 부지런히 수행하지 않으며, 정지正知에 머무르지 않는 이것이 어리석은 행동의 본성이다.

應修習相, 當知對治此四種相, 何等沈相, 謂不守根門, 食不知量, 初夜後夜, 不常惺寤, 勤修觀行, 不正知住, 是癡行性.

침(沈) 도(掉) 난(亂) 착(着)의 사상(四相)을 다스리는 것에 유달리 주의해야 합니다. 출가 수행자는 더더욱 주의해야 하니, 왜 타좌를 하면 혼침이 오고 열심히 할 수 없을까요? "근문을 지키지 않기〔不守根門〕" 때문입니다. 육근을 지키지 않는 것은 몸을 제멋대로 내버려 두는 것이기도 합니다. 그런 까닭에 계율의 위의(威儀)는 눈으로 곁눈질하지 않고 웃어도 치아를 드러내지 않는 것인데, 그런 것이 근문을 지킴입니다. 하하하 소리 내어 웃으면 산란해지기 때문에 웃을 때도 치아를 드러내지 않고 살짝 웃습니다. 눈으로는 이리저리 보지 않아야 합니다. 이렇게 육근의 근문을 지켜야 합니다.

가장 중요한 것은 음식의 양을 알아야 하는 것입니다. 병은 입을 통해 들어오기 때문에 입을 탐해서는 안 됩니다. 많은 문제가 모두 먹는 데서 나옵니다. 가장 중요한 것은 신근(身根)을 지키는 것으로, 누단(漏丹)해서는 안 됩니다. 그런 까닭에 별해탈계(別解脫戒)의 첫 조목이 계음(戒淫)입니다. 초저녁〔初夜〕은 밤의 전반부로서 하늘이 어두워지기 시작하고, 새벽〔後夜〕은 밤의 후반부입니다. "항상 깨어 있지 않음〔不常惺寤〕"이란 정념(正念)을 부지런히 끌어올리지 않고 잠자기를 탐하여 심신을 게으름에 내버려 두는 것입니다. "관행을 부지런히 수행하지〔勤修觀行〕" 않는 것이 바로 게으름입니다. "정지에 머무르지 않는〔不正知住〕" 것은 정지(正知)의 본성이 없기 때문입니다. 이것은 어리석은 행동〔癡行〕의 본성에 속하는데, 어리석음(癡)의 근성은 너무 무겁습니다.

수면에 탐착하고 교편혜[146]가 없으며, 악작과 함께 행하고 구함과 힘씀과 마음과 관함의 정사마타를 일찍이 수습하지 않으며, 사마타에 대해 아직 온전히 잘하지 못한다.

耽着睡眠, 無巧便慧, 惡作俱行, 欲勤心觀, 不曾修習正奢摩他, 於奢摩他未爲純善.

잠자기를 탐해서 무슨 이유든 찾아서 잠을 잡니다. 너무 피곤해서라고 말하지만 스스로 지혜가 없어서 조절할 방법을 알지 못하는 것입니다. 출가해 놓고 다른 한편으로는 마음속에서 후회합니다. 수도(修道)하면서 다른 한편으로는 화를 냅니다. 이런 환경에 있으면서 다른 한편으로는 원망과 미움이 번뇌와 함께 옵니다. 마음으로는 좀 더 열심히 지관 수행을 하고 싶어 하지만, 바른 수행의 길에 대해서 수지(修止) 수정(修定)의 방법을 도무지 실행하지 못합니다. 약간의 연습이 있다 치더라도 방법상으로 지선(至善)의 경계에 도달하지 못합니다.

한결같이 사마타상을 사유해도 그 마음이 어두워서 뛰어난 경계에 대하여 반연을 즐거워하지 못한다.

一向思惟奢摩他相, 其心惛暗, 於勝境界, 不樂攀緣

지(止)를 수행해서 정(定)에 이른 이러한 형상(相)을 언제나 생각하고 있지만, 타좌를 해도 그 결과는 정(定)에 이르지 못하고 곧 혼수(昏睡)와 어두움(暗昧)이 찾아옵니다. 뛰어나고 오묘한(勝妙) 경계에 대해 진보하

---

146 선교방편(善巧方便)의 지혜를 말한다.

여 도달할 생각을 하지 않습니다. 어떤 동학들이 이러한데, 불학을 대단히 좋아하기는 합니다. 좋아하고 기뻐하기는 하지만 정말로 수행을 계속해 나가면 그것을 해내지 못합니다. 이것은 어리석은 본성[癡性]에 속하는 것으로, 어리석고 지혜가 없습니다. 세간의 다정(多情)한 사람이나 불법의 우치(愚癡)한 사람처럼 모두 혼침한 근성 종자의 사람에 속합니다.

무엇 등이 도상인가. 근문을 지키지 않는 등의 네 가지는 앞에서 자세히 말한 것과 같으며, 탐을 행하는 본성으로 적정하지 않음을 즐기며, 염리심이 없으며, 교편혜가 없으며, 크게 들뜸과 함께 행하며, 앞에서 말한 욕 등의 들뜸을 일찍이 닦지 않으며, 들뜸에 대하여 아직 온전히 잘하지 못하며, 오로지 한결같이 수행해도 갖가지 도법에 수순하여 친척과 고향의 생각 등으로 그 마음을 흔들고 어지럽히는 것을 말한다.[147]

何等掉相. 謂不守根門等四, 如前廣說, 是貪行性, 樂不寂靜, 無厭離心, 無巧便慧, 太擧俱行, 如前欲等, 不曾修擧, 於擧未善, 唯一向修, 由於種種隨順掉法, 親里尋等動亂其.

도거심(掉擧心)은 일종의 탐심에 속하는데, 청정한 환경을 좋아하지 않고 정(定)의 경계를 좋아하지 않으며 세간을 매우 그리워합니다. 아주 많은 친구가 이렇게 말하는 것을 자주 봅니다. "부처님을 배우는 사람은 사바세계를 떠나야 하는데, 나는 그러고 싶지 않아. 사바세계가 뭐가 나빠? 전등이 있고 에어컨도 있고 어떤 것이 안 좋다는 건데? 굳이 극락세계에 가야만 하나? 그곳은 바닥이 유리로 되어 있고 평평하다는데, 그러

---

147 이 뒷부분은 무엇이 난상(亂相)인지, 무엇이 착상(着相)인지 등 멀리 떠나야[遠離] 할 상이 무엇인지 말하는데, 이 강의에서는 그 부분을 생략한 후 그런 상을 다스리는 마땅히 수습해야 할 상을 이어서 말한다. 이 부분은 제7강에 나온다.

면 등산도 못 하니 나는 별로야." 그들은 이 세간을 싫어서 떠나려[厭離] 하지 않으며, 선교방편의 지혜가 없으며, 뛰어나고 오묘한[勝妙] 모든 욕(欲)의 즐거움을 좋아하며, 지(止)를 수행한 적이 없습니다. "들뜸에 대하여 아직 온전히 잘하지 못한다[於擧未善]"는, 이런 것들은 모두 산란심에 속하는데, 심지어 고향으로 돌아가고 싶어 합니다. 수행을 시작한 지 며칠 되지도 않아서 집을 그리워하고, 친척과 친구와 고향을 생각하기만 하면 곧 마음이 어지러워집니다. 이것은 도거심에 속하나 산란심에는 속하지 않습니다.

제7강

• 제11권 계속

다시 삼십이상이 있으니 자심상, 외상, 소의상, 소행상, 작의상, 심기상, 안주상, 자상상, 공상상, 추상, 정상, 영납상, 분별상, 구행상, 염오상, 불염오상, 정방편상, 사방편상, 광명상, 관찰상, 현선정상, 지상, 거상, 관상, 사상, 입정상, 주정상, 출정상, 증상, 감상, 방편상, 인발상을 말한다.

무엇을 자심상이라고 하는가. 어떤 비구가 먼저 번뇌의 염오심 때문에 곧 자신의 마음에서 지극히 뛰어난 상을 취하는 것을 말한다. 여시여시하여 마음에 염오가 있거나 혹은 염오가 없다. 이 방편으로 말미암아 마음이 가라앉음 등에 처하고, 이 방편으로 말미암아 가라앉음 등에 처하지 않는다. 가라앉음 등이라고 말한 것은 가라앉음 등의 네 가지와, 생각과 마음의 장애의 상까지 말하며, 혹은 다시 거기에 염오되는 마음이다. 무엇을 외상이라고 하는가. 즉 저 염오된 마음에 대하여 자신의 마음이 염오되었음을 깨달아 알고 나서 곧 외상을 취하는 것을 말하는데, 광명상 혹은 정묘상 혹은 다시 다른 상을 말한다. 모든 번뇌를 없애려 하기 위한 것이며, 혹은 저 미혹이 현행하지 않게 하기 위한 것이다.

무엇을 소의상이라고 하는가. 체와 상을 분별하는 것을 말하니, 곧 일체 자신에게 포함되는 오온과 종자의 상을 말한다. 무엇을 소행상이라고 하는가. 사유하는 대상인 이런저런 경계의 색 내지 법의 체와 상을 분별하는 것을 말한다. 무엇을 작의상이라고 하는가. 작의를 생겨나게 할 수 있기 때문에, 이런저런 경계에 대하여 생겨난 식이 생겨나게 하는 것을 말하는데, 작作은 사유이다. 지금 나의 이 마음은 작의로 말미암기 때문에 경계에서 구른다. 작의가 없는 것이 아니니, 이렇게 사유하는 것을 작의상이라고 한다.

무엇을 심기상이라고 하는가. 순서대로 앞에서 말하는 것이 첫 번째 상이며, 두 번째 상은 심연행으로 명색을 연으로 하는 상을 말하는데, 이렇게 사유하는 것을 심기상이라고 한다. 무엇을 안주상이라고 하는가. 사식주를 말하는데, 곧 식은 색을 따라서 머무는 등 경에서 자세히 말한 것과 같으니, 이렇게 사유하는 것을 안주상이라고 한다.

무엇을 자상상이라고 하는가. 자류의 자상 혹은 각별의 자상을 말하는데, 이렇게 사유하는 것을 자상상이라고 한다. 무엇을 공상상이라고 하는가. 제행의 공상 혹은 유루의 공상 혹은 일체법의 공상을 말하는데, 이렇게 사유하는 것을 공상상이라고 한다. 무엇을 추상이라고 하는가. 하지의 일체 추상을 관하는 것을 말한다. 무엇을 정상이라고 하는가. 상지에서 행하는 일체의 정상을 말한다.

무엇을 영납상이라고 하는가. 과거를 기억함에 따라서 일찍이 겪었던 제행의 상을 말한다. 무엇을 분별상이라고 하는가. 미래의 제행을 생각하는 상을 말한다. 무엇을 구행상이라고 하는가. 현재의 제행을 분별하는 상을 말한다.

무엇을 염오상이라고 하는가. 탐욕이 있는 마음에서 탐욕이 있는 마음의 상을 사유하고, 나아가 해탈을 잘하지 못하는 마음에서 해탈을 잘하지 못하는 마음의 상을 사유하는 것을 말한다. 무엇을 불염오상이라고 하는가. 이것과 서로 어긋나는 것을 말하는데, 곧 불염오상임을 알아야 한다. 이 중에 이미 출리하여 끊어 버림에 대하여 방편을 닦지 않는 자는 유탐 등을 관하며, 방편을 닦는 자는 약하 등을 관한다. 유탐심이란 탐상에 상응하는 마음 혹은 저 품을 뒤쫓아 다니는 추중을 말하는데, 이와 같이 얽어맴과 수면으로 말미암기 때문에 일체의 염오심은 그 상응하는 바를 마땅히 알아야 하며, 얽어맴과 수면을 대치할 수 있기 때문에 염오되지 않음을 성취한다.

무엇을 정방편상이라고 하는가. 백정품의 인연상의 상을 사유하는 것을 말한다. 무엇을 사방편상이라고 하는가. 염오품의 인연상의 상을 사유하는 것을 말한다. 곧 여시여시하게 사유하며 근문을 지키지 않기 때문에, 내지는 부정지에 머무르기 때문에 여시여시하게 마음이 염오되는 상이다. 무엇을 광명상이라고 하는가. 어떤 사람이 어두움을 다스리거나 혹은 법광명을 은근하고 성실하게 그 상을 잘 취하여 지극히 잘 사유하되, 하방에서와 같이 상방에서도 그러하니, 이와 같이 일체의 암상을 다스리기 때문에 이 상을 건립하는 것이다.

무엇을 관찰상이라고 하는가. 어떤 비구가 은근하고 성실하게 그 상을 잘 취하여 그것을 관찰하는 것을 말한다. 머무르면서 앉음에 대하여 관찰하는 것은 현재의 능취로써 미래의 소취법을 관찰하는 것이다. 앉아서 누움에 대해 관찰하는 것은 현재의 능취로써 과거의 소취를 관찰하는 것이다. 혹은 후행에 있는 법으로써 전행을 관찰하는 것은 후후의 능취로써 전전의 능취법을 관찰하는 것이니, 이것은 곧 소취와 능취의 두 가지 법을 관찰하는 것을 간략하게 나타낸 것이다.

무엇을 현선정상이라고 하는가. 청어 등의 상을 사유하는 것을 말하는데, 욕탐 등을 다스리고자 하기 때문이다. 무슨 까닭에 이 상을 현선이라고 하는가. 모든 번뇌 중에서 탐이 가장 강하며, 모든 탐 중에서 욕탐이 강해서 모든 괴로움을 낳는데, 이 상이 저것을 다스리는 소연이기 때문에 현선이라고 하는 것이다.

무엇을 지상이라고 하는가. 무분별영상의 상을 사유하는 것을 말한다. 무엇을 거상이라고 하는가. 마음을 채찍질하여 하나의 정묘상 혹은 광명상의 상을 따라 취하는 것을 말한다. 무엇을 관상이라고 하는가. 문사수혜로 제법의 상을 사유하는 것을 말한다. 무엇을 사상이라고 하는가. 평등심을 얻고 나서 모든 선품에서 사상을 더욱 힘쓰는 것을 말한다.

무엇을 입정상이라고 하는가. 인연 소연을 마땅히 수습하는 상으로 말미암기 때문에, 삼마지에 들어가거나 혹은 다시 이미 이루어서 앞에 나타나는 것을 말한다. 무엇을 주정상이라고 하는가. 곧 저 모든 상에 대하여 선교로 잘 취하며, 잘 취하기 때문에 그 바라는 바를 따라서 정에 편안히 머무르고, 또 이 정에서 불퇴법을 얻는 것을 말한다. 무엇을 출정상이라고 하는가. 분별하는 체에 포함되지 않는 부정지의 상을 말한다.

무엇을 증상이라고 하는가. 경안정이 배로 증가하고 광대해지면서 상을 사유하는 것을 말한다. 무엇을 감상이라고 하는가. 경안정이 줄어들고 협소해지면서 상을 사유하는 것을 말한다. 무엇을 방편상이라고 하는가. 두 가지 도의 상을 말하는데, 혹은 배로 증가하고 광대해지는 상을 취하거나 혹은 줄어들고 협소해지는 상을 취한다. 무엇을 인발상이라고 하는가. 여러 폭넓은 문구의 뜻과 도, 무쟁지·무애지·묘원지 같은 것, 삼마지에 의지하여 모든 나머지 힘과 무외 등 최승의 공덕 같은 것, 깊고 깊은 구절의 뜻에 통달할 수 있는 미묘한 지혜를 일으키는 이와 같은 상을 말한다.

다음으로 이와 같은 모든 상은 곧 앞의 근본 네 가지 상에 포함되는 것이니, 말하자면 소연상은 일체를 다 포함하며 인연상 또한 그러한데, 전과 후가 인연이 되기 때문이고, 후후로 하여금 명정을 얻게 하기 때문이다. 정방편상은 일체 종류에게 모두 다 인연상이 되며 정방편과 같이 사방편 또한 그러하다. 첫 번째 것은 백품의 상이며 두 번째 것은 흑품의 상이다. 모든 염오상은 오로지 마땅히 멀리 떠나야 하며 그 나머지 모든 상은 오로지 마땅히 수습해야 하는데, 이런저런 때에 마땅히 수습해야 하기 때문이다.

『유가사지론』 다음 단락은 정(定)을 닦는 수련에 대한 것으로, 지관(止觀)에서 더 나아가 사선팔정(四禪八定)을 직접 증득하는 것에 대해 상세한 분석과 지도를 하고 있습니다. 저는 본래 이 부분을 건너뛰고 여러분 스스로 연구하게 하려고 생각했습니다. 여러분은 타좌도 제대로 해 보지 않았으니 지(止)까지 이야기할 수 없고, 지(止)가 없으니 관(觀)은 더더욱 이야기할 수 없고, 지관을 제대로 하지 않았으니 정혜(定慧)를 이야기할 수 없고, 정혜를 제대로 하지 않았는데 어떻게 사선팔정을 얻을 수 있겠습니까? 그러니 여러분은 들어도 헛들은 것이나 마찬가지입니다. 그런 까닭에 저는 이 부분을 건너뛰어 이야기하지 않고 그저 부처님을 배우고 출가하고 소승에서 대승에 이르는 수행법만 연구할 생각이었습니다. 그러면 당연히 몇 권을 건너뛰게 됩니다. 제가 이런 생각을 하고 있어도 여러분의 의견을 들어보려 합니다. 어쩌면 여러분 중에 몇 분은 이해하고서 듣고 싶어 할 수도 있으니까요. 하지만 소수, 아니 다수는 아주 고통스러울 것입니다. 억지로 열심히 하고 알아듣는 척 가장하지만 제 생각에는 학대입니다. 그래서 먼저 여러분의 의견을 구하고자 하니 예의 차리지 마십시오.

(어떤 동학이 의견을 내었는데, 앞으로 수증하는 데 도움이 될 것이므로 계속해서 사선팔정을 강의해 주시기를 희망한다고 했다.)

다수의 동학들이 찬성하니 그렇다면 계속해서 강의하겠습니다.

심신의 안팎이 더러워졌다

다시 삼십이상이 있으니 자심상, 외상, 소의상, 소행상, 작의상, 심기상, 안주상, 자상상, 공상상, 추상, 정상, 영납상, 분별상, 구행상, 염오상, 불염오상, 정방편상, 사방편상, 광명상, 관찰상, 현선정상, 지상, 거상, 관상, 사상, 입정상, 주정상, 출정상, 증상, 감상, 방편상, 인발상을 말한다.

復有三十二相, 謂自心相, 外相, 所依相, 所行相, 作意相, 心起相, 安住相, 自相相, 共相相, 麤相, 靜相, 領納相, 分別相, 俱行相, 染汚相, 不染汚相, 正方便相, 邪方便相, 光明相, 觀察相, 賢善定相, 止相, 擧相, 觀相, 捨相, 入定相, 住定相, 出定相, 增相, 減相, 方便相, 引發相.

이 삼십이상(三十二相)은 각 경계의 상황을 말합니다. 『유가사지론』의 문자 조직은 대단히 엄밀하고 상세한데, 여기에서는 먼저 요점만 언급하고 각각의 내용은 뒤에서 다시 해석을 덧붙였습니다.

이 삼십이상은 부처님 몸의 삼십이상을 가리키는 것이 아닙니다. 실제로 성불하면 삼십이상(三十二相) 팔십종호(八十種好)를 지니게 되는데, 내심의 수양과 수지의 공덕으로 말미암아 성취한 것입니다. 여기의 삼십이상은 부처님 몸의 삼십이상과 그냥 보기에는 아무 관계없는 것 같지만 사실은 관계가 있으므로 반드시 유식과 화엄 두 방면을 결합시켜서 연구해야 합니다. 여기에서 언급하는 '심상(心相)'은 심리 상태인데, 말하자면 수련을 하는 경계에 서른두 가지의 서로 다른 상황이 있다는 것입니다.

무엇을 자심상이라고 하는가. 어떤 비구가 먼저 번뇌의 염오심 때문에 곧 자신의 마음에서 지극히 뛰어난 상을 취하는 것을 말한다.

云何自心相. 謂有苾芻, 先爲煩惱染汚心故, 便於自心極善取相.

무엇을 "자심상(自心相)"이라고 합니까? 요즘 말로 하면 사람의 심리 현상입니다. 이 부분은 성문의 수도(修道)에 속하며, 전심(專心)으로 출가하여 수도하는 것을 주로 가리킵니다. 세간의 친척과 외연(外緣)을 떠나는데, 그 목적이 도(道)를 구하고 과(果)를 증득하기 위해서이기 때문에 비구상(比丘相)으로 나타납니다. 그가 말하기를, 어떤 비구들은 먼저 "번뇌의 염오심 때문에[煩惱染汚心故]" 아침부터 밤까지 번뇌 속에 있습니다. 병적인 번뇌, 자유롭지 못한 번뇌, 날씨가 춥고 더운 번뇌, 주리고 목마른 번뇌 등등입니다. 번뇌는 괴롭기[苦]도 하고 아프기[痛]도 하지만 고통(苦痛)은 아닙니다. 고통은 약간 거칠고 무겁습니다. 번(煩)은 여러분을 뒤숭숭하게 하는 것으로, 밉살스럽고 마음속이 답답하게 느껴집니다. 뇌(惱)는 마음이 언짢은 것으로, 어떤 것도 마음에 들지 않는 그런 모습 같습니다. 각자의 습관과 개성이 다르기 때문에 함께 있으면 번뇌가 없을 수 없습니다. 일체중생은 모두 번뇌상(煩惱相)을 지니기 때문에 번뇌를 벗어나야[解脫] 도를 얻을 수 있습니다.

염오상(染汚相)이 번뇌상은 아닙니다. '염오(染汚)'는 하얀 천에 얼룩이나 색이 물든 것과 같습니다. 실제로 교육이 염오입니다. 지금의 불법 교육 같은 것은 성불(成佛)의 삼십이상에 물들 준비입니다. 이것은 선법

(善法)의 염오입니다. 그런데 세간의 일체는 모두 악법(惡法)의 염오이기 때문에 번뇌가 자신을 더럽혔습니다〔染汚〕. 이것이 자신의 번뇌 심리 현상입니다. 일체중생의 마음은 모두 번뇌와 염오를 지니기 때문에 해탈해야 합니다.

사람의 심리는 본래 빛나고 사리에 밝습니다. 외부 환경의 영향이나 교육의 영향을 받아서, 혹은 간행물이나 영화, 텔레비전의 영향을 받았기 때문에 물들어 버렸습니다. 물든 후에는 마치 색안경을 쓴 것처럼 어떤 것을 봐도 색이 변해 버립니다. 이래서 옳지 않고 저래서 옳지 않고 다른 사람은 다 옳지 않고 오로지 자신만 옳습니다. '염오'는 주관적 심리 관념이 형성되어 버려서, 이것이 옳다고 생각하면 나의 이런 관점에 어긋난 것은 모두 옳지 않다고 여깁니다. 그래서 "자신의 마음에서 지극히 뛰어난 상을 취하고〔自心極善取相〕" 스스로 이 번뇌를 붙잡게 됩니다. 이 '선(善)'은 잘할 수 있다는 뜻으로 형용사입니다. 예를 들어 우리가 이 사람은 붓글씨를 아주 잘 쓴다고 말할 때, 서법(書法)에 뛰어나다〔善〕고 말하는데 바로 그 선입니다.

여시여시하여 마음에 염오가 있거나 혹은 염오가 없다.

如是如是, 心有染汚, 或無染汚.

"여시여시(如是如是)"는 이러이러하다는 뜻으로, 이 네 글자를 함께 붙여 놓으면 아주 많은 심리 행위의 상황을 포함하게 됩니다. 우리 모두의 마음도 더러워진〔染汚〕 부분이 있습니다. 마음속에 염오가 없으면서 청정하고 광명하고 번뇌가 없다면 아라한과를 증득한 것입니다. 염오가 있음은 염오가 없음에 상대적인 것으로, 이 두 가지 모두 심리 상태입니다.

이 방편으로 말미암아 마음이 가라앉음 등에 처하고, 이 방편으로 말미암아 가라앉음 등에 처하지 않는다.

由此方便, 心處沈等, 由此方便, 不處沈等.

심리가 번뇌로 더러워져 있기 때문에 물속에 침몰해 들어가는 것처럼 쉽게 가라앉고 무너집니다. 수행의 이치를 알고 나면 이 마음은 가라앉지 않고 무너지지 않습니다. 거기에서 벗어나고 세상의 모든 것을 초월할 수 있습니다. 이런 글은 읽으면 쉽게 이해되지만 자세히 봐야 합니다.

가라앉음 등이라고 말한 것은 가라앉음 등의 네 가지와, 생각과 마음의 장애의 상까지 말하며, 혹은 다시 거기에 염오되는 마음이다.

言沈等者, 謂沈等四, 乃至念心礙着之相, 或復於彼被染汚心.

무엇을 "가라앉음 등(沈等者)"이라고 할까요? 침(沈) 도(掉) 난(亂) 착(着) 등 네 가지 상(四相)과 심리의 장애, 생각의 장애에까지 이릅니다. 관점이 같지 않아서 일체가 옳지 않고 오로지 나 자신만 옳습니다. 달빛 아래에서 그림자를 보면 자신이 볼수록 위대합니다. 심리와 생각에 장애가 생겼는데 그것이 오래되면 가슴과 위(胃)에도 장애가 생겨서 소화 불량이나 정신적 긴장을 유발합니다. 그러므로 많은 위장병이 생각의 영향을 받는 것입니다. 의학에서 위장병은 두 가지로 나뉘는데, 하나는 신경성 위장병으로 몸의 신경이 쇠약해서 온 것이고, 또 하나는 뇌신경의 위장병으로 뇌를 과도하게 사용해서 마음이 장애를 받은 것입니다. 혹은 이 마음은 본래 이미 더러워졌으니 이 번뇌와 염오 위에 다시 번뇌를 더하고 염오를 더했다고 말합니다.

무엇을 외상이라고 하는가. 즉 저 염오된 마음에 대하여 자신의 마음이 염오되었음을 깨달아 알고 나서 곧 외상을 취하는 것을 말하는데, 광명상 혹은 정묘상 혹은 다시 다른 상을 말한다.

云何外相. 謂卽於彼被染汚心, 了知自心被染汚已, 便取外相, 謂光明相, 或淨妙相, 或復餘相.

마음의 "외상(外相)"은 무엇일까요? 주의하십시오! 이것은 성문승 비구가 정식으로 수도할 때 마음으로 외상(外相)을 취하는 것을 말하지 불법 외의 외도(外道)를 말하는 것이 아닙니다. 수도하는 비구는 자신의 마음이 더러워졌고 생각의 주관(主觀)이 형성되었음을 알고, 이 외상을 취하고서 "광명상" 혹은 "정묘상"으로 여깁니다. 예를 들어 어떤 사람이 법을 수행하기 시작했는데, 손을 씻지 않으면 향을 올리고 예불할 수 없으니 손을 씻었습니다. 그런데 손을 씻고 나서도 여전히 깨끗한 향로를 어루만지며 이러한 정묘상을 취합니다. 세상에는 빛[光]을 보는 사람이 많이 있으며 밀종에도 있습니다. 물론 여러분은 본 적이 없고, 저 역시 여러분에게 가르치지 않았습니다. 여러분에게 가르쳤다면 근기가 좀 괜찮은 사람은 한 달 만에 성공할 것이고 그보다 못한 사람은 석 달 혹은 백 일이면 수련에 성공할 수 있습니다. 하지만 여러분은 마(魔)에 빠질 수도 있습니다. 코끝에 둥근 원을 하나 그려 놓고 제가 소매를 휘두르기만 하면 여러분은 소매 속에서 빛나는 것을 보게 됩니다. 여러분이 찾고자 하는 것을 찾아낼 것입니다. 그런 후에 타좌를 하면 한 조각 빛이 둥글고 환하게 빛납니다. 그러면 스스로 이것이 바로 묘광여래(妙光如來)라고 생각하는데, 본성의 빛이 둥글고 밝다[性光圓明]는 것과 같은 온갖 관념이 다 생깁니다.

취하는 상이 아주 많으니, 세상의 각 종교는 모두 나름대로 취하는 외상(外相)이 있습니다. 가령 천주교는 촛불만 켜고 향은 피우지 않습니다. "향만 사르고 폭죽을 터트리지 않으면[148] 보살이 알지 못하고, 향을 사르고 경쇠를 두드리지 않으면 보살이 믿지 않는다"는 불교계의 착상(著相)의 수행법도 마찬가지입니다.

모든 번뇌를 없애려 하기 위한 것이며, 혹은 저 미혹이 현행하지 않게 하기 위한 것이다.

爲欲除遣諸煩惱故, 或令彼惑不現行故.

자기 자신으로 하여금 번뇌를 없애 버리게 하기 위해서 광명법 및 각종 수행법을 닦는데, 일념불생(一念不生)에도 도달할 수 있습니다. 혹은 기타 좋지 않은 경계가 현행하지 않게 할 수 있습니다. 이러한 심리 현상으로 인해 외상(外相)을 취하고 마음 바깥에서 법을 구하는 외도(外道)의 경계로 들어갈 수 있기 때문에 외상인 것입니다.

색신에 의지하여 작의하다

무엇을 소의상이라고 하는가. 체와 상을 분별하는 것을 말하니, 곧 일체 자신에게 포함되는 오온과 종자의 상을 말한다.

云何所依相. 謂分別體相, 卽是一切自身所攝五蘊幷種子相.

---

148 중국은 절기나 기념일에 폭죽을 터트리는 풍습이 있는데 악귀를 쫓고 복을 부른다는 의미가 있다. 여기에서 유래하여 불교 행사에도 폭죽을 쓰는 것으로 보인다.

이 구절은 어렵습니다. 이 성문승 비구들은 부처님의 가르침을 배운 지 오래되었기 때문에, 무엇이 본성〔性〕의 체(體)이며 무엇이 그것의 상 (相)인지 불법의 이치를 모두 알고 있습니다. 예를 들어 반야중관(般若中觀) 등등은 공(空)을 말하고 체(體)를 말하지만, 유식법상종은 상(相)을 이야기합니다. 어떤 사물이든지 모두 체(體) 상(相) 용(用)을 지니고 있습니다. 허공은, 허공을 체로 삼고 공(空)을 상으로 삼으며, 텅 비어서 〔空〕 만유를 수용하는 것을 용으로 삼습니다. 부처님을 배우려면 먼저 이것을 파악해야 합니다. 특히 화엄종과 법상종은 이 이치를 이해해야 합니다. 우리 사람은 육신을 체(體)로 삼고 각자 서로 다른 생김새〔長相〕 를 지니고 있어서, 나의 상(相)은 다른 사람에게는 없는 것이고 당신의 상(相) 역시 다른 사람이 지닐 수 있는 것이 아닙니다. 또 각각의 사람이 각자 업을 짓고 있는 것이 바로 용(用)입니다. 사유의 분별은 일체법의 체, 상, 용 즉 자신의 오온(五蘊)과 종자(種子)를 이해하는 것입니다. 우주 만유, 세상 만물에서부터 나 자신의 이 몸에 포함되는 색(色) 수(受) 상(想) 행(行) 식(識)의 오온 등에 이르기까지, 참으로 이 부분을 연구하고자 한다면 먼저 『오온론(五蘊論)』을 파고들어야 합니다. 오온을 엄격히 분석하면 색온(色蘊)은 물리에 속하는데, 지(地) 수(水) 화(火) 풍(風) 공(空)의 오색법(五色法)입니다. 이것은 도가에서 사람의 몸이 작은 천지요 작은 우주의 작용이라고 말하는 것이기도 합니다.

우리의 이 생명은 개별적인 것이든 공체(共體)적인 것이든 모두 하나의 아뢰야식 종자가 폭발한 것입니다. 이것이 "소의상(所依相)"입니다. 이른바 소의는 우리가 의지하는 바〔所依〕로, 바로 몸입니다. 우리의 능의(能依)는 마치 전기와 똑같아서 전기는 전등을 통과해야 빛을 낼 수 있습니다. 그러므로 전등은 전기가 의지하는 바〔所依〕입니다. 우리의 자성은 이러한 오온의 육신을 통과해야 작용을 일으킬 수 있습니다. 만약 이 오온의 육신이 망가져 버리면 이 남염부제(南閻浮提)[149]의 세계에서는 곧 소용이 없어집니다. 신체가 없어졌기 때문입니다. 비록 당신의 의식은 말하고 있어도 우리 사람에게는 들리지 않습니다. 하지만 우리가 말을 할 때 그 육신이 없는 비인(非人)들은 곁에서 모두 듣습니다. 작은 공간에도 수천만의 비인(非人)을 수용할 수 있으니, 비인에게는 오온의 육신이 없기 때문입니다. 하지만 사람은 "오온과 종자의 상〔五蘊幷種子相〕"을 지니고 있습니다. 그러므로 이 단락은 우리에게 이렇게 말합니다. 이른바 불법을 구하고 증득한다는 것은 이 색신으로 과(果)를 증득한다는 것입니다. 그러지 않으면 불법은 빈말이 되어 버리니, 그러면 우리가 굳이 부처님을 배울 필요가 있겠습니까?

이 몸으로 구하고 증득하는 것이 비로소 참 불법이니, 이 몸이 우리의 소의상입니다. 그러나 이 몸은 잠시 빌려 쓰는 것으로 수십 년 사용하면 없어져 버리니, 이 집이 무너지기 전에 서둘러 수지해야 합니다. 그러지 않으면 때를 놓칩니다. 사람은 태어나는 그날부터 죽음의 길을 걷기 시작했습니다. 설사 백 살 넘게 산다 해도 결국은 역시 죽음입니다. 그래서 『장자』에서는 "삶이 있으면 죽음이 있다〔方生方死〕"라고 했습니다.

무엇을 소행상이라고 하는가. 사유하는 대상인 이런저런 경계의 색 내지 법의 체와 상을 분별하는 것을 말한다.

云何所行相. 謂所思惟彼彼境界, 色乃至法分別體相.

현재 말하는 심리 행위이자 행위 심리는 여러분의 생각과 느낌의 각종

---

[149] 수미산 남쪽에 있다는 대륙으로, 인간이 사는 곳을 말한다. 섬부주(瞻部洲)라고도 하는데 염부, 섬부는 jambu의 음역어로 여기에 자란다는 뜻이다.

경계이기도 한데 바로 "소행상(所行相)"입니다. '색(色)'은 물리적·물질적인 것이고 '법(法)'은 정신적·의식적인 것인데, 각종 체(體) 각종 상(相)을 분별하는 이것이 소행상입니다.

무엇을 작의상이라고 하는가. 작의를 생겨나게 할 수 있기 때문에 이런저런 경계에 대하여 생겨난 식이 생겨나게 하는 것을 말하는데, 작(作)은 사유이다.
云何作意相. 謂有能生作意故, 於彼彼境界, 所生識生, 作是思惟.

우리의 수행은 먼저 작의(作意)를 해야 한다고 말하지 않았습니까? 여러분이 유식을 연구하려고 한다면 이 단락의 "작의상(作意相)"을 가지고 작의 전부를 해석해서는 안 됩니다. 여기에서 말하는 작의는 지관 수행의 작의와는 같지 않습니다. 사람으로 살면서 지옥업(地獄業)을 짓는 작의와도 같지 않습니다. 지금 해석하는 이 단락의 작의상은 성문도를 수행하는 비구들이 수습(修習)할 때의 작의상을 말합니다. 이 생명은 작의를 생겨나게 할 수 있는 것이기 때문에, 우리 의식으로 하여금 하나의 경계를 일으키게 할 수 있습니다. "이런저런 경계에 대하여 생겨난 식이 생겨나게 한다〔於彼彼境界, 所生識生〕"는, 외계의 일체 경계에 대해서 생겨나는 것은 의식이 변한 것입니다. 의식이 변한 것이라는 말은 생각할 수 있다는 뜻입니다.

지금은 시대가 다릅니다. 서양 철학은 유물(唯物) 철학을 낳았는데 우리 사상의 습관적 형태를 '이데올로기'라고 부릅니다. 중국인은 외국인과 같은 사물을 보더라도 관점이 다릅니다. 의식 형태가 다르기 때문에 표정도 다른데, 이것이 사상의 습관성 차이입니다. 서양 철학을 연구해도 역시 헷갈립니다. 보기에는 불법에 거의 근접한 것 같아도 실제로는 차이가 큽니다. 이 또한 의식 심리가 생겨나게 한 것입니다.

작의는 색신에 영향을 준다

지금 나의 이 마음은 작의로 말미암기 때문에 경계에서 구른다.

今我此心, 由作意故, 於境界轉.

    유물 철학을 연구하는 사람은 '마음[心]'이 가짜이며 일체가 유물(唯物)이라고 생각하는데, 이것은 유물 사상에 편향된 견해입니다. 저는 이것이 기계적 심리학에 속한다고 말합니다. 개를 가지고 실험을 하는데, 밥그릇을 두드려서 소리를 내고 개가 와서 밥을 먹게 하면 몇 번 한 후에는 이 개가 그것을 알게 됩니다. 그러다가 접시에 아무것도 없는 상태로 실험을 해도 마찬가지로 개의 입에서 침이 흘러나올 것입니다. 이 모든 것이 심리 작용으로, 모두 환경 유물의 영향을 받은 것입니다. 그런데 유식(唯識)을 가지고 말한다면, 이런 견해는 모두 다른 것에 의지하여 일어난 것[依他起]입니다. 유물 사상은 마음이라는 것은 없으며 이른바 "일체유심조(一切唯心造)"는 빈말이라고 여깁니다. 하지만 그들은 환경이 마음에 영향을 줄 수 있고 마음 또한 환경에 영향을 줄 수 있음을 잊어버렸습니다.

    하늘에 맹세하건데 불법을 포함한 유심(唯心) 철학에 참으로 철저히 통해야 합니다. 오로지 여러분의 수행 증과(證果)에 의지해서 증명해야 합니다. 사실 유물 철학의 최고 원리는 유심 철학과 연결되어 있으며 심물일원(心物一元)의 이치이기도 한데, 그 속은 아주 심오합니다. 가령 모든 것은 오로지 마음이 만든다[一切唯心造]고 말하려면, 마음이 만든 것을 가지고 와서 보여 주십시오! 그렇게 할 수 없다면 유물의 주장을 설득할 수 없습니다. 도를 증득한 사람은 마음[心]이 물질[物]을 변화시킬 수 있다고 말하려면, 여러분이 도를 증득한 사람을 찾아가서 보여 주어야 비로소 믿습니다. 그러므로 참 수행을 하려면 사실을 들어서 증명해야만 합니다. 이론을 아무리 잘 말해도 아무 소용없으니, 그저 어지러이 흩어지는 남자[散男子] 및 어지러이 흩어지는 여자[散女子]들을 겁줄 수 있을 뿐입니다. 진정으로 학문 하는 사람들을 만나서 사실을 추구하고 증명함으로써 설명해야 사람을 설득할 수 있습니다.

모든 것은 오로지 마음이 만든다면, 여러분이 한번 만들어 보십시오! 어떤 유물론자가 여러분에게 묻습니다. 당신은 지금 배가 몹시 고픈데 맛있는 것을 보고도 침을 흘리지 않겠습니까? 침을 흘릴 것입니다. 그러니 모든 심리가 외계의 영향을 받아 바뀌는 것을 볼 수 있습니다. 하지만 이것은 작의(作意)입니다. 작의하지 않으면 이런 일은 없습니다. 어차피 작의라면 모든 것은 오로지 물질[唯物]이라고 주관적으로 생각해서는 안 됩니다. 물론 모든 것은 오로지 마음이 만든다는 것의 증명도 부족하기는 합니다. 하지만 당신이 옳다고 생각하는, 모든 것은 오로지 물질에 의해 바뀐다는 것은 모두 외부의 영향을 받은 것입니다. 논리상으로 당신의 주관이 작의해 낸 것입니다.

문제로 다시 돌아와서 이야기하겠습니다. 이러한 작의의 작용, 사상의 내재(內在)를 연구하는 것이 바로 철학에서 말하는 인식론(認識論)입니다. 지금 이야기하는 인지론(認知論)이기도 합니다. 질문하겠습니다. 여러분의 이 인식이나 인지, 행위를 확정짓는 이 주관의 작용이 무엇입니까? 먼저 분명히 연구하고 나서 유물 철학을 논해야 합니다. 시대의 변화가 너무 빠릅니다. 이십일 세기가 도래하고 학술은 더욱 창성하여, 지금 세상에서는 의학 논문이 삼 분에 오만여 편 쏟아져 나옵니다. 이 시대는 지식이 폭발하는 시대이고 각 대학의 연구 논문은 오 분에 수십만 건이 나와서 새로운 이론 지식이 증가하고 있습니다. 여러분이 나가서 불법을 널리 펼칠 때 여전히 오온(五蘊) 십팔계(十八界)에서 맴돌고 있어서는 안 됩니다. 그렇기 때문에 주의해야 합니다. 오로지 몸으로 이 길을 구하고 증명해야 합니다.

작의가 없는 것이 아니니, 이렇게 사유하는 것을 작의상이라고 한다.

非無作意, 此所思惟, 名作意相.

유심(唯心)이라고 생각해도 좋고 유물(唯物)이라고 생각해도 좋습니다. 모두 여러분의 의식 작의가 생겨나게 한 것으로서, 의식 사상의 경계를 떠나면 여러분은 어떤 것도 찾아낼 수 없습니다. 사유할 수 있는 이것을 "작의상(作意相)"이라고 합니다. 예를 들어 우리가 타좌를 시작하면 일념도 일어나지 않게 하고 청정을 좋아하고 청정을 알기도 하지만, 이것은 작의에서 온 것으로 좋은 작의이며 청정작의라고 합니다. 비록 안다고 말하지만 청정은 여전히 작의에서 온 것입니다.

무엇을 심기상이라고 하는가. 순서대로 앞에서 말하는 것이 첫 번째 상이며, 두 번째 상은 심연행으로 명색을 연으로 하는 상을 말하는데, 이렇게 사유하는 것을 심기상이라고 한다.

云何心起相. 謂卽次前所說是一相, 第二相者, 謂心緣行緣名色相, 此所思惟, 名心起相.

하나의 현상을 작의하는 것이 바로 "심기상(心起相)"입니다. 심리상으로 첫 번째 상(相)은 작의(作意)이고, 두 번째 상은 심연행(心緣行)으로 명색(名色)을 조건[緣]으로 하며……이렇게 십이인연은 하나의 연쇄적인 관계이니 이것이 심기상입니다. 이렇게 말하면 누가 알겠습니까? 여러분이 나가서 불법을 널리 펴려면 그저 불법만 알아서는 충분하지 않

습니다. 연습해서 강연자가 되어야 합니다. 강연은 수업을 하는 것과 다릅니다. 진정으로 불법을 널리 펼 수 있는 사람은 강의도 하고 강연도 할 수 있어야 하며, 불학을 알 뿐 아니라 일체 학문을 알아야 합니다. 심기상의 십이인연까지 나왔으니 말하는데, '무명(無明)'은 '행(行)'을 조건으로 하고 다시 '식(識)'을 조건으로 하고 다시 '명색(名色)'을 조건으로 하고…… 만약 이것이 마음(心路)의 경로이고 약간은 추억과 회상의 경계라고 말한다면, 그제야 요즘 사람들은 옳게 말했다고 생각할 것입니다. 십이인연을 설명하면서 이것은 저것을 조건(緣)으로 한다고 하면 요즘 사람들은 이해하지 못합니다. 요즘 말로 표현해야 합니다.

세상의 사유 습성을 버리고 자기 심리를 점검하라

무엇을 안주상이라고 하는가. 사식주를 말하는데, 곧 식은 색을 따라서 머무는 등 경에서 자세히 말한 것과 같으니, 이렇게 사유하는 것을 안주상이라고 한다.

云何安住相. 謂四識住, 卽識隨色住等, 如經廣說, 此所思惟, 名安住相.

이 몇 구절은 비교적 깊이가 있습니다. 무엇이 "안주상(安住相)"입니까? 예를 들어 우리 이 지구가 오늘 존재하는 것이 바로 안주(安住)입니다. 비록 장차 없어질 수 있지만 그래도 지금 이 단계는 안주입니다. 이 존재가 안주하는 것이 "사식주(四識住)"(색식주色識住, 수식주受識住, 상식주想識住, 행식주行識住)인데, 식은 색을 따라 머무르니(識隨色住) 즉 정신은 이 물리 세계와 함께 머문다(共住)는 말입니다. 이원론(二元論)의 주장처럼 이 세계는 정신과 물리 두 가지의 합성으로 말미암는다고

말했습니다. 마치 자성광명이 육신과 합쳐지는 것과 똑같습니다. 자성
광명은 마치 밀가루에 설탕을 섞어 놓은 것처럼 육신에 한데 녹아 있습
니다. 우리의 광명자성은 바로 이 육체에 있는데, 수행은 마치 밀가루에
응결된 흰 설탕을 뽑아 내는 것과 같습니다. 여러분은 다리가 저리면 바
로 아픔을 느낍니다. 육체에 여러분의 그 영지지성(靈知之性)이 없다면
여러분은 다리가 저려도 아픈 줄 모르게 됩니다. "경에서 자세히 말한
것과 같다〔如經廣說〕", 즉 이 이치는 불경에서 아주 많이 말했는데 이러
한 사상의 범위가 안주상입니다.

　타좌해서 정(定)을 수행하는 것은 바로 생명 속에 흩어져 있는 영지지
성(靈知之性)을 다시 응결시키는 것입니다. 그런 후에 다시 육체와 분리
시키는 것이 해탈이니, 자신의 원래로 되돌아갑니다. 이것은 소승의 수
행법에 속합니다. 대승의 수행법은 이 육체와 그 영지지성(靈知之性)이
모두 하나의 것이 변한 것임을 알고 있어서, 이 영지지성을 육체에서 끌
어 낼 뿐 아니라 육체까지도 전화시키려고 합니다. 이것이 대승의 수행
법입니다.

**무엇을 자상상이라고 하는가. 자류의 자상 혹은 각별의 자상을 말하는데,
이렇게 사유하는 것을 자상상이라고 한다.**

云何自相相. 謂自類自相, 或各別自相, 此所思惟, 名自相相.

　사람의 사상 의식은 하나의 사유 형식을 형성하고 스스로 고정된 관념
형태를 만드는데, 그것이 바로 "자상상(自相相)"입니다. 철학 공부를 하
는 사람은 말하고 일을 처리함에 있어 모두 철학적 모습을 지니고 있습
니다. 과학을 공부하는 사람은, 제게 많은 친구들이 있는데 저는 그들에
게 '과학 괴짜'라는 이름을 붙여 주었습니다. 그들의 그 모습은 하나의

과학자입니다. 학자에게는 책벌레의 모습이 있어서 진부하고 융통성이 없습니다. 부처님을 배우는 사람은 입만 열면 부처님 말씀이고 얼굴에는 부처님 기운이 가득합니다. 이것이 바로 "자류자상(自類自相)"입니다. 기독교인의 모습을 보면 한눈에 예수의 모습이 보입니다. 의식의 형상이 형성되어 버리면 별 수 없으니, 바로 "각별자상(各別自相)"입니다. 심리 작용이 이렇게 중요합니다. 개인의 사상이 한 가지 형태를 형성하면 이것을 자상상이라고 합니다.

무엇을 공상상이라고 하는가. 제행의 공상 혹은 유루의 공상 혹은 일체법의 공상을 말하는데, 이렇게 사유하는 것을 공상상이라고 한다.

云何共相相. 謂諸行共相, 或有漏共相, 或一切法共相, 此所思惟, 名共相相.

중국 사람은 외국에 가서 서양 음식을 먹으면 대다수가 입맛에 맞지 않습니다. 이것은 다수의 사람들이 모두 지니고 있는 공동 현상입니다. 인도 사람은 향신료를 넣어 만든 음식을 먹으려고 합니다. 안에 요구르트를 넣어서 대단히 시큼하지만 그들은 아주 맛있게 먹습니다. 사람들은 모두 심리상 공동으로 형성된 공업(共業)[150]을 지니고 있는데, 이것이 "공상상(共相相)"입니다.

무엇을 추상이라고 하는가. 하지의 일체 추상을 관하는 것을 말한다.

云何麤相. 謂所觀下地一切麤相.

"하지(下地)"는 욕계를 가리킵니다. 우리는 세심하지 못하고 부주의한

---

150 공동으로 지은 선악의 행위. 공동으로 고락의 과보를 받는 원인이 되는 선악의 행위.

데, 세심하지 못한 거친 마음[麤心]이 불법에서 보면 하지입니다. 하계(下界)의 중생은 모두 거친 마음[麤心], 거친 기[麤氣]로 인해 이것을 잊어버리고 저것도 잊어버립니다. 이것이 마음의 거침[心麤]이니, 얼굴이 온통 "추상(麤相)"입니다. 수행이 경지에 이르면 얼굴 모습[相]이 미세함[細]으로 바뀌고 피부 세포도 부드럽게 변합니다. 이것은 세상(細相)입니다.

무엇을 정상이라고 하는가. 상지에서 행하는 일체의 정상을 말한다.

云何靜相. 謂所行上地一切靜相.

색계와 무색계, 상계(上界) 천인(天人)의 경계는 고요한데 이것이 "정상(靜相)"입니다.

무엇을 영납상이라고 하는가. 과거를 기억함에 따라서 일찍이 겪었던 제행의 상을 말한다.

云何領納相. 謂隨憶念過去曾經諸行之相.

이른바 "영납(領納)"은 받았던 형상[受相]이니, 바로 과거에 겪었던 일입니다. 사람은 모두 고향을 좋아하고 어머니가 만든 음식을 좋아합니다. 익숙해졌기 때문입니다. 천하를 두루 돌아다녀 봐도 역시 자기 고향이 좋은 것은 어쩔 수 없습니다. 모든 사람의 개성에는 과거와 전생에 일찍이 받았던[受] 영납상이 있어서, 각자의 의식이 현행(現行)을 형성합니다. 그런 까닭에 모든 사람의 개성이 다른 것입니다.

무엇을 분별상이라고 하는가. 미래의 제행을 생각하는 상을 말한다.

云何分別相. 謂思未來諸行之相.

미래의 일까지 생각하는 이것은 사상의 분별에 의지합니다. 여러분처럼 젊은 사람들은 여기에서 공부를 하면서도 다 마친 후에는 뭘 할까를 생각합니다. '머리를 밀어야 할까, 아니면 그냥 놔둘까? 머리카락이 없으면 법사라고 부르겠지만 머리를 밀지 않으면 방법이 없겠지.' 자신의 앞길까지 생각하면 고뇌가 생깁니다. 이런 상들이 미래의 "분별상(分別相)"입니다. 무엇을 분별이라고 하는지 알며, 이렇게도 저렇게도 사유하고 비교하기 때문에 비량(比量)[151]의 경계이기도 합니다.

무엇을 구행상이라고 하는가. 현재의 제행을 분별하는 상을 말한다.

云何俱行相. 謂分別現在諸行之相.

현재의 심리 상태를 가리킵니다.

무엇을 염오상이라고 하는가. 탐욕이 있는 마음에서 탐욕이 있는 마음의 상을 사유하고, 나아가 해탈을 잘하지 못하는 마음에서 해탈을 잘하지 못하는 마음의 상을 사유하는 것을 말한다.

云何染汚相. 謂於有貪心, 思惟有貪心相, 乃至於不善解脫心, 思惟不善解脫心相.

이 세상을 탐하고 그리워하는 것이 바로 "염오상(染汚相)"이니, 명성! 이익! 돈! 합니다. 천당 같은 또 다른 세상이 있다 쳐도 어떤 사람들은 하늘에 태어나기를 원하지 않습니다! 여기에서 노는 데 익숙해져 버렸기 때문입니다. 냉난방이 있고 전등이 있고 정말로 재미있어서 그는 이미 익숙해져 버렸습니다. 이것이 "해탈을 잘하지 못하는 마음에서 해탈

을 잘하지 못하는 마음의 상을 사유하는[不善解脫心, 思惟不善解脫心相]"
것입니다.

무엇을 불염오상이라고 하는가. 이것과 서로 어긋나는 것을 말하는데, 곧
불염오상임을 알아야 한다.
云何不染汚相. 謂與此相違, 當知卽是不染汚相.

탐하지 않는 마음에는 염오(染汚)가 없으니 바로 "불염오상(不染汚
相)"입니다. 다시 말하면 마음의 청정 광명을 회복하는 것을 불염오라고
합니다.

이 중에 이미 출리하여 끊어 버림에 대하여 방편을 닦지 않는 자는 유탐 등
을 관하며, 방편을 닦는 자는 약하[152] 등을 관한다.
此中已出離於斷, 不修方便者, 觀有貪等, 修方便者, 觀略下等.

이 욕계를 단칼에 끊어 버리는, 금강을 끊어 버릴 수 있는 지혜로써 피
안을 건너갑니다[能斷金剛般若波羅蜜]. 그렇기 때문에 출가 비구는 세상
의 사유 습성을 끊어 버려야 합니다. 그는 세상 사람들을 관찰해 보면
모두 탐심 속에 있어서 각종 수행의 방법을 닦지 않는다고 말합니다. 사
실 수행은 자신의 심리를 점검해야 하는데, 여러분은 무엇 때문에 타좌

---

151 어떤 사실을 근거로 해서, 그것과 같은 조건 하에 있는 다른 사실을 미루어 헤아리는 것을 말
한다.
152 약하는 약심(略心)과 하심(下心)을 가리킨다. '약심'이란 정행(正行)으로 말미암아 안의 소연
에 대하여 그 마음을 묶는 것을 말한다[略心者, 謂由正行, 於內所緣, 繫縛其心]. '하심'이란 혼침
과 수면이 함께 작용하는 것을 말한다[下心者, 謂惛沈,睡眠俱行]. 『유가사지론』 권28에 나온다.

수행을 하고 부처님을 배우려고 합니까? 탐심 때문입니다. 과(果)를 증득하고도 싶고, 도(道)를 성취하고도 싶고, 성불해서 삼계를 벗어나고도 싶으니, 큰 탐(貪)입니다. 성불을 탐하는 것 역시 탐심으로, 모두 똑같습니다. 단지 여러분의 탐(貪)을 하나의 목표로 바꾸었을 뿐입니다. 그렇기 때문에 참으로 수행해서 불탐(不貪)의 땅에 도달하면 성공한 것입니다. 세간법을 탐하지 않고 출세간법도 탐하지 않는, 이런 모습이 되어야 담담하게 머무름이라 말할 수 있습니다. 여러분은 그 자리에 앉아서 의식을 멈추면 그것이 담담하게 머무름이라고 여기십니까? 그것은 멈추어 선 것일 뿐입니다. 그렇기 때문에 교리를 알아야 합니다.

탐심을 가지고 말하면 좁은 의미의 탐(貪)은 음식과 남녀 간의 애욕을 탐하는 것이지만, 넓은 의미의 탐은 세상 일체를 탐하는 것입니다. 하나라도 탐이 아닌 것이 없으니, 청정을 탐하는 것도 탐이고 깨끗함을 사랑하는 것도 탐입니다. 부처님을 배우는 것은 해탈을 구하기 위해서이지만, 참 해탈은 정말로 어렵습니다.

일체 번뇌가 뒤따르고 얽어매고 있으니

유탐심이란 탐상에 상응하는 마음 혹은 저 품을 뒤쫓아 다니는 추중을 말하는데, 이와 같이 얽어맴과 수면으로 말미암기 때문에 일체의 염오심은 그 상응하는 바를 마땅히 알아야 하며, 얽어맴과 수면을 대치할 수 있기 때문에 염오되지 않음을 성취한다.

有貪心者, 謂貪相應心, 或復隨逐彼品麤重, 如是由纏及隨眠故, 一切染汚心, 如應當知, 以能對治纏及隨眠故, 成不染汚.

"추중(麤重)"은 탐심의 거친 일면입니다. "수축(隨逐)"은 탐(貪)에 탐을 더하는 것으로, 탐을 뒤쫓아 달려갑니다. 이렇게 얽어맴(纏: 結使[153])으로 말미암으며 얽어맬수록〔纏〕 더욱 견고해집니다. 그리고 수번뇌(隨煩惱)[154]인 "수면(隨眠)"[155]도 있으니, 여러분이 잠을 잘 때에도 그것은 여러분을 뒤쫓아 다닙니다. 잠을 잘 때에도 탐이 있는데, 잠자는 곳이 편안해야 한다는 것 역시 탐입니다. 그런 까닭에 비구는 두타행(頭陀行)을 수행할 때 뽕나무 밑에서 사흘을 잠자지〔三宿〕[156] 않습니다. 어디에선들 밤을 보낼 수 없다는 말입니까? 어떤 사람은 저 자리가 좋다고 탐하고, 어떤 사람은 침상을 바꾸면 잠들지 못합니다. 이런 것을 수행이라고 합니까?

일체 번뇌가 모두 여러분을 얽어매고 있지만 그 중에 수면 번뇌가 가장 심합니다. 왜냐하면 수면 번뇌는 여러분이 잠을 잘 때에도 뒤따라 와서 함께 있기 때문입니다. 그런데도 여러분은 그 사실을 알지 못할 뿐 아니라 그것을 죽도록 사랑합니다. 벗어나지 못하게 얽어매고 있어서 여러분으로 하여금 영원히 혼미(昏迷) 속에 있게 합니다. 수면이라는 이 명사는 너무도 적절하게 번역해 놓았습니다. 일체중생은 탐(貪) 등의 근본번뇌가 수시로 뒤따르는데 수면 번뇌 역시 뒤따릅니다. 수행하는 사람이 한 순간에 번뇌와 수면 번뇌에 사로잡히게 되면, 선지식이 한 차례 꾸짖어

---

153 결사(結使)는 번뇌를 뜻한다. 번뇌는 중생을 결박하여 미혹에서 벗어나지 못하게 하므로 결(結), 중생의 마음을 마구 부려〔使〕 산란하게 하므로 사(使)라고 하다.

154 근본번뇌에 부수적으로 일어나는 오염된 마음 작용을 가리킨다.

155 중생의 마음을 혼미하게 하는 것이 마치 잠자는 것과 같다는 뜻으로 번뇌(煩惱)를 달리 이르는 말이다.

156 『사십이장경(四十二章經)』의 뽕나무 밑에서 사흘 밤을 자면서 도를 닦은 승려가 그곳을 잊지 못하여 그리움이 생겼다는 구절에서 유래한다. 한곳에서 사흘을 지내면 그곳을 잊지 못하여 그리워하는 마음이 생긴다는 의미로 쓰인다.

야 알 수 있습니다. 얼마나 멍청합니까! 불(佛)이란 깨어 있음(覺)이니, 수시로 경각심을 지니고 있어야 하고 자기 심리의 문제를 치료할 수 있어야 합니다. 얽어매임과 수면 번뇌를 치료한다는 뜻입니다. 그러므로 "몸은 보리수요 마음은 명경대로다, 부지런히 털어내어 먼지가 앉지 않도록 할지니(身是菩提樹, 心如明鏡台, 時時動拂拭, 勿使惹塵埃)"라는 신수(神秀)의 게송은 옳습니다. 그는 수행의 공부를 말한 것입니다. 육조가 말한 것은 직접적인 견성(見性)으로, 차이가 여기에 있습니다. 참으로 견지를 지닌 후에는, 역시나 "부지런히 털어내어 먼지가 앉지 않도록" 수련해야 합니다. 깨달은 후에도 수행을 해야 얽어매임과 수면 번뇌를 철저히 없애서 다시 더러워지지 않습니다.

누군가가 여러분의 번뇌를 지적하고 여러분의 업장과 염오의 심리를 지적해도, 자신은 여전히 수긍하지 않고 여전히 고치려고 하지 않습니다. 여전히 그 습기(習氣) 업력의 심리를 끌어안고 그것을 보배로 여깁니다. 이런! 그냥 얽어매이게 내버려 두십시오. 어차피 육도윤회 역시 아주 재미있는 일이니까요. 저야 여러분이 실컷 구르다가 돌아오기를 저쪽에서 기다리면 됩니다.

정방편상 사방편상 광명상 관찰상에 대하여

무엇을 정방편상이라고 하는가. 백정품의 인연상의 상을 사유하는 것을 말한다.

云何正方便相. 謂所思惟白淨品因緣相相.

희고(白) 또 깨끗한(淨) 선상(善相)을 가지고 수행하는 것이 바로 "정

방편상(正方便相)"입니다. 백(白)은 선(善)을 형용하고, 흑(黑)은 악(惡)을 형용합니다.

무엇을 사방편상이라고 하는가. 염오품의 인연상의 상을 사유하는 것을 말한다. 곧 여시여시하게 사유하며 근문을 지키지 않기 때문에, 내지는 부정지에 머무르기 때문에 여시여시하게 마음이 염오되는 상이다.

云何邪方便相. 謂所思惟染汚品因緣相相. 卽是思惟如是如是不守根門住故. 乃至不正知住故. 如是如是心被染相.

그릇된 방법과 그릇된 가르침이 모두 "사방편(邪方便)"입니다. 그들에게도 제 나름의 이러저러한 이론은 있지만 "근문을 지키지 않고〔不守根門〕" 즉 되돌아와서 자신을 반성하지 않고 육근이 모두 바깥을 향해 내달리기 때문에 외도(外道)라고 합니다. 정지정견(正知正見)은 없고 그저 이런저런 이치만 많아서 마음이 온통 더러워졌습니다〔染汚〕.

무엇을 광명상이라고 하는가. 어떤 사람이 어두움을 다스리거나 혹은 법광명을 은근하고 성실하게 그 상을 잘 취하여 지극히 잘 사유하되, 하방에서와 같이 상방에서도 그러하니, 이와 같이 일체의 암상을 다스리기 때문에 이 상을 건립하는 것이다.

云何光明相. 謂如有一於暗對治. 或法光明. 慇懃懇到. 善取其相. 極善思惟. 如於下方. 於上亦爾. 如是一切治暗相故. 建立此相.

"광명상(光明相)"을 두 종류로 나누면, 하나는 지혜 광명으로 무상(無相)의 광명이고 또 하나는 유상(有相)의 광명이니 바로 수행법의 광명입니다. 가령 일륜(日輪)이나 월륜(月輪)을 관하는 광명상 같은 경우에는,

정좌(靜坐)해서 참으로 선정을 이루면 눈을 뜨든 눈을 감든 신체 내부에 지혜 광명상이 있는데, 이것은 생리적이며 수련에서 오는 광명으로 무명(無明)의 어두움을 대치합니다. "법광명(法光明)"은 곧 지혜 광명으로 의식에서의 광명입니다. 도를 구하는 사람은 지극히 성실하고 간절해야 참된 지혜를 일으킬 수 있습니다. 왜 여기에서는 또다시 "그 상을 잘 취하라〔善取其相〕"고 말했을까요? 불경은 여러분에게 상에 집착하지〔着相〕 말라고 하지 않았습니까? 집착하되 집착하지 말라는 것입니다! 부처님께서 그렇게나 많은 경전을 남긴 것은 부처님이 말씀하실 때마다 곧 해탈했기 때문이니, 이것이 바로 "그 상을 잘 취함"입니다. 그러므로 염불을 하든 밀종을 수행하든 "그 상을 잘 취해야" 합니다. 생기차제(生起次第), 원만차제(圓滿次第), 성공연기(性空緣起), 연기성공(緣起性空)을 지혜롭게 사유하고 분명하게 연구해야 합니다. 하방세계(下方世界)[157] 및 상방세계(上方世界) 모두 이렇게 수행해서 무명(無明)의 어두움을 다스림으로써 지혜의 광명상을 건립합니다.

무엇을 관찰상이라고 하는가. 어떤 비구가 은근하고 성실하게 그 상을 잘 취하여 그것을 관찰하는 것을 말한다.

云何觀察相. 謂有苾芻, 殷勤懇到, 善取其相而觀察之.

주의하십시오! 출가한 비구에게는 이 또한 계율입니다. 부처님을 배우고자 한다면 이렇게 해야 한다는 것이니, 참된 수행자는 출가해서 도를 구함에 있어 성실해야 합니다. 일반적으로 부처님을 배우는 사람은 시작하자마자 '공(空)' 자에 마쳐되어 버립니다. 하지만 정말로 비울〔空〕

---

157 인간 세상을 말한다.

수 있습니까? 여러분이 공을 취하면 그 역시 "그 상을 잘 취함[善取其相]"입니다. 하지만 "그것을 관찰해야[觀察之]" 합니다. 수시로 사유하고 관찰해서 자신을 반성해야 합니다.

머무르면서 앉음에 대하여 관찰하는 것은 현재의 능취로써 미래의 소취법을 관찰하는 것이다.

住觀於坐者, 謂以現在能取, 觀未來所取法.

가령 타좌를 하는 중에 관 수행을 하면 완전히 사유수(思惟修)에 의지합니다. 지금 여기에 앉아 있는 사람은 누구인가? 앉을 수 있는 사람은 누구인가? 다음 단계에서는 어떻게 해야 하는가? "능취(能取)"와 "소취(所取)", 마음의 인식 주체[能]와 마음의 인식 대상[所] 사이를 분명하게 연구해야 합니다. 잠을 잘 때에도 마땅히 이렇게 수련해야 합니다.

앉아서 누움에 대해 관찰하는 것은 현재의 능취로써 과거의 소취를 관찰하는 것이다.

坐觀於臥者, 謂以現在能取, 觀過去所取.

어제 잠을 잤는데 왜 다시 깼는가? 오늘 왜 또다시 잠을 자고 싶으며, 잠들면 어디로 가는가? 선종에서는 여러분에게 "꿈도 없고 생각도 없을 때, 주인공은 어디에 있는가[無夢無想時, 主人公何在]"를 참구하라고 하는데 바로 이 이치입니다. 사유수이기도 하니, 참구하십시오!

혹은 후행에 있는 법으로써 전행을 관찰하는 것은 후후의 능취로써 전전의 능취법을 관찰하는 것이니, 이것은 곧 소취와 능취의 두 가지 법을 관찰하

는 것을 간략하게 나타낸 것이다.

或法在後行, 觀察前行者, 謂以後後能取, 觀前前能取法, 此卽略顯二種所取能取
法觀.

"후행에 있는 법으로써 전행을 관찰하는[法在後行, 觀察前行者]"것이
란 무엇일까요? 걸어갈 때 내가 이 한 걸음을 걸어간 것은 누가 나에게
걷게 한 것입니까? 나의 의식입니다. 그 의식은 왜 나에게 이 한 걸음을
걷게 했을까요? 또 앞선 옛사람의 수행은 어떻게 성취한 것일까요? 관
찰하고 사유해야 합니다. 오랜 후[後後]를 자세히 살피고 오래 전[前前]
을 자세히 살펴야 합니다.

이것은 그 중에서 두 가지를 간단히 이야기하였으니, 능취법을 관찰하
는 것과 소취법을 관찰하는 것입니다. 나아가서 능소(能所) 둘 다 없어
지고 자성(自性) 법성(法性)이 나타납니다.

모든 탐욕상을 다스릴 수 있는 현선정

무엇을 현선정상이라고 하는가. 청어 등의 상을 사유하는 것을 말하는데,
욕탐 등을 다스리고자 하기 때문이다.

云何賢善定相. 謂所思惟靑瘀等相, 爲欲對治欲貪等故.

어떻게 "현선정(賢善定)"을 얻을까요? 이것도 성문승의 것입니다. 정
(定)은 공법(共法)인지라 외도에도 정이 있고 마도에도 정이 있습니다.
마(魔)를 얕보지 마십시오. 대마왕(大魔王)이 정을 얻지 못한다면 신통
이 없는 것이니, 신통은 모두 정으로부터 나옵니다. 그렇기 때문에 정이

공법이라는 것입니다. 하지만 불법의 정(定)은 현선정(賢善定)이라고 합니다. 세간정(世間定), 외도정(外道定)의 수행법이 아닙니다. 여러분은 타좌를 하는 것이 도(道)라고 생각합니까? 외도를 하는 사람이 여러분보다 훨씬 낫습니다. 어떤 노스님이 미국에 가서 불법을 펼쳤는데, 법사 몇 명과 미국인 재가 거사 한 명이 밤에 타좌를 겨루었습니다. 이 외국인 친구가 아주 단정하게 앉아서 여섯 시간을 꼼짝도 하지 않았다고 하는데, 그것은 분명 요가를 한 것이라고 제가 말했습니다. 노스님이 말하기를, 법사 몇 명은 네 시간을 앉아 있더니 더는 견디지 못하고 자리에서 내려와 예불만 했다고 합니다. 그런데 그 거사를 봤더니 외국인인데도 그렇게 잘 앉아 있으니 어떻게 합니까? 그저 날이 밝도록 예불을 드리다가 모두 죽도록 지쳐 혼침으로 잠들어 버렸습니다. 그러니 우리가 제대로 수행하지 않으면 어떻게 되겠습니까!

이것은 실화로, 그 노스님이 직접 저에게 말해 주셨습니다. 그 노스님의 미덕이 바로 솔직함입니다. 이래야 수행이라고 할 수 있습니다. 저는 늘 말합니다. 미국에 가서 불법을 펼치려면 먼저 백악관 입구에서 가부좌를 하고 보름간 앉아서 일어나지 않아야 한다고요. 도를 지니고 있건 아니건 상관없이 먼저 다리로 겨루어 보여 주어야 한다니까요! 하지만 말은 그렇게 해도, 설사 그렇게 할 수 있다 할지라도 그저 외도정일 따름입니다.

여러분 가운데 어떤 사람들은 『선비요법(禪秘要法)』을 듣고 부정관과 백골관을 수행하는데, 발가락의 썩은 곳만 관(觀)해도 구토가 날 것입니다. 왜 이런 심리가 있을까요? 여러분은 욕계의 색신에 대해 아주 먼 과거부터 탐욕개(貪欲蓋)를 지니고 있기 때문에, 그래서 싫어하는 것입니다. 탐욕의 마음이 없다고 한다면, 이런 법을 들으면 기뻐서 당장에 내장 속의 더러운 것까지 모조리 토해 낼 것입니다. 여러분은 수행에 지혜가

없어서 자신을 점검하지 못합니다. 솔직히 말해서 여러분은 지금 부정관
도 제대로 관하지 못합니다. 『선비요법』에 따라 말한다면, 먼저 자신의
몸이 썩어 버린 것을 관해야 합니다. 벌레가 몸에서 기어 다니고 살은 썩
어서 악취가 납니다. 부정관에 대해 여러분이 직접 현장에서 본 적이 없
으면 안 됩니다. 그러면 관할 수가 없습니다. 부처님은 세상에 계실 때
자신의 제자 비구들을 데리고 시타림(尸陀林)에서 관(觀) 수행을 했습니
다. 인도는 아주 가난해서 사람이 죽으면 그냥 거적으로 싸서 시타림에
버리고 그대로 썩게 두었습니다. 부처님께서 비구들을 데리고 여기에서
관상(觀想)을 하면 당연히 정(定)에 들었는데, 놀랍고 무서워서 정(定)에
들게 됩니다. 그러므로 먼저 부정관을 수행하려면 푸르뎅뎅하게 변하고
썩어 가는 것까지 관해야 합니다. 이것이 자신의 탐욕심과 애욕심을 치
료합니다. 지(止) 수행을 해서 지를 이루고 정(定)을 이루었어도 여전히
외도에 속하기 때문에 관(觀)을 일으켜서 혜(慧)를 얻어야 합니다.

무슨 까닭에 이 상을 현선이라고 하는가. 모든 번뇌 중에서 탐이 가장 강하
며, 모든 탐 중에서 욕탐이 강해서 모든 괴로움을 낳는데, 이 상이 저것을
다스리는 소연이기 때문에 현선이라고 하는 것이다.

何故此相說名賢善. 諸煩惱中, 貪最爲勝, 於諸貪中, 欲貪爲勝, 生諸苦故, 此相是
彼對治所緣, 故名賢善.

　해탈한 후에는 욕계의 염오상(染汚相)을 정상(淨相)으로 바꿀 수 있는
데, 바로 현선상(賢善相)입니다.

정에 들어가고 정에 머무르고 정에서 나오다

무엇을 지상이라고 하는가. 무분별영상의 상을 사유하는 것을 말한다.

云何止相. 謂所思惟無分別影像之相.

대상〔所緣〕을 자세하고 바르게〔審正〕 관찰해서 심일경성이 되면 지(止)를 이룹니다. 지를 이루고 정(定)을 이루는 것은 여전히 공법이므로, 마땅히 관을 일으켜서 지혜를 개발하고 혜(慧)를 얻어야 합니다.

무엇을 거상이라고 하는가. 마음을 채찍질하여 하나의 정묘상 혹은 광명상의 상을 따라 취하는 것을 말한다.

云何擧相. 謂策心所取, 隨一淨妙, 或光明相相.

혼침은 뇌에 산소가 부족한 것이므로 심장을 높게 해 주어야 혼침을 다스리는 작용이 있습니다. "책심(策心)"은 채찍질함이니, 심장을 한번 높이 올리거나 혹은 정묘한 광명상을 취하고 햇볕을 쬐면 바로 혼침하지 않습니다. 그러나 너무 오랫동안 올리고 있으면 혈압이 높아지고 산란심이 일어나므로, 곧 '침상(沈相)'으로 바꿔서 그것을 아래로 내려야 합니다.

무엇을 관상이라고 하는가. 문사수혜로 제법의 상을 사유하는 것을 말한다.

云何觀相. 謂聞思修慧所思惟諸法相.

경전을 들으면 연구하고 토론해야 합니다. 연구한 다음에는 자신의 몸과 마음으로 되돌아와서 수행해야 합니다. 수행한 다음에 정(定)을 이루고 혜(慧)를 얻어서 깨닫습니다.

무엇을 사상이라고 하는가. 평등심을 얻고 나서 모든 선품에서 사상을 더욱 힘쓰는 것을 말한다.

云何捨相. 謂已得平等心, 於諸善品增上捨相.

수련을 해서 한 걸음 걸어가면 곧바로 한 걸음 버립니다. 오늘 광명을 얻었으면 얼른 광명을 버려야 나아갑니다. 광명의 편안함을 탐해서 하나의 광명 많은 광명, 그렇게 광명을 탐하는 것이 너무 오래되면 그다음에 여러분은 단지 하나의 광명으로 변할 수 있을 뿐입니다. 광명이 뭐 그리 대단하지도 않습니다. '사(捨)'의 이치가 이러하니, 유가의 "진실로 날로 새로워지려면, 나날이 새롭게 하고 또 날로 새롭게 하라[苟日新, 日日新, 又日新]"라는 것이기도 합니다. 제가 늘 여러분에게 말하지만 오늘의 진보는 별것 아닙니다. 오로지 내일만 있고 오로지 진보만 있고 영원히 멈춤의 경계[止境] 없이 앞으로 나아가야지, 하나의 경계에 멈추어서는 안 됩니다. 반드시 버려야 합니다.

무엇을 입정상이라고 하는가. 인연 소연을 마땅히 수습하는 상으로 말미암기 때문에, 삼마지에 들어가거나 혹은 다시 이미 이루어서 앞에 나타나는 것을 말한다.

云何入定相. 謂由因緣所緣應修習相故, 入三摩地, 或復已得而現在前.

이것은 인연법으로 각종 인연이 모여서 이루어지는데, 자신의 생리가 잘 적응해서 신체가 건강하고 무병무통(無病無痛)하니 심리(心理), 심경(心境), 심로(心路), 심행(心行)이 모두 바르게 됩니다. 몸과 마음의 두

인연이 모여서 명점을 관하고 싶은데 관하지 못하다가 마침 아무개 동학이 전등을 켜서 빛이 쏟아지자 곧바로 정(定)의 경계에 들어갑니다. 이러한 광명은 상(相)이 있는데, 자성 무상광(無相光)의 경계로 전환되어야 맞습니다. 때로는 마치 눈면 고양이가 죽은 쥐를 맞닥뜨린 것 같으니, 수습해야 증도(證道)의 경계가 찾아오고 정에 들어가게 됩니다.

일반인들이 입정(入定)을 해석하는 것을 보면 정말로 어떤 사물이 있어서 마치 소시지 속을 채워 넣는 것처럼 흘러 들어가는 것이라고 여기는데, 틀렸습니다. 정(定)에 들어가는 것은 예를 들면 이런 것입니다. 광명정(光明定)을 해서 결국에는 몸과 마음이 한 조각 광명인 그런 상태에 들어가는 것을 정에 들어간다고 합니다. 그러니까 대상[緣]으로 하고자 했던 그 상황에 들어가는 것입니다. 예를 들어 막 수업을 하려고 하는데 어떤 사람이 수업을 듣고 싶어서 문을 열고 들어온다면 인연이 모인 것입니다. 들어와서 자리에 앉아 수업을 듣는 이것이 "인연소연(因緣所緣)"입니다. 정(定)에 들어가는 것도 마찬가지입니다. 원했던 인연과 소연이 모두 만나서 곧 정에 들어가게 되는 것입니다. 아무것도 모르는 상태가 되어야 정에 들어간 것이라고 여겨서는 안 됩니다.

정(定)은 고정되어 머무르는[定住] 것이니 마치 어린아이가 팽이를 가지고 노는 것과 같습니다. 팽이는 돌아도 중심에 머물러 있어서 보기에는 움직이지 않는 것 같은데, 그것이 정에 들어간[入定] 것입니다. 너무 빠르게 움직이기 때문에 움직이지 않는 것 같지만, 움직이지 않습니까? 움직이고 있습니다. 팽이는 중심점에 바르게 서서 머물러[定住] 있으니, 정은 중심점에 있습니다. 돌지 못하고 쓰러질 때가 혼침이고, 이제 막 돌아가려고 흔들흔들하는 상태가 산란입니다. 이해하시겠습니까? 불경의 것을 반드시 불경에만 의지해야 이해할 수 있는 것은 아닙니다. 세상의 많은 일이 우리의 이해를 도울 수 있습니다. 정에 들어가는 것은 그 중심점에 들어가는 것입니다.

인연소연이 모여서 오늘 자리에 앉았더니 몸이 아주 편안하고 마음도 전일(專一)합니다. 앉으면 마음이 평온해지면서 여러분의 요구에 부합한다면 그것이 바른 것입니다. 그런데 여러분은 어떻습니까? 이미 앉아서 마음이 평온해지는 경계에 이르렀는데, 앉아 있은 지 오래됐는데도 정에 들어가지 않으니 어떻게 하면 정에 들어갈까 생각합니다. 자리에 앉아서 입정(入定)을 해치는 상사병(相思病)을 앓고 있으니 당연히 정에 들어갈 수 없습니다. "혹은 다시 이미 이루어서 앞에 나타납니다[或復已得而現在前]." 여러분은 일찍이 정(定)의 경계를 경험한 적이 있기 때문에 수시로 앞에 나타나게 할 수 있습니다. 행주좌와(行住坐臥) 수시로 이 경계에 도달할 수 있습니다.

무엇을 주정상이라고 하는가. 곧 저 모든 상에 대하여 선교로 잘 취하며, 잘 취하기 때문에 그 바라는 바를 따라서 정에 편안히 머무르고, 또 이 정에서 불퇴법을 얻는 것을 말한다.

云何住定相. 謂卽於彼諸相善巧而取, 由善取故, 隨其所欲, 於定安住, 又於此定得不退法.

입정상(入定相)은 초보이고 입문입니다. 정(定)에 들어간 후에는 머물러 있어야[定住] 하니 바로 "주정상(住定相)"입니다. 이렇게도 말할 수 있습니다. 내가 정의 경계에 들어가고자 하면, 자리에 앉든 서 있든 상관없이 심경(心境)이 편안하고 고요하기만 하면 잠시 후 이 경계에 들어갑니다. "잘 취하기 때문에 그 바라는 바를 따라서[善取故, 隨其所欲]"란, 언제 어디서든 이 경계에 들어갈 수 있다는 말입니다. 이것을 정을 이룸[得定]이라 하는데, 득정을 교리(敎理)로는 "주정(住定)"이라 합니다.

무엇을 출정상이라고 하는가. 분별하는 체에 포함되지 않는 부정지의 상을 말한다.

云何出定相. 謂分別體所不攝不定地相.

내가 이 경계에 머물러 있고 싶지 않으면 곧 정에서 나오는데〔出定〕, 그것은 여러분의 분별심이 주도할 수 있는 것이 아니라 흐름에 맡기고 마음이 자재로운〔任運自在〕 것입니다. "부정지(不定地)"의 상은 흩어져 버려서 더는 내가 이 경계에 있지 않은 것이니, 오늘 제가 강의에 들어와서 수업을 하다가 수업이 끝나면 떠나가고 더는 이 경계에 있지 않은 것과 같습니다. 바로 "출정상(出定相)"입니다.

정을 닦는 삼십이상을 귀납하면 소연상 하나

무엇을 증상이라고 하는가. 경안정이 배로 증가하고 광대해지면서 상을 사유하는 것을 말한다.

云何增相. 謂輕安定, 倍增廣大所思惟相.

몸과 마음이 경안(輕安)을 얻지 못하면 정(定)에 들어갈 수 없습니다. 경안의 반대편이 추중(麤重)이니, 모든 범부의 몸과 마음은 거칠고 무겁습니다. 상학(相學)[158]에서 말하면, 어떤 사람의 근골(根骨)이 가볍고 민

---

[158] 사람의 얼굴이나 몸에 나타난 특징을 보고 그 사람의 운명이나 성질 등을 알아내는 학문으로, 관상학(觀相學) 수상학(手相學) 골상학(骨相學) 등이 있다.

첩하면 청정상(清淨相)으로 도(道)를 지닌 상이니 아주 빨리 도를 성취할 수 있습니다. 이런 부류의 사람은 신행(身行)[159]이 떠가는 구름이나 흐르는 물 같고 발걸음이 잠자리가 수면을 살짝 스치는 것 같지만, 걸음걸음이 안정되고 바람에 나부끼는 것 같습니다. 이런 사람은 단명할까요? 꼭 그렇지만은 않습니다. 그의 발뒤꿈치가 땅을 디디는지 아닌지를 봐야 합니다. 땅을 디디고 걸음걸음이 안정되면 또 다른 종류의 상(相)입니다. 몸과 마음이 가볍고 민첩해서 경안을 얻거나, 혹은 지(止)를 수행해서 몸과 마음이 변화되면 이런 현상이 있습니다. 일반인들의 온몸이 거칠고 무거운 것과는 다릅니다. 길을 걷는 것이 굼뜨고 시멘트 바닥도 쿵쿵 울리는, 이것이 추중(麤重)입니다. 그러므로 경안 수행은 아주 중요합니다.

무엇을 감상이라고 하는가. 경안정이 줄어들고 협소해지면서 상을 사유하는 것을 말한다.

云何減相. 謂輕安定退減狹小所思惟相.

경안은 결코 구경(究竟)이 아닙니다. 정(定)을 수행해서 얻은 경안은 계속 노력하지 않으면 수시로 줄어들게 됩니다. 음식 조절이 좋지 않거나 사대(四大)가 적절치 못하거나 마음이 어지러이 흩어지거나 마음이 번뇌 망상을 일으킨다면, 경안은 즉시 물러나 없어집니다. 그렇기 때문에 이 경안은 기댈 수 없는 것으로, 구경정(究竟定)의 머무르는 형상[住相]이 아닙니다.

---

159 신업(身業)을 말한다. 몸의 의도적 행위, 몸으로 행하는 선악의 업.

무엇을 방편상이라고 하는가. 두 가지 도의 상을 말하는데, 혹은 배로 증가하고 광대해지는 상을 취하거나 혹은 줄어들고 협소해지는 상을 취한다.

云何方便相. 謂二道相, 或趣倍增廣大, 或聚退減狹小故.

증가하거나[增] 줄어드는[減] 이 두 가지 방편을 아는 것이 바로 "두 가지 도의 상[二道相]"입니다.

무엇을 인발상이라고 하는가. 여러 폭넓은 문구의 뜻과 도, 무쟁지·무애지·묘원지 같은 것, 삼마지에 의지하여 모든 나머지 힘과 무외 등 최승의 공덕 같은 것, 깊고 깊은 구절의 뜻에 통달할 수 있는 미묘한 지혜를 일으키는 이와 같은 상을 말한다.

云何引發相. 謂能引發略諸廣博文句義道, 若無諍無礙妙願智等, 若依三摩地諸餘力無畏等最勝功德, 及能通達甚深句義微妙智慧, 如是等相.

정(定)을 이룬 후에는 일체 학문과 지혜에 통달합니다. 이전에는 읽어도 이해하지 못했던 불경을 모조리 이해하게 되는데, 바로 "인발상(引發相)"입니다. 무쟁삼매(無諍三昧)에 들어가서 일체의 장애 없는 지혜, 일체의 원력, 일체의 지혜를 일으킬 수 있습니다. 그런 다음에는 이 정의 경계에 의지하여 그 밖의 힘, 가령 십력(十力)과 사무외(四無畏)[160] 등의 공덕도 배우기만 하면 곧 도달하는데, 자신의 뜻대로 하고[隨心所欲] 일체 두려움이 없는[一切無畏] 등 법의 최승의 공덕에까지 도달합니다. 이

---

160 십력(十力)은 부처님이 갖추고 있는 열 가지 지혜의 능력[智力]이고, 사무외(四無畏)는 부처님이 가르침을 설할 때 확신하고 있기 때문에 누구에게도 두려움이 없는 네 가지를 말한다.

것은 모두 정이 일으키는 것으로, 가장 깊은 이치 및 미묘한 지혜도 통달할 수 있습니다. "이와 같은 상(如是等相)"에 전부 도달합니다.

다음으로 이와 같은 모든 상은 곧 앞의 근본 네 가지 상에 포함되는 것이니, 말하자면 소연상은 일체를 다 포함하며 인연상 또한 그러한데, 전과 후가 인연이 되기 때문이고, 후후로 하여금 명정을 얻게 하기 때문이다.

復次如是諸相, 卽前根本四相所攝, 謂所緣相, 具攝一切, 因緣相亦爾, 前與後爲因緣故, 爲令後後得明淨故.

종합해서 서른두 개의 심상(心相), 정(定)을 수행하는 심리 상태는 모두 앞에서 말한 네 개의 근본상(根本相)에 포함됩니다. 분석하면 그렇게 많지만 귀납시키면 네 가지 상(相)이 일념으로 돌아가고, 일념을 다시 귀납시키면 바로 공(空)입니다. 종합해서 말하면 바로 "소연상(所緣相)"이니, 유분별영상소연(有分別影像所緣)으로 일체를 포함합니다. "인연상(因緣相)" 역시 이런 이치이며, 전후가 서로 인과가 됩니다. 앞에서 하나의 선념(善念)을 움직여서 선을 행함을 가장 기뻐하면 마음속 번뇌 망상이 없어지고 마음이 평온해져서, 자리에 앉으면 곧 편안해지고 쉽게 정을 이룬다고 했습니다. 그런 까닭에 전념(前念)이 선(善)이면 후념(後念)은 쉽게 청정해지고, 전념이 번뇌면 후념은 쉽게 더러워집니다. 이것은 간단한 일념 사이의 삼세인과(三世因果)입니다.

정방편상은 일체 종류에게 모두 다 인연상이 되며 정방편과 같이 사방편 또한 그러하다.

正方便相, 一切種別, 皆因緣相, 如正方便, 邪方便亦爾.

정방편(正方便)은 효과가 있으며, 사방편(邪方便) 역시 마찬가지입니다. 외도법(外道法)이나 사도법(邪道法)에서 매 순간 나쁜 일을 하는 공력 역시 마찬가지로 성취가 있습니다.

첫 번째 것은 백품의 상이며 두 번째 것은 흑품의 상이다. 모든 염오상은 오로지 마땅히 멀리 떠나야 하며 그 나머지 모든 상은 오로지 마땅히 수습해야 하는데, 이런저런 때에 마땅히 수습해야 하기 때문이다.

一是白品相. 第二黑品相. 諸染汚相, 唯應遠離, 所餘諸相, 唯應修習, 於彼彼時應修習故.

부처님을 배우고 도를 수행하는 사람은 일체 악업(惡業)의 염오·번뇌·망념 등은 모두 마땅히 멀리 떠나야 하며, 선법(善法)과 백품(白品)은 마땅히 잘 수지해야 합니다. 출가한 비구가 성문도를 수행하는 경우에는 언제 어디서든 이렇게 수지해야 합니다.

제8강

다음으로 무엇을 소연의 모든 상의 작의를 수습한다고 하는가. 곧 이런저런 모든 상에 대하여 작의하고 사유하는 것을 말하는데, 사유하기 때문에 네 가지 일을 지을 수 있다. 곧 이와 같은 작의를 수습하여 또 저 다스려야 할 번뇌를 멀리 떠날 수 있고, 또 이 작의와 그 나머지를 수련하여 나중에 생겨난 것으로 하여금 다시 밝고 성하게 전화시키고, 또 곧 이러한 작의를 수습할 때 소연을 싫어하고 무너뜨려 모든 번뇌를 버리며, 단멸을 지녀서 모든 번뇌로 하여금 상속을 멀리 떠나게 하니, 이런 까닭에 이와 같은 소연의 모든 상의 작의를 수습한다.

다음으로 네 가지 인연으로 말미암아 초정려에 들어가고 유정천에까지 이르는데 인력, 방편력, 설력, 교수력을 말한다. 무엇을 인력이라고 하는가. 일찍이 정려 등에 들어가는 데에 근접한 것을 말한다. 무엇을 방편력이라고 하는가. 정려 등에 들어가는 데에 근접하지는 않았지만, 끊임없이 수습력을 자주 닦음으로 말미암아 모든 정에 들어갈 수 있는 것을 말한다. 무엇을 설력이라고 하는가. 정려 등 증상연의 법에 대하여 많이 듣고 지니는 것을 말하는데, 더 나아가서 자세히 말하면 곧 이 법에 의지하여 홀로 공한에 처하면서 모든 방일을 떠나고 용맹하게 정진하며 스스로 채찍질하여 격려하고 법에 머무르고 법을 따라 행하여, 이것으로 말미암아 정려 등의 정에 들어갈 수 있다. 무엇을 교수력이라고 하는가. 친교사나 궤범사에게서 혹은 어떤 다른 존장에게서 초정려 등에 수순하는 전도됨이 없는 가르침을 얻고, 이것을 좇아 심체하며 작의하고 사유하여 정려와 그 나머지 모든 정에 들어갈 수 있는 것을 말한다. 이와 같이 네 부류의 관행자를 드러내 보이니 인력을 갖춘 자, 방편을 얻은 자, 이 근인 자 및 둔근인 자를 말한다.

다음으로 네 가지 정려를 이룸이 있으니, 첫째는 애상정려이며 둘째는 견상정려이며 셋째는 만상정려이며 넷째는 의상정려이다.

무엇을 애상정려라고 하는가. 어떤 사람이 먼저 정려와 모든 정의 공덕을 들었으나 저것의 출리 방편은 듣지 못하고, 저것에 대하여 한결같이 뛰어난 공덕을 보고 용맹하게 정진하여 이 인연으로 말미암아 초정려 혹은 그 밖의 정에 들어가고, 이와 같이 들어가고 나서 나중에 애미를 내는 것 같음을 말한다.

무엇을 견상정려라고 하는가. 어떤 사람이 자신의 스승한테서 혹은 다른 스승한테서 모든 세간은 다 상常이라는 등을 듣고, 이와 같은 방편으로 초정려에 들어가고 유정천에까지 이르며, 청정하고 해탈하고 출리함을 얻을 수 있는 것 같음을 말한다. 저는 이 견해에 의지하여 용맹하게 정진하며 이 인연으로 말미암아 초정려 혹은 그 밖의 정에 들어간다. 이와 같이 들어가고 나서는 스스로 과거의 많은 겁을 기억할 수 있어서 마침내 나와 세간은 모두 상常이라는 등 이런 견해가 생겨나는데, 정으로부터 일어나고 곧 이 견해를 굳게 붙잡고 버리지 않는다. 다시 나중에 자세하게 생각하고 생각하여 심체하고 관찰하며, 이것으로 말미암기 때문에 청정하고 해탈하고 출리함을 얻으리라 말한다.

무엇을 만상정려라고 하는가. 어떤 사람이 이와 같은 이름의 모든 장로 등이 초정려에 들어가고 유정천에까지 이르렀다는 이 일을 듣고 나서, 마침내 교만을 내어서 저는 이미 정려 등의 정에 들어갈 수 있었는데, 나는 무슨 까닭에 들어가지 않겠는가 한다. 이 교만에 의지하여 용맹하게 정진하고, 이 인연으로 말미암아 초정려와 그 밖의 정에 들어간다. 이와 같이 들어가고 나서는 나중에 교만을 내거나, 혹은 정에 들어가고 나서 나만이 이와 같은 정려를 얻을 수 있고 그 나머지는 얻을 수 없다는 이러한 사유를 한다. 저는 이 교만에 의지하여 다시 나중에 모든 정려에 대하여 자세하게 생각하고 생각하여 심체하고 관찰하는 것 같음을 말한다.

무엇을 의상정려라고 하는가. 어떤 사람이 본성은 어둡고 둔하지만 본래 일찍이 사마타행을 즐겨 수습한지라, 이 인연으로 말미암아 모든 정려 혹은 그 밖의 정에 들어간다. 이와 같이 들어가고 나서는 다시 앞의 정에 대하여 부지런히 방편을 닦고, 아직 얻지 못한 것을 얻기 위하여 사성제에 대하여 부지런히 현관을 수행하지만, 본성이 어둡고 둔하기 때문에 속히 성제의 현관을 증득할 수 없고, 이 인연으로 말미암아 그 나머지 증득한 것에 대하여 곧 의혹을 내며, 이 의혹에 의지하여 다시 뛰어난 나아감에 대하여 자세하게 생각하고 생각하여 심체하고 관찰하는 것 같음을 말한다.

다음으로 무엇을 애미상응정려 등의 정이라고 하는가. 어떤 둔근이 혹은 탐행 때문에 혹은 번뇌가 많기 때문에 저는 오직 초정려 등이 지니고 있는 공덕만을 듣게 되는데, 자세한 설명은 앞의 애상정려와 같으며 앞의 출리에 대하여 깨달아 알지 못하기 때문에 곧 애미를 내어 그리워하고 집착하며 굳게 머무르는 것이니, 그 애미하는 대상에서는 이미 출리하였다고 말하고 그 애미하는 주체는 바르게 들어간다고 말하는 것이다.

무엇을 청정정려 등의 정이라고 하는가. 어떤 중근 혹은 이근의 본성을 지닌 사람이 번뇌행 혹은 박진행으로 다른 사람으로부터 초정려 등 애미의 과환 및 앞의 출리에 대하여 듣고서, 용맹스럽게 정진하여 초정려 혹은 그 밖의 정에 들어가고, 이와 같이 들어가고 나서는 곧 모든 정의 과환을 사유할 수 있고, 앞의 출리에 대하여 또한 깨달아 알아서 애미를 내지 않을 수 있는 것을 말한다.

무엇을 무루정려 등의 정이라 하는가. 어떤 사람이 수신행이거나 혹은 수법행이거나 박진행의 부류로, 저가 혹은 먼저 번에는 사성제에 대하여 이미 현관에 들어갔거나, 혹은 다시 현관의 방편을 바르게 수행해서 앞의 모든 행상상으로 말미암아 초정려 혹은 그 밖의 정에 들어갔지만, 지금은 이 행行과 이 상狀과 이 상相에 대하여 다시 사유하지 않고 모든 색으로부터 식법에 이르기까지 병 같고 종기 같은 등의 행을 사유하며, 유위법에 대하여 마음으로 염오를 내고 두려워하고 제압하고, 감로계에 대하여 생각을 묶어서 사유하며, 이와 같이 하여 비로소 무루정에 들어갈 수 있는 것 같음을 말한다.

　다음으로 무엇을 순퇴분정이라고 하는가. 어떤 둔근의 하열한 사람이 해탈하고자 부지런히 정진한 까닭에 초정려 혹은 그 밖의 정에 들어갔는데, 기쁨에 대하여 즐거움에 대하여 뛰어난 공덕에 대하여 견디지 못하기 때문에 정려로부터 물러나고, 모든 정에 잠시 들어가는 데 차별이 있듯이 여시여시하여 다시 없어지거나, 제근을 잘 조련하지 못하는 것까지 말한다.

　무엇을 순주분정이라고 하는가. 어떤 중근 혹은 이근의 본성을 지닌 사람이 오직 모든 정의 공덕만을 듣게 되어, 자세한 설명은 앞의 애미상응과 같으며, 얻은 정에 대하여 오직 애미만을 내고 위로 나아갈 수 없으며, 또 아래로 물러날 수도 없는 것을 말한다.

　무엇을 순승분정이라고 하는가. 어떤 사람은 또 출리의 방편을 듣고서 얻은 정에 대하여 기쁨과 만족을 내지 않으니, 이런 까닭에 저것에 대하여 애미를 내지 않고 다시 뛰어난 과위를 구하며, 이 인연으로 말미암아 곧 뛰어난 나아감을 얻는 것을 말한다.

　무엇을 순결택분정이라고 하는가. 일체의 살가야에서 과환을 깊이 보고, 이 인연으로 말미암아 무루에 들어갈 수 있는 것을 말한다. 또 모든 무루를 결택분이라고 한 것은 마지막 구경이기 때문이니, 마치 세간의 구슬과 병 등의 물건을 잘 고른 것을 결택이라고 하는 것과 같다. 이 이후로부터는 선택할 것이 없기 때문인데, 이것 또한 이와 같아서 이것을 지나면 다시 간택할 만한 것이 없기 때문에 결택분이라고 한다.

　다음으로 무엇을 곧바로 모든 등지等至에 들어간다고 하는가. 어떤 사람이 초정려 내지 유정천을 얻었으나 아직 원만하고 청정하고 깨끗하지 않아서, 먼저 차례대로 들어가서 유정천에까지 이르고 나중에 차례를 거꾸로 들어가서 초정려에 이르는 것과 같음을 말한다.

지금부터는 정식으로 수지(修持) 공부의 측면에서 정(定) 수행을 하고 지관(止觀) 수행을 할 때, 사선팔정 정(定)의 경계에 대해 먼저 지녀야 할 인식을 말씀드리겠습니다. 다들 제12권 본지분 중 삼마희다지 제육의 이〔本地分中三摩呬多地第六之二〕 259면을 보겠습니다.

바른 수행의 길은 모두 작의이며 정사유

다음으로 무엇을 소연의 모든 상의 작의를 수습한다고 하는가. 곧 이런저런 모든 상에 대하여 작의하고 사유하는 것을 말하는데, 사유하기 때문에 네 가지 일을 지을 수 있다.

復次云何修習所緣諸相作意. 謂卽於彼彼諸相, 作意思惟, 以思惟故, 能作四事.

이 단락은 요강(要綱)이자 제강(提綱)으로서 먼저 수행에 어떻게 작의하는가를 말합니다. 어떤 종파가 됐건 팔만사천법문 수행의 첫걸음은 모두 작의로 시작하는데, 모두 의식(意)의 경계입니다.

작의에 관해서는 여러분에게 약간 설명해 드렸습니다. 여러분은 작의라는 말을 들으면 곧 제육의식의 경계라고 느끼겠지만, 이것은 제육의식의 분별 경계가 아니라 제육의식 청정 면의 현량(現量) 경계입니다. 예를 들어 염불을 한다면 염이무념(念而無念) 무념이념(無念而念)에까지 도달해야 합니다. 일심불란(一心不亂)하여 일념무념(一念無念)의 경계에 이르렀을 때, 그 일념이 청명(淸明)하고 일념이 공(空)한 것이 참된 작의입니다. 이때 공의 경계, 청명하고 청정한 경계가 바로 여러분이 청정, 청명, 공에서 작의한 것입니다. 이 작의의 의(意)는 분별 의식이 아니라 분별 의식이 일어나기 전의 현량경인데, 이것이 우리가 먼저 알아야 할 것입니다.

삼계육도(三界六道)를 열두 부류의 중생이 윤회하는 것은 모두 의식이 만들어 낸 것으로, 성불하고 성인이 되는 것 역시 의식이 수행으로 성취하는 것이니 일체가 의식을 떠나지 못합니다. 선종에서 말하는 "심의식을 떠나 참구함(離心意識參)"에 대해 여러분은 분명 이렇게 물을 것입니다. 심의식을 떠나서 어떻게 참구합니까? 이론상의 논리로 추리하면 분명 이런 질문을 하게 됩니다. 어떤 사람은 말합니다. 저는 심의식을 떠나서는 참구하지 않습니다. 참구할 수 없다니까요! 제법(諸法), 선념(善念) 악념(惡念), 백업(白業) 흑업(黑業) 모두가 작의가 만든 것이니, 그런 까닭에 현장법사의 『팔식규구송(八識規矩頌)』에 의식을 설명해 놓은 "인업과 만업[161]으로 능히 업력에 이끌림을 초래한다(引滿能招業力牽)"라는 구절을 알아야 합니다.

---

161 인업(引業)은 인간·축생 등으로 태어나는 과보를 이끌어 내는 강력한 업을 말하며, 이에 반해 인간 가운데 빈부·귀천·미추·남녀 등의 차별을 초래하는 업은 만업(滿業)이라 한다.

모든 불보살은 제육의식을 묘관찰지(妙觀察智)로 전화시키는데 그 또한 작의입니다. 그런 까닭에 우리가 지금 수행할 때에도 먼저 소연(所緣) 즉 인식대상의 작의를 수습(修習)합니다. 예를 들어 염불 법문을 수행하는 사람은 소연이 염불에 있고, 관상(觀想)을 하는 사람은 소연이 관상에 있으며, 참선을 하는 사람은 소연이 참선에 있고, 이치를 사유하는 사람은 소연이 이치의 사유에 있습니다. 사유 그 자체도 작의에 있으니, 그 자체가 바로 작의입니다. 그러므로 소연의 모든 상(相)의 작의를 수습합니다. "이런저런[彼彼]"은 온갖 종류를 나타내는데, 팔만사천법문이 모두 "작의사유(作意思惟)"입니다. 일체의 바른 수행의 길은 전부 사유수(思惟修)입니다. 예를 들어 도가나 밀종에서 기맥 수행을 하면 기맥이 일어나는 것을 어떻게 알까요? 기맥이 통했다는 것을 어떻게 알까요? 모두 작의이며 의식의 사유에서 옵니다. 이 사유는 정사유(正思惟)이며 범부의 망상사유가 아닙니다. 그런 까닭에 작의를 수지(修持)하면서 네 가지 상황, 네 개의 표준에 도달할 수 있습니다.

곧 이와 같은 작의를 수습하여 또 저 다스려야 할 번뇌를 멀리 떠날 수 있고, 또 이 작의와 그 나머지를 수련하여 나중에 생겨난 것으로 하여금 다시 밝고 성하게 전화시키고, 또 곧 이러한 작의를 수습할 때 소연을 싫어하고 무너뜨려 모든 번뇌를 버리며, 단멸을 지녀서 모든 번뇌로 하여금 상속을 멀리 떠나게 하니, 이런 까닭에 이와 같은 소연의 모든 상의 작의를 수습한다.

謂卽修習如是作, 又能遠彼所治煩惱, 又能練此作意及餘, 令後所生轉更明盛, 又卽修習此作意時, 厭壞所緣, 捨諸煩惱, 任持斷滅, 令諸煩惱遠離相續, 是故修習如是所緣諸相作意.

첫째, "곧 이와 같은 작의를 수습함[謂卽修習如是作意.]"입니다. 예를 들

어 염불을 하면 일심불란(一心不亂)에 도달하고, 염이무념(念而無念) 무념이념(無念而念)에 도달할 수 있습니다. "여시(如是)"는 이런 작의를 할 수 있다는 것입니다.

둘째, "또 저 다스려야 할 번뇌를 멀리 떠날 수 있는[又能遠彼所治煩惱]"것입니다. 즉 일체의 번뇌를 멀리 벗어날 수 있습니다.

셋째, "또 이 작의와 그 나머지를 수련하여 나중에 생겨난 것으로 하여금 다시 밝고 성하게 전화시키는[又能練此作意及餘, 令後所生轉更明盛]"것입니다. 예를 들어 염불을 하거나 명점을 관한다면 연습을 해서 절대 청명(清明)에 이르는데, 목적을 달성해서 지정(止定)의 경계에 도달하고 삼명육통(三明六通)¹⁶²을 자연스럽게 해낼 수 있습니다. "그 나머지[及餘]"는 여타의 아주 많은 것을 포함하는데 아래에 설명이 있습니다. 작의를 하고 지관 수행을 하면, 가령 염불 수행을 하면 참으로 염불삼매의 경계에 도달하게 됩니다. 이 몸이 부처님을 보게 되고[卽身見佛] 정토가 눈앞에 나타나기도 하는데, 바로 "다시 밝고 성하게 변화시키는[轉更明盛]"것입니다. 심지어 이 몸이 그대로 부처가 되는데[卽身成佛], 이 몸이 부처인 것 역시 작의의 성취입니다.

넷째, "또 곧 이러한 작의를 수습할 때 소연을 싫어하고 무너뜨려 모든 번뇌를 버리며, 단멸을 지녀서 모든 번뇌로 하여금 상속을 멀리 떠나게 하니, 이런 까닭에 이와 같은 소연의 모든 상의 작의를 수습한다[又卽修習此作意時, 厭壞所緣, 捨諸煩惱, 任持斷滅, 令諸煩惱遠離相續, 是故修習如是所緣諸相作意]"는 것입니다.

---

162 부처님과 아라한이 깨달았을 때 얻었다는 불가사의한 힘인 삼명(三明)과 육신통(六神通). 삼명은 삼달(三達)이라고도 하는데 지혜의 광명으로 어둡고 어리석음을 깨뜨리기 때문에 삼명이라고 하고 숙명통(宿命通) 천안통(天眼通) 누진통(漏盡通)을 말한다. 육신통은 여기에 신족통(神足通) 천이통(天耳通) 타심통(他心通)을 더한다. 신통에 대해서는 제19강에 자세히 나온다.

성문증 비구가 출가해서 바른 수행의 길에 들어서면 반드시 주야육시를 작의하고 수지(修持)하고 수습(修習)해야 합니다. 수습할 때에는 "소연을 싫어하고 무너뜨려〔厭壞所緣〕" 즉 일념을 오로지 멈추어서 정(定)의 경계에 머무르기 때문에, 신체의 사대를 포함한 일체 외연(外緣)을 모두 버릴 수 있습니다. "단멸을 지님〔任持斷滅〕"은 번뇌를 끊어 버렸다는 것이지 단멸견(斷滅見)의 단멸이 아닙니다. 번역된 문자 때문에 여러분은 때때로 봐도 이해하기 어렵습니다. "모든 번뇌로 하여금 상속을 멀리 떠나게 한다〔令諸煩惱遠離相續〕"고 했는데, 번뇌를 정말로 끊을 수 있습니까? "칼을 뽑아 물을 끊은들 물은 다시 흐르네〔抽刀斷水水更流〕"라는 구절처럼 그저 잠시 끊을 수 있을 뿐이니, 일체 번뇌로 하여금 상속(相續)을 멀리 떠나게 하여 물결처럼 그렇게 빨리 연이어 흘러가지는 않습니다. 이것은 요강입니다.

정을 이루는 네 가지 힘, 인력 방편력 설력 교수력

다음으로 네 가지 인연으로 말미암아 초정려에 들어가고 유정천에까지 이르는데 인력, 방편력, 설력, 교수력을 말한다.

復次由四因緣, 入初靜慮, 乃至有頂, 謂因力, 方便力, 說力, 敎授力.

지금부터는 입정(入定)을 말씀드리는데 바로 사선팔정입니다. 앞에서 입정의 조건, 입정의 경계, 입정의 정의는 이미 말씀드렸습니다. 이제 네 가지 인연으로 말미암아 초선(初禪)에 도달하고 색계의 가장 높은 유정천(有頂天)에까지 이릅니다. 유정천의 천주(天主)는 대자재(大自在)입니다. 부처님께서 말씀하시기를, 유정천에서 돌멩이 하나를 던지면 육

만 오천오백삼십오 년이 지나야 이 지구에 도달한다고 하니 거리가 그렇게 멉니다. 대자재천(大自在天) 천주는 눈이 세 개이고 흰 옷을 입었는데 십지 보살(十地菩薩) 이상의 지위입니다. 관세음(관자재)보살의 법문은 대자재천 천주의 법문과 하나로 합해진 것입니다. 여러분은 '삼계천인표(三界天人表)'를 연구해야 합니다. 부처님을 배운다면서 삼계천인표를 소홀히 여긴다면, 그것은 가장 어리석은 일이며 가장 큰 죄과이기도 합니다. 일체의 수지가 삼계 천인과 밀접한 관계가 있기 때문입니다.

색계 천인(天人)은 빛나는 목소리를 지녔지만 육체는 없습니다. 색계천은 여전히 유정(有情) 세계이기 때문에 색계천을 초월해야 무색계에 들어갑니다. 초선정을 얻은 사람이 더 열심히 수행하면 나한과(羅漢果)를 증득하는데 과위(果位)는 색계천에 있습니다. 대아라한은 삼계에 잠시 체류합니다. 욕계 색계 무색계는 범인과 성인이 함께 사는 하늘이기 때문입니다. "초정려(初靜慮)" 수지가 아직 경지에 이르지 못했거나 혹은 수지가 이미 한 단계에 도달하면, 이른바 "천상과 인간 세상에 뜻대로 기거하네(天上人間任意寄居)"라는 말처럼 수행으로 유정천에 도달해서 머무를 수 있습니다. 유정천은 우리의 정수리 같아서 유정천을 넘어가면 바깥이 텅 비어 있는데, 그것이 무색계입니다. 그래서 유정천이라고 합니다.

그렇다면 어떻게 해야 정(定)을 이룰 수 있을까요? 초선일지라도 얻기 어렵습니다. 사람들이 아무리 수지를 말하더라도, 어느 종파를 불문하고 제 개인의 관점에서는 이 세상에서 수지하는 사람들 가운데 오늘까지 진정으로 초선정을 이룬 사람은 수십 년 이래 아직 한 사람도 보지 못했습니다. 어렵습니다! 그러면 어떻게 얻습니까? "인력(因力) 방편력(方便力) 설력(說力) 교수력(敎授力)"이 있어야 합니다. 이 네 가지 인연이 있어야 초선에 이를 수 있습니다. 이것은 원리를 말하는 설법입니다.

무엇을 인력이라고 하는가. 일찍이 정려 등에 들어가는 데에 근접한 것을 말한다.

云何因力. 謂曾隣近入靜慮等.

"인력(因力)"은 과거의 인[前因]이 있음인데 현재의 인(因)도 있습니다. 전생에 수지해서 이미 초선 경계의 공력(功力)에 근접했는데, 이번 생에 다시 수행하면 빨라집니다. 이것은 과거의 인(因)입니다. 그 외에 현재의 인(因)도 있습니다. 이번 생에 발심하고 열심히 해서 눈먼 고양이가 죽은 쥐를 만났거나 혹은 한두 번 근접한 적이 있거나 혹은 입정 경계의 영상을 만난 적이 있는 것입니다. '등(等)'은 정(定)의 경계에 들어가는 모든 방법과 방편을 다 알고 있다는 말입니다. 염불을 예로 들면, 염불을 해서 일심불란에 참으로 도달할 수 있는 사람이 왜 적을까요? 가행(加行)의 방편을 알지 못하기 때문입니다. 어떤 수지가 됐건 반드시 가행의 방편을 알아야 합니다. 이것은 인력(因力)의 원칙을 설명한 것으로 아래에 여러 가지 해석이 더 있습니다.

무엇을 방편력이라고 하는가. 정려 등에 들어가는 데에 근접하지는 않았지만, 끊임없이 수습력을 자주 닦음으로 말미암아 모든 정에 들어갈 수 있는 것을 말한다.

云何方便力. 謂雖不隣近入靜慮等, 然由數習無間修力, 能入諸定.

모두들 특히 주의하십시오! 이 구절은 이런 말입니다. 전생에 수지(修持)가 없고 과거의 인(因)이 쌓이지 않았다 할지라도, 이번 생에 방편의 힘을 얻어서 일체의 방법과 일체의 가행을 알게 되는 것입니다. 비록 정의 경계에 근접하지 않았더라도 현재 노력하고 정진해서 주야육시에 쉬지 않고 열심히 수행하면 일체 정의 경계에 들어갈 수 있습니다.

인력(因力)은 전생에서 지니고 온 것으로, 이른바 다시 온 사람이 수행하면 아주 쉽습니다. 만약 자신은 전생에 인력이 없는데 금생에 다시 수행하면 늦지 않을까 하고 생각한다면, 이것은 늦고 빠르고의 문제가 아닙니다. 금생에 수행하지 않으면 내생에는 어떻게 합니까? 그러니 늦었더라도 이번 생에 열심히 수행해야 합니다. 하지만 이번 생의 수지 역시 그저 내생을 위한 인력일 뿐이니, 그의 말에 주의해야 합니다. 특히 출가한 동학은 수시로 경각심을 가져야 합니다. "끊임없이 수습력을 자주 닦음으로 말미암아〔由數習無間修力〕"라는 이 구절에 주의하십시오. 오로지 끊임없이 수습(修習)해야 "모든 정에 들어갈 수 있습니다〔能入諸定〕."

무엇을 설력이라고 하는가. 정려 등 증상연의 법에 대하여 많이 듣고 지니는 것을 말하는데, 더 나아가서 자세히 말하면 곧 이 법에 의지하여 홀로 공한에 처하면서 모든 방일을 떠나고 용맹하게 정진하며 스스로 채찍질하여 격려하고 법에 머무르고 법을 따라 행하여, 이것으로 말미암아 정려 등의 정에 들어갈 수 있다.

云何說力. 謂於靜慮等增上緣法, 多聞任持, 乃至廣說, 卽依此法, 獨處空閑, 離諸放逸, 勇猛精進, 自策而勵, 住法隨法行, 由此能入靜慮等定.

이 단락은 아주 중요합니다. "설력(說力)"을 해석하면 이렇습니다. 수행을 하려면 좋은 동참도우(同參道友)와 선지식과 함께 살면서 수시로 도(道)로써 서로 격려하고 경전을 연구하며 수행 방법을 연구할 수 있어야 합니다. 이것이 설력입니다. 일반적으로 학교 동창은 비교적 한자리에 앉아서 한담을 잘 나눕니다. 여자아이들이 함께 있으면 한번 이야기

를 시작하면 서너 시간인 것처럼 말입니다. 이것 역시 설력입니다. 정(定)을 수행하는 공부에 관한 각종 방법은 그것이 현교든 밀종이든 어느 종파가 됐든지 각종 가행의 방편을 모두 알아야 합니다. "많이 듣고 지니고〔多聞任持〕" 즉 많이 배우고 많이 듣고 많이 연습해서 일체 방편을 모두 배워야 합니다. 많이 연구하는 것은 자신의 도업을 성취하기 위해서입니다. 배우지 않은 것이 없어야 하고 알지 못하는 것도 없어야 합니다. 이러한 앎의 추구〔求知〕는 지식을 추구하는 것이 아니라, 하나의 목표 즉 어떻게 하면 나 자신으로 하여금 증과(證果)할 수 있게 하는가를 위해서입니다. "곧 이 법에 의지하여〔卽依此法〕" 즉 방법을 얻은 후에는 더는 방일(放逸)하지 않고 전수(專修)해야 합니다. 방일의 종류는 아주 많은데, 가령 수행하는 사람은 쉽게 근심에 사로잡힙니다. 무슨 일이 됐건 끝까지 마무리하지 않으면 놓아 버리지 못합니다! 가정과 가족을 놓아 버리지 못합니다! 나의 이 절을 놓아 버릴 수 없으니 불사(佛事)를 끝마치지 못했고 경전을 다 읽지 못했으며 내 원력이 필요하다고 말하기도 합니다. 수지의 길에서 말한다면, 이런 이유들은 모두 방일의 핑계이니 세상에 끝내지 못할 일은 없습니다. "모든 방일을 떠나고 용맹하게 정진해야〔離諸放逸, 勇猛精進〕" 맞습니다.

문자만 봐서는 쉬운 것 같아도 매 구절이 모두 해내기 어려우니, "홀로 공한에 처하는〔獨處空閑〕" 하나만 해도 아주 어렵습니다. 여러분은 자신이 훌륭하게 수련했다고 말하지만, 깊은 산 썰렁한 절에 떨어뜨려 놓고 전등도 없이 식물유〔靑油〕 등불에다 바퀴벌레와 도마뱀이 곳곳에 출몰한다면, 특히 깊은 산 추운 밤에 짐승이 갑자기 울어대면 여러분은 혼이 몽땅 달아나 버릴 텐데 그러고도 입정을 말할 수 있겠습니까? 매 구절을 잘 생각해 보면 수행이 얼마나 어려운지요!

제가 여산(廬山)에 있던 그해만 해도 저 혼자 초가에서 석 달을 머물렀는데 하루에 두 끼를 먹었습니다. 밥그릇 오십 개와 접시 오십 개를 사서 팔구일 만에 한 번 씻었습니다. 하지만 날마다 물을 길어야 하고 또 장작을 패야 했습니다. 비가 많이 내리면 더 많은 장작을 패야 했습니다. 본래는 타좌하고 수행하려고 했지만 먹고 마시고 싸느라 어찌나 바쁜지, 이런 모습을 수행이라고 하겠습니까? 밥그릇 오십 개를 두 번 씻고는 씻는 것도 귀찮아서 나중에는 사용할 것만 씻었습니다. 그러니 여러분이 초가에서 머무르겠다고 하면, 허풍 치지 마시라고 합니다. 그런 것을 제가 다 해 봤기 때문에 잘 알고 있습니다. 산 위에 있으면 귀신이 무서운 것이 아니라 호랑이가 무섭습니다. 호랑이가 사는 곳은 나무가 없고 풀만 있는데, 호랑이가 새똥을 싫어하기 때문입니다.

사실 자신을 적당히 용서하는 것이 바로 방일입니다. 조금만 있다가 하면서 차 한 잔 마시고 담배 한 대 피고 나서 수행을 시작하는 이것이 방일이니, 자신을 용서하고 관대하게 굴면 방일하게 됩니다. 정진(精進)은 방일과 상대적입니다. 용기를 내어 자신을 다룰 수 있는 그것이 용맹이며, 다른 사람을 다루는 것에 비해 더 어려우니 용맹이 바로 정진입니다. 용맹은 용기이므로 용기를 일으켜서 영구히 지속해 나가는, 장구(長久)한 마음으로 영원히 끊임없이 전진하는 것이 정진입니다. "스스로 채찍질하여 격려하고〔自策而勵〕"는 항상 자신을 채찍질해야 한다는 말이니, 이것은 아주 고통스러운 일입니다. 이러한 매 구절이 모두 다 해내기 어려우니, 참으로 해낼 수 있게 되면 적어도 절반은 성공한 것입니다. "법에 머무르고 법에 따라 행하여〔住法隨法行〕", 여러분이 주로 수행하는 법문에 머무르며 영원히 이 길 위에서 전진하고, 행주좌와와 사람 노릇 하고 일처리 함에 있어서 어떠한 마음을 일으키고 생각을 움직이든 항상 불법의 정사유(正思惟)에 의지하여 수행해야 일체 선정의 경계에 들어갈 수 있습니다.

무엇을 교수력이라고 하는가. 친교사나 궤범사에게서 혹은 어떤 다른 존장에게서 초정려 등에 수순하는 전도됨이 없는 가르침을 얻고, 이것을 좇아심체하며 작의하고 사유하여 정려와 그 나머지 모든 정에 들어갈 수 있는것을 말한다.

云何教授力. 謂於親教軌範師所, 或於隨一餘尊長所, 獲得隨順初靜慮等無倒教授,
從此審諦, 作意思惟, 能入靜慮, 及諸餘定.

수행에는 선지식이 필요하며 눈 밝은 스승이 필요합니다. 스승은 세 종류가 있는데, 첫째는 친교사(親教師)입니다. 예를 들어 석가모니 부처님의 경우 연등불(燃燈佛)이 그에게 수기(授記)[163]를 주었는데 친교사에 해당합니다. 둘째는 교수사(教授師)이니, 일체 제불에 대해 공양하며 청법(請法)합니다. 셋째는 궤범사(軌範師)로서 모범이 되는 스승에 속하는데, 스승과 함께 생활하면서 그를 본보기로 삼고 규범을 배웁니다. 이것이 선지식의 각종 명칭입니다. "어떤 다른 존장에게서[於隨一餘尊長所]" 즉 이런 선지식과 눈 밝은 스승이 있는 곳에 의지하여 수지해야 합니다. 어떤 명산이나 어떤 큰 절, 아무개 큰 스님이나 선사 등 반드시 불교 제도 아래의 장소여야 하는 것은 아니고, 참으로 도를 지닌 사람을 찾아서 그를 의지해서 수지하고 그에게서 법을 얻습니다. "전도됨이 없는 가르침[無倒教授]"이란 진정한 선지식을 말하는데, 그가 바른 수행의 경험을 우리에게 전수해 주는 이것이 어려운 일입니다.

밀종의 계율은 스승이 마음대로 법을 전수하는데, 제자를 고르는 데 신중하지 않으면 근본 대계를 범한 것이 됩니다. 제자가 스승을 찾아가

---

163 불도를 수행하는 사람에게 장래 부처의 경계에 이를 것이라고 부처님께서 기약을 주시는 것.

서 제대로 알지도 못하면서 마음대로 절해도 근본 대계를 범하게 됩니다. 하지만 도를 지니고 있는지 아닌지를 어떻게 압니까? 스스로 자세히 살펴서 지혜로 법을 잘 골라야 합니다. 정법을 얻은 다음에는 장소를 찾아서 수행합니다. "이것을 좇아 심체하며 작의하고 사유합니다〔從此審諦, 作意思惟〕." 즉 정사유(正思惟)를 수행합니다. '심(審)'은 선종의 참(參)이니 스스로 잘 참구하고, '체(諦)'는 자세히 참구하고 정사유를 닦는 것입니다. 그래야 비로소 정의 경계를 증득할 수 있습니다. 초선정에 들어가고 사선팔정을 뛰어넘어 "그 나머지 모든 정〔諸餘定〕" 즉 일체 정(定)의 법문 경계에도 도달할 수 있습니다. 중생은 팔만사천 번뇌를 지니고 있고 부처님은 팔만사천 대치법(對治法)을 지니고 있습니다. 바꾸어 말하면 팔만사천의 정혜(定慧) 경계가 있습니다. 그런 까닭에 뒤집히지 않는 교수법을 얻으면 초선정에 들어갈 수 있을 뿐 아니라 일체 정의 경계에 들어갈 수 있습니다.

이와 같이 네 부류의 관행자를 드러내 보이니 인력을 갖춘 자, 방편을 얻은 자, 이근인 자 및 둔근인 자를 말한다.

如是顯示四觀行者, 謂具因力者, 方便力者, 若利根者, 及鈍根者.

이 대목은 작은 결론으로, 위에서 말씀드린 이 이치로 말미암아 네 가지 표준을 드러내 보여서 수행하는 사람을 관찰할 수 있습니다. 첫째는 그 사람이 인력(因力)인 숙근(宿根) 즉 전생에 수지했던 뿌리를 지니고 있는지를 관찰하고, 둘째는 방편의 방법을 얻었는가의 여부이며, 셋째는 이 사람이 이근(利根)인가의 여부이고, 넷째는 이 사람이 둔근(鈍根)인가의 여부입니다.

선정 수행을 좋아하나 출리의 방편을 모르는 수행자

다음으로 네 가지 정려를 이룸이 있으니, 첫째는 애상정려이며 둘째는 견상정려이며 셋째는 만상정려이며 넷째는 의상정려이다.

復次有四得靜慮者, 一愛上靜慮者, 二見上靜慮者, 三慢上靜慮者, 四疑上靜慮者.

정(定)을 수행하는 네 가지 심리가 있습니다. 첫 번째는 "애상(愛上)"인데, '애(愛)'는 이것을 탐내고 아끼는 것이니 선천적으로 정을 수행하는 경계를 추구하기 좋아합니다. 어떤 사람들은 추구하고 싶어도 두 다리를 굴복시키지 못해서, "됐어. 더 나이 먹으면 그때 가서 수행하지 뭐!"라고 합니다. 이것은 애(愛)라고 할 수 없습니다. 두 번째는 "견상(見上)"인데, 지식과 견문[知見]으로 이해하게 되어 발심(發心)하고 열심히 증득을 추구하려고 합니다. 세 번째는 "만상(慢上)" 심리인데, 옛사람들이 정에 들어 증과(證果)하는 것을 보고서 이렇게 생각합니다. '옛사람도 사람이고 나도 사람인데, 그가 증과할 수 있다면 나라고 하지 못하겠어? 내가 이 목숨이라도 걸고 증과해 보여 주겠어!' 네 번째는 "의상(疑上)" 심리입니다. '정이 어떤 것이지? 과학적으로 연구해서 가부좌를 하고 타좌를 해서도 정(定)에 들어갈 수 있고 가부좌를 하지 않고도 정에 들어갈 수 있다는 걸 내가 정에 들어가서 증명해 보이겠어'라고 생각하는 것입니다.

무엇을 애상정려라고 하는가. 어떤 사람이 먼저 정려와 모든 정의 공덕을 들었으나 저것의 출리 방편은 듣지 못하고, 저것에 대하여 한결같이 뛰어난 공덕을 보고 용맹하게 정진하여 이 인연으로 말미암아 초정려 혹은 그 밖의 정에 들어가고, 이와 같이 들어가고 나서 나중에 애미를 내는 것 같음

을 말한다.

云何愛上靜慮者. 謂如有一先聞靜慮諸定功德, 而不聞彼出離方便, 於彼一向見勝功德, 勇猛精勤, 由此因緣, 入初靜慮, 或所餘定, 如是入已, 後生愛味.

저는 여러분에게 옛사람의 전기를 많이 읽으라고, 비구니는 『비구니전』을 많이 보고 비구는 『신승전(神僧傳)』을 많이 보라고 권합니다. 『불조역대통재(佛祖歷代通載)』 중에도 있는데, 옛사람의 전기에는 그들이 어떻게 노력하고 수행했는지 기록되어 있습니다. "애상정려(愛上靜慮)"란 먼저 정(定)을 수행한 공덕으로 신통을 얻어서 십팔변(十八變)[164]을 할 수 있고 날아오를 수도 있다고 들었기 때문에 열심히 정을 수행합니다. 가령 신족통(神足通)의 교리적 해석은, 발[足]이 공덕을 구족(具足)함이니 반드시 두 발의 기맥을 통하게 하는 수련이 있어야 합니다. 기맥이 통하고 나면 두 다리 두 발의 색신이 모두 기(氣)로 변화해서 마치 기구(氣球)처럼 날아오를 수 있습니다. 이것은 실제로 해낼 수 있는 사상(事相)[165]으로 모두 "정려와 모든 정의 공덕[靜慮諸定功德]"입니다. 공(功)은 고생으로 얻는 공로이고 덕(德)은 이 경계를 얻었음입니다.

밀라레파(密勒日巴)[166]의 전기(傳記)를 본 사람들은 모두 감탄하고 동경합니다. 하지만 여러분은 밀라레파가 자신의 스승에게 단련 받았던 공덕을 지니고 있습니까? 제가 몇 마디만 욕을 해도 여러분은 화가 납니다. 스승이 치켜세워 주고 참아 주어야 여러분은 이 스승이 훌륭하다고

---

164 불보살이 나타내는 열여덟 가지 불가사의한 신통을 말한다. 『유가사지론』 제37권에 열여덟 가지가 나온다.

165 밀교의 의식이나 수행법 등과 같은 실천 방면을 가리킨다. 이에 비해 교리를 체계적으로 연구하는 이론 방면은 교상(教相)이라고 한다.

생각하고 그제야 수행하지 않습니까? 왜 밀라레파는 존자(尊者)로 일컬어지는데 여러분은 그럴 수 없을까요? 잘 생각해 보십시오! 몇몇 동학은 조금만 모욕을 당해도 바로 휴가를 내버립니다. 그러니 자신의 공덕을 자세히 살피는 사람이 아주 적다는 것입니다. 공(功)은 수행의 크게 고통스러운 행(行)이며, 덕(德)은 아주 큰 덕행이 있어야 얻을 수 있는 것입니다.

또 감산 대사(憨山大師)의 전기를 보면, 그가 스승에게 의지하여 법을 구한 정신을 여러분은 실행할 수 있습니까? 하나같이 다들 머리를 쳐들고 있으니, 제가 도를 지니고 있더라도 전해 주지 않을 것입니다. 그렇지 않습니까? 그러므로 공덕 두 글자를 놓고 잘 반성해야 합니다. 여러분은 다른 사람이 정(定)을 수행한 공덕만 알고 그가 성공한 힘든 수행의 과정과 방법에 대해서는 제대로 알지 못합니다. 여러분에게 조금만 말해 주었는데도 조금 얻은 것으로 만족합니다. 그러니 여러분에게 말해 봤자 아무 소용이 없습니다. 여러분은 그런 공덕이 없고 법기(法器)가 아니기 때문에 견디지 못합니다.

어떤 사람이 정려와 모든 정(定)의 공덕을 들었으나 "저것의 출리 방편은 듣지 못합니다[而不聞彼出離方便]." 즉 오로지 수행에 성공한 과위와 뛰어난 공덕만 보고 스스로 용맹하게 정진하여 목숨을 걸고 실행하는 것인데, 그런 경우에도 정에 들어갈 수 있습니다. 목숨을 걸고 용맹하게 정진하여 정의 맛을 정확하게 보고 나면 수행하지 마라, 수련하지 마라

---

166 티베트의 성자로 불리는 밀라레파(Milarepa, 1052~1135)를 말한다. 그는 티베트 불교 카규파(일명 백교白敎)의 2대 조사인데, 중국에서는 목눌(木訥) 혹은 밀륵일파라고 표기한다. 금강승 불교의 대가인 스승 마르파에게 금강승 최상의 수행법을 전수받았고, 주로 산속 동굴에서 수행 정진하여 깨달음을 성취하였다. 그는 깨달음의 경지를 노래한 수많은 게송을 남겼는데, 그것이 '밀라레파의 십만송'이라는 이름으로 지금까지 전해 오고 있다.

고 해도 수행하지 않고는 못 견딥니다. 이것이 바로 "애상정려(愛上靜慮)"입니다.

외도의 지견으로 선정을 닦는 수행자

무엇을 견상정려라고 하는가. 어떤 사람이 자신의 스승한테서 혹은 다른 스승한테서 모든 세간은 다 常이라는 등을 듣고, 이와 같은 방편으로 초정려에 들어가고 유정천에까지 이르며, 청정하고 해탈하고 출리함을 얻을 수 있는 것 같음을 말한다.

云何見上靜慮者. 謂如有一從自師所, 或餘師所, 聞諸世間皆是常等, 如是方便, 入初靜慮, 乃至有頂, 能得淸淨解脫出離.

무엇을 "견상정려(見上靜慮)"라고 합니까? 우리를 넘어선 상층의 사람을 본 것입니다. 말하자면 이런 뜻입니다. 어떤 사람이 자신의 스승이나 다른 스승에게서 세간법은 무상(無常)이 아니라 상(常)이며 영원히 존재한다는 말을 들었습니다. 외도의 견해, 인도의 요가, 바라문 유가사(瑜伽師) 같은 것입니다. 서양 종교의 교의는 하느님이 영생이고 천국이 영생이라고 하며, 도가에서는 장생불사(長生不死)하며 생명은 항상 존재한다고 하는 것 모두 상견(常見)입니다. 어떤 사람은 『능엄경』이나 『열반경(涅槃經)』은 정식 불법이 아니라고 오해합니다. 그 안에 '상(常)'자가 있기 때문에 상견(常見)이라고 생각하는 것입니다. 상견은 사상(思想)적으로는 잘못된 견해로서, 단견(斷常)과 상견(常見)은 양 끝으로 떨어진 외도의 관점입니다. 외도의 정(定)을 닦는 이론은 정을 이룬 사람은 불생불사(不生不死)한다고 말하는데, 지금 있는 육신이 늘 존재할 수 있으며 정의 경계도 늘 존재할 수 있다는 것입니다. 이것은 정 경계의 상견(常見) 이론에 속합니다.

정(定)을 이룰 수 있는가 아닌가에 있어서, 상견으로 떨어진 외도도 정을 이룰 수 있고 무상(無常)임을 아는 사람도 정을 이룰 수 있습니다. 단견과 상견은 모두 사상 방면의 것이고, 정을 이루는 것은 수련에 의한 것이기 때문입니다. 사상과 수련은 별개의 일로 서로 관련이 없습니다.

정(定)을 수행하는 사람이 상견의 이론 즉 정을 수행하는 사람은 만 년이고 십만 년이고 살 수 있다는 말을 듣고 신심을 지닌다면, 해낼 수 있고 정을 이룰 수 있습니다. 이것이 비록 외도의 견해이기는 하지만 정을 닦는 수련과는 상관이 없습니다. 정(定)은 불법과 외도의 공법(共法)이기 때문입니다. 상견의 설법을 듣고 전문적으로 정을 수행하는 이것이 바로 "견상정려"이며, 확실히 이렇게 실행하는 사람이 있습니다. 『능엄경』에서 말한 것을 예로 들면 열 가지의 신선 수행이 있는데 천지와 수명을 같이합니다. 하지만 도를 깨닫지 않아서 보리를 얻지 못하기 때문에 마찬가지로 외도에 속합니다. 바꾸어 말하면 부처님은 단지 절반만 말씀하셨습니다. 만약 그가 도를 깨닫고 보리를 증득했다면 똑같이 성불하는데, 바로 이런 이치입니다.

외도의 지식과 견해는 도를 닦고 정을 수행하면 이 몸이 없어지지 않고 늘 존재할 수 있다고 여깁니다. 그런 까닭에 용맹하게 정진하여 정(定)을 수행해도 정을 이룰 수 있는 것입니다. 하지만 이것은 오로지 입정(入定)의 범위에 한정해서 말한 것입니다. 수련만 말했을 뿐으로, 혜(慧)를 말하지 않고 견지(見地)를 말하지 않았습니다. 본론을 말씀드리자면 이런 종류의 정(定) 수행으로도 수시로 선정의 경계에 들어갈 수 있고 나아가서 유정천에 도달할 수 있습니다. 그러나 천인으로 태어난다 할지라도 여전히 범부 천인에 속하니, 보리를 증득하지 않았기 때문입니다. 천인은 범인과 성인의 구별이 있는데, 범부 천인은 수련이 경지에 이르렀지만 아직 도를 깨닫지 않았습니다. 수련이 경지에 이르렀다고 해서 반드시 도를 깨달은 것은 아니기 때문입니다. 도를 깨달았지만 수련이 아직 경지에 이르지 못한 사람도 많습니다. 그러므로 수련이 경지에 이르고 견지 역시 경지에 이르러야 성취합니다.

수련에 관한 사항은 많지만 여기에서는 선정을 말씀드립니다. 선정이 경지에 이르렀다고 해서 법신 보신 화신의 삼신(三身)을 모두 성취한 것은 결코 아닙니다. 이것은 차이가 있습니다. 그러므로 불법의 수지는 그렇게 간단한 것이 아닙니다. 정(定)을 이루었다고 해서 뭐 그리 대단한 것도 아닙니다. 기껏해야 수천만 년 없어지지 않는 물건 같을 뿐입니다. 대아라한은 팔만사천대겁을 정에 들어가는데 보기에는 아주 평범합니다. 정 속에 있는 사람이 팔만사천대겁이 지나 정에서 나올 때, 그는 그저 한숨 잔 것 같다고 느낄 뿐 세상이 이미 몇 천만억 년이 지나 버렸음을 알지 못합니다. "동굴 속에서 일주일 지났을 뿐이건만, 세상은 수천 년이 흘렀구나〔洞中方七日, 世上幾千年〕" 하는 것입니다. 그런 까닭에 정에 들어가도 뭐 대단한 것이 아니고, 정에 들어가지 않는 것만 못합니다. 왜냐하면 정에서 나온 이후에 자신이 알던 사람들이 모두 존재하지 않는 그런 상황을 받아들이기 어렵기 때문입니다.

하지만 이러한 정의 경계에서 외도로부터 전화해서 성문도로 들어간다면 "청정하고 해탈하고 출리함을 얻을" 수 있으며 유정천에까지 도달할 수 있습니다. 그러나 삼계를 벗어나지는 않는데, 혹은 몇 개월 몇 년동안 청정하여 일념도 생겨나지 않으며 해탈하고 욕계를 출리하게 됩니다. 사실 이것은 성문도에 불과할 뿐, 선종에서 말하는 담판한(擔板漢)[167] 중에서도 작은 담판한이니 이제 막 입문했을 뿐입니다. 보살도의 측면에서 말하면 아직 한참 멀었습니다!

저는 이 견해에 의지하여 용맹하게 정진하며 이 인연으로 말미암아 초정려 혹은 그 밖의 정에 들어간다. 이와 같이 들어가고 나서는 스스로 과거의 많은 겁을 기억할 수 있어서 마침내 나와 세간은 모두 상常이라는 등 이런 견해가 생겨나는데, 정으로부터 일어나고 곧 이 견해를 굳게 붙잡고 버리지 않는다.

彼依此見, 勇猛精勤, 由是因緣, 入初靜慮, 或所餘定. 如是入已, 能自憶念過去多劫, 遂生是見, 我及世間皆是常等, 從定起已, 即於此見堅執不捨.

이런 견해를 지니고 다시 열심히 수증하면 초선 혹은 일체 정의 경계에 도달할 수 있습니다. 그의 관념은 세간의 일체가 모두 상(常)이라고 생각합니다. 지구는 생주이멸(生住異滅) 하지만 다섯 번의 빙하기를 겪었어도 상관없이 지구는 여전히 지구이며 영원히 상(常)이고 영원히 존재합니다. 정에서 나온 후에도 "곧 이 견해를 굳게 붙잡고 버리지 않는다(即於此見堅執不捨)", 즉 이 견해는 바뀌지 않습니다. 오사혹(五思惑) 오견혹(五見惑)의 견사혹(見思惑)[168]에서 벗어나지 못하기 때문에 굳게 붙잡고 버리지 않는 것입니다.

다시 나중에 자세하게 생각하고 생각하여 심체하고 관찰하며, 이것으로 말미암기 때문에 청정하고 해탈하고 출리함을 얻으리라 말한다.

---

167 넓고 긴 판자를 어깨에 메어 한쪽을 보지 못하는 사람, 곧 전체를 보지 못하고 편견을 가진 사람을 일컫는다.

168 이치를 알지 못함으로써 일어나는 견혹(見惑)과 대상에 집착함으로써 일어나는 사혹(思惑)을 말한다.

復於後時. 審思審慮, 審諦觀察, 謂由此故, 當得淸淨解脫出離.

　　나중에 다시 자세히 생각하고 자세히 연구 관찰해서 천천히 참통(參通)하게 됩니다. 참통했어도 여전히 성문도이며 아라한과를 얻습니다. 아라한은 욕망을 떠난〔離欲〕 존(尊)인데, 이욕존(離欲尊)이 반드시 색(色)을 떠나는 것은 아닙니다. 여러분이 삼계 천인을 자세히 연구해야 이해할 수 있습니다. 일반적으로 부처님의 가르침을 배우는 사람들은 모두 반야와 유식과 진여의 명상(名相)에서 구르면서 기본적인 삼세인과와 육도윤회의 이치는 자세히 생각하지 않습니다. 어떻게 증득을 구하는가의 문제는 더더욱 알지 못합니다. 우리가 불법을 연구하는 것이 증득을 구하기 위한 것임을 아래의 본론에서 재삼 언급했습니다. 불법은 우리의 심신(心身) 성명(性命)을 사용하여 증득을 추구하는 것입니다.

교만하고 의심에 기대어 선정에 들어가는 수행자

무엇을 만상정려라고 하는가. 어떤 사람이 이와 같은 이름의 모든 장로 등이 초정려에 들어가고 유정천에까지 이르렀다는 이 일을 듣고 나서, 마침내 교만을 내어서 저는 이미 정려 등의 정에 들어갈 수 있었는데, 나는 무슨 까닭에 들어가지 않겠는가 한다. 이 교만에 의지하여 용맹하게 정진하고, 이 인연으로 말미암아 초정려와 그 밖의 정에 들어간다. 이와 같이 들어가고 나서는 나중에 교만을 내거나, 혹은 정에 들어가고 나서 나만이 이와 같은 정려를 얻을 수 있고 그 나머지는 얻을 수 없다는 이러한 사유를 한다. 저는 이 교만에 의지하여 다시 나중에 모든 정려에 대하여 자세하게 생각하고 생각하여 심체하고 관찰하는 것 같음을 말한다.

云何慢上靜慮者. 謂如有一聞如是名, 諸長老等, 入初靜慮, 乃至有頂, 聞是事已, 遂生憍慢, 彼旣能入靜慮等定, 我復何緣而不當入, 依止此慢, 勇猛精勤, 由是因緣, 入初靜慮, 及所餘定. 如是入已, 後生憍慢, 或入定已, 作是思惟, 唯我能得如是靜慮, 餘不能得. 彼依此慢, 復於後時, 於諸靜慮, 審思審慮, 審諦觀察.

교만은 일종의 아만심(我慢心)이자 호승심(好勝心)입니다. 인성은 나면서부터 아만의 성분을 지니고 있습니다. 세상 모든 사람이 아만을 지니고 있지만, 특히 수행 공부를 하는 사람 및 학문을 하는 사람이 스스로를 높이고 잘난 체하는[我慢] 마음이 더 크니 바로 증상만(增上慢)입니다. 이런 사람들은 기본적으로 아만심을 품고 수도하는데 그렇기 때문에 정(定)을 얻을 수 있습니다. 하지만 정에서 나온 후에도 계속 오만(傲慢)을 떠나지 못하고 모든 사람을 무시하여, 나는 도를 얻을 수 있어도 너희 같은 사람들은 안 된다고 생각하는데, 이것이 일종의 오만심입니다. 수도하는 사람들은 수련이 높을수록 오만이 더 크고 안하무인입니다. 자신은 수련을 해서 지니게 된 것으로 날마다 서서히 수련을 쌓아갔지만, 일반인들은 수련을 하지 않아서 얻지 못한다고 생각하기 때문에 사람들을 무시합니다.

불법은 공(空)을 강조합니다. 너도 공이고 나도 공이고 저 사람도 공이고, 팔만사천 억만년을 살아도 결국에는 여전히 한바탕 공이니 모두 공입니다. 공(空)이 무슨 오만할 만한 것이 있습니까? 이것이 기본적인 차이입니다. 불가는 공으로 시작하기에 일체중생을 보면 모두 평등하고 동등합니다. 그래서 평등한 자비심을 일으키기가 쉽습니다. 오만으로 수련을 하고 학문을 할 수는 있지만 오만의 습기(習氣)를 영원히 벗지 못합니다. 성문중의 수많은 나한들은 모두 오만의 습기를 지니고 있기 때문에 스스로를 반성하고 점검하기가 어렵습니다. 바로 이런 이치입니다.

무엇을 의상정려라고 하는가. 어떤 사람이 본성은 어둡고 둔하지만 본래 일찍이 사마타행을 즐겨 수습한지라, 이 인연으로 말미암아 모든 정려 혹은 그밖의 정에 들어간다. 이와 같이 들어가고 나서는 다시 앞의 정에 대하여 부지런히 방편을 닦고, 아직 얻지 못한 것을 얻기 위하여 사성제에 대하여 부지런히 현관을 수행하지만, 본성이 어둡고 둔하기 때문에 속히 성제의 현관을 증득할 수 없고, 이 인연으로 말미암아 그 나머지 증득한 것에 대하여 곧 의혹을 내며, 이 의혹에 의지하여 다시 뛰어난 나아감에 대하여 자세하게 생각하고 생각하여 심체하고 관찰하는 것 같음을 말한다.

云何疑上靜慮者. 謂如有一爲性暗鈍, 本嘗樂習奢摩他行, 由此因緣, 入諸靜慮, 或所餘定. 如是入已, 復於上定勤修方便, 爲得未得, 於四聖諦, 勤修現觀, 性暗鈍故, 不能速證聖諦現觀, 由此因緣, 於餘所證便生疑惑, 依此疑惑, 復於勝進, 審思審慮, 審諦觀察.

송명 이후의 선종은 화두를 참구하는데 바로 의심하는 심리에 기대어 참구합니다. 의심의 본성〔疑情〕을 일으키지 않으면 깨닫지 못합니다. "크게 의심하면 크게 깨닫고, 작게 의심하면 작게 깨닫고, 의심하지 않으면 깨닫지 못한다〔大疑大悟, 小疑小悟, 不疑不悟〕"라는 이 노선을 택하여, 탐진치만의(貪瞋癡慢疑)의 '의(疑)'의 심리를 이용하는 것입니다. 천하의 큰 의심〔大疑〕에 집중하여 하나의 의심〔一疑〕으로 삼은 후에 깨달을 수 있습니다. 지금 여기에서 말한 "의상정려(疑上靜慮)"의 수련은, 어떤 사람이 근기가 어리석고 둔한 것이 마치 나무도 베지 못하는 녹슨 도끼 같아서 스스로도 별 볼 일 없다고 생각하지만, 본래 타좌하여 정(定)을 수행하는 것을 배운 적이 있고 수도(修道)를 좋아하며 열심히 수련을 합니다. 이런 인연으로 말미암아 정의 경계에 대해 약간의 그림자가 생졌지만 "아직 얻지 못한 것을 얻기 위하여[爲得未得]" 즉 정려(선정)의 경계를 참으로 얻지는 못했습니다. 불법에서 말하는 사성제(四聖諦) 법문에 대하여 자신의 어둡고 둔함으로 말미암아 현관(現觀)[169]의 경계를 증득할 수 없고, 그리하여 일체에 대해서 의심을 품습니다.

우리가 사성제의 고집멸도(苦集滅道)를 말하지만 여전히 문자를 말하는 것이니 참된 사성제를 어떻게 이야기합니까? 생각의 움직임이 바로 고집(苦集)으로, 마음의 고집은 도(道)를 이루어야 일체의 고(苦)를 멸할 수 있습니다. 도(道)가 일체의 고(苦)를 멸하는 인(因)이기 때문입니다. 집(集)은 일체중생이 즐겨 붙잡는 것을 말합니다. 생각은 멈출 수 없어서 일체 고(苦)의 인(因)을 한곳으로 모으니[集], 고(苦)는 집(集)의 과(果)입니다. 사성제 법문은 아주 짧은 순간에 현관을 수행하여 공성(空性)의 증득을 추구하는 것으로, 그저 불학 이론을 말하는 것이 아닙니다. 타고난 본성이 어둡고 둔한 둔근이기 때문에 사성제의 현관을 증득하지 못합니다. 만약 일체의 마음을 일으키고 생각을 움직임[起心動念]이 고요하여 움직이지 않음에 도달했다면, 사성제의 현관에 입문한 것입니다.

이 인연으로 말미암아도 사성제를 증득하지 못해서 "그 나머지 증득한 것에 대하여 곧 의혹을 냅니다[於餘所證便生疑惑]." 즉 그리하여 불법에 대해 의심을 품습니다. '불법의 성제(聖諦)의 현관이라는 이런 일이 정말로 있는가? 사람을 속이는 것 아닌가? 그것이 어떤 것인지 반드시 해결할 거야.' 이런 생각으로 의심을 가지고 참구에 들어가고 그것을 부지런히 수행합니다. 후세의 선종 수행에서 화두를 참구하는 것이 이 노

---

169 문자 그대로는 앞에 있는 대상[現]을 관한다[觀]는 뜻으로, 무루(無漏)의 지혜로써 대상을 있는 그대로 명료하게 파악하는 것을 말한다.

선을 걸어간 것입니다. 교리를 알아야 합니다. 화두를 참구하는 것은 뭐 그리 대단한 것이 아닙니다. 문제는 어떻게 참구하느냐입니다. "자세하게 생각하고 생각하여 심체하고 관찰한[審思審慮, 審諦觀察]" 내용이 있어야 합니다. 그래야 참구라고 합니다.

선정 수행의 근기가 다르다

다음으로 무엇을 애미상응정려 등의 정이라고 하는가. 어떤 둔근이 혹은 탐행 때문에 혹은 번뇌가 많기 때문에 저는 오직 초정려 등이 지니고 있는 공덕만을 듣게 되는데, 자세한 설명은 앞의 애상정려와 같으며 앞의 출리에 대하여 깨달아 알지 못하기 때문에 곧 애미를 내어 그리워하고 집착하며 굳게 머무르는 것이니, 그 애미하는 대상에서는 이미 출리하였다고 말하고 그 애미하는 주체는 바르게 들어간다고 말하는 것이다.

復次云何愛味相應靜慮等定. 謂有鈍根, 或貪行故, 或煩惱多故, 彼唯得聞初靜慮等所有功德, 廣說如前愛上靜慮, 於上出離不了知故, 便生愛味戀着堅住, 其所愛味, 當言已出, 其能愛味, 當言正入.

선정의 맛을 좋아하고 선정으로 이룬 공덕을 좋아해서 수도(修道)하기 때문에 정(定)을 이룰 수 있습니다. 수련을 부지런히 하면 얻는 것이 있습니다. 이것들은 모두 둔근(鈍根)의 사람에게 해당하는데, 타좌와 수도의 장점이 아주 많아서 참으로 초선정을 이루면 죽은 후에 곧 육신이 해탈한다고 생각합니다. 혹은 수명이 다하면 욕계천에 왕생하는데, 그곳에는 수많은 천녀가 있고 의식주가 다 아주 훌륭하며 여러분이 한 명의 천녀와 함께 있으면 나머지 천녀들에게는 보이지 않기 때문에 질투를 하지 않습니다. 여러분도 천인으로 변화할 수 있는데 온몸이 빛나고 아름다우며 각종 공덕을 지니고 있습니다.

　난타(難陀)는 부인이 아름다워서 비록 불타의 제도(濟度)로 출가하기는 했지만 여전히 부인을 그리워하여 수도하려는 마음이 없었습니다. 한번은 부처님이 그를 데리고 욕계천에 올라갔는데, 수많은 천녀가 거기서 노니는 것을 보고 그는 이렇게 물었습니다. "왜 남자는 없습니까?" 천녀들은 이렇게 말했습니다. "있습니다! 난타라고 하는데, 그는 지금 부처님과 수도하고 있답니다. 죽은 후에 곧 이곳으로 태어날 것이고 우리는 지금 그를 기다리고 있습니다." 돌아온 후에 부처님께서 그에게 물었습니다. "천녀가 당신 부인에 비해 어떠하던가? 난타가 말했습니다. "제 아내는 천녀와 비교할 수 없습니다." 그는 목숨을 걸고 열심히 수도했고 수련도 훌륭했습니다. 어느 날 부처님께서는 다시 그를 데리고 지옥으로 가서, 큰 기름 솥에 뜨거운 기름이 펄펄 끓고 있는 것을 보여 주었습니다. 옆에는 두 명의 옥졸이 서 있는데, 마치 누군가 벌을 받으러 올 것을 기다리고 있는 것 같았습니다. 난타가 누가 벌을 받으러 오느냐고 물었더니 옥졸이 말했습니다. "난타라고 하는데, 부처님께서 그를 데리고 하늘로 올라가서 천녀들을 보여 주었더니 그의 마음이 움직였고 그 목적을 위해서 선정 수행을 하고 있습니다. 수행을 마치고 욕계천에 왕생해서 복보를 다 누리고 나면 바로 이 기름 솥에 내려올 것이니 우리는 그를 기다리고 있습니다." 난타는 너무나 놀란 나머지 이번에 돌아와서는 참으로 수도하게 되었습니다.

　선정의 뛰어난 공덕을 수행함으로 말미암아 천인(天人)으로 태어나더라도, 천인 속에도 마(魔)가 있습니다. 성질이 포악하고 급한 것이 마(魔)이니 나찰(羅刹)이라고도 합니다. 남자 나찰은 아주 못생겼고 여자 나찰은 아름다운데, 그들도 모두 선정의 공부를 지니고 있습니다. 선정으로 통하는 길은 아주 많습니다. 여러분이 선정 수행을 하다가 잘못된 길을 가게 되면 아주 골치 아파집니다. 이것은 우스갯소리가 아니니, 정을 수행하는 공부가 어디 그렇게 쉬운 일이겠습니까! 반드시 불법을 자세히 연구해야 하고, 기맥이 통했다면 여러분이 어느 길로 통했는지 봐야 합니다. 나찰의 길로 통하면 나찰로 변하게 됩니다.

　무엇이 "애미상응정려 등의 정〔愛味相應靜慮等定〕"일까요? '상응(相應)'은 요가이며, '애미(愛味)'는 탐내고 그리워하는 것입니다. 둔근의 사람은 "혹은 탐행 때문에〔或貪行故〕" 즉 탐욕 때문에 이런 애미정(愛味定)에 들어갑니다. 탐욕에는 많은 종류가 있습니다. 넓은 의미의 탐욕은, 수도(修道)가 장수를 위한 것이고 신선이 되고 부처가 되기 위한 것이면 모두 탐(貪)입니다. 좁은 의미의 탐욕에서부터 밀종을 수행하고 도가를 수행하고 남녀 쌍수(雙修)를 하는 사람들에 이르기까지, 음식남녀(飮食男女)의 욕망을 버리지 않으면서 도를 성취할 수 있다고 생각하는 사람이 얼마나 많은지요! 그런 까닭에 세상에서는 남녀 쌍수법이 환영을 받습니다. 사실 그것은 탐욕락정(貪欲樂定)에 들어가는 것인데, 집착하고 해탈하지 못한다면 이러한 정(定)의 경계에 들어가니 둔근에 속하는 부류의 사람입니다. 이런 부류가 수행에 성공한 과보는 욕계천에 태어나는 것입니다. 좀 나은 경우가 욕계천의 상층이기는 하지만, 약간의 겁(劫)이 지난 후에 천인의 복보를 다 누리고 화관이 시들어 버리면 사망해서 예전처럼 윤회 속으로 내려가게 됩니다. 그러므로 어느 층의 천도(天道)가 됐건 무슨 공덕 무슨 견지 무슨 수련을 해야 왕생할 수 있는지 여러분은 자세히 연구해야 합니다. 이런 것들은 하나도 연구하지 않고 걸핏하면 대승(大乘)이니 대철대오(大徹大悟)를 들먹이니 뭐가 크다는 겁니까? 방귀 소리만 큽니다! 그런 것은 헛소리입니다. 부처님의 가르침을 배우는 사람은 기본적인 삼세인과, 육도윤회, 삼계천인을 분명하게 아는 것이 근본입니다.

　이런 둔근의 사람은 "혹은 번뇌가 많기 때문에〔或煩惱多故〕"정(定)을 수행함이 청정해야 합니다. 번뇌가 많으면 어떻게 정을 수행할까요? 어떤 사람들은 정을 수행함에 있어서, 가령 도가에서 부적을 그리고 진언을 외운다거나 반운법(搬運法)[170]과 최면술 등을 하는 것이 모두 정의 수련입니다. 마술을 하고 요가를 하는 사람도 해낼 수 있고 본교〔苯教〕[171]를 수행하는 사람도 해낼 수 있는데, 모두 번뇌심으로 정을 수행합니다. 이것을 통해 사람의 심력(心力)은 이처럼 커서 보살도 신통을 지니지만 범부 역시 신통을 지닌다는 것을 알 수 있습니다. 높은 빌딩을 그토록 아름답게 건축한다든지 사람이 달에 가는 것이 모두 사람의 신통입니다. 이처럼 번뇌가 많기 때문에 수행으로 정의 경계를 이루었다는 말을 들은 사람은 승화(昇華)하여 천도에 태어날 수 있습니다. 하지만 출리의 방편 법문을 이해하지 못해서 "곧 애미를 냅니다〔便生愛味〕." 애미(愛味)는 탐내고 그리워함이니, 이런 종류의 정려를 애미라고 합니다. 하나의 경계에 그치지 않고 아주 많습니다. 그렇기 때문에 불경의 모든 구절 모든 글자에 신중하고 엄격해야 합니다.

무엇을 청정정려 등의 정이라고 하는가. 어떤 중근 혹은 이근의 본성을 지닌 사람이 번뇌행 혹은 박진행으로 다른 사람으로부터 초정려 등 애미의 과환[172] 및 앞의 출리에 대하여 듣고서, 용맹스럽게 정진하여 초정려 혹은

170 도인법(導引法)의 하나로 인체의 경락을 따라 진기(眞氣)를 되돌려 보낸다는 뜻이다.
171 불교가 전해지기 전 만물에 깃든 영혼을 믿고, 주술을 외우며, 짐승을 죽여 그 피로 제사를 지내고, 흑마술도 썼던 고대 티베트인들이 숭배하던 샤머니즘의 일종이다.
172 과환(過患)은 과실〔過〕과 근심〔患〕이라는 뜻으로, 사성제 가운데 고제와 집제를 통칭하는 말이다. 과(過) 즉 과실은 원인으로 집제를 말하고, 환(患) 즉 근심은 괴로움〔苦〕 즉 고제를 뜻한다.

그 밖의 정에 들어가고, 이와 같이 들어가고 나서는 곧 모든 정의 과환을 사유할 수 있고, 앞의 출리에 대하여 또한 깨달아 알아서 애미를 내지 않을 수 있는 것을 말한다.

云何淸淨靜慮等定. 謂有中根, 或利根性, 等煩惱行, 或薄塵行, 彼從他聞初靜慮等愛味過患, 及上出離, 勇猛精進, 入初靜慮, 或所餘定, 如是入已, 便能思惟諸定過患, 於上出離, 亦能了知, 不生愛味.

중등(中等) 근기의 사람은 일념이 청정해서 정(定)에 들어가면 탐욕의 길로 가지 않습니다. 그는 천성적으로 번뇌가 적고 비교적 청정하기 때문입니다. 전생에 수행한 적이 있다면 당연히 정의 수행을 듣기만 해도 곧 청정해지고 출가하게 되는데, 산림에 이르러 타좌하고 정에 들어갑니다. 이것이 중등의 근기, 중등의 이근(利根)입니다. 육조가 말한 선종은 최상 근기의 사람을 받아들여서 이끌어 가는 것이기 때문에 다들 자신은 선종을 배운다고 표방합니다. 하지만 스스로를 한번 돌이켜 비추어 보고 자신이 어떤 근기인지 알아야 합니다! 선(禪), 말은 쉽게 합니다! 선정에 대해 말하자면 일미청정(一味淸淨)에 도달한 것만으로도 이미 대단하지만 그 역시 중등 근기에 불과합니다.

어떻게 무루과의 정의 경계를 수행하는가

무엇을 무루정려 등의 정이라 하는가. 어떤 사람이 수신행이거나 혹은 수법행이거나 박진행의 부류로, 저가 혹은 먼저 번에는 사성제에 대하여 이미 현관에 들어갔거나, 혹은 다시 현관의 방편을 바르게 수행해서 앞의 모든 행상상으로[173] 말미암아 초정려 혹은 그 밖의 정에 들어갔지만, 지금은 이 행行과 이 상狀과 이 상相에 대하여 다시 사유하지 않고 모든 색으로부터 식법에 이르기까지 병 같고 종기 같은 등의 행을 사유하며, 유위법에 대하여 마음으로 염오를 내고 두려워하고 제압하고, 감로계에 대하여 생각을 묶어서 사유하며, 이와 같이 하여 비로소 무루정에 들어갈 수 있는 것 같음을 말한다.

云何無漏靜慮等定, 謂如有一是隨信行, 或隨法行, 薄塵行類, 彼或先時, 於四聖諦已入現觀, 或復正修現觀方便, 彼先所由諸行狀相, 入初靜慮, 或所餘定, 今於此行此狀此相, 不復思惟, 然於諸色乃至識法, 思惟如病如癰等行, 於有爲法, 心生厭惡, 怖畏制伏, 於甘露界, 繫念思惟, 如是方能入無漏定.

이것은 대아라한 무루과(無漏果)의 경계로서, 일체 무루는 중승도(中乘道) 성문의 극과(極果)입니다. 어떻게 얻을까요? 한 가지는 "수신행(隨信行)"으로, 불법을 바르게 믿으면 의심을 끊고 믿음을 일으킵니다. 『화엄경』에 말하기를, "믿음이 도의 근원이요 공덕의 어머니〔信爲道源功德母〕"라고 했는데, 자신의 마음〔自心〕이 바로 도(道)이며 부처임을 믿는 것입니다. 『대승기신론(大乘起信論)』의 신행(信行)을 참고해 볼 수 있습니다. 하지만 수십 년 제 경험으로 볼 때, 부처님을 배우는 재가인이나 출가인을 막론하고 정말로 바른 믿음을 지닌 사람은 거의 없는 것 같습니다. 대부분 공리(功利) 사상으로 불법을 추구하는데, 여러분도 그 속에 포함됩니다. 그런 까닭에 이런 일이 확실히 있음을 바르게 믿을 수 있는 사람은 아주 적고 아주 어렵습니다.

또 한 가지는 "수법행(隨法行)"입니다. 수많은 사람이 부처님을 배우

---

173 행상상(行狀相)에 대한 자세한 설명은 제11강 "진정으로 정에 들어가면 성정과 기질이 모두 변한다"를 참조.

고 불법을 연구하여 말은 잘할 수는 있습니다. 하지만 이 '행(行)'을 해낼 수 있습니까? 그런 까닭에 부처님을 배우는 데 제일 좋은 것은 불법을 따라서 수행하는 것입니다. 또 다른 한 가지는 "박진행(薄塵行)"으로, 세상에 대한 그리움이 옅은 것입니다. 사람들이 흔히 "나는 세상을 꿰뚫어 보고 조금도 그리워하지 않아"라고 말하는 것은 모두 허풍입니다. 이른바 세속의 진로(塵勞)[174]가 옅어서 그가 수도(修道)하겠다고 말하면 바로 세속의 정을 단칼에 끊을 수 있는 것입니다. 한 가지가 더 있는데, 과거에 사성제 법문에 대하여 이미 현관(現觀)의 도를 증입(證入)했기 때문에 진로가 옅을 수 있습니다. 인생은 제각기 많은 번뇌와 고통을 지니는데, 지금 동학에게 화를 내는 것도 번뇌입니다. 어떤 관경(觀境)에서도 현관 장엄(莊嚴)[175]하면 곧 사성제를 증입할 수 있습니다. 그런 까닭에 미륵보살은 『현관장엄론(現觀莊嚴論)』에서 난(煖) 정(頂) 인(忍) 세제일(世第一)의 사가행에 치중했습니다. 그러므로 수련을 하지 않으면 안 됩니다. 현관 장엄의 길은 수련을 하지 않으면 불가능합니다.

한 가지는 "현관의 방편(법문)을 바르게 수행하는〔正修現觀方便〕"것인데, 이 현관의 경계에서 무위(無爲) 법문의 길을 걷는다면 시작하자마자 자연스럽게 공(空)이 됩니다. 영가 대사가 말하기를 "망상도 없애지 않고 참됨도 구하지 않아〔不除妄想不求眞〕"[176] "두 법이 공하며 상이 없음을 깨달아 안다면〔了知二法空無相〕" 그 길로 깊게 들어가기만 하면 곧 도달합니다. 일체의 유위법에 대하여 "마음으로 염오를 내고 두려워하고 제

---

174 망상, 분별, 집착에 물든 잘못된 생각 즉 번뇌를 말한다.
175 대승의 이념을 실천하는 것과 대승의 사상을 이론적으로 정리하고 정리된 사상을 충실히 실천하는 것을 말한다.
176 대부분의 자료에는 "참됨을 구하지 않고 망상을 끊어 내지 않는다〔不求眞 不斷妄〕"라고 되어 있다.

압한다〔心生厭惡, 怖畏制伏〕"는 것은, 마음을 일으키고 생각을 움직임에 있어서 오로지 이 심념(心念)에 머물러 있고, 악념이든 선념이든 상관없이 심념에 조금의 동요만 있어도 스스로 두려워하면서 수행에 힘을 얻지 못한다고 여기는 것입니다. 그런 까닭에 감로(甘露) 청정 법문에 대하여 매 순간 정사유(正思惟)를 하는데, 이것이 팔정도(八正道)의 길입니다. 이렇게 해야 무루정(無漏定)의 경계에 들어가서 아라한도를 얻을 수 있습니다.

수련에는 진퇴가 있고 방법에는 결택이 있다

다음으로 무엇을 순퇴분정이라고 하는가. 어떤 둔근의 하열한 사람이 해탈하고자 부지런히 정진한 까닭에 초정려 혹은 그 밖의 정에 들어갔는데, 기쁨에 대하여 즐거움에 대하여 뛰어난 공덕에 대하여 견디지 못하기 때문에 정려로부터 물러나고, 모든 정에 잠시 들어가는 데 차별이 있듯이 여시여시하여 다시 없어지거나, 제근을 잘 조련하지 못하는 것까지 말한다.

復次云何順退分定. 謂有鈍根下劣欲解, 勤精進故, 入初靜慮, 或所餘定, 於喜於樂, 於勝功德, 不堪忍故, 從靜慮退, 如如暫入諸定差別, 如是如是還復退失, 乃至未善調練諸根.

정(定)을 수행하는 수련에는 나아가고 물러남이 있어서, 어떤 때는 나아갔다가 다시 물러나고 어떤 때는 물러났다가 다시 나아갑니다. 수련이 뛰어나더라도 물러나기도 합니다. 왜 물러나게 될까요? 정(定)은 혜(慧)가 아니기 때문입니다. 혜(慧)는 한번 깨달으면 모든 것을 깨닫고 한번 깨달으면 영원히 깨닫습니다. 정은 수련을 하면 오고 수련을 하지 않으면 오지 않습니다. 하등한 근성의 사람은 용맹스럽게 정진하기 시작하면 타좌하여 도를 얻고 싶어 하기 때문에 정과 비슷한 경계에 들어갑니다. "기쁨에 대하여 즐거움에 대하여 뛰어난 공덕에 대하여 견디지 못하기 때문에〔於喜於樂, 於勝功德, 不堪忍故〕", 바른 정(定)으로 즐거움과 공덕을 얻는 것에는 결코 도달하지 못합니다. 많은 사람이 일찍이 이런 경험을 했는데, 그 자리에 앉아서 비할 바 없이 기뻐하는 것이 마치 정신병을 일으킨 것 같습니다. 어떤 사람은 웃음을 멈추지 못하고, 울음을 멈추지 못하는 사람도 있습니다. 이런 상황에 대해 현대인은 어쭙잖은 의학 상식으로 이것이 정신적 문제이며 도를 배우는 데 장애가 된다고 말하며, 무슨 진정제 따위를 먹게 하고 정신병원으로 보냅니다.

사실 몸과 마음이 정(定)과 비슷한 경계에 막 들어가게 되면, 기맥으로 인해 마음속에서 갑자기 비할 바 없는 기쁨이 일어납니다. 좀 지나면 괜찮아지고 이 원리를 알면 별것 아닙니다. 몸에서 큰 즐거움을 일으키면 비할 바 없는 쾌감이 있지만 쾌감에 미혹되고 연연해하면 안 됩니다. 혹은 부처님을 봤네 보살을 봤네 하면서 스스로 머리가 혼미해지고 견딜 수가 없는데, 자신이 깨달았으며 보리를 증득했다고 생각합니다. 결국 정을 계속할 수 없게 되는데, 정의 경계 또한 서서히 없어져서 더 나아갈 수 없습니다. 이것이 바로 "순퇴분정(順退分定)"입니다. 이런 퇴보는 자연스럽게 지니는 경계이니, 여러분이 정을 이루기만 하면 이런 마경의 장애가 자연스럽게 찾아옵니다.

무엇을 순주분정이라고 하는가. 어떤 중근 혹은 이근의 본성을 지닌 사람이 오직 모든 정의 공덕만을 듣게 되어, 자세한 설명은 앞의 애미상응과 같으며, 얻은 정에 대하여 오직 애미만을 내고 위로 나아갈 수 없으며, 또 아래로 물러날 수도 없는 것을 말한다.

云何順住分定. 謂有中根, 或利根性, 彼唯得聞諸定功德, 廣說如前愛味相應, 於所得定, 唯生愛味, 不能上進, 亦不退下.

중근(中根)이거나 이근(利根)의 사람은 이 정(定)의 맛[味]를 탐내고 그리워함으로 말미암아 이 쾌락의 정(定) 경계에 머무르는데, 적게 얻어도 만족하여 위로 나아가지도 않고 아래로 물러나지도 않습니다.

무엇을 순승분정이라고 하는가. 어떤 사람은 또 출리의 방편을 듣고서 얻은 정에 대하여 기쁨과 만족을 내지 않으니, 이런 까닭에 저것에 대하여 애미를 내지 않고 다시 뛰어난 과위를 구하며, 이 인연으로 말미암아 곧 뛰어난 나아감을 얻는 것을 말한다.

云何順勝分定. 謂有亦聞出離方便, 於所得定, 不生喜足, 是故於彼不生愛味, 更求勝位, 由此因緣, 便得勝進.

어떤 사람은 수행법의 출리 방편을 듣고서 정(定)을 이루어도 집착하지 않고 연연해하지 않습니다. 그러고는 곧 끊임없이 노력하여 위로 나아가는데 초선, 이선 등등 계속해서 위로 나아갑니다.

무엇을 순결택분정이라고 하는가. 일체의 살가야에서 과환을 깊이 보고, 이 인연으로 말미암아 무루에 들어갈 수 있는 것을 말한다. 또 모든 무루를 결택분이라고 한 것은 마지막 구경이기 때문이니, 마치 세간의 구슬과 병 등의 물건을 잘 고른 것을 결택이라고 하는 것과 같다. 이 이후로부터는 선택할 것이 없기 때문인데, 이것 또한 이와 같아서 이것을 지나면 다시 간택할 만한 것이 없기 때문에 결택분이라고 한다.

云何順決擇分定. 謂於一切薩迦耶中, 深見過患, 由此因緣, 能入無漏. 又諸無漏,

名決擇分極究竟故，猶如世間珠瓶等物，已善簡者，名爲決擇．自此已後，無可擇
故，此亦如是，過此更無可簡擇故，名決擇分．

진정으로 수도하여 성문과를 얻으면 증과(證果)한 사람을 "결택분정
(決擇分定)"이라고 하는데, 지혜를 결정하고 선택한 것입니다. "살가야
(薩迦耶)"는 아견(我見) 중생상(衆生相) 속에서 중생이 윤회하고 고뇌하
는 것을 보고서, 설사 하늘에 태어나고 제왕이 되고 신선이 된들 그것이
무슨 의미가 있는가 하니, 이것은 철저한 무아(無我)의 경계입니다. "과
환을 깊이 본다[深見過患]"는 것은 일체중생이 아상(我相)과 아견(我見)
속에서 윤회하고 고뇌하는 것이 문제이니, 오로지 출리하여 보리를 증
득해야 한다고 생각하는 것입니다. 이 인연으로 말미암아 무루과를 증
득하여 들어갈 수 있는데, 이 무루과는 지혜를 결택(決擇)함에서 옵니
다. "결택(決擇)"은 여러분이 백화점에서 물건을 고르는 것과 똑같아서,
한 무더기의 보석에서 자신의 지혜에 의지하여 선택하는데 그것이 진짜
보석임을 알면 곧바로 사고 다른 것은 쳐다보지도 않습니다. 이것을 결
택이라고 하는데, 결정적 선택이며 지혜가 인정함입니다. 바꾸어 말하
면 지혜가 인정한 이 길을 이용하는 것이 무루과 대아라한을 증득하는
구경(究竟)이며, 일체 외도와 마도 및 일체 방편은 뒤돌아보지 않습니
다. 이것이 협산 선사가 말한 "용은 진주를 머금고 물속에 노니는 물고
기 돌아보지 않는[龍銜海珠，游魚不顧]" 것입니다. 그렇기 때문에 수행하
여 도를 증득하는 것이 지혜의 결택이라고 말합니다.

다음으로 무엇을 곧바로 모든 등지等至에 들어간다고 하는가. 어떤 사람이
초정려 내지 유정천을 얻었으나 아직 원만하고 청정하고 깨끗하지 않아서,
먼저 차례대로 들어가서 유정천에까지 이르고 나중에 차례를 거꾸로 들어

가서 초정려에 이르는 것과 같음을 말한다.

復次云何無間入諸等至. 謂如有一得初靜慮, 乃至有頂, 然未圓滿清淨鮮白, 先順
次入, 乃至有頂, 後還次入, 至初靜慮.

　　무엇이 "곧바로〔無間〕" "등지(等至)" 정(定)의 경계에 들어감입니까?
사선팔정에 들어가는 것은 수영장에 들어가는 것과 같아서, 마음대로
유유히 노닐다가 방금 막 초선정에 들어가고 잠시 후에 이선, 삼선에 들
어가서 유정천(有頂天)에까지 도달할 수 있습니다. 혹은 자리에 앉자마
자 사선정의 경계에 들어가고 잠시 후에 다시 거꾸로 초선정의 경계로
돌아가는 데 대단히 자유롭습니다. 정(定)의 경계를 방금 막 이룬 사람
은 그 수련이 색계 유정천의 경계에까지 이르렀지만, 내심으로는 자신
의 선행 공덕이 아직 원만하지 않고 청정하지 않으며 선명하고 깨끗한
것이 아니라 오점이 있음을 잘 알고 있습니다. 어떤 때는 비록 일념불생
하더라도 청정 안에 불청정(不淸淨) 즉 탐진치만의의 가벼운 오점이 있
는데 스스로는 찾아내지 못합니다.
　　예를 들어 시비선악이 아주 분명한 사람은 세간법으로 보면 옳지만,
불법의 측면에서 말하면 그것은 진념(瞋念)입니다. 어떤 사람들은 자비
로 중생을 제도하고 원력도 큰데, 불법의 측면에서 말하면 옳지만 보살
도로 말한다면 치업(癡業)입니다. 이런 상황은 수행인이 원만하고 깨끗
함에 이르지 못했을 때에는 분석해 낼 수 없습니다. 백지 위에 이러한
작은 먼지, 겨자씨만 한 크기의 오점이 눈앞에 놓여 있으면, 전면적인
청백(淸白)이 그 사람에게는 보이지 않기 때문입니다. 그러므로 탐진치
만의에 대해 자신에게는 그런 것이 없다거나 아주 적다고 말한다면, 적
다고 하더라도 허풍을 친 것이 됩니다. 말은 얼마나 쉬운지요! 심지어
수행을 해서 유정천의 경계에 도달했을 때에도 아직 원만하고 청정하고

깨끗하지 못하고 여전히 미세하게 남은 번뇌의 결함을 지니고 있습니다. 반드시 다시 사선팔정 경계의 각 단계 각 단계를 거치며 수련해야 하는데, 그것이 다 끝난 후에 원만하고 청정하고 깨끗함에 도달할 수 있습니다. 그런 후라야 일체 정의 경계, 일체 삼매에 자유롭게 드나들 수 있습니다.

제9강

다음으로 무엇을 초월하여 모든 등지等至에 들어간다고 하는가. 어떤 사람이 곧 이것에 대하여 이미 원만 청백을 얻었기 때문에, 초정려로부터 곧바로 초월하여 제삼정려에 들어가고, 제삼정려로부터 곧바로 초월하여 공무변처에 들어가며, 공무변처로부터 곧바로 초월하여 무소유처에 들어가고 넓은 곳까지 이르는데, 거꾸로 초월하는 것 또한 그러하다. 매우 멀기 때문에 세 번째 등지로 초월할 수 있는 경우는 없다. 오직 여래와 제이아승기야를 나온 모든 대보살들은 제외되니, 저들은 원하는 대로 모든 정에 들어가기 때문이다.

다음으로 무엇을 정려를 훈수하는 것이라고 하는가. 어떤 사람이 이미 유루 및 무루의 네 가지 정려를 얻었는데, 등지에 대하여 자재를 얻기 위해서, 등지의 자재과를 받기 위해서, 오랫동안 상속하면서 모든 정려에 들어가고 유루와 무루가 서로 섞인다. 유루의 경우에도 곧바로 무루가 눈앞에 나타나고 무루의 경우에도 곧바로 다시 유루에 들어가는데, 이것을 잘 맞춰서 훈수하여 성취함을 마땅히 알아야 한다. 만약 이 곳과 이 때와 이 형편에서 모든 정으로 들어가려고 한다면, 곧 이 곳과 이 때와 이 형편에서 모든 정에 들어갈 수 있으니, 이를 모든 등지에서 자재를 획득한 것이라고 한다. 등지의 자재과란 법락의 경계에 머무르고 전화하여 다시 명정하며, 또 이것으로 말미암기 때문에 불퇴도를 얻는다. 또 해탈과 승처 및 변처 등 뛰어난 품의 공덕을 끌어낼 수 있는 도를 청정하게 수행하고 대치한다. 그 밖의 취할 것이 있는데 목숨이 끊어지려고 하는 자일 경우에는 이 인연으로 말미암아 곧 정거천에 들어가는데 연품, 중품, 상품으로 말미암아 모든 정려를 수행함에 차별이 있기 때문에 모든 곳에서 삼지의 과를 받는다. 앞에 유심유사지에서 이미 자세히 분별한 것과 같이 무심유사삼마지를 수습하기 때문에 대범천이 되는 것을 얻는다. 연품, 중품, 상품, 상승품, 상극품의 훈수력으로 말미암기 때문에 오정거천에 태어나는 것이다. 청정한 정려정을 닦음으로 인해서 정려지에 태어나지만, 애미상응을 익히고 가까이함으로 말미암지 않음을 알아야 한다. 이미 저기에 태어나고 나서 만약 애미를 일으키면 곧 다시 물러나서 떨어진다. 먼저 이 사이에서 정을 수행하여 이루고 나서야 나중에 저 기에 가서 태어날 수 있는데, 왜냐하면 아직 욕을 떠나지 않으면 저기에 태어날 수 있는 것이 아니기 때문이다. 아직 정을 수행하여 이루지 못한 여러 이생들은 욕을 떠 나지 못했기 때문이다. 또 이 사이와 저 곳에서 모든 등지에 들어가는데, 즐거움의 차별이 있는 것은 아니고 오직 의지하는 바 몸에 차별이 있다.

다음으로 수습해야 할 작의와 상의 차별에 대해서는 이미 말했는데, 무엇을 여러 경의 종요를 포함한다고 하는가. 팔해탈 등을 말하는데, 경에서 자세히 말한 것과 같 으며, 팔해탈이란 앞에서 설명한 것과 같이 유색관제색 등을 말한다. 앞의 일곱 가지 해탈은 이미 해탈에 대해서 승해를 내었기 때문에 해탈이라고 한다. 여덟 번째 해탈 은 상과 수를 버렸기 때문에 해탈이라고 한다.

무엇을 유색관제색이라고 하는가. 욕계에 태어나고 나서 이미 욕계의 욕을 떠났으 나 아직 색계의 욕은 떠나지 않았으니, 저는 이와 같이 해탈할 것에 대하여는 이미 해탈을 이루었고 곧 욕계의 모든 색에 대하여는 광명상이 있기 때문에 작의 사유하 여 승해를 내는 것을 말한다. 두 가지 인연으로 말미암아 유색이라고 하는 것인데, 말하자면 욕계에 태어났기 때문이고 색계정을 얻었기 때문이며 또 광명이 있음에 대하여 승해를 짓기 때문이다. 문: 관제색이란 어떤 종류의 색을 관하고 다시 무엇으 로 수행하는 것인가. 답: 욕계의 모든 색으로 모든 승처에서 제도되는 소색에 대하여 좋아하거나 싫어하거나, 열세하거나 뛰어나거나 이와 같이 많은 것들에 대하여 더 나아가서 자세히 말하였다.

무엇 때문에 이와 같은 관행을 수습하는가. 청정하게 수행하고 다스리면 최승의 공덕을 이끌어 낼 수 있는 방편이기 때문이다. 무엇을 최승의 공덕이라고 하는가. 승처와 변처, 모든 성인의 신통, 무쟁과 원지, 무애해 등을 말한다. 먼저 저 욕계의 모든 색에 대하여 이미 욕을 떠남을 얻었더라도 저 색에 대하여 아직 승해의 자재를 증득하지 못했으니, 증득하기 위해서 자주 저것에 대하여 사유하고 승해한다.

무엇을 내무색상관외제색이라고 하는가. 욕계에 태어나서 이미 색계의 욕을 떠났으나 무색계의 정이 앞에 나타나지 않은 것을 말한다. 또 저 상의 광명상을 사유하지 않고 단지 외색에 대하여 승해를 짓는다. 만약 이 색에 대하여 이미 욕을 떠남을 얻었다면 저것을 외라고 말한다. 두 가지 인연으로 말미암아 내무색상이라고 하니, 말하자면 이미 무색의 등지를 증득하였고 또 스스로 이 정을 이루었다는 것을 깨달아 알기 때문이며 안의 광명상을 사유하지 않기 때문인데, 그 나머지는 앞에서 말한 것과 같다.

무엇을 정해탈신작증구족주라고 하는가. 말하자면 어떤 사람이 이미 사념 원만 청백을 얻고, 이것을 의지로 삼아서 청정한 성행을 수습하여 원만해지는 것과 같은 것을 정해탈이라고 한다. 왜냐하면 세 가지의 인연 때문이니, 말하자면 이미 모든 고락을 뛰어넘었기 때문이고, 일체의 흔들림이 이미 고요해졌기 때문이며, 잘 갈아서 빛이 나기 때문이다. 신작증이란 이 머무름에 대하여 일체의 현성이 많이 머물렀기 때문이다.

무엇을 공무변처해탈이라고 하는가. 어떤 사람이 저 공처에 대하여 이미 욕을 떠남을 얻고, 곧 허공에 대하여 사유하고 승해하는 것과 같은 것을 말한다. 이와 같이 식무변처해탈은 저 식처에 대하여 이미 욕을 떠남을 얻고, 곧 이 식에 대하여 사유하고 승해하는 것이다. 무소유처해탈이란 이미 무소유처를 얻고 나서 식무변처에 대하여 사유하고 승해하는 것을 말한다. 유정해탈은 다시는 나머지 것에 대하여 승해를 짓지 않거나, 두루 상을 낼 만한 곳에 대하여 곧 이 곳에 대하여 마땅히 승해를 짓는 것이다.

다음으로 먼저 작의 승해를 수행하여 다스리고 나서 나중에 비로소 뛰어난 앎과 뛰어난 견해를 일으킬 수 있기 때문에 승처라고 한다. 이 뛰어남에도 다시 다섯 가지가 있음을 알아야만 하는데, 첫째는 낮은 것을 압도하기 때문에 뛰어남이라고 한다. 어떤 사람이 자신의 가장 뛰어난 공교 등의 일로써 다른 사람을 압도하여 낮은 자리에 놓는 것과 같은 것을 말한다. 둘째는 약한 것을 굴복시키기 때문에 뛰어남이라고 한다. 어떤 사람이 자기의 강한 힘으로써 모든 약한 이들을 꺾는 것과 같은 것을 말한다. 셋째는 다른 것을 은폐할 수 있기 때문에 뛰어남이라고 한다. 항아리와 동이 등이 가릴 수 있고, 혹은 여러 가지 약초와 주술과 신통이 은폐하는 바가 있는 것을 말한다. 넷째는 소연을 싫어하여 무너뜨리기 때문에 뛰어남이라고 한다. 경계를 싫어하여 무너뜨려서 모든 번뇌를 버리는 것을 말한다. 다섯째는 자재로이 되돌리기 때문에 뛰어남이라고 한다. 말하자면 세상의 군왕이 원하는 바대로 신하와 종을 처분하듯이, 이러한 의미에서 뜻을 드러내고 은폐하는 것 및 자재함이 앞의 해탈 가운데 승해의 자재보다 뛰어나서 지금은 승처에서 굴복시킴이 자재하다.

다음은 세 가지 삼마지이다. 무엇을 공삼마지라고 하는가. 유정, 명자 및 양육자, 삭취취 등을 멀리 떠나서 마음이 하나의 대상에 머무르는 것을 말하는데, 공성에는 간략하게 네 가지가 있음을 마땅히 알아야 한다. 첫째는 관찰공이니, 제법은 공하여 상과 낙이 없으며, 또 공하여 아와 아소 등이 없음을 관찰하는 것을 말한다. 둘째는 피과공이니, 부동심으로 해탈하여 탐 등의 일체 번뇌가 비어서 없는 것을 말한다. 셋째는 내공이니, 자신을 비워서 아와 아소 및 아만 등 일체의 치우친 집착을 헤아리지 않는 것을 말한다. 넷째는 외공이니, 오욕을 비워서 욕애가 없는 것을 말하는데, 나는 이미 일체의 유색상을 초과했기 때문에 외공에 대하여 몸으로 작증하고 구족하여 머무른다고 말하는 것은, 더 나아가서 자세히 말하였다.

사선팔정은 성문중의 출세간 수행법으로 반드시 거쳐야 할 수습(修習)이기도 합니다. 석가모니 부처님도 이러한 수련의 수지(修持)를 거쳐서 비로소 보리를 증득하셨습니다. 후세의 불학과 불교는 도리어 사선팔정을 헛소리로 만들어 버렸고 심지어 소승과 서로 상관없는 범위에 넣어 버렸습니다. 그 때문에 부처님을 배우는 사람은 많아도 수증(修證)하는 사람은 아주 적고 증과(證果)하는 사람은 더 적습니다. 그러므로 우리는 진정으로 바르게 살피는 심정으로 연구하고 수증해야 합니다. 어떤 경우를 막론하고 세간과 출세간의 성취는 반드시 사선팔정의 길을 거쳐야 합니다. 이제 계속해서 원문을 보겠습니다.

심성의 청정이 원만해지고 다시 정을 닦다

다음으로 무엇을 초월하여 모든 등지等至에 들어간다고 하는가. 어떤 사람이 곧 이것에 대하여 이미 원만 청백을 얻었기 때문에 초정려로부터 곧바로 초월하여 제삼정려에 들어가고, 제삼정려로부터 곧바로 초월하여 공무변처에 들어가며, 공무변처로부터 곧바로 초월하여 무소유처에 들어가고 넓은 곳까지 이르는데, 거꾸로 초월하는 것 또한 그러하다.

復次云何超越入諸等至. 謂卽於此已得圓滿淸白故, 從初靜慮無間超入第三靜慮, 第三無間超入空無邊處, 空處無間超入無所有處, 乃至廣故, 無有能說, 逆超亦爾.

이것은 정(定)을 수행하는 수련의 중요성을 이야기하는데, 수행은 말로만 하는 신앙이 아니며 그저 타좌나 하고 학리 사상이나 배우는 것도 아닙니다. 어떻게 세간을 초월하여 "등지(等至)"에 증입(證入)할 것이냐의 문제입니다. 이 목적에 이르고자 하면 먼저 사선팔정의 크고 작은 경계에서 반드시 원만 청정한 백정업(白淨業)에 도달해야 합니다. 여기에서 문자만 보고 불학을 연구한다면 "원만청백고(圓滿淸白故)"라는 구절은 이해하기 쉽습니다. 심성의 청정한 측면이 모두 원만해지면 그것이 바로 백업(白業)이니, 마음을 일으키고 생각을 움직이는 곳에 조금의 잡염(雜染)[177]이나 악념(惡念)도 없이 오직 지선(至善)만 있습니다.

우리가 증득을 구하는 수련을 하지 않는다고 가정한다면, 이 구절을 보고 자신은 이해했다고 여기고 넘어갈 것입니다. 이것은 대단히 안타깝고 낭패스러운 일입니다. 이 원만 청백에 관해서는 본론 아래쪽에 설명이 있는데, 여러분은 보기만 하면 이해가 될 것입니다. 젊은 동학들에게 말씀드리지만 고서를 읽을 때 특히 경전을 읽을 때 적당히 대충해서는 안 됩니다. 여러분이 정신을 바짝 차리지 않으면 이 구절까지 읽고서 멈추고는 자신이 이해했다고 여기고, 아래쪽에 연결된 부분은 그다음

---

177 번뇌 즉 유루법(有漏法)과 같은 말이고 청정(淸淨)에 상대된다. 번뇌에 물들어 마음이 오염된 것을 말하기도 한다.

단락이라고 여길 것입니다. 그랬다가는 끝장입니다. 그런 까닭에 "책을 좋아하여 백 번 읽기를 마다하지 않는다〔好書不厭百回讀〕"라고 했습니다. 좋은 책은 싫어해서는 안 되고 지겨워해서도 안 되니, 설사 백 번을 읽더라도 전부를 이해할 수는 없습니다. 여러분이 『육조단경(六祖壇經)』이나 다른 고문 경서를 읽는다면 백 번을 읽어도 매번 느끼는 것이 다 다릅니다. 반면에 요즘 구어체 작품들은 겨우 삼 분의 가치만 지니고 있고 잡지는 겨우 일 분의 가치만 있어서 쓱 보고 나면 알 수 있고 아무것도 없습니다. 게다가 그런 글은 쓸데없는 말이 많고 중요한 부분은 한두 구절뿐입니다. 고서는 그렇지 않으니, 이것은 특별히 젊은 동학들에게 신신당부하는 부분입니다.

초선정을 이룬 후에는 다시 진보를 구하여 점점 제삼선을 증도(證到)하고, 다시 쉼 없는 진보를 구하여 공무변처정(空無邊處定)에 들어가고, 곧 다시 진일보하여 무소유처정(無所有處定)에까지 초월해서 이릅니다. 이것은 순서를 따라 스스로 도약해 가는 것으로 둔근의 수행법입니다. 성실한 수행법이기도 하니 순서를 따라서 점차 나아갑니다. 그러므로 자신을 이근(利根)이라 여겨서는 안 됩니다. 설사 이근의 사람이라 할지라도 자신을 이근으로 여기지 않을 것이니, 이근의 사람일수록 수련을 함에 있어서는 가장 성실하고 가장 미련한 길을 걷습니다. 이와 같을 수 있다면 그런 사람은 틀림없이 성취합니다. 저도 늘 사람들에게 세간법과 출세간법에는 변할 수 없는 원칙이 하나 있다고 말합니다. 가장 총명한 사람이 수지와 학문을 추구〔求學〕함에서는 가장 고지식하고 성실한 수련을 하며 그러기에 반드시 성공한다는 것입니다. 반면에 가장 멍청한 사람은 언제나 이상적인 경계에서 가장 총명한 일을 하기 때문에 실패하지 않는 경우가 없습니다. 세간법과 출세간법의 이치가 똑같습니다. 그렇기 때문에 저는 늘 여러분에게 말합니다. 보통 사람들은 대부분

거짓 총명이고 입만 살아 있는 총명이니 그것이 무슨 소용이 있냐고 말이지요. 고지식하고 성실한 길을 걸어야 합니다.

지금 말씀드리는 사선팔정 이런 것들이 성실한 길입니다. "넓은 곳까지 이르는데〔乃至廣故〕"의 의미는 이러합니다. 최상의 근기로 말미암아 어쩌면 이제 막 부처님의 가르침을 배우기 시작하자마자 사선(四禪)의 경계에 도달하고 더 나아가 비상비비상정(非想非非想定)의 경계에까지 도달합니다. 비록 그와 같더라도 이런 이근의 사람은 반드시 되돌아오는데, 오히려 사선으로부터 처음으로 되돌아와서 다시 초선에서부터 증득을 구하기 시작합니다. 저의 수십 년 경험에 의하면 세간법과 출세간법의 사람들 가운데 성공한 사람 대부분이 이와 같습니다. 가장 두려운 것은 거짓 총명이니 절대로 주의해야 합니다.

순서를 따라 수행하지 않고 먼저 비상비비상처정(非想非非想處定)을 증도(證到)한 연후에 다시 되돌아와서 가장 기본적인 정(定)에서부터 시작합니다. 저는 사람들에게 이런 말도 합니다. 부처님을 배우는 것에서부터 세간법에 이르기까지 모두 이러한데, 맨 처음의 것이 바로 맨 마지막의 것이고 맨 마지막의 것이 바로 맨 처음의 것입니다. 기초를 제대로 다지지 않으면 어떤 것도 소용이 없습니다. 어떤 것도 소용이 없는 사람은 어떻게 해야 합니까? 되돌아와서 얼른 기본 공력을 제대로 다져야 하니, 이것이 총명한 사람이 걸어가는 성실한 길입니다.

매우 멀기 때문에 세 번째 등지로 초월할 수 있는 경우는 없다.

以極遠超第三等至

세 번째 등지(等至)는 바로 제삼선의 경계로서 초선을 수행해서 제삼선의 정혜(定慧) 경계에 도달하는데, 이희묘락(離喜妙樂) 무각무관(無覺

無觀)의 경계입니다. 이러한 즐거움을 얻었을 때 즉 제삼선에 도달하면 밀종이나 도가의 쌍수나 기맥 등은 더 이상 필요가 없어집니다. 모두 찌꺼기로 변해 버리지요. 기쁨을 떠나서 즐거움을 얻을〔離喜得樂〕 때에는 모든 기맥이 모조리 전화(轉化)해 버리고 색신 사대 역시 이미 전화해 버리기 때문이니, 그러지 않으면 즐거움을 얻을 수 없습니다. 그 즐거움은 여러분이 상상하는 것이 아닙니다. 여러분이 지금 타좌를 하더라도 작은 경안(輕安)이나 작은 즐거움의 경계를 얻지만, 그것이 선(禪)이라고 생각해서는 안 됩니다. 아직 한참 멉니다.

오직 여래와 제이아승기야를 나온 모든 대보살들은 제외되니, 저들은 원하는 대로 모든 정에 들어가기 때문이다.

唯除如來, 及出第二阿僧企耶諸大菩薩, 彼隨所欲入諸定故.

오로지 성불한 사람과 대보살이 수행하여 제이아승기겁(第二阿僧祇劫)을 지난 경우에만 마음대로 정(定)에 들어갈 수 있습니다. 범부가 부처님을 배우기 시작하면, 교리상으로 삼대아승기겁을 지나야 증과하고 성불할 수 있습니다. 수행으로 제이아승기겁에 이르렀다면 조만간 칠팔지(七八地) 이상의 보살지(菩薩地)에 이르게 될 것입니다. 여기에서 말하는 것은, 오로지 부처님과 제칠원행지(第七遠行地) 제팔부동지(第八不動地) 등을 지나온 대보살만이 마음이 원하는 대로 어떤 종류의 정(定)이든 바로 들어갈 수 있다는 것입니다. 실제 수련이 있어야 하므로 함부로 큰소리쳐서는 안 됩니다.

정려를 훈수한다는 것은 무엇인가

다음으로 무엇을 정려를 훈수하는 것이라고 하는가. 어떤 사람이 이미 유루 및 무루의 네 가지 정려를 얻었다.

復次云何熏修靜慮. 謂如有一已得有漏, 及與無漏, 四種靜慮.

후세에 선종을 말하는 어떤 사람들은 "한 번 깨달으면 곧 그만둔다[一悟便休]"고 말하며 깨달으면 더는 수행하지 않습니다. 하지만 이런 일은 없습니다. 모든 불보살은 여전히 끊임없이 부지런하고 성실하게 수행하고 있기 때문입니다. 법문이 무량하기에 수행도 무량하고 공덕도 무량합니다. 『관불삼매해경(觀佛三昧海經)』을 읽거나 계율을 보더라도 다음의 사실을 알 수가 있습니다. 부처님께서 대중을 인도하실 때 실명한 비구가 한 사람 있었는데, 그가 바늘에 실을 꿰어 줄 사람을 찾는다는 말을 듣자 바로 정(定)에서 나와 자리에서 내려오시더니 그를 도와 바늘에 실을 꿰도록 하셨습니다. 그 비구가 누구시냐고 묻자 부처님께서 "나는 석가모니이다"라고 말씀하셨습니다. 그러자 비구가 말했습니다. "세존이시여! 왜 몸소 제가 바늘에 실을 꿰도록 도와주십니까?" 부처님께서 말씀하셨습니다. "나도 공덕을 쌓고 있네! 그대는 그대의 것을 닦고 나는 내 것을 닦으니, 그대도 수행하고 있고 나 역시 수행하고 있네." 비구가 물었습니다. "세존께서는 이미 성불하셨는데 여전히 공덕을 쌓으셔야 합니까?" 그러자 말씀하셨습니다. "선(善)을 위해 공덕을 쌓음에 어찌 끝이 있겠는가!" 여러분 절대로 주의하십시오! 이것이 수행입니다. 깨달은 후가 수행하고 수련하기 좋으니 깨닫지 않은 사람은 말해 무엇하겠습니까. 더더욱 수행해야 합니다.

어떤 사람이 이미 유루과(有漏果)를 얻었다고 한다면 바로 초선에서 사선에 이르는 유루 나한입니다. 이들 유루 나한 가운데 한 부류는 도 (道)를 이루었어도 신통이 없고, 한 부류는 도를 이루고서 신통을 지닙니다. 유루과를 얻은 귀신도 모두 신통을 지니지만 도에 밝지는 않습니다. 그러므로 이미 유루과를 증득했다 할지라도 더 수행해야 하는 까닭은 그것이 구경(究竟)이 아니기 때문입니다. 유루 및 무루 과위의 네 가지 정려를 얻었다면 사선의 경계에 도달한 것입니다.

등지에 대하여 자재를 얻기 위해서, 등지의 자재과를 받기 위해서, 오랫동안 상속하면서 모든 정려에 들어가고 유루와 무루가 서로 섞인다.

爲於等至得自在故, 爲受等至自在果故, 長時相續入諸靜慮, 有漏無漏, 更相間雜

마음이 원하는 대로 하고 해탈을 증득할 수 있는 이런 자재로움은 자신이 증도(證到)한 것이기는 하지만, 수시로 자재로운〔隨時自在〕 과위에 도달할 수 있는가 하는 것은 또 하나의 문제입니다. 『능엄경』에서도 "이치는 모름지기 돈오해야 한다〔理須頓悟〕"라고 했는데, 예를 들어 도를 깨달았고 이치를 밝히 알았다고 합시다. 그러나 사상(事相)에서 증도하지 못하고 몸과 마음이 전화(轉化)하지 않았다면 과위를 얻지 못한 것입니다. 공(空)을 이야기하면서 공의 사상(思想)과 이치는 모두 경계에 도달했지만, 비우지〔空〕 못하고 온종일 번뇌 망념 속에 있다면, 칠정육욕 (七情六欲) 속에 있다면 당연히 자재(自在)를 얻지 못합니다. 참으로 자재를 얻었더라도 자재과(自在果)를 증도해서 성과(成果)가 있어야 합니다. 그러므로 장시간 연습하고 끊임없이 연습해야 합니다. 세간법과 출세간법의 수련을 서로 섞어서 연습해야 합니다.

유루의 경우에도 곧바로 무루가 눈앞에 나타나고 무루의 경우에도 곧바로

다시 유루에 들어가는데, 이것을 잘 맞춰서 훈수하여 성취함을 마땅히 알아야 한다.

乃至有漏·無間無漏現前, 無漏無間還入有漏, 當知齊此熏修成就.

그리고 세간법의 유루과 역시 수시로 출세간법을 수행해야 합니다. 무루과가 눈앞에 나타나면 출세간을 뛰어넘어서 무루과를 얻을 수 있습니다. 그러고도 세간법에 다시 들어가서 연습하는데, 스스로를 연마하고 스스로를 훈수하고 스스로를 시험해야 합니다. 세간과 출세간을 병행해서 수행해야 성취할 수 있습니다. 무루와 유루를 함께 수행해야 성취할 수 있다는 말입니다.

정에 들어가고 자재해도 과를 얻은 것은 아니다

만약 이 곳과 이 때와 이 형편에서 모든 정으로 들어가려고 한다면, 곧 이 곳과 이 때와 이 형편에서 모든 정에 들어갈 수 있으니, 이를 모든 등지에서 자재를 획득한 것이라고 한다.

若於是處·是時·是事欲入諸定, 即於此處·此時·此事能入諸定, 是名於諸等至獲得自在.

수도하는 사람이 정(定)의 경계에 들어가고 싶으면, 바로 그 장소 그 시간 그 상황에서 정의 경계로 들어갈 수 있습니다. 이래야 정의 자재(自在)를 이루었다고 합니다. 지금처럼 다 같이 타좌를 하는 중인데, 어떤 사람이 앞에서 왔다 갔다 하거나 이야기를 하면 견디지 못하고 자신의 선좌(禪坐)가 바로 흔들리기 시작합니다. 장소가 맞지 않아도 정에 들지

못하고, 심지어 앉는 자리가 제대로 되어 있지 않아도 정에 들지 못합니다. 그러나 생사의 도래는 당신을 기다려 주지 않습니다. 이 자리가 맞지 않으니 나는 좀 천천히 죽겠다고 말한다면 되겠습니까? 당신이 한적한 곳에서 홀로 지내다가 죽음을 맞게 될 때 염라대왕에게 "제가 지금 너무 처량하고 적막하니, 당신이 저를 사람 많은 시내로 보내어 죽게 하면 안 될까요?"라고 말한다면 되겠습니까? 그러므로 주의해야 합니다. 정을 이룸은 어떤 곳에서도 정에 들어갈 수 있고 어떤 때에도 정에 들어갈 수 있고 어떤 상황에서도 정에 들어갈 수 있어야 합니다. 말하자면 여러분이 지금 어떤 일을 하고 있든 버리려고 하면 바로 버리고 곧 정의 경계에 들어가야 합니다.

그렇기 때문에 수많은 사람이 타좌를 해도 정(定)을 수행한다고 말할 수 없습니다. 모두가 혼란의 경계에 있으면서 스스로는 정을 닦고 있다고 하니, 저는 그저 웃고 맙니다. 하지만 이 또한 범부정(凡夫定)의 일종으로 무기과(無記果)를 얻게 되니, 기억력이 갈수록 나빠지고 지혜 또한 나빠지며 배도 뚱뚱해집니다. 그러니 절대로 주의하십시오. 정은 "이 곳과 이 때와 이 형편〔是處·是時·是事〕"으로, 어떤 종류의 정에 들어가려고 하면 바로 그 정에 들어가는 것입니다. 썰렁한 절 고독한 승려의 경계에 있더라도 시끌벅적하고 밝은 정으로 들어갈 수 있어야 산에 거주할 수 있습니다. 날씨가 추우면 곧 화광삼매(火光三昧)에 들어가는데, 그러면 따뜻해집니다. 반대로 날씨가 더우면 바로 설산삼매(雪山三昧)에 들어가서 시원함을 얻습니다. 공자가 "마음이 원하는 바를 따르나 법도를 넘어서지 않는다〔隨心所欲不逾矩〕"라고 말한 것과 같은데, 공자는 칠십 세에야 이런 말을 할 수 있었으며 비로소 자재를 이룰 수 있었습니다.

등지의 자재과란 법락의 경계에 머무르고 전화하여 다시 명정하며, 또 이

것으로 말미암기 때문에 불퇴도를 얻는다.

等至自在果者, 謂於現法樂住, 轉更明淨, 又由此故 得不退道.

　　방금 어떤 때 어떤 장소 어떤 형편에서도 정(定)에 들어갈 수 있고 자재할 수 있다고 말했지만, 그것이 반드시 과(果)를 얻은 것은 아닙니다. 즉 지금 부모가 낳아 준 몸이 수명을 다할 때 어디로 가게 될지 여전히 알지 못한다는 말입니다. 자신의 과위를 아직 자신하지 못하기 때문입니다. 자신한다는 것이 무엇일까요? 인간 세상이나 천상에 왕생하여 마음대로 기거하고 싶다면, 일념(一念)만으로도 바로 갈 수 있는 그런 것이라야 자신한다고 말합니다. 말하자면 능력이 있고 확실한 자신이 있어서 가고자 하는 곳으로 갈 수 있는, 그것이야말로 과(果)를 얻은 것입니다. 우리가 특별 여권을 가지고 있으면 세계 각국을 자유롭게 출입할 수 있는 것과 똑같습니다. 그런 까닭에 설사 자재를 얻었다 할지라도 반드시 자재과(自在果)를 얻은 것은 아니라는 말입니다. 무엇이 "등지의 자재과[等至自在果]"를 증득함일까요? 재가든 출가든 막론하고 지금 현행하는 주야육시에 일을 하든 하지 않든 상관없이 "법락에 머무르고[現法樂住]" 즉 법락의 경계에 머물러 있습니다. 즐거움[樂]은 몸과 마음 두 방면에서 즐거움을 일으킴이니, 바로 자재과를 얻게 된 것입니다. 한 걸음 더 나아가서 "전화하여 다시 명정합니다[轉更明淨]." 온몸이 광명 청정하여 전신의 기맥 세포가 모두 대단히 밝고 깨끗한[明淨] 것입니다. 제가 늘 말하지만 수련하는 사람들의 얼굴이 밝지도 않고 깨끗하지도 않은 경우가 있는데, 적어도 겉모습이라도 밝고 깨끗해야 합니다. 당연히 내재된 것들은 더더욱 밝고 깨끗해야 합니다. 수련으로 말미암아 이 경계에 도달하면, 소승 과위의 "불퇴도(不退道)"를 얻어서 퇴전(退轉)[178] 하지도 않고 아래로 떨어지지도 않을 수 있습니다.

해탈해도 업의 과보는 남아 있다

또 해탈과 승처 및 변처 등 뛰어난 품의 공덕을 끌어낼 수 있는 도를 청정하
게 수행하고 대치한다.

又淨修治解脫·勝處及遍處等勝品功德能引之道.[179]

　언제든지 해탈할 수 있다거나 마음속 어떠한 번뇌는 떨쳐 버릴 수 없
다고 말하는 이런 단계에 도달했다면 해탈한 것입니다. 사람들은 꼭 이
렇게 묻습니다. 해탈하면 그 이전에 남에게 진 빚, 부모 자녀에게 진 빚
은 어떻게 합니까? 당연히 업의 과보〔業果〕는 아직 남아 있습니다. 그저
잠시 벗어나고〔解脫〕 잠시 휴가를 얻었을 뿐이니, 장차 다시 돌아오고
심지어는 배가 되어 돌아옵니다. 그러나 해탈하고 싶으면 언제든지 해
탈할 수 있습니다. "해탈을 청정하게 수행하고 대치하여〔淨修治解脫〕"
란, 비록 도를 얻은 사람이라 할지라도 참으로 업과(業果)가 찾아오는
때가 되면 해탈하지 못하기 때문에 "승처 및 변처 등〔勝處及遍處等〕"이
필요합니다. 어떤 정의 경계나 어떤 환경에서든 무량(無量)을 말하면 바
로 무량하고, 무변(無邊)을 말하면 바로 무변하고, 공(空)을 말하면 바로
공이 되는 것입니다. 이러한 삼계를 초월하고 뛰어난 각 품(品) 각 계층
의 공덕들은 "끌어낼 수 있는 도〔能引之道〕" 즉 모두 보리의 도를 끌어내
는 것이므로 더 나아가서 수지해야 합니다. 비록 수련이 여기에 이르러
정(定)을 얻었다 할지라도 여전히 선행을 하고 만행문(萬行門) 중에 하

---

178 수행으로 도달한 경지에서 다시 범부의 상태로 후퇴하는 것.

179 이 부분은 저자가 본문에서 끊어 해설한 것이 원문과 조금 다른 까닭에, 저자의 해석과 약간
　　의 차이가 있다.

나의 법도 버리지 않아야 합니다. 마음을 일으키고 생각을 움직이며 사람 노릇 하고 일을 처리함에 있어서 오로지 자신을 반성하고 적극적으로 남을 위하고 남을 이롭게 하는 것이 바로 "해탈을 청정하게 수행하고 대치하는" 것입니다.

그 밖의 취할 것이 있는데 목숨이 끊어지려고 하는 자일 경우에는

若有餘取而命終者

이렇게 훈수하고 수지하는 중에 다 갚지 않은 업의 빛〔業債〕이 아직 있다면 그것을 "그 밖의 취할 것이 있음〔有餘取〕"이라고 합니다. 어느 날 육조는 제자에게 돈 한 뭉치를 꺼내어 선방 탁상 위에 올려놓으라고 했습니다. 저녁에 타좌를 하고 있는데 자객 하나가 들어왔습니다. 그러자 육조가 말했습니다. "전생에 내가 당신에게 돈을 빛지기는 했지만 목숨을 빛지지는 않았으니, 돈은 여기 있네." 그러자 자객은 육조를 죽이지 않았고 오히려 그에게 귀의했습니다. 많은 생 여러 겁에 지은 업의 빛을 모두 갚아야 하는 것은 부처님 역시 마찬가지여서 이미 성불했지만 여러 번 빛을 갚았습니다. 큰 성취를 거둔 조사들도 모두 빛을 갚고 나서 갔는데, 밀라레파 역시 다른 사람에게 독살되었습니다. 이런 사례는 아주 많습니다. 수지의 경계가 높은 수행인일수록, 삼세인과와 육도윤회에 대해 더 잘 알았고 더 분명히 했으며 더 무서워하고 두려워했습니다.

하지만 부처님도 말씀하셨듯이 인연을 맺는 것〔結緣〕을 두려워하지 마십시오. 때로는 인연을 많이 맺어야 좋습니다. 가장 두려운 것은 인연이 없는 것이니, 좋은 인연〔好緣〕이든 거스른 인연〔逆緣〕이든 모두 상관없습니다. 사실 역연(逆緣)이 있는 것도 나쁘지 않으니, 그것을 통해 성취할 수도 있기 때문입니다. 그가 내세에 여러분 가운데 태어났는데도 여전히 이 인연이 있다면, 그가 당신을 제도할 수도 있습니다. 이 역연이 없거나 혹은 도무지 인연이 없어서 인연을 맺으려야 맺을 수 없다면 사람 노릇을 어떻게 합니까? 오로지 자신만 돌아보고 약간의 공덕도 쌓지 않고 약간의 인연도 맺지 않는다면 무슨 소용이 있겠습니까? 불도를 성취하지 못했다면 먼저 인연을 맺어야 합니다. "그 밖의 취할 것이 있음〔有餘取〕"은 이런 이치입니다. 많은 업의 빚을 지니고 죽어 가는 사람이 바로 "그 밖의 취할 것이 있는데 목숨이 끊어지려고〔有餘取而命終〕" 하는 것입니다.

"그 밖의 취할 것〔餘取〕"은 또 하나의 의의(意義)가 있는데, 열반을 증득하여 먼저 하늘에 태어나서 놀고 싶어 하지 않는다는 것입니다! 잠시 머물러 있다가 다시 시작합니다.

이 인연으로 말미암아 곧 정거천에 들어가는데 연품, 중품, 상품으로 말미암아 모든 정려를 수행함에 차별이 있기 때문에 모든 곳에서 삼지의 과를 받는다.

由此因緣, 便入淨居, 由軟中上品, 修諸靜慮有差別故, 於一切處受三地果.

지금 여러분 같은 경우가 연수(軟修)이니, 수행하면서도 한편으로는 산만하고 방일하고 잠을 잡니다. 삼대아승기겁이 있기에 이제 겨우 시작해서 느릿느릿하게 하는 겁니다! 느릿느릿 수행하는 연수(軟修)와 정진하고 노력하는 상품(上品)의 수행은 차이는 큽니다. 그뿐 아니라 선정의 경계 또한 차별이 있어 천인의 사이에서 받는 과(果)가 같지 않으니, 유심유사지(有尋有伺地) 무심유사지(無尋唯伺地) 무심무사지(無尋無伺地)의 세 가지 즉 삼지(三地)의 서로 다른 과가 있습니다.

앞에[180] 유심유사지에서 이미 자세히 분별한 것과 같이

如前有尋有伺地, 已廣分別

수행 공부에 따라 증과하는 과지(果地)에 차별이 있는데, 증득한 과지가 어디에 있는지 교리에는 잘 통달했는지 스스로 알고 자신의 수련에 대해 분명히 알아야 합니다. 이런 것들은 본론 유심유사지에서 수행 공부의 이치에 대해 상세히 설명했습니다.

무심유사삼마지를 수습하기 때문에 대범천이 되는 것을 얻는다.

修習無尋唯伺三摩地故, 得爲大梵.

이 행자(行者)는 아직 다하지 못한 여습(餘習)이 있어서 범천(梵天)에서 "무심유사(無尋唯伺)"를 수습합니다. '심사(尋伺)'는 과거에 각관(覺觀)으로 번역했는데, 실제로 심사는 각관의 경계를 번역해 낸 것으로 수련하는 심리 상황을 형용하는 말입니다. 심사(尋伺)는 수련을 하는 심리인데, 그 경계를 찾는 것이 마치 플러그를 찾는 것 같아서 때로는 맞게 꽂고 때로는 틀리게 꽂습니다. 설사 맞게 꽂았다 할지라도 또다시 보고 관찰해야 하니, 이것이 '심(尋)'입니다. '사(伺)'는 기다린다는 뜻으로, 언제든지 이 경계 안에 있고 여기에서 기다립니다.

수습해서 "무심유사"지에 도달하면 언제든지 이 정(定)의 경계에 있기 때문에 찾을 필요가 없어집니다. 망념이 일어나지 않고 영명각지(靈明覺知)를 유지할 필요가 없어진다는 것입니다. 오로지 기다리고〔唯伺〕 오로

---

180 『유가사지론』 제4권에서 제10권까지가 해당 내용이다.

지 관(觀)해도, 오직 공만 있거나 청정 혹은 광명입니다. 이 경계에 이르러 "대범천이 되는 것을 얻음〔得爲大梵〕"이 바로 대범천(大梵天)입니다. 이른바 '범(梵)'이 바로 청정이며 색계천 초선의 최상층입니다.

연품, 중품, 상품, 상승품, 상극품의 훈수력으로 말미암기 때문에 오정거천에 태어나는 것이다.

由軟中上上勝上極品熏修力故, 生五淨居.

가장 우수하고 남다른 노력의 훈수(熏修)로 말미암아 초선에서 바로 뛰어올라 사선 오정거천(五淨居天)에 도달하게 됩니다.

청정한 정려정을 닦음으로 인해서 정려지에 태어나지만, 애미상응을 익히고 가까이함으로 말미암지 않음을 알아야 한다.

當知因修清淨靜慮定故, 生靜慮地, 不由習近愛味相應.

정(定)을 수행한 까닭에 그 과보로 색계 선정천(禪定天)에 태어날 수도 있는데, 바로 삼계구지(三界九地) 중 정려지(靜慮地)이기도 합니다. 색계천에 태어나는 것이 정(定)을 수행했기 때문이지만 선(善)을 행해도 마찬가지로 천계에 태어나지 않습니까? 그렇습니다. 다만 선을 행하는 정도에 달렸습니다. 대선(大善)은 욕계천에 태어날 수 있는데, 중국 문화에서 "총명하고 정직한 사람은 죽더라도 신이 된다〔聰明正直死而爲神〕"라고 말하는 것과 같습니다. 이러한 신(神)은 대부분 욕계에 태어나는데, 사천왕천(四天王天) 아래의 신인(神人) 천인(天人)은 여전히 욕계에 있으면서도 욕계의 신통을 지닙니다. 그들에게는 욕계 위의 색계천을 알 수 있는 능력이 없습니다. 만약 색계천에 태어나고 싶다면 십선업도

(十善業道)[181]의 선행 공덕을 행하는 것 이외에도 내재하는 정려(靜慮)를 수양해야 하는데, 이것이 결코 쉬운 일이 아니니 이 이치에 주의해야 합니다.

청정한 선정을 수행하므로 정려지에 태어나지만, 일반인들은 수행을 하면서도 욕계의 세간에 대해 여전히 탐내고 그리워하며 애미(愛味)를 냅니다. 입으로는 자비를 말하지만 참 애미(愛味)요 거짓 자비입니다. 어떤 사람은 말합니다. "손자가 아직 어립니다. 일체중생을 모두 제도해야 하는데 제 손자 역시 중생이잖습니까!" 실제로 이것은 세간의 애욕미(愛欲味)이지 구경의 자비가 아닙니다. 참 자비는 오로지 하나밖에 없으니, 일체중생에 대한 "동체지비(同體之悲), 무연지자(無緣之慈)"입니다. 애미의 마음을 기독교에서는 사랑하는 마음이라고 말합니다. 우리가 애미의 마음을 욕계의 자비로 여기는 것은 옳지 않으니 아무렇게나 명사를 갖다 붙여서는 안 됩니다. 자신의 심리에서 분명하게 구별해야 합니다. 구별을 잘못하면 견혹과 사혹에 미혹되어 여러분이 깨달은 바의 과위(果位), 수지한 증과(證果)에 문제가 생깁니다. 여러분이 어느 종파를 수행하든 교리를 잘 알지 못하면 모두가 눈먼 수련이고 외도입니다. 청정한 정려정(靜慮定)을 수행하여 정려지에 태어나는 이것은 "애미상응을 익히고 가까이함으로 말미암지 않으니[不由習近愛味相應]" 즉 세간법을 사랑하는 마음으로 도달할 수 있는 것이 아닙니다.

---

181 신구의(身口意)로 짓는 열 가지 청정한 일을 가리키며 십선업(十善業), 십선도(十善道)라고도 한다. 먼저 몸[身]으로는 살생(殺生), 투도(偸盜), 사음(邪淫)을 하지 않는 것이고, 입[口]으로는 망어(妄語), 양설(兩舌), 기어(綺語)를 하지 않는 것, 의(意)에서는 탐욕(貪慾), 진에(瞋恚), 사견(邪見)을 행하지 않는 것이다.

약간의 애와 욕이라도 떠나지 않으면

이미 저기에 태어나고 나서 만약 애미를 일으키면 곧 다시 물러나서 떨어진다.

旣生彼已, 若起愛味, 卽便退沒.

선정의 공덕으로 말미암아 대범천(大梵天)이나 오정거천(五淨居天) 등에 태어나는데, 이미 색계천의 정려지(靜慮地)에 태어났다 할지라도 애미(愛味)를 지니고 있다면 마찬가지로 아래로 떨어지게 됩니다. 삼계 밖으로 벗어나지 않았으면 여전히 오행(五行) 안에 있고 여전히 천도(天道) 안에 있기 때문입니다. 무색계 역시 마찬가지이니, 천인의 애미와 우리의 애미가 같지 않을 뿐입니다. 불경에 말하기를, 우리가 먹는 상품(上品)의 음식도 고기 요리가 됐건 채소 요리가 됐건 천인이 보기에는 똑같이 냄새나는 것이라고 했습니다. 경계가 같지 않기 때문에 애미도 같지 않습니다. 돈이 많고 생활환경이 좋은 사람이 가난한 사람의 생활 환경을 보면 견디지 못하는 것과 같습니다. 또 산 위에서 사는 것이 익숙해지면 도시에 갔을 때 그 공기를 견디지 못하는 것과도 비슷합니다. 천인은 천인 경계의 애미 탐욕을 지니기 때문에, 수행으로 쉽사리 천계에 도달했지만 결국에는 또다시 애미의 마음을 일으켜서 물러나서 떨어지게[退沒] 됩니다.

만약 청정을 닦으면 다시 저기에 태어나는데, 혹은 하정에 태어나거나 혹은 상정으로 나아간다.

若修淸淨, 還生於彼, 或生下定, 或進上定.

애념(愛念)을 다시 일념 청정으로 바꾼다면 또다시 그곳으로 환생합니다. 하지만 약간의 애미심(愛昧心)을 일으켰기 때문에 바로 정거천(淨居天)에서 아래로 떨어져 버립니다. 한 층이나 두 층 아래로 떨어지게 되는데, 마치 요즘의 빌딩 십이층에서 십일층 십층 구층으로 떨어지는 것과 같습니다. 혹은 한 단계 더 나아간 정(定)으로 올라갑니다.

먼저 이 사이에서 정을 수행하여 이루고 나서야 나중에 저기에 가서 태어날 수 있는데, 왜냐하면 아직 욕을 떠나지 않으면 저기에 태어날 수 있는 것이 아니기 때문이다.

先於此間修得定已, 後往彼生, 何以故, 非未離欲, 得生彼故.

종합해서 말하자면 선정 경계를 얻기 위해 출가한 비구가 수행하는 것은 욕(欲)을 떠나는 것입니다. 먼저 애욕(愛欲)을 멀리 떠나야 합니다.

아직 정을 수행하여 이루지 못한 여러 이생들은 욕을 떠나지 못했기 때문이다.

非諸異生, 未修得定, 能離欲故.

일체의 서로 다른 중생이 바로 "이생(異生)"이니 사람 이외의 것을 가리킵니다. 일체중생은 모두 생명으로 단지 서로 다른 생명의 성과(成果)이자 경계일 따름입니다. 천도(天道)에 태어나는 것은, 애욕을 떠날 수 있는 사람이 선정 경계를 얻어야 상계 천도에 태어날 수 있습니다. 그 나머지 일체의 서로 다른 생명의 중생은 욕을 떠나지 못했기 때문에 선정을 이루지 못합니다. 오정거천에 태어나지 못하는 것은 물론입니다.

또 이 사이와 저 곳에서 모든 둥지에 들어가는데, 즐거움의 차별이 있는 것
은 아니고 오직 의지하는 바 몸에 차별이 있다.

又非此間及在彼處, 入諸等至, 樂有差別, 唯所依身而有差別.

　선정으로 천계에 태어나는 경계는 단지 이 세상만 있는 것이 아니라
"저 곳〔彼處〕" 즉 천도(天道)에까지 이르는데, 각 곳의 쾌락의 환경은 서
로 다릅니다. 인간 세상은 돈이 있어서 차를 사고 싶으면 차를 사서 타
는데, 천인 경계 역시 마찬가지입니다. 그렇지만 여기에서 말하는 쾌락
은 그런 종류의 쾌락을 가리키는 것이 아닙니다. "소의신(所依身)" 즉 의
지하는 바 몸에 차별이 있으니, 인간 세상과 천인 경계의 쾌락은 차별이
있습니다. 육체는 우리가 의지하는 바〔所依〕 몸〔身〕으로, 당연히 우리의
신체는 우리 자성과 한몸〔一體〕의 소생(所生)입니다. 바로 아뢰야식이라
는 한몸의 양면입니다. 지금 이 자리에 있는 각 사람을 보더라도 일 년
삼백육십 일을 병(病) 중에 있지 않으면 시름〔愁〕 속에 있습니다. 몸이
건강한 사람은 번뇌도 많으니, 말하자면 이 의지하는 바 몸은 과업(果業)
에 차별이 있습니다.
　천인의 경계에서도 그가 의지하는 바 몸〔所依身〕의 과업에 차별이 있
습니다. 선행 공덕이 경계에 도달하면 선정에 이르는데, 천인의 경계는
온몸이 광명입니다. 그 광명은 우리가 상상하는 광명이 아니며 세상의
이런 광명이 아닙니다. 천인의 위엄 장엄한 색상(色相)은 세상 애욕이 낳
은 것이 아니라 뛰어난 공덕이 낳은 것입니다. 결국 사람들은 본 적이 없
으며 사람들이 상상하는 것도 아니라는 말입니다. 단지 이론상으로만
"오직 의지하는 바 몸에 차별이 있다〔唯所依身而有差別〕"라고, 즉 몸의 크
기〔量〕에 크고 작음이 있고 광명에 크고 작음이 있다고 알고 있습니다.

해탈에는 여덟 가지가 있다

다음으로 수습해야 할 작의와 상의 차별에 대해서는 이미 말했는데, 무엇을 여러 경의 종요를 포함한다고 하는가. 팔해탈 등을 말하는데, 경에서 자세히 말한 것과 같으며, 팔해탈이란 앞에서 설명한 것과 같이 유색관제색 등을 말한다.

復次已說修習作意相差別, 云何攝諸經宗要. 謂八解脫等, 如經廣說八解脫者, 謂如前說有色觀諸色等.

수행에서 어떻게 작의하는지, 어떻게 정(定) 수행을 시작하는지는 앞에서 이미 말한 적 있습니다. 다들 아직 기억하고 있지요! 요약하면 영상소연(影像所緣)은 유분별과 무분별 두 종류로 나누어집니다. 일체 법문을 포함해 모두가 "작의와 상[作意相]"의 차별입니다. 이것과 석가모니 부처님이 설하신 경전 및 각 종파의 수행 방법의 요점은 귀납해 보면원칙이 있으니, 바로 팔해탈(八解脫)입니다. 교리상으로는 팔배사(八背捨)라고도 하며 앞에서 말한 적이 있습니다. 바로 "유색관제색 등[有色觀諸色等]"의 팔해탈입니다.

앞의 일곱 가지 해탈은 이미 해탈에 대해서 승해를 내었기 때문에 해탈이라고 한다.

前七解脫, 於已解脫生勝解故, 名爲解脫.

앞의 일곱 가지 해탈은 수련을 해서 참으로 도달했기 때문에 비로소해탈입니다. 이 부분에서 다들 경전을 볼 때 적당히 대충 넘어가서는 안됩니다. 여러분이 수련을 해서 해탈의 경계에 도달하면, 견해가 이르고

지혜가 열려 해탈지견(解脫知見)이 생깁니다. 육조가 오조를 만났을 때 "제자는 스스로의 마음이 항상 지혜를 냅니다"라고 말한 것과 같으니, 바로 뛰어난 해탈[勝解脫]을 내는 것입니다. 이런 것을 "해탈이라고 합니다[名爲解脫]." 수련이 경계에 도달했는데 지혜가 열리지 않는다면 해탈이라고 할 수 없습니다. 타좌를 시작해서 정(定)이 생겼는데, 가부좌를 풀어 버리자 정(定)도 찾아볼 수 없게 된다면 그런 것을 어떻게 해탈이라고 하겠습니까? 모든 장소[一切處] 모든 상황[一切事] 모든 때[一切時]에 정에 있고, 게다가 지혜가 언제든지 해탈에 있어야 해탈이라고 합니다.

여덟 번째 해탈은 상과 수를 버렸기 때문에 해탈이라고 한다.

第八解脫, 棄背想受, 故名解脫.

주의하십시오! 모두가 지금 타좌를 하고 있고 몇 명은 약간 입문하기도 했습니다. 하지만 스스로를 잘 들여다보십시오. 타좌를 시작하고 나서 의식의 경계에 사상(思想)이 있습니까? 감수(感受)가 있습니까? 마음과 몸에서 여기는 기맥이 통했다 저기는 기맥이 움직였다 하는 이것은 접촉하여 느끼는[觸受] 경계로서, 모두 오온 중 수온(受蘊)에서의 변화입니다. 그러면서 무슨 해탈이 있습니까! "상과 수[想受]"를 버려야 하니, 바로 감각과 지각을 버리고 여여부동(如如不動)하여서 본성이 공[性空]임을 증입(證入)해야 합니다. 백장 선사가 "신령스러운 빛이 홀로 비추어 육근과 육진을 멀리 벗어난다[靈光獨曜, 逈脫根塵]"라고 말한 것처럼, 육근과 육진이 물들이지 못하여 본체의 참되고 한결같음이 드러나는데[體露眞常], 이 경계에 도달해야 해탈이라고 합니다.

팔해탈의 첫 번째,
욕계의 욕은 떠났으나 색계의 욕은 남아 있다

무엇을 유색관제색이라고 하는가. 욕계에 태어나고 나서 이미 욕계의 욕을 떠났으나 아직 색계의 욕은 떠나지 않았으니, 저는 이와 같이 해탈할 것에 대하여는 이미 해탈을 이루었고 곧 욕계의 모든 색에 대하여는 광명상이 있기 때문에 작의 사유하여 승해를 내는 것을 말한다. 두 가지 인연으로 말미암아 유색이라고 하는 것인데, 말하자면 욕계에 태어났기 때문이고 색계정을 얻었기 때문이며 또 광명이 있음에 대하여 승해를 짓기 때문이다.

云何有色觀諸色. 謂生欲界已, 離欲界欲, 未離色界欲, 彼於如是所解脫中, 已得解脫, 卽於欲界諸色, 以有光明相, 作意思惟, 而生勝解. 由二因緣, 名爲有色, 謂生欲界故, 得色界定故, 又於有光明而作勝解故.

이것은 팔해탈의 첫 번째 항목인데, 막힘없이 단숨에 써 내려간 한 단락 속에 아주 많은 이치가 포함되어 있습니다. 아래쪽에 다시 해석을 붙여 놓았으니 부처님을 배우고 수련을 하는 사람들은 주의해야 합니다. "유색관제색(有色觀諸色)"은 옛날에는 '내유색관외색(內有色觀外色)'이라고 번역했습니다. 우리는 현재 욕계에 있으면서 욕계의 욕을 벗어나지 못했습니다. 그런데 여기에서는 "욕계의 욕을 떠났다〔離欲界欲〕"고 말했으니, 욕계에 태어나서 초선정이나 이선정을 얻었다는 말입니다. 그러니까 이미 욕계의 욕을 떠난 것입니다. 『금강경』에서 "수보리는 아란야[182] 를 즐거워한 행자〔須菩提樂阿蘭若行者〕"라고 한 것은 욕(欲)을 떠난 아라

---

182 산스크리트어 aranya를 음역한 말로서, 공한처(空閑處)나 원리처(遠離處)라고 번역한다. 한적한 삼림이나 마을에서 떨어져 수행자들이 머물기 적합한 조용한 곳을 말한다.

한이라는 말이니, 그런 까닭에 부처님의 십대(十大) 제자의 하나가 되었습니다.

비록 욕계의 욕은 떠났지만 아직 색계의 욕은 떠나지 못했습니다. 예를 들어 청정을 사랑하고 산림을 사랑하고 서법(書法) 시사(詩詞) 문장을 사랑하는 것입니다. 당송 이후의 많은 고승 대덕은 아무것도 사랑하지 않았지만 오로지 산림의 아름다움, 강에 부는 맑은 바람, 산골짜기의 밝은 달 같은 것은 사랑했습니다. 좋지 않나요? 물론 좋습니다. 하지만 이런 것은 모두 색계욕(色界欲)에 속하니, 색계의 사랑입니다. 부처님을 배우는 사람은 자세히 관찰해야 합니다. 다른 사람을 관찰하고 다른 사람이 덕을 잃는 것을 관찰하려고 할 것이 아니라 자신을 자세히 관찰해야 합니다. 자신을 관찰하고 자신을 반성하고 자신을 점검하고 자신을 바르게 고쳐야 공덕입니다. 저의 이 말은 모든 사람에게 해당하는 말이지 어느 한 사람을 향한 것이 아닙니다. 스승님이 누구 한 사람을 특정해서 이야기한 것이라고 말한다면 그것은 세속적인 생각입니다.

욕계의 욕을 떠났기 때문에 욕계욕은 해탈했지만, 색계의 욕은 떠나지 않았습니다. "곧 욕계의 모든 색에 대하여는 광명상이 있어서[即於欲界諸色, 以有光明相]" 타좌를 시작하면 때로는 눈먼 채로 광명에 맞닥뜨리기도 합니다. 하지만 이 광명은 작의가 생겨나게 하는 것으로, 아뢰야식의 종자가 제육의식으로 가지고 와서 작의해 낸 것입니다. 게다가 이 광명은 욕계의 광명으로, 색계의 광명은 여러분이 본 적조차 없습니다. 그런 까닭에 여러분의 정(定) 경계도 욕계의 습기를 벗어나지 못했습니다. 심지어 여러분이 본 부처님, 여러분이 본 보살까지도 모두 여러분 욕계의 의식 경계입니다. 그렇지 않습니까? 가상(假想)까지도 할 수 있는데, 만약 가상조차 해 보려고 하지 않는다면 그러면서 수행해서 성불하고 싶어 합니까? 밀종에는 빛을 보는 수행법이 있고 소승 선관(禪觀)에는 광명상(光明想)의 수행법이 있는데, 이런 광명상은 모두 욕계의 광명을 이용해서 수행합니다.

　정토종 『십육관경(十六觀經)』의 일륜관(日輪觀)을 예로 든다면, 이 일륜이 바로 욕계의 색입니다. 맞지요? 이 광명상(光明相)은 욕계의 경계이니, 욕계의 광명의 색상을 이용하여 수행하는 것입니다. 예술가나 화가가 그린 이상적인 경지는 여전히 일곱 빛깔[七彩]의 광명을 떠나지 못했으니, 이 모두가 욕계의 광색(光色)입니다. 여러분은 색계의 색(色)에 대해서는 알지 못합니다. 현재 우주의 광색은 여전히 욕계에 있으며 아직 색계의 색이 아닙니다. 우주의 블랙홀에 대해서 그 내부가 무슨 광색인지 현대 과학은 아직 알지 못합니다. 블랙홀 내부에도 중생이 있을 수 있습니다. 예를 들어 너른 들판에는 야간에 활동하는 중생이 우리 인류보다 몇 배나 많습니다. 어두움[黑] 역시 광(光)인데, 어두운 밤을 사랑하는 이런 부류의 중생이 대낮의 광명을 무서워하는지 않는지 우리는 모릅니다. 어쩌면 인류만 대낮의 광명을 사랑하는지도 모릅니다.

　광명상(光明想)을 하는 것은 욕계 광명색(光明色)의 수행이므로 작의 사유하여 광명을 관(觀)할 수 있습니다. 일륜(日輪)을 관하는 경우는 관하기 시작해서 정(定)에 머무르면 안팎에 오로지 한 조각 빛만 있습니다. 그러나 이때 경계에 도달했다고 여겨서는 안 된다는 사실을 분명히 알아야 합니다. 만약 광명정(光明定)의 경계로부터 지혜가 생겨나 해탈한다면, 그것이 바른 과위[正果]입니다. 이것이 수도(修道)이고 이것이 불법(佛法)입니다. 단지 광명정의 경계에 머무르는 것만으로 스스로 증과(證果)라고 여긴다면, 그것은 견지가 아직 투철하지 못한 것입니다. 이 광명의 경계는 여전히 아뢰야식이 만들어 낸 것이어서 구경(究竟)이라고 할 수 없기 때문입니다. 이치를 이해했습니까? (동학이 대답하다: 이해했습니다.)

"두 가지 인연으로 말미암아 유색이라고 하는 것인데, 말하자면 욕계에 태어났기 때문이고 색계정을 얻었기 때문이다〔由二因緣, 名爲有色, 謂生欲界故, 得色界定故〕"라는 것은, 욕계에서 더 나아가서 수행하여 우리가 깨닫고 나면, 상계(上界) 즉 한 층 위로 올라갑니다. 곧 색계의 광명입니다. 이선과 삼선의 경계를 증도(證到)하게 되면 색계의 광명에 대해 점차로 아는 바〔所知〕가 생기는 것입니다. 상계의 광명은 한 번 접촉하면 비할 데 없는 청정으로 인해 잡념이 전혀 일어나지 못하므로 지극히 편안해집니다. 편안함 역시 욕계의 말이지만, 일단은 이 말로 그 상황을 설명합니다.

"또 광명이 있음에 대하여 승해를 짓기 때문이다〔又於有光明而作勝解故〕"는, 광명의 경계〔光明境〕에서 지혜를 생기하고 수승한 견해를 일으킨다는 말입니다.

욕계의 빛과 색을 이용해 욕을 떠나는 수행

문: 관제색이란 어떤 종류의 색을 관하고 다시 무엇으로 수행하는 것인가.

問: 觀諸色者, 觀何等色, 復以何行.

어떤 종류의 색을 관(觀)합니까? 또 어떤 종류의 법문으로 수행합니까? 이것은 질문입니다.

답: 욕계의 모든 색으로 모든 승처에서 제도되는 소색에 대하여 좋아하거나 싫어하거나, 열세하거나 뛰어나거나 이와 같이 많은 것들에 대하여 더 나아가서 자세히 말하였다.

答: 欲界諸色, 於諸勝處所制少色, 若好若惡, 若劣若勝, 如是於多, 乃至廣說.

　　초보적인 수습(修習)에서 이상이 너무 높아서는 안 됩니다. 시작하자
마자 곧 색계의 그 광명을 증득하고 싶어 한다면 그것은 불가능한 일입
니다. 색계의 광음천(光音天) 같은 경우, 불법에서 말하는 인류의 조상은
광음천의 천인(天人)이 내려온 것이라고 합니다. 다만 이것이 원시인에
대한 견해는 아닙니다. 지구가 형성된 이후에 광음천의 천인이 놀러 왔
는데, 마치 지금 우리가 다른 행성을 탐색하는 것과 같습니다. 광음천의
천인은 온몸이 빛이며 우주에서 자연스럽게 날아다니는데 그렇게 자유
롭게 왕래했습니다. 이 지구에 와서 한참 놀다 보니 땅의 맛을 보게 되
었고, 그 결과 광명이 줄어들고 몸은 거칠고 무거워져서 더는 날아오르
지 못하게 되었습니다. 그리하여 어쩔 수 없이 지구에 남게 되었다는 것
입니다. 나중에 서서히 남녀의 사랑이 생겨났는데, 『성경(聖經)』에서 말
하는 선악과를 먹은 것과 똑같이 한 단계 한 단계 내려왔다고 합니다.
다만 이것이 원시인에 대한 논의는 아닙니다.

　　불법에 따르면 광음천의 천인은 이선(二禪) 경계입니다. 이른바 성주
괴공(成住壞空)[183]이니 몇 겁(劫)을 지나면서 광음천도 무너지고 광음천
상층의 천인 역시 한 층 한 층 아래로 떨어졌습니다. 여러분이 "되는 대
로 말하고 그러려니 들어주다 보니, 덩굴식물 자라는 그늘막에 실비가
내린다〔姑妄言之姑聽之, 豆棚瓜架雨如絲〕[184]"라는 식으로 그냥 별 생각 없

---

183 세계가 성립되는 지극히 긴 기간인 성겁(成劫), 머무르는 기간인 주겁(住劫), 파괴되어 가는
　　기간인 괴겁(壞劫), 파괴되어 아무것도 없는 상태로 지속되는 기간인 공겁(空劫)의 사겁(四劫)
　　을 말하는데, 우주가 성주괴공(成住壞空)의 대순환을 반복한다는 것이 불교의 우주관이다.
184 포송령의 『요재지이(聊齋志異)』를 읽고 왕사정(王士禎)이 제시(題詩)를 지었는데, 그 속에 나
　　오는 구절이다. 원서에는 瓜棚豆架雨如絲라고 되어 있으나 오기(誤記)로 보여 바로잡았다.

이 듣고 있어도 괜찮습니다. 하지만 여러분이 정말로 수련을 하는 사람이라면 이 부분에서 이것이 과학적이며 깊이 있게 직접 깨달아 들어갈 수 있음을 알게 될 것입니다.

그런 까닭에 여기에서는 이렇게 말했습니다. 색계의 광명으로 되돌아가고 싶다면, 그 수행법은 "모든 승처에서 제도되는 소색에 대하여 좋아하거나 싫어한다〔於諸勝處所制少色, 若好若惡〕"는 것입니다. 예를 들어 불신(佛身)의 광명이 바로 광명의 이치입니다. 그렇기 때문에 여러분에게 불상 미간의 백호상(白毫相)의 빛을 관하든가 가슴의 만(卍) 자를 관하든가 일륜(日輪)이나 월륜(月輪) 등을 관하라고 하는 것입니다. "이와 같이 많은 것들에 대하여 더 나아가서 자세히 말하였다〔如是於多, 乃至廣說〕" 즉 옛 조사(祖師)는 정말로 오묘해서 사실은 아주 많은 수행법의 비결을 여러분에게 전해 주었습니다. 『유가사지론』 백 권을 철저하게 연구해 보면 찾아낼 수 있습니다. 모든 방법이 이 안에 다 있는데, 안타깝게도 여러분이 수련하려 들지 않으니 열심히 타좌하라고 하는 것입니다. 여러분이 교리에 통하지 않아서 안 된다고 말하기에 책을 읽으라고 하는 것이고요. 여러분에게 책을 좀 잘 읽으라고 하면, 아이고, 이번에는 과제가 너무 많다고 하니 그럼 다시 가서 타좌를 하라고 합니다. 아무튼 이유를 찾아내서 달아나려고만 하니 가엾다고 할 밖에요. 진정으로 교리를 연구해서 이치에 통하기만 해도 마찬가지로 증입(證入)할 수 있습니다. 그런 경우는 일반적인 교리 연구가 아니라 자신의 수행을 위한 것입니다. 이 백 권의 『유가사지론』 안에 모두 있습니다. 범부에서 성불하기까지 삼장십이부(三藏十二部)의 정수가 되는 요점〔精要〕과 어떻게 수증할 것인가의 이치〔理〕와 현상〔事〕을 모조리 여러분에게 말해 줍니다.

무엇 때문에 이와 같은 관행을 수습하는가. 청정하게 수행하고 다스리면

최승의 공덕을 이끌어 낼 수 있는 방편이기 때문이다.

何故修習如是觀行, 爲淨修治, 能引最勝功德方便.

왜 우리는 광명정(光明定)을 수행하고 각종 관행(觀行)을 닦아야 할까요? 수행하고 청정하게 닦아서 자신의 심행(心行)을 바로잡아 고치고[修正], 자신의 번뇌 망상을 다스려[對治] 자신의 업력을 되돌려야 하기 때문입니다. 오로지 정(定)을 수행함으로써 업력을 전변(轉變)시킬 수 있으니, 정을 닦는 "관행(觀行)"이 자신의 업력을 고치고[修治] 자신의 번뇌를 끊을[對治] 수 있습니다. "최승의 공덕을 이끌어 낼 수 있는[能引最勝功德]" 이것이 방편이기 때문에, 지관(止觀) 수행을 하고 정(定) 수행을 하지 않으면 안 되는 것입니다.

무엇을 최승의 공덕이라고 하는가. 승처와 변처, 모든 성인의 신통, 무쟁과 원지, 무애해 등[185]을 말한다.

何等名爲最勝功德, 謂勝處・遍處, 諸聖神通, 無諍願智, 無礙解等.

'승(勝)'은 승리이고, '변(遍)'은 도달하지 않는 바가 없음입니다. 일체의 제불보살이 깨달은 바의 신통묘용의 경계를 모두 증도(證到)할 수 있다는 것은 이론이 아닙니다. 남과 쟁론(諍論)이 없는 경계에 도달하면 인아(人我), 시비(是非)의 번뇌가 없습니다. 유악(劉鶚)의 시에 "텅 빈 뽕나무 아래에서 사흘 밤을 잔 뒤로는 인간 세상의 옳고 그름이 보이지 않네[自從三宿空桑後, 不見人間有是非]"라고 한 것과 같으며, 『금강경』에서는 수보리가 사람 중에 첫 번째로 무쟁삼매(無諍三昧)에 도달했다고 했습니다. '원(願)'은 대원(大願)의 경계를 일으키는 것인데, 여러분은 부처님을 배우면서 어떤 대원을 일으켰습니까? 대개 자신이 일으킨 일체의 대원은 모두 자신을 보호하고 자신을 애호하고 자신을 위한 것입니다.

　어제 저녁에는 저에게 수십 년을 배운 학생이 물었습니다. "스승님은 왜 이렇게 바쁘십니까? 왜 이렇게 고생하십니까? 무엇 때문에 이것을 하십니까? 저는 정말 납득이 가지 않습니다." 제가 말했습니다. "자네는 부처님의 가르침을 배우고 타좌도 하고 참선도 하고 철학도 배우고 내 강의도 듣고 있는데, 여전히 나에게 이런 걸 묻는가?" 저는 밤에 곰곰이 생각했습니다. 그 학생의 말이 다 맞았으니 진정으로 발원한 사람이 하나도 없었던 것입니다. 그 학생조차 그렇게 생각하고 있으니 다른 사람들은 더 말할 필요도 없습니다. 진정한 발원이 없으면 자신을 희생하는 것은 조금도 해낼 수 없습니다. 하지만 그 학생을 탓할 수도 없습니다. 왜냐하면 수지가 그 경계에 도달하지 않았기 때문에 무쟁(無諍)을 해낼 수 없고, 그러니 원(願)도 일으키지 못하고 지(智)도 일으키지 못하는 것입니다.[186] 발원은 쉬운 일이 아닙니다! 그저 타좌하고 염송(念誦)만 하면서 발원하지 않으면 소용이 없습니다. 먼저 보현행원(普賢行願)의 바른 행〔正行〕인 "무쟁원지(無諍願智)"를 배워야 합니다. "무애해등(無礙解等)"은 장애나 걸림이 없는 지혜, 일체 견해의 수승(殊勝)입니다.

먼저 저 욕계의 모든 색에 대하여 이미 욕을 떠남을 얻었더라도 저 색에 대하여 아직 승해의 자재를 증득하지 못했으니, 증득하기 위해서 자주 저것에 대하여 사유하고 승해한다.

---

185 원서에는 "무애해등(無礙解等)"이 뒷 문장에 연결되어 있다. 앞 문장에 붙여 해석하는 것이 타당해 보여 수정해서 해석한다.

186 저자는 원지(願智)에 대해 이렇게 풀이했으나 원지는 "알고자 하면 원하는 대로 아는 지혜"를 말한 것으로 보인다.

雖先於彼欲界諸色, 已得離欲, 然於彼色, 未能證得勝解自在, 爲證得故, 數數於彼思惟勝解.

불법을 구하여 깨닫는 것은 생각[思想]으로 하는 것이 아닙니다. 반드시 주의해야 합니다. 왜 수행 공부를 해야 합니까? 욕계의 모든 색(色) 즉 물질에서 이미 욕(欲)을 떠남을 얻었지만, 여러분은 욕계의 색법(色法)인 물리세계에 대해 "아직 승해의 자재를 증득하지 못했으니[未能證得勝解自在]" 즉 자유자재하지 못하고 증득하지 못했다는 것입니다. 비유하자면 여러분을 향해 총알이 날아오고 있는데, 땅속으로 파고들어서 총알을 피하고 싶어도 여러분은 천산갑처럼 그렇게 자유롭게 땅속을 드나들 수가 없습니다. 일체를 증득하고 만법유심(萬法唯心)을 증득하기 위해서는 진정한 유심(唯心)은 물(物)을 변화시킬 수 있으니, 반드시 "자주 저것에 대하여 사유하고 승해해서[數數於彼思惟勝解]" 지혜롭게 개발하고 지혜롭게 증명해야 합니다.

이것이 팔배사(八背捨)의 첫 번째 조항인 "유색관제색(有色觀諸色)"입니다. '유색(有色)'은 욕계의 일체 빛[光]과 색(色)을 이용하여 욕(欲)을 떠남을 수행합니다. 욕을 떠난 후에는 욕계를 넘어선 승해한 광명 지혜의 정(定)을 증도하여 신통을 증득할 수 있고, 대원(大願)·대지(大智)·무장애(無障礙)의 해탈 등등 수승한 공덕을 증득할 수 있습니다. 이것은 다 진실한 상황이니, 이론이 아니며 이상(理想)은 더더욱 아닙니다.

팔해탈의 둘에서 여덟까지

무엇을 내무색상관외제색이라고 하는가. 욕계에 태어나서 이미 색계의 욕을 떠났으나 무색계의 정이 앞에 나타나지 않은 것을 말한다.

云何內無色想觀外諸色. 謂生欲界已, 離色界欲, 無色界定不現在前.

이것은 한 단계 더 나아가서 두 번째 해탈에 도달한 것입니다. 비록 생명은 아직 욕계에 살고 있지만 이미 색계의 욕(欲)을 초월하여 떠났습니다. 색계는 여전히 욕(欲)을 지니고 있지만, 구태여 그것을 욕이라 하지 않고 애(愛)라고 합니다.

제가 늘 말하는데, 지금 인류가 말하는 남녀의 사랑은 굳이 비유하자면 정(情) 애(愛) 욕(欲) 세 글자입니다. 무색계는 정(情)이고 색계는 애(愛)이고 욕계는 욕(欲)입니다. 그런 까닭에 욕계와 색계의 천인은, 불학의 견지에서 말하면 애욕(愛欲)의 일에 흥미가 많습니다. 부처님도 욕계 천인 경계의 남녀 관계를 말씀하셨는데, 두 사람이 눈으로 서로 쳐다보기만 해도 이미 애욕의 목적에 도달한 것이라고 했습니다. 색계와 무색계의 천인은 서로 만날 필요가 없습니다. 그저 생각하기만 해도 마음과 생각이 이미 서로 통하게 됩니다. 하나는 정(情)이고 하나는 애(愛)이고 하나는 욕(欲)이지만, 모두가 욕을 떠났다고 말할 수 없는 것은 넓은 의미의 욕을 지니고 있기 때문입니다. 그런 까닭에 욕을 떠난다는 것이 말처럼 쉽지 않습니다. 그것이 바로 전감(電感) 작용입니다.

욕계 천인의 자녀는 아버지에게서 태어납니다. 어깨에서 태어나거나 정수리가 찢어져서 한 사람이 튀어나옵니다. 도가나 밀종에서 말하는 수지(修持)는 수행으로 몸 바깥에 몸이 있는 데까지 도달하는데, 바로 색계에서 아이를 낳는 상황입니다. 진짜로 그런 일이 있습니다. 정문(頂門)이 열리고 범혈륜(梵穴輪)이 열리는 것은 진짜입니다. 그것이 색계의 경계에 도달한 것입니다. 욕계의 남녀 두 사람은 결혼해서 아이를 낳을 수 있습니다. 하지만 수지(修持)하는 사람은 수련을 잘 해내기만 하면 남녀를 불문하고 스스로 또 다른 생명을 낳을 수 있습니다. 새로운 생명이 튀어나오면 여자도 남자로 변하게 됩니다. 여자가 남자로 전화(轉化)되는 것은 이렇게 변하는 것이지 칼을 대어 수술해서 되는 것이 아닙니다. 이 세상에서는 칼을 대어 변화시킬 수 있지만 본래 인간에게는 이런 기능이 갖추어져 있습니다. 그런데 왜 변하지 못할까요? 변하지 못하는 것은 자신의 공부가 부족한 탓입니다. 맞지요? 무색계의 정(定)에 아직 도달하지 못했다면 절대적인 사념청정(捨念淸淨)에 도달하기는 매우 어렵습니다.

또 저 상의 광명상을 사유하지 않고 단지 외색에 대하여 승해를 짓는다. 만약 이 색에 대하여 이미 욕을 떠남을 얻었다면 저것을 외라고 말한다. 두 가지 인연으로 말미암아 내무색상이라고 하니, 말하자면 이미 무색의 등지를 증득하였고 또 스스로 이 정을 이루었다는 것을 깨달아 알기 때문이며 안의 광명상을 사유하지 않기 때문인데, 그 나머지는 앞에서 말한 것과 같다.

又不思惟彼想明相, 但於外色而作勝解. 若於是色已得離欲, 說彼爲外. 由二因緣, 名內無色想, 謂已證得無色等至, 亦自了知得此定故, 不思惟內光明相故, 餘如前說.

한 걸음 더 나아가서 말한다면 여러분이 사유하지 않고 선정 사유 가운데 있지 않았기 때문입니다. 사유는 생각〔思想〕이 아니니 사유수(思惟修)가 바로 선정입니다. "저 상의 광명상〔彼想明相〕" 즉 색계의 그 광명 청정한 경계는 여러분이 그 선정의 경계에 도달하지 않고는 몽상(夢想)이나 추상(推想)으로는 생각할 수 없는 것입니다. "단지 외색에 대하여 승해를 짓는다〔但於外色而作勝解〕"는 것은, 여러분이 상계(上界)의 색상 광명을 알 수 없기 때문에 단지 욕계의 외색(外色)을 가지고 승해(勝解)

를 만든다는 말입니다. "만약 이 색에 대하여 이미 욕을 떠남을 얻었다면〔若於是色已得離欲〕"에서 이 색은 광색(光色)을 포함할 수 있는데, 물질세계가 아니라 물리세계입니다. 저는 이 두 개 명사를 과학의 측면에서 분리해서 사용합니다. 물질세계는 이 지구에 존재하는 모든 것〔萬有〕를 말하는 반면에, 물리세계는 넓은 우주에 포함된 것들처럼 눈에 보이지 않습니다. 과학은 여전히 물리세계의 색을 증명하려고 노력하고 있습니다. "저것을 외라고 말한다〔說彼爲外〕"는, 바로 바깥에서 구하려 분주하다는 말입니다.

이 두 개의 인연으로 말미암아 이 정(定)에 도달했음을 스스로가 압니다. 내재된 광명도 더는 필요하지 않으며 한 걸음 더 나아가도 광명이 없으니, 무색계로 들어간 것입니다. "그 나머지는 앞에서 말한 것과 같다〔餘如前說〕"는, 상세한 것은 굳이 말할 필요가 없으니 앞의 유심유사지(有尋有伺地)에서 이미 모조리 말씀드렸습니다.

무엇을 정해탈신작증구족주라고 하는가. 말하자면 어떤 사람이 이미 사념원만 청백을 얻고, 이것을 의지로 삼아서 청정한 성행을 수습하여 원만해지는 것과 같은 것을 정해탈이라고 한다.

云何淨解脫身作證具足住. 謂如有一已得捨念圓滿淸白, 以此爲依, 修習淸淨聖行圓滿, 名淨解脫.

이것은 세 번째 해탈로서 일체를 구족(具足)한 것입니다. 여러분이 일부러 시간을 들여서 구족계를 받았다고 해서 구족한 것이 아닙니다. 여기에서 말하는 것은 진짜 구족으로 이미 사선(四禪) 경계에 이르러 공부가 사념청정(捨念淸淨)에 도달하였으며 원만(圓滿) 청정(淸淨) 백업(白業)을 얻어 무악(無惡)에 머무릅니다. 이 부분에서 더 나아가 수행함으

로써 청정한 성행(聖行), 바로 성인 경계의 일체 행(行)을 수습합니다. 마음을 일으키고 생각을 움직이는 것이 중국 유가에서 말하는 "지선에 머무름[止於至善]"과 같아서 하나도 선하지 않은 것이 없습니다. 공자가 말한 "마음이 원하는 바를 따르나 법도를 넘어서지 않는[隨心所欲而不踰矩]" 것과 같습니다. 성스러운[聖] 경계의 행(行)이 원만한 것을 "정해탈 (淨解脫)"이라고 합니다. 이것이 진정한 정해탈이니, 진정한 정토(淨土)라고도 말할 수 있습니다.

왜냐하면 세 가지의 인연 때문이니, 말하자면 이미 모든 고락을 뛰어넘었기 때문이고, 일체의 흔들림이 이미 고요해졌기 때문이며, 잘 갈아서 빛이 나기 때문이다. 신작증이란 이 머무름에 대하여 일체의 현성이 많이 머물렀기 때문이다.

何以故, 三因緣故, 謂已超過諸苦樂故, 一切動亂已寂靜故, 善磨瑩故. 身作證者, 於此住中, 一切賢聖多所住故.

무슨 이유일까요? 모두 "신작증(身作證)"에 동그라미 치십시오. 여러분이 출가 수행하여 한 것이 무엇입니까? 바로 몸으로 증명[身作證]을 해야 합니다! 세 가지 인연은 바로 세 가지 원인이니, 첫 번째는 이미 모든 고락을 뛰어넘어 사선(四禪) 경계의 사념청정에 도달한 것입니다. 이 경계가 바로 정해탈(淨解脫)로서 괴로움[苦]도 없고 즐거움[樂]도 없습니다. 이론상으로 장자가 말한 것과 같은데, 사람은 중년에 이르면 "희로애락이 흉금에 들어오지 않아[喜怒哀樂不入於胸次]" 기쁨과 즐거움도 생각을 흔들어 놓지 못합니다. 맹자가 말한 "사십에는 마음이 흔들리지 않는다[四十而不動心]"라는 것이기도 한데, 그것은 세간법입니다. 출세간법의 견지에서 말하면 이때에는 괴로움도 없고 즐거움도 없습니다. 이

미 기쁨도 없고 슬픔도 없지만 냉혹한 것도 아니고 정(情)이 부족한 것도 아닌, 원만하고 청정하고 자애로우면서 좋아합니다.

괴로움도 없고 즐거움도 없음에 도달했는데 온 얼굴에 정이 부족한 모습을 드러내며 차기만 하다면 옳지 않습니다. 그것은 고목선(枯木禪)이니 큰일 납니다. 내세에 태어나면 그 과보(果報)로 식물로 변합니다. 진짜는 이런 것입니다. 여러분이 경전을 볼 때 이 이치를 알아차리지 못한다면, 어떤 식물들 안에도 신(神)이 있다는 화신(花神) 목신(木神)과 같으니 바로 이런 이치입니다. 그런 까닭에 괴로움도 없고 즐거움도 없다는 것은 자애로울 뿐 아니라 생명력이 넘치는 것입니다. 일체의 흔들림이 이미 지극히 고요한 경계에 도달하여 적멸청정(寂滅清淨)합니다.

보석이나 황금 한 덩이를 가져다가 날마다 문질러 닦는 것과 같은데, 잘 닦아서 빛이 나고 한 점의 더러움도 없다면 그것이 바로 잘 "갈아서 빛이 나게 하는〔磨瑩〕" 것입니다. 그것을 잘 연마해서 영원히 빛나게 합니다. "신작증이란〔身作證者〕"이 육신이 바로 즉신증과(卽身證果) 할 수 있다는 것이니, 현생의 몸이 바로 증과입니다. 시방삼세의 일체 현성승(賢聖僧)이 모두 이 경계에 머무릅니다. 진정한 귀의승은 시방삼세의 일체 현성승에 귀의하는 것이지, 지금의 보통 승려들에게 귀의하는 것이 아닙니다.

무엇을 공무변처해탈이라고 하는가. 어떤 사람이 저 공처에 대하여 이미 욕을 떠남을 얻고, 곧 허공에 대하여 사유하고 승해하는 것과 같은 것을 말한다.

云何空無邊處解脫. 謂如有一於彼空處已得離欲, 卽於虛空思惟勝解.

이것이 네 번째 해탈입니다. 어떤 사람은 공(空)의 경계에 도달해서 욕

(欲)을 떠났고, 색계와 욕계의 욕(欲)도 모두 떠났습니다. "허공에 대하여 사유하고 승해하니〔於虛空思惟勝解〕" 즉 공(空)의 경계에서 늘 해탈지혜를 내어 모든 것을 깨닫게 되니, 알지 못하는 바가 없습니다.

이와 같이 식무변처해탈은 저 식처에 대하여 이미 욕을 떠남을 얻고, 곧 이 식에 대하여 사유하고 승해하는 것이다.

如是識無邊處解脫, 於彼識處已得離欲, 卽於是識思惟勝解.

공(空)에는 공의 욕(欲)이 있어서 공을 탐하고 집착하는 것이 공의 욕이고, 식(識)을 탐하고 집착하는 것이 식의 욕임을 알아야 합니다. "저 식처에 대하여 이미 욕을 떠남을 얻고〔於彼識處已得離欲〕", 즉 다섯 번째 해탈은 본식(本識)[187]에 있으니 식(識)에 대하여 사유하고 승해하여 비할 데 없는 지혜를 개척합니다.

무소유처해탈이란 이미 무소유처를 얻고 나서 식무변처에 대하여 사유하고 승해하는 것을 말한다.

無所有處解脫者, 謂已得無所有處, 於識無邊處思惟勝解.

여섯 번째 해탈은 "무소유처해탈(無所有處解脫)"입니다. 이것은 단멸견(斷滅見)의 무소유가 아니라 일체 유심(唯心) 일체 유식(唯識)이 필경공(畢竟空)[188] 승의유(勝義有)[189] 중에서 대지혜의 승해를 냄을 아는 것입니다.

유정해탈은 다시는 나머지 것에 대하여 승해를 짓지 않거나, 두루 상을 낼 만한 곳에 대하여 곧 이 곳에 대하여 마땅히 승해를 짓는 것이다.

有頂解脫, 更不於餘而作勝解, 乃至遍於想可生處, 即於是處應作勝解.

일곱 번째 해탈은 유정천(有頂天) 및 유정지(有頂地)를 얻은 해탈이니, 지혜가 생겨나는 해탈 법문입니다. 하계(下界) 하지(下地)에서 생겨나는 지혜가 아니라, 언제 어디서나 마음 작용(想)을 낼 만한 곳, 즉 원력(願力)과 의지 작용(意想)이 생겨나는 곳, "곧 이 곳에 대하여 마땅히 승해를 짓는 것입니다(即於是處應作勝解)." 언제 어디서나 이치(理)에서 이해하게 되면 곧 수지(修持) 방면으로 깨닫게 됩니다. 마땅히 유정천의 수지이며, 어떻게 하면 정혜(定慧)에 도달하는가 하는 것이어야 합니다. "유정해탈(有頂解脫)"은 비상비비상처해탈(非想非非想處解脫)이기도 합니다.

("여덟 번째 해탈은 상과 수를 버렸다(第八解脫, 棄背想受)"인데, 이것은 앞의 "해탈에는 여덟 가지가 있다"에서 이미 설명하였다.)

다음으로 먼저 작의 승해를 수행하여 다스리고 나서 나중에 비로소 뛰어난 앎과 뛰어난 견해를 일으킬 수 있기 때문에 승처라고 한다.

復次先已修治作意勝解, 後方能起勝知勝見, 故名勝處.

여기에서는 말씀드리지 않겠습니다. 말하지 않는 것이 결코 여러분 스

---

187 아뢰야식을 말한다. 다른 여러 식을 일으키는 근본이므로 본식(本識)이라고 한다.

188 일체중생이 법(法)에 집착할까 봐 말한 것이 공(空)이며, 다시 공(空)에 집착할까 봐 말한 것이 비공비유(非空非有)와 시공시유(是空是有)의 중도의 법이며, 다시 중도의 법에 집착할까 봐 말한 것이 필경공이다. 모든 현상에 대한 판단이 완전히 끊어진 상태다.

189 일체 만유의 현상과 작용은 모두 공이며 자성이 없지만 가장 훌륭하며 진실한 도리로서 진여나 열반 같은, 승의(勝義)라고 하는 형이상의 '그것'은 참으로 존재한다는 주장.

스로 알 수 있다는 뜻은 아닙니다. 여러분의 수지가 그 경계에 도달하지
않았기 때문에 말해 봤자 헛수고라는 뜻입니다.

수련이 경계에 도달했을 때의 능력

이 뛰어남에도 다시 다섯 가지가 있음을 알아야만 하는데, 첫째는 낮은 것
을 압도하기 때문에 뛰어남이라고 한다. 어떤 사람이 자신의 가장 뛰어난
공교 등의 일로써 다른 사람을 압도하여 낮은 자리에 놓는 것과 같은 것을
말한다.

此勝當知復有五種, 一形奪卑下, 故名爲勝. 謂如有一以己勝上工巧等事, 形奪他
人置下劣位.

　　이런 말입니다. 수련이 경계에 도달하면 여러분의 이 몸, 이 온 몸이
변하고 색상(色相)까지 변합니다. 중국 문화를 빌려와서 말한다면 기질
(氣質)이 온통 달라집니다. "첫째는 낮은 것을 압도하기 때문에[一形奪卑
下]" 형체를 보기만 하면 곧 도기(道氣)를 지니고 있는지 선기(仙氣)를
지니고 있는지 불기(佛氣)를 지니고 있는지 알 수 있는데, 용모가 모두
변해 버립니다. 그런 까닭에 옛사람이 말하기를, 당신이 도를 지니고 있
는지 아닌지는 자신 앞에 서기만 하면 알아낼 수 있다고 했습니다. 그
사람은 그 길을 지나온 사람으로서 경험이 있기 때문입니다. 그러므로
스스로 허풍을 쳐서는 안 됩니다. 만약 저팔계의 얼굴 혹은 사오정의 기
색(氣色)을 지니고 있거나 손오공의 성질을 지니고 있다면, 슬쩍 보기만
해도 알 수 있습니다.

둘째는 약한 것을 굴복시키기 때문에 뛰어남이라고 한다. 어떤 사람이 자기의 강한 힘으로써 모든 약한 이들을 꺾는 것과 같은 것을 말한다.

二制伏嬴劣, 故名爲勝. 謂如有一以己强力, 摧諸劣者.

강한 사람 한 명이 자신의 힘으로 아프고 쇠약한 사람을 힘 있게 변화시키는 것과 같은데, 이것은 비유입니다.

셋째는 다른 것을 은폐할 수 있기 때문에 뛰어남이라고 한다. 항아리와 동이 등이 가릴 수 있고, 혹은 여러 가지 약초와 주술과 신통이 은폐하는 바가 있는 것을 말한다.

三能隱蔽他, 故名爲勝. 謂瓶盆等, 能有覆障, 或諸藥草咒術神通, 有所隱蔽.

이것은 이런 말입니다. 불법에서 승인하는 세상의 일, 최면술·마술·부적과 진언 같은 것은 다른 형태를 가리거나 덮어 버릴 수 있습니다. 어떤 주문 법술은 사람을 숨길 수 있어서 다른 사람에게 보이지 않게 하는데, 은신법(隱身法)이라는 것이 진짜 있습니다. 또 항아리[瓶]나 동이 [盆] 같은 것도 사람을 가릴 수 있어서 다른 사람에게 보이지 않게 할 수 있습니다. 수련이 경계에 도달하면 은폐할 수 있기 때문에 뛰어남이라고 합니다. 물론 여러분도 다른 사람에게 가피(加被)할 수 있고 다른 사람에게 영향을 미칠 수 있습니다. 심지어 법사가 되어 장차 단상에 오를 수도 있는데, 도를 깨달은 법사이기 때문에 청중은 여러분이 하는 말이나 여러분의 목소리에 귀를 기울일 것입니다. 그것을 들은 사람이 이해하지 못한다 할지라도 좋은 점을 얻을 수 있으니, 이런 보이지 않는 기능을 지니고 있습니다.

넷째는 소연을 싫어하여 무너뜨리기 때문에 뛰어남이라고 한다. 경계를 싫어하여 무너뜨려서 모든 번뇌를 버리는 것을 말한다.

四厭壞所緣, 故名爲勝. 謂厭壞境界, 捨諸煩惱.

일체의 좋지 않은 바깥 경계에 대하여 능히 버릴 수 있는데, 일체의 번뇌를 타파할 수 있습니다.

다섯째는 자재로이 되돌리기 때문에 뛰어남이라고 한다. 말하자면 세상의 군왕이 원하는 바대로 신하와 종을 처분하듯이, 이러한 의미에서 뜻을 드러내고 은폐하는 것 및 자재함이 앞의 해탈 가운데 승해의 자재보다 뛰어나서 지금은 승처에서 굴복시킴이 자재하다.

五自在回轉, 故名爲勝. 謂世君王, 隨所欲爲, 處分臣僕, 於此義中, 意顯隱蔽及自在, 勝前解脫中勝解自在, 今於勝處制伏自在.

수지가 사선팔정에 도달하면 "자재로이 되돌림〔自在回轉〕"을 증득할 수 있습니다. 마치 고대의 제왕들이 사람을 죽이고 싶으면 바로 죽이고, 형장으로 끌고 갔다가도 다시 돌아오라고 말하면 되돌아와서 오히려 관리에 봉하는 것과 같습니다. 이것은 심념(心念) 일체가 자재함을 형용하는 것으로, "굴복시킴이 자재하니〔制伏自在〕" 마음대로 굴러서 움직일 수 있습니다. 바로 공자가 말한 "마음이 원하는 바를 따르나 법도를 넘어서지 않는" 그런 자재(自在)입니다.

이제 두 단락을 건너뛰어 그 아래 268면을 보도록 하겠습니다.

무엇이 공성을 증도하는 것인가

다음은 세 가지 삼마지이다. 무엇을 공삼마지라고 하는가. 유정, 명자[190] 및 양육자,[191] 삭취취 등을 멀리 떠나서 마음이 하나의 대상에 머무르는 것을 말하는데, 공성에는 간략하게 네 가지가 있음을 마땅히 알아야 한다.

復次三三摩地者. 云何空三摩地, 謂於遠離有情命者, 及養育者, 數取趣等, 心住一緣, 當知空性略有四種.

이제부터 여러분에게 수행의 길을 말씀드리겠습니다. 어떠해야 공(空)을 증도(證到)한 정(定)의 경계라고 할까요? 삼마지(三摩地)에는 세 가지가 있는데, 공(空)·무상(無相)·무원(無願)입니다. "공삼마지(空三摩地)"는 바로 공정(空定) 경계입니다. 삼마지는 단순히 정(定)이 아닙니다. 정(定)이 최고도[一家]에 도달한 것으로, 바르게 집중하고[正定] 바르게 머무르는[正住] 경계를 삼마지라고 합니다. '정(定)'이라는 글자는 삼마지를 완전히 포함하기에는 부족합니다. 삼마지를 정확히 번역하면 정수(正受)이니, '삼(三)'은 범어의 음(音)으로 중국어의 정(正)과 같습니다. 삼마지는 바른 받아들임[正受]으로 진정한 정(定)의 경계입니다.

무엇이 "공삼마지"입니까? 먼저 세간을 떠나야 하는데, 세간의 일체 유정(有情)과 육친(六親) 권속(眷屬) 등과 일체 유정중생까지도 떠나야 합니다. 부모를 떠나 출가하여 전수(專修)할 때 이 마음이 오로지 하나

---

190 산스크리트어 jiva의 한역어이다. 살아가는 자, 생명의 원리, 목숨 또는 생명체를 뜻한다. 음역하여 기바(耆婆)라고도 하고, 수명(壽命)으로 한역하기도 한다. 유정(有情)의 대명사로 쓰인다. '나' 혹은 '자신'이라고 여기는 것을 여러 측면에서 열거하는데 그 중 하나이다.

191 기르는 것[養育者]이라는 뜻이다. 양육자도 '나' 혹은 '자신'이라고 여기는 여러 측면 중 하나이다.

의 대상[緣]에 머물러 있으니, 혹은 유분별영상소연 혹은 무분별영상소연 혹은 오로지 한 구절을 염불하는 것 혹은 오로지 하나의 명점을 관하는 것 혹은 오로지 백골관이나 부정관이나 일륜관이나 월륜관을 하는 것 등이 바로 "심주일연(心住一緣)"입니다.

이 공성(空性)은 수증하는 공(空)이지, 대승 경계의 이념적인 공이 아니며 보살 경계의 공도 아닙니다. 보살 경계의 공(空)은 이치[理]와 현상[事]이 모두 원만하며, 또 여기에서 말한 공을 뛰어넘습니다. 그러나 수지(修持) 공부를 하면 초보적으로 공(空)을 증도하는데, 공성에는 대략 네 가지가 있습니다.

첫째는 관찰공이니, 제법은 공하여 상과 낙이 없으며, 또 공하여 아와 아소 등이 없음을 관찰하는 것을 말한다.

一觀察空, 謂觀察諸法, 空無常樂, 乃至空無我我所等.

이것은 이론상으로 이해했어도 다시 증도(證到)해야 한다는 말입니다. 증도할 수 있다면 거의 정(定)의 경계에 들어갔다고 할 수 있습니다. "관찰공(觀察空)"은 반성과 점검을 자신의 내심으로 되돌려서 수련하는 것입니다. 눈을 감고 마음속으로 허튼 생각[瞎想]을 하거나 가상(假想)을 하는 것이 아니니, 그런 것은 생각일 뿐입니다. 내심으로 염두의 공(空) 혹은 사대의 공을 관찰하고, 제법(諸法)의 공함을 관찰하고 사유하면, 일체법이 모두 공하고 일체법이 모두 무상(無常)합니다. 그런 후에 법희(法喜)의 즐거움[樂]을 얻습니다. 참으로 공(空) 즉 내가 없는[無我] 경계, 내 것이 없는[無我所] 경계에 도달했다면 그것이 "관찰공"입니다. 교리로 말한다면 이것은 밖을 향해서 외계(外界)를 관찰하는 것이지만 여기에서는 이론상의 관찰이 아니니, 눈을 크게 뜨고 외계를 관찰하는 것

이 아닙니다. 내관(內觀)하여 자신을 비추어 보고 관찰을 통해 공성(空性)을 증득하는 것입니다. 여러분은 모두 공(空)을 이야기할 수는 있지만 실제로 비울[空] 수 있습니까? 그런 까닭에 관찰공 자체를 관찰하고 [內觀] 비춰 보는 것입니다.

둘째는 피과공이니, 부동심으로 해탈하여 탐 등의 일체 번뇌가 비어서 없는 것을 말한다.

二彼果空, 謂不動心解脫, 空無貪等一切煩惱.

공(空)의 과(果)를 증도(證到)합니다. '피(彼)'가 그[他]이고 그는 공(空)이니 공의 경계 즉 공의 과(果)가 찾아옵니다. '과(果)'는 성과가 있음이고 효험이 있다는 것입니다. 사실을 여기에 펼쳐 놓으니, 언제 어디서나 마음에 흔들림이 없고 해탈을 이루게 됩니다. 흔들릴까 두려워서 감히 움직이지 못하는 것이라면 그런 것은 부동심(不動心)이라고 하지 않습니다. 일체 마음을 일으키고 생각을 움직임[起心動念]에 있어서 그 마음이 언제나 해탈해 버리고 비워 버린다면, 그런 것이라야 "부동심으로 해탈했다[不動心解脫]"고 합니다. 또 공의 경계, 무탐(無貪) 등에 대해서도 모두 해탈해 버리고 비워 버려서, 공에서 무탐에 이르기까지 일체 번뇌가 모두 공입니다.[192]

셋째는 내공이니, 자신을 비워서 아와 아소 및 아만 등 일체의 치우친 집착을 헤아리지 않는 것을 말한다.

---

192 원문의 "空無貪等一切煩惱"를 저자는 "공과 무탐 등의 일체 번뇌"로 해석하였기 때문에 이렇게 설명한 것으로 생각된다. 그러나 나머지 원문을 보더라도 저자의 이런 해석은 문제가 있어 보인다.

三者內空, 謂於自身空, 無計我‧我所, 及我慢等一切僻執.

앞의 두 가지 항목도 모두 내심(內心)을 관찰하는 것이었지만, "내공(內空)"은 신체가 공을 증도하여 사대의 공한 형상〔空相〕을 수시로 증도하게 됩니다. 일체의 아만(我慢)과 괴벽(怪僻), 뼛속의 정집(情執)[193]까지 모두 없어져서 신공(身空)을 증도합니다.

넷째는 외공이니, 오욕을 비워서 욕애가 없는 것을 말하는데, 나는 이미 일체의 유색상을 초과했기 때문에 외공에 대하여 몸으로 작증하고 구족하여 머무른다고 말하는 것은, 더 나아가서 자세히 말하였다.

四者外空, 謂於五欲空, 無欲愛, 如說我已超過一切有色想故, 於外空身作證具足住, 乃至廣說.

일체의 바깥〔外〕 경계, 일체가 모두 공(空)인 것이 바로 "외공(外空)"입니다. 세간의 오욕(五欲)은 더는 나와 상관이 없습니다. 나는 이미 공의 경계를 증도(證到)하고 일체의 유색상(有色想)을 넘어섰기 때문에 일체의 외계공(外界空)에 대해서는 직접 이미 증도했다는 것은, 경전에서 그렇게 말한 것과 같습니다.

---

193 사리에 어둡고 혼돈스러운 감정적 생각에 집착하는 것.

제10강

• 제12권 계속

이 가운데 묘욕을 대상으로 하는 상을 색상이라고 하는데, 이 상을 일으키게 되는 탐욕을 끊기 때문에 외공이라고 말하는 것이다. 또 피과공은 혹 수행자가 어떤 때는 외공을 작의하고 사유하며, 어떤 때는 내공을 작의하고 사유하며, 관찰공으로 말미암아 어떤 때는 내외의 공성을 사유하는데, 이 힘으로 말미암기 때문에 마음이 함께 증회한다. 가령 이 내외의 공성에 대하여 증회하지 못한 자는 곧 마땅히 무동을 작의하고 사유해야 한다. 무동이라고 하는 것은 무상상 혹은 다시 고상을 말한다. 이와 같이 사유하여 곧 저것으로 인하여 아만 등으로 흔들리지 않는다. 저것으로 말미암아 아와 아만을 헤아리지 않으니 더 나아가서 자세히 말하였고, 그 마음이 흔들리지 않기 때문이다. 곧 두 가지 공에서 마음이 함께 증회하는 것이다.

무엇을 무원심삼마지라고 하는가. 오취온에 대하여 무상을 사유하고 혹은 고를 사유하여 마음이 하나의 대상에 머무르는 것을 말한다.

무엇을 무상심삼마지라고 하는가. 곧 저 모든 취온이 없어짐에 대하여 적정을 사유하여 마음이 하나의 대상에 머무르는 것을 말한다. 경에서 무상심삼마지는 낮지도 않고 높지도 않다고 말한 것과 같으니, 더 나아가서 자세히 말하였다. 무엇을 낮지도 않고 높지도 않다고 하는가. 거스르고 수순하는 두 가지 상에 상응하지 않기 때문이다. 또 두 가지 인연으로 무상정에 들어가니, 첫째는 일체의 상을 사유하지 않기 때문이고 둘째는 무상계를 바르게 사유하기 때문이다. 일체의 상을 사유하지 않기 때문에 저 모든 상에 대하여 싫어하지도 무너뜨리지도 않는다. 오로지 가행하고 작의하고 사유하지 않으니, 그러므로 낮지 않다고 한다. 무상계에 대하여 바르게 사유하기 때문에 저 무상계에 대하여 굳게 집착하지 않으니, 그러므로 높지 않다고 한다. 이 삼마지에는 간략하게 두 가지가 있으니, 첫째는 방편이며 둘째는 방편과이다. 방편이라고 하는 것은 자주자주 책려하고 사택하고 안립하지만, 저 모든 상에 대하여 해탈하지 못하여 상相과 식識을 따름으로 말미암아 때때로 마음을 요란하게 하기 때문에, 저는 다시 자주자주 스스로 책려하고 사택하고 안립하여 비로소 과를 취할 수 있다. 상을 따름을 벗어나고 이것으로부터 해탈하는데, 또 해탈하기 때문에 스스로 책려하고 사택하지 않고 머무르게 되니, 이 때문에 극선해탈이라고 하는 것이다. 만약 자주 책려하고 사택하고 안립하여 비로소 머무름을 얻은 자는 비록 해탈이라고 하지만 선해탈은 아니다. 또 과를 밝히 깨닫고 공덕을 밝히 깨닫는 것은, 말하자면 번뇌가 끊어지는 구경이기 때문이며 현관의 법락이 머무르는 구경이기 때문이다. 또 멸도를 함께 마땅히 밝히 깨달아야 하는데, 곧 이 두 가지를 그 차례에 따라서 과를 밝히 깨닫고 공덕을 밝히 깨달음이라고 한다. 또 제현관과 아라한과를 함께 마땅히 밝히 깨달아야 하는데, 견도위에 대하여 과를 밝히 깨달음이라고 하고, 아라한과에 대하여 공덕을 밝히 깨달음이라고 한다. 만약 이 곳에 저 물질이 없다면 이 이치로 말미암아 그것을 관하여 공이라고 하니, 그러므로 공성이라고 한다. 곧 관찰된 공에 대하여 바랄 만한 원이 없으니, 그러므로 무원이라고 한다. 일체의 행상을 멀리 떠나는 것을 관하니, 그러므로 무상이라고 한다.

무슨 까닭에 여기에서는 먼저 공성을 말하는데, 다른 곳에서는 무상하기 때문에 고이고, 고이기 때문에 무아라고 베풀어 말하고, 나중에 비로소 공을 말하는 것인가. 만약 무아가 없다면 무상, 고를 관해서는 끝내 청정해지지 않음을 말한다. 반드시 먼저 무아의 상에 편안히 머무르고, 이것으로부터 끊어짐이 없어야 비로소 무원을 얻는다. 이런 까닭에 경에서 말하기를, 모든 무상상은 무아상에 의지하여 편안히 머무름을 얻는다고, 더 나아가서 자세히 말하였다. 저 무상에 대하여 무아를 관하고 나서 희원을 내지 않고 오직 무상만을 원하여 오로지 출리를 구하니, 그러므로 이러한 끊어짐 없이 무상을 베풀어 말하는 것이다.

다음으로 무엇을 유심유사삼마지라고 하는가. 심尋과 사伺와 상응하는 삼마지를 말한다. 무엇을 무심유사삼마지라고 하는가. 오직 사(伺)와 상응하는 삼마지를 말하는데, 대범을 닦고 나서 대범왕이 된다. 무엇을 무심무사삼마지라고 하는가. 심과 사두 가지 모두와 상응하지 않는 삼마지를 말한다. 이것을 수습하기 때문에 다음의 상지에 태어나고 유정천에까지 이르는데, 오직 무루의 모든 삼마지는 제외한다.

• 제13권 본지분 중 삼마희다지 제6의 3 本地分中三摩呬多地第六之三

다음으로 세존께서 말씀하셨듯이 너희 필추들은 마땅히 공한처를 좋아하고 관행을 부지런히 수행하며 내심으로 정사마타에 편안히 머물러야 한다. 와구에 탐착함을 멀리 떠나고, 혹은 공한에 처하거나 혹은 나무 아래에 앉아서 염을 묶어 눈앞에 나타낼 수 있으니, 더 나아가서 자세히 말하였다. 공한을 좋아한다고 하니, 이 말은 몸이 멀리 떠나야 함을 나타내는 것인 줄 알아야 한다. 만약 안으로 아홉 가지의 머무르는 마음이 있을 수 있으면, 이와 같은 것을 내심으로 정사마타에 편안히 머무른다고 한다. 이 말은 마음이 멀리 떠나야 함을 나타내는 것인 줄 알아야 한다. 만약 공한에 처하기를 좋아하면 곧 내심을 끌어내어 정사마타에 편안히 머무를 수 있다. 만약 내심으로 정사마타에 편안히 머무르면 곧 비발사나를 끌어내며, 비발사나를 잘 수습하고 나면 곧 제법에 대하여 여실히 깨달음을 끌어낼 수 있다.

다음으로 세존께서 말씀하셨듯이 너희 필추들은 삼마지에서 마땅히 무량·상위·정념에 편안히 머무름을 부지런히 수습해야 하니, 말하자면 앞의 총표에서 삼마지에 대하여 부지런히 수습하고 그 이후에 세 가지로 나누어 수행상을 나타낸 것을 말한다. 무량이란 사무량을 말한다. 상위란 항상 짓는 바가 있고 지은 바를 자세히 아는 것을 말하니, 그러므로 상위라고 한다. 정념에 편안히 머무름이란 사념주를 나타내니 그 마음을 편안히 머무르게 한다.

무슨 까닭에 이 세 가지 수행상을 말하는가. 말하자면 두 가지의 원만에 의지하기 때문이니, 첫째는 세간 원만이고 둘째는 출세간 원만이다. 무량을 닦기 때문에 곧 세간 원만을 끌어낼 수 있다. 정념을 닦기 때문에 곧 출세간 원만을 끌어낼 수 있다. 상위를 수습하기 때문에 이 두 가지에 대하여 빨리 통달하게 되며 이 인연으로 말미암아 둘 중에 처한다고 말하니, 이 때문에 단지 세 가지의 수행상을 말하는 것이다. 또 무량이란 사마타도를 나타낸다. 정념에 머무름이란 비발사나도를 나타낸다. 상위란 이 두 가지가 빨리 증도에 나아감을 나타낸다. 또 무량이란 복덕으로 나아가는 행을 나타낸다. 정념에 머무름이란 열반에 나아가는 행을 나타낸다. 상위란 두 가지에 나아가 빨리 원만해지는 행을 나타낸다. 먼저 사마타를 잘 수습하고 나서 나중에 비발사나와 더불어 비로소 함께 행하게 된다. 이 두 가지의 삼마지를 수행하기 때문에 알아야 할 바의 경계를 여실히 깨닫는 것이다.

먼저 여러분에게 중간고사에 관해 설명하겠습니다. 제가 시험 보려는 과목은 국어, 불학(佛學), 태극권입니다. 불학은 『지월록(指月錄)』『유가 사지론』입니다. 어떻게 시험을 보느냐에 대해서는 아직 잘 모르겠습니다. 저는 어려서부터 시험 보는 것에 반대했지만 매번 시험을 잘 봤습니다. 비록 싫어하는 일이더라도 어떤 일이 됐건 진지하게 처리했기 때문에 시험도 마찬가지로 진지하게 임했습니다. 점수는 상관하지 않고요. 제가 보기에 요즘 학생들은 정말로 너무 불쌍합니다. 어려서부터 시험을 보기 시작한 것이 늙을 때까지 계속됩니다. 초등학교에서 시험을 봐서 중고등학교에 가고 또 시험을 봐서 대학교에 가고, 유학 시험 보고 공무원 시험 보고, 늙을 때까지 계속해서 시험을 보다가 마지막에는 장례식장으로 보내지고 화장장에서 다시 시험을 보게[194] 됩니다. 인생 전부를 시험 속에서 보내고 있으니, 생각해 보십시오, 인간 세상이 얼마나 불쌍합니까.

---

194 '시험을 보다'는 뜻의 중국어 '考'와 '불에 굽다'는 뜻의 '烤'는 발음이 같다.

지금 여러분에게 시험을 보겠다고 하고 나니 여러분이 불쌍하게 느껴지기도 하지만 어쩔 수가 없습니다. 제 시험은 여러분이 자신의 생각을 정하라는 것이 아닙니다. 제가 말씀드린 것을 시험 볼 텐데, 여러분에게 질문을 하고 대답을 할 수 있으면 그것이 시험이 될 수도 있습니다. 어느 날 불현듯 생각이 날 때 잠깐 시간을 내서 시험을 볼 수도 있습니다. 아무튼 참으로 책을 읽고 참으로 연구한다면 이 시험을 겁낼 것 없습니다. 어떻게 시험을 보든 다 방법이 있습니다. 이것은 제 경험입니다. 답안에는 하나의 원칙이 있는데 범위를 넘어서면 안 됩니다. 스스로 총명을 내서도 안 되고 너무 멍청해서도 안 되고 자연스럽게 답하면 됩니다. 이번 학기는 여러분과 함께 책을 읽고, 다음 학기는 여러분 스스로 경을 읽고 여러분이 그 내용을 이야기하면 제가 듣겠습니다. 자, 지난번 268면을 이어서 보겠습니다.

심력이 전화하기만 하면 완성된다

이 가운데 묘욕을 대상으로 하는 상을 색상이라고 하는데, 이 상을 일으키게 되는 탐욕을 끊기 때문에 외공이라고 말하는 것이다.

此中緣妙欲想, 名爲色想, 此想所起貪欲斷故, 說爲外空.

좁은 의미로 말하면 묘욕(妙欲)은 남녀 간의 사랑[愛]입니다. 중국은 남녀 간에 탐하고 그리워하는 것을 호색(好色)이라고 하는데, 남색 여색 상관없이 사람은 모두 아름다운 색상(色相)을 사랑합니다. 사랑[愛]으로부터 욕망[欲]이 생겨나고, 그 결과는 모두 차지하는 것입니다. "묘욕상(妙欲想)"에서 이 '묘(妙)' 자는 인위적인 것입니다. 사람은 스스로 이런 모양이라야 아름답고[妙] 저런 모양은 아름답지[妙] 않다고 생각합니다. 이것을 "색상(色想)"이라고 하며 색법(色法)의 사상에 속합니다. 묘색(妙色)을 사랑함으로 말미암아 탐심 즉 욕망을 일으킵니다. 만약 욕계의 중생이 이 생각을 끊을 수 있어서 색(色)을 보고도 마음이 흔들리지 않고 탐애(貪愛)를 일으키지 않는다면, 이런 것을 "외공(外空)"이라고 합니다. 이것은 현대 과학의 우주 공간이 아니라 불학(佛學)에서 말하는 것으로, 여전히 바깥쪽이지 안쪽의 공(空)이 아닙니다.

또 피과공은 혹 수행자가 어떤 때는 외공을 작의하고 사유하며, 어떤 때는 내공을 작의하고 사유하며, 관찰공으로 말미암아 어떤 때는 내외의 공성을 사유하는데, 이 힘으로 말미암기 때문에 마음이 함께 증회한다.

又彼果空, 或修行者, 由時作意思惟外空, 或時作意思惟內空, 由觀察空, 或時思惟內外空性, 由此力故, 心俱證會.

무엇이 수행일까요? 언제 어디서나 "외공(外空)"을 증도(證到)하여 내려놓을 수 있다면 그것이 바로 수행입니다. 예를 들면 출가한 동학이 머리를 깎고 괴색의(壞色衣)[195]를 입어서, 먼저 겉모습[外形]인 색상(色相)의 애호(愛好)를 버리는 것이 외색(外色)을 비우는[空] 것입니다. 출가해서 괴색의를 입고 가지런히 정돈하는 것은 첫 번째 일이자 계율이기도 합니다. 그런데 지금 여러분이 하고 있는 이 모습은 괴색의가 아닙니다! 여러분은 대단히 신경을 썼겠지만 실제로 차림새는 형편없습니다. 여기에서 조금 저기에서 조금 가져와서 무슨 옷인지 제대로 알지도 못합니

---

195 괴색(壞色)은 청·황·적·백·흑의 다섯 가지 정색(正色)을 파괴한[壞] 색깔, 곧 정색이 아닌 색이라는 뜻으로 흔히 갈색을 지칭한다. 괴색의(壞色衣)는 승려가 입는 가사(袈裟)를 말한다.

다. 양심에 비추어서 한번 점검해 보십시오. 여러분은 아름다움을 사랑합니까, 아닙니까? (동학이 대답하다: 아름다움을 사랑합니다.)

그렇습니다! 아름다움을 사랑하지 않는다고 말하는 것은 마음을 속이는 것으로서 자신을 속이는 심리입니다. 오직 아름다움을 사랑한다는 말, 마음으로 외색(外色)을 사랑해서 버리지 못한다는 이것이 수행의 이치를 말하는 것입니다. 아름다움을 사랑하는 이 마음은 자신에 대해서만이 아니고 바깥의 사물에 대해서도 틀림없이 사랑하게 됩니다. 청결하고 정돈된 것을 사랑하는 것은 별개의 일이며, 아름다움을 사랑하는 것 또한 별개의 일입니다. 이 중간은 심리상으로 차이가 있기 때문에 수행에서는 자신의 심리에 주의해야 합니다. 출가한 여성 동학들은 거울을 자주 봅니까? 틀림없이 볼 것입니다. 비록 거울에 비춰 보는 것이 아주 평범한 일이더라도, 여러분이 아뢰야식의 심리를 더듬어 살펴보면 거울을 비춰 볼 때 자신은 볼수록 아름답다고 생각합니다. 왜냐하면 이 일념(一念)을 삼대아승기겁이 지나도록 그저 여러분은 천천히 수행했으니까요! 저는 우스갯소리를 하는 것이 아니라 수행을 이야기하려는 것입니다. 바로 이 자리에서요. 어렵습니다! 대단히 대단히 어렵습니다.

만약 타좌를 잘한다고 한다면, 여러분이 타좌를 하지 않으면 그 수련은 바로 사라지고 경계 역시 사라집니다. 그뿐 아니라 여러분이 타좌를 하는 것은 육신에 기대는 행위로, 사대(四大)가 있어야 수련도 있음을 알아야 합니다. 이 사대가 더 이상 존재하지 않게 된다면 즉 없어진다면, 제가 여러분에게 묻겠습니다, 여러분은 어떻게 타좌를 할 건가요? 여러분은 왜 이곳에서 생각〔想〕을 하지 않습니까? 타좌는 중요한 것입니다. 하지만 타좌가 바로 수행이라고 생각한다면, 그것은 여러분의 그 지견(知見)에 의지하는 것이니 더는 불법을 배울 필요가 없습니다. 여러분은 완전히 틀렸습니다. 타좌는 사대의 수련에 의지하는 것인데, 사대가 모두 공(空)이니 사대가 비워진[空] 후에는 어떤 모습인들 정(定)이 아닌가요? 구태여 가부좌를 해야 합니까? 여러분에게 가부좌를 하라고 하는 것은, 여러분이 사대를 비우지 못하기 때문입니다. 맞지요? 저는 우스갯소리를 하는 것이 아닙니다! 자세히 참구해야 합니다.

"또 피과공은[又彼果空]"에서 과공(果空)은 바깥 경계[外境界]가 전부 공(空)이 된 것으로, 바깥 경계의 공을 증도(證到)하면 참으로 내려놓게 됩니다. 도가의 『신선전(神仙傳)』과 불가의 『고승전』을 보면 알 수 있습니다. 제공(濟公) 화상은 부잣집 귀공자의 몸으로 출가했고 학문도 훌륭했지만 나중에는 대단히 지저분하게 하고 다녔습니다. 우리가 빚어 놓은 그의 형상은, 바지에는 온통 구멍이 나 있고 다 해진 신발을 신고 있는데, 정말 초라한 모습입니다. 비록 술을 마시고 개고기를 먹기는 했지만, 날마다 먹은 것이 아니라 어쩌다 한 번 먹은 것입니다. 술을 진짜로 마신 것이었지만, 그가 술을 마신 것은 수련을 하는 것이었습니다. 하지만 이런 일을 배워서는 안 됩니다. 그가 이렇게 어디든 상관하지 않고 누워서 잘 수 있었던 것이 바로 "외공(外空)"의 이치입니다. 이것은 세상 사람들에게 색신은 깨트리기 어려움을 보여 주었는데, 일반인들은 깨트려 버리지 못합니다. 그렇게 하지 못합니다. 수많은 신선이 도를 이루고 나면 미친 척하고 바보짓을 함으로써 다른 사람들이 자신이 도를 지니고 있다는 사실을 모르기 바랐습니다. 이런 사람들은 땅바닥에 눕자마자 잠이 들거나 혹은 돼지와 함께 잠을 자는 등 어떤 것도 개의치 않습니다. 그는 이미 더럽지도 않고 깨끗하지도 않은[不垢不淨] 경계에 도달했기 때문입니다. 도를 지니지도 못한 우리가 여기에서 스승이라 사칭하고 도를 지닌 모습을 가장하는 것과는 다릅니다. 그것은 가장하는 것이고 속이는 것입니다.

그러므로 수행하는 사람은 바깥의 일체 경계를 모두 내려놓아야 합니다. "내공(內空)"은 더 어렵습니다. 내공은 사대를 모두 비워 버려야 합니다. 혹은 시시각각 내외(內外)의 공성(空性)을 사유합니다. "이 힘으로 말미암기 때문에 마음이 함께 증회합니다〔由此力故, 心俱證會〕." 마음의 힘이 강함으로 말미암아 이 마음이 공성(空性)을 증도(證到)하는 것입니다. 예를 들어 이 자리에 계신 여러분은 부처님을 배운 지 오래되었기 때문에 공(空)에 대해 이야기할 줄 알지만 실제로 일이 생기면 비우지〔空〕 못합니다. 화가 나고 번뇌가 일어나면 더더욱 비우지 못합니다. 왜 이론상으로는 공(空)을 알지만 그때가 되면 또다시 잘못을 범하는 걸까요? 때로는 화를 내면서도 자신이 화를 내면 안 된다는 것을 알지만 화를 내지 않을 수가 없습니다. 정감이나 정서는 사대의 변화로 말미암아 오고, 업력(業力)에서 오기 때문입니다. 이성적으로는 알면서도 실제로 해내지 못한다면, 그것은 심력(心力)이 충분히 강하지 못해서입니다.

수행 일체가 "이 힘으로 말미암기 때문〔由此力故〕"입니다. 대승 십바라밀의 아홉 번째 바라밀이 역바라밀(力波羅蜜)인데, 심력이 일체를 성취합니다. 소승도에서 신통 나한을 깨닫는 수행법은 정말로 물리세계를 공(空)으로 보는데, 담장을 담장이 아니라고 여기고 관념상으로 그것을 공으로 바꿔 버립니다. 하지만 여러분이 담장에 부딪쳐 보면 틀림없이 쿵 하고 부딪칠 것입니다. 그러나 심력이 강한 사람은 담장을 깨트리고 나갑니다. 담장이 그를 막아 내지 못하니, 신통은 이렇게 생깁니다. 그의 담장은 정말로 공(空)이 되었습니다. 그렇지 않다면 '심물일원(心物一元)'은 사람을 속이는 말입니다. 여러분이 비록 이 이치를 안다고 말할지라도 물질은 단단합니다. 내가 마음으로 그것이 공(空)이라고 생각해도 사실은 비울〔空〕 수 없습니다! 그 이유는 『석선바라밀차제법문(釋禪波羅蜜次第法門)』이 여러분에게 말해 주는데, 여러분의 심력이 충분히 강하지 않기 때문입니다. 힘의 문제임을 여기에서도 지적했습니다.

예를 들어 여러분은 책도 제대로 읽지 않고 제대로 외우지도 못하고 글도 잘 못 쓰고 불학도 제대로 못 합니다. 솔직히 말해서 여러분이 아무리 열심히 해도 왜 지혜를 개발하지 못하고, 하는 것마다 모두 안 될까요? 제가 봐도 여러분 때문에 마음이 초조해지는데, 그것은 여러분의 심력이 충분히 강하지 않기 때문입니다. 무슨 일이든지 하겠다고 결정했다면, 심력이 전화(轉化)하기만 하면 곧 그것을 완성하게 됩니다. 심력에 의지하십시오! 천하에 어려운 일이 있습니까? 심력이 전화하면 외부의 경계(外境)도 심력을 저지하지 못해서 외공(外空)이 됩니다! 여러분은 왜 정신력이 좋지 않다고 말합니까? 왜 황소고집을 전화시키지 못합니까? 그러면서 자신이 습기(習氣)를 전화시키지 못한 것이라고, 이것이 업(業)이라고 말합니다. 그것은 여러분의 핑계일 뿐입니다. 전부 업에다 갖다붙인 것입니다. 기왕에 업(業)이라고 한다면 업을 바로 전화시켜야 합니다. 심력이 전화시킬 것입니다! "이 힘으로 말미암기 때문에 마음이 함께 증회합니다." 내공과 외공의 심력이 강해야 이런 경계를 증도(證到)할 수 있습니다.

역시 부동심이다

가령 이 내외의 공성에 대하여 증회하지 못한 자는 곧 마땅히 무동을 작의하고 사유해야 한다.

設復於此內外空性不證會者, 便應作意思惟無動.

"내외공(內外空)"이라는 이 경계는 이론이 아니라 정말로 몸과 마음으로 깨달아야 합니다. 깨달아서 참 지혜를 만나지(證會) 못한다면 다시

"무동(無動)"을 작의하고 사유해야 합니다. 바로 부동심(不動心)입니다. 이 단락이 말하는 것은 이것입니다. 이론상으로는 알았지만 비우지〔空〕 못한다면 어떻게 합니까? 미륵보살은 '부동심(不動心)'을 작의하고 사유하라고 했는데, 이 부동심은 맹자의 "사십이 되어 마음이 흔들리지 않았다〔四十不動心〕"는 것과는 다릅니다.

무동이라고 하는 것은 무상상 혹은 다시 고상을 말한다.

言無動者, 謂無常想, 或復苦想.

"무동(無動)"을 해내고 싶다면, 먼저 무상(無常)의 관상(觀想)을 하거나 혹은 세간 일체가 모두 괴로움〔苦〕임을 관상해야 합니다. 일체 만사가 무상합니다. 가령 돈을 벌었다 할지라도 다시 남에게 사기를 당합니다. 기가 막힐 노릇이지만 마땅히 "무상상(無常想)"을 해야 합니다. 일체가 무상하니 어차피 천하의 돈이지 않습니까. 다른 사람이 쓰도록 준 것이나 마찬가지입니다. 초나라 장왕(莊王)이 활을 잃어버린 전고처럼 말이지요. 장왕은 이렇게 말했습니다. "초나라 사람이 활을 잃어버렸고, 초나라 사람이 그것을 얻었다〔楚人失弓, 楚人得之〕." 그는 초나라의 황제였는데 어느 날 활을 잃어버렸습니다. 하지만 어차피 초나라 사람이 손에 넣었을 것이니 쓰는 것은 마찬가지라는 말입니다. 그래서 초나라 왕이 대단하다는 것입니다. 하지만 공자는 그 말을 듣자 말했습니다. "그래도 조금 부족하구나. 마땅히 천하 사람이 활을 잃어버렸고 천하 사람이 그것을 얻었다고 말해야지 굳이 초나라에 한할 것이 무엇인가!" 만사가 본래 무상하니, 세상에는 우리가 영원히 붙잡고 있을 수 있는 일이 하나도 없습니다. 감정이 됐건 부부가 됐건 부모 형제가 됐건 재산이 됐건 생명이 됐건, 심지어 내 몸까지도 자신에게 속한 것이 아니라 그저 잠시 사용할 뿐 결코 우리의 소유가 아닙니다. 그렇기 때문에 모든 것에 대하여 마땅히 "무상상(無常想)"을 해야 합니다. 인간 세상의 '유(有)'는 괴로움[苦]입니다. 없는 것도 물론 괴로움이지만, 비교해 본다면 제 경험에는 없는 괴로움이 있는 괴로움보다 가볍습니다. 있는 괴로움이 진짜 괴로움입니다. 이 자리에 계신 여러분은 아마 이해하지 못하겠지만, 만약 여러분에게 일 억의 재산을 준다면 그것이야말로 진짜 괴로움이라는 것을 알게 됩니다. 대단히 괴롭습니다. 돈이 있으면 즐거울 것이라고 생각하지 마십시오. 그렇지 않습니다. 그것이야말로 괴로움입니다! 그때가 되어서 가난을 구해 봤자 얻을 수 없으며, 그뿐 아니라 습기도 커집니다. 그런 까닭에 세간 일체에 대해서 "고상(苦想)"을 해야 한다는 것입니다.

이와 같이 사유하여 곧 저것으로 인하여 아만 등으로 흔들리지 않는다.

如是思惟, 便不爲彼我慢等動.

이렇게 사유를 시작함으로 말미암아, 일체 세간이 무상(無常)하고 일체가 모두 괴로움[苦]임을 보고서, 서서히 바깥 경계에 대하여 명성이 됐건 이익이 됐건 크게 마음이 흔들리지 않게 됩니다. 이것은 이치[理]를 이야기한 것입니다! 실제를 이야기한다면, 장례식장에서 일을 하거나 병원 영안실에서 작은 일이라도 맡아 보면 여러분은 틀림없이 공(空)을 보게 될 것입니다. 아무리 아름다운 사람이라도, 아무리 부귀한 사람이라도 실려 들어오면 다 똑같습니다.

한번은 친구가 죽어서 시신을 확인하러 갔는데, 영안실을 관리하던 그 사람은 막 훠궈를 먹고 있었습니다. 그는 밥그릇을 받쳐 들고 익은 고기를 집어 먹다가 우리를 쳐다보고 젓가락으로 가리켰습니다. 마치 저것이요 저것, 하고 말하듯이 말입니다. 우리는 그의 수련이 높음에 감탄했습니다. 백골관이나 부정관이 그에게는 더 이상 소용이 없었습니다. 그는 죽은 사람에 대해 전혀 마음이 흔들리지 않게 되었기 때문입니다. 하지만 그는 살아 있는 사람에게는 여전히 마음이 흔들릴 수 있으니, 이것을 사람 노릇이라고 합니다. 무상상(無常想), 고상(苦想)은 참으로 작의하고 사유해야 합니다. 이렇게 사유할 수 있으면 서서히 마음이 흔들리지 않게 됩니다. 우리의 마음이 흔들리는 주요한 까닭은 어떤 잠재의식의 동력 때문인데 바로 "아만(我慢)"입니다. '만(慢)'은 자아(自我)이며, '만심(慢心)'은 요즘 흔히 말하는 자존심입니다. 일반적으로 사람은 자존심이 있어야 한다고 말하지만, 불법으로 말한다면 되레 여러분에게 자존심을 버리라고 합니다. 자존심은 후천적으로 자신을 지키려는 마음이기 때문입니다. 사람이 이 만심을 내려놓을 수 있다면 번뇌는 곧 사라집니다.

저것으로 말미암아 아와 아만을 헤아리지 않으니 더 나아가서 자세히 말하였고, 그 마음이 흔들리지 않기 때문이다.

由彼不爲計我 · 我慢, 乃至廣說, 動其心故.

'피(彼)'는 상대방이며 '계(計)'는 따지고 비교하는[計較] 것입니다. 이렇게 따지고 비교하지 않고 모두 다 보여 주면 남에게 무시당하지 않을까, 하고 생각하는 그것이 바로 따지고 비교하는 마음[計較心]입니다. '당신도 성깔이 대단하지만 나는 당신보다 더 대단해. 당신이 욕하면 나는 고함을 지를 테야. 당신이 여덟 자[尺]를 뛰어오르면 나는 한 길[丈]을 뛰어오를 거야.' 이것이 아만(我慢)의 마음이니 모든 것을 따지고 비교합니다. 따지고 비교하는 심리를 버리지 못한다면 완전한 부동심에 이르는 것은 불가능합니다. '아(我)'와 '아만'을 버려야만 합니다. 우리

의 마음을 흔드는 일체의 바깥 경계를 모두 내려놓아야 마음이 흔들리지 않습니다.

곧 두 가지 공에서 마음이 함께 증회하는 것이다.

便於二空心俱證會.

이렇게 되면 외공과 내공을 증도(證到)할 수 있는데, 물론 이것은 여전히 소승의 공(空)입니다. 하지만 소승의 공을 무시해서는 안 되니, 그 또한 대단히 증도하기 어렵습니다. 소승의 공을 증도하면 대승은 쉬워집니다. 사람들은 흔히 불법을 말하면서 걸핏하면 대승을 들먹이는데, 사실은 정말로 사람을 해치는 것입니다. 무엇이 크다는 겁니까? 먼저 소승을 증도하고 나서 다시 이야기하십시오. 마치 계단을 올라가는 것과 같으니, 이층까지 올라갔다면 여러분은 계속해서 삼층까지 올라가지 않겠습니까? 그냥 생각만 했는데 단번에 십이층까지 올라가는 것이 가능합니까? 요즘 부처님을 배우는 사람들은 길을 걷지도 못하면서 달리고 싶어 합니다. 무슨 능력이 있어서 달립니까? 바로 이런 이치입니다.

망념이 없고 상에 집착이 없는 수행법

무엇을 무원심삼마지라고 하는가. 오취온에 대하여 무상을 사유하고 혹은 고를 사유하여 마음이 하나의 대상에 머무르는 것을 말한다.

云何無願心三摩地. 謂於五取蘊, 思惟無常, 或思惟苦, 心住一緣.

대승의 삼법인(三法印)은 공(空) 무상(無相) 무원(無願)입니다. 여기에

서 말하는 무원은 무슨 뜻일까요? 무원의 이 '원(願)'자는 일반적으로 의지력이 강함을 말하는데, 의지는 마음이 일으키는 파동으로 망념의 작용입니다. 그러므로 무원(無願)은 망념을 일으키지 않고 마음에 파동이 일지 않는다는 뜻입니다. 어떻게 해야 마음에 파동이 일지 않을 수 있을까요? 바로 색(色) 수(受) 상(想) 행(行) 식(識)의 오온을 해탈해야 합니다. 어떻게 해야 해탈할 수 있을까요? "마음이 하나의 대상에 머물러야[心住一緣]" 합니다. 가령 감기에 걸려서 몸이 불편한 것은 수온(受蘊)이고, 혈액이 계속 흘러서 생명이 멈추지 않고 도는 것이 행온(行蘊)입니다. 식온(識蘊)은 더 어려운데, 수행하여 공(空)의 경계에 도달하는 그것이 바로 식온 경계의 작용입니다. "오취온(五取蘊)"에 대하여 무상(無常) 혹은 고(苦)를 사유하여 오온이 모두 공일 수 있으면 무원삼마지(無願三摩地)라고도 합니다. 오온이 모두 공임을 해낼 수 있는 유일한 법문이 "심주일연(心住一緣)"이니, 하나의 명점이나 한마디의 불호에 머무릅니다. 분별이 있는 영상을 대상[緣]으로 하거나 분별이 없는 영상을 대상으로 해서, 먼저 수행으로 대상에 머무름[緣止]에 도달하는 이것이 오온공(五蘊空)의 초보적인 수행입니다.

무엇을 무상심삼마지라고 하는가. 곧 저 모든 취온이 없어짐에 대하여 적정을 사유하여 마음이 하나의 대상에 머무르는 것을 말한다. 경에서 무상심삼마지는 낮지도 않고 높지도 않다고 말한 것과 같으니, 더 나아가서 자세히 말하였다.

云何無相心三摩地. 謂卽於彼諸取蘊滅, 思惟寂靜, 心住一緣. 如經言, 無相心三摩地不低不昂, 乃至廣說.

"무상심(無相心)"은 어떠한 상에도 집착하지 않으니, 일체 상에 집착

하지 않는 것입니다. 무상심은 어떻게 수행할까요? 바로 "취온이 없어져야〔取蘊滅〕" 하는데, '취(取)' 또한 수(受)입니다. 십이인연(十二因緣)은 무명연행(無明緣行), 행연식(行緣識), 식연명색(識緣名色), 명색연육입(名色緣六入), 육입연촉(六入緣觸), 촉연수(觸緣受), 수연애(受緣愛), 애연취(愛緣取), 취연유(取緣有), 유연생(有緣生), 생연로사(生緣老死)입니다. 이러한 불학의 명상(名相)은 모두 외울 수 있어야 합니다. 쉬우니 외우지 않아도 된다고 생각해서는 안 됩니다. 여러분이 기억하지 못한다면 정작 노력하려고 할 때 결코 제 궤도에 오르지 못합니다. 이 십이인연은 여러분의 마음이 지나가는 경로입니다. 기억하고 있지 않으면 찾아내지 못해서 노력하는 것이 헛수고가 되어 버립니다.

삼십칠보리도품(三十七菩提道品) 역시 외워 두고 각각의 명사(名辭)를 모두 참구해야 합니다. 이것은 열심히 수행하는 것과 아주 큰 관계가 있습니다. 특히 불법을 널리 펴서 중생을 이롭게〔弘法利生〕 하고자 하는 사람이라면 더더욱 외우고 참구해야 합니다. 십이인연은 그냥 보기에는 간단한데, 그것은 여러분이 열심히 노력하지 않았기 때문에 간단하다고 말하는 것입니다. 일단 그것을 둥근 도표로 그려 놓고 그것의 상호 관계를 보면 십이인연이 심신의 세계, 물리세계, 삼세인과에까지 연관되는 것을 알게 됩니다. 일체법이 그 안에 있습니다. 게다가 성문도를 수행하려면 소승도는 반드시 이해해야 합니다. 예를 들어 『심경』에서 언급한 "오온이 모두 공임을 비추어 보고……무명도 없고, 무명이 다함도 없다〔照見五蘊皆空……無無明, 亦無無明盡〕"는 것이 바로 십이인연인데, 무명(無明)으로부터 시작합니다. 무명을 끝내야 생(生)을 끝내고 노사(老死)를 끝냅니다. 그것은 하나의 윤회입니다. 여러분이 생사(生死)를 끝내고 싶다면 먼저 무명을 끝내야 합니다. 무명이 일어나서 행하지 않게 되어야 생사의 끝냄을 이야기할 수 있습니다.

사람들은 왜 염두(念頭)가 일어날까요? 본래는 생각하지 않았던 일이 타좌를 하면 생각납니다. 갑자기 '행(行)'이 찾아온 것입니다. '행(行)'은 돌리는 힘인데, 이러한 돌리는 힘은 그 뒤에 하나의 동력이 있으니 바로 무명(無明)입니다. 무명은 어디에서 오는 걸까요? 여러분이 찾으십시오! 참구하십시오! 반드시 그 전원을 끊어야만 합니다. 그런 까닭에 불경에서는 많은 사람이 십이인연을 참구해서 나한과를 증득했다고 말했습니다. 그들은 십이인연을 거꾸로 찾아보았습니다. 지금 우리의 이 단계는 '유(有)'이고, 유의 앞쪽은 '취(取)'입니다. 여러분은 취하고 있지 않습니까? (동학들이 대답하다: 취하고 있습니다.) 그렇습니다! 우리는 지금 여기에 앉아서 사대의 신체를 단단히 붙잡고 있는데, 그것이 바로 취(取)입니다. 취의 앞쪽은 '애(愛)'인데 여러분은 사랑합니까, 사랑하지 않습니까? (동학이 대답하다: 사랑합니다.) 여러분은 사랑할 뿐 아니라 죽도록 사랑합니다. 또 자신이 오래 살지 못할까 봐 두려워합니다. 어떤 사람이 여러분의 방석을 건드리면 불쾌해합니다. 여러분의 몸에 부딪치면 더 안 되고, 여러분의 시간을 방해해도 용납하지 못합니다. 이것이 모두 애(愛)입니다! 하나씩 하나씩 앞으로, 여러분이 십이인연을 거꾸로 좇아가면 염두(念頭)가 어떻게 오는지를 찾아낼 것입니다. 여러분 가운데 누가 정말로 열심히 노력하고 있습니까? 아, 그만두지요.

　십이인연에서 "취온(取蘊)"은 중간에 있습니다. 사람은 모두 취하고 있으니, 취(取)는 집착이고 붙잡는 것입니다. 자신의 사대 신체를 취하고 명성을 취하고 이익을 취합니다. 그 모두가 쟁취(爭取)이니 인생은 본래 쟁취입니다. 보통 사람들이 쟁취하는 것은 정상적입니다. 사람들이 이 사람은 사람됨이 좋고 열심히 노력하며 진취적이고 적극적이라고 말하는 것은 모두 격려하는 좋은 말입니다. 그러나 수도(修道)의 견지에서 말하면 상반됩니다. 일체의 취(取)는 모두 좋은 것이 아닙니다. 특히 자신에게 내재된 일체의 취(取)는 더 그렇습니다. 취심(取心)이 있기 때문에 정(情) 애(愛) 욕(欲)을 마찬가지로 다 내려놓지 못합니다. 취(取)가 있기 때문에 애(愛)가 있습니다. 어떤 것을 손에 넣으면 기쁘고 손에 넣지 못하면 슬프니, 마음속 느낌이 같지 않습니다. 애(愛) 취(取)가 연결되어 있기 때문입니다. 그런 까닭에 여기에서 무상삼매(無相三昧)를 말하면서 먼저 '취온'을 없애야[滅] '수온(受蘊)'이 없어진다고 했습니다.

이때 "적정을 사유하여[思惟寂靜]" 완전히 내려놓으면, 이것은 선(禪)을 수행하는 첫걸음과 같고 밀종 대수인(大手印) 등을 수행하는 첫걸음과 같습니다. 두 다리를 가부좌하고 앉아서 아무것도 대상[緣]으로 하지 않으니, 광명점(光明點)을 대상으로 하지도 않고 전일(專一)을 대상으로 하지도 않습니다. 아무것도 상관하지 않고 마음이 하나의 대상에 머무르는[心住一緣] 것이 바로 무상(無相)을 연하여 머무름[緣住]입니다. 무상(無相)은 "낮지도 않고 높지도 않음[不低不昂]"인데, 이 마음이 공(空)을 구하지 않아 염두에 두지도 않고 망념을 일으키지도 않습니다. 망념이 정말로 일어나더라도 두려워하지 않으니, 찾아와도 환영하지 않고 떠나도 배웅하지 않습니다. 맞이하지도 않고 막지도 않으면 이 염두는 자연스럽게 오락가락하면서 여러분을 건드리지 않습니다. 그런 후에는 마치 저울을 그 자리에 놓은 것처럼, 수평선이 그 자리에 평평하게 펼쳐진 것처럼 공(空)과 유(有) 양 끝이 평등합니다. 이 마음이 시종일관 평평한 것이, 마치 맑은 연못물에 파도가 일어나지 않고 수면에 파문도 일지 않는 것과 같습니다. 파문이 일었다 치더라도 상관없습니다. 생각의 시초가 움직였다 하더라도 그것은 비어[空] 있지 않습니까! 그것은 또 여러분을 방해하지 않습니다. 생각의 시초는 『능엄경』에서의 비유처럼 손님입니다. 손님이 들어왔지만 여러분이 상대하지 않으면 그는 자연히 떠납니다. 주인인 여러분이 그 자리에 앉아서 고요히 움직이지 않으면,

그것이 무상심(無相心)의 삼마지입니다. "낮지도 않고 높지도 않으니, 자세히 설명하였습니다[不低不昻, 乃至廣說]." 아주 많은 방법이 이렇게 해낼 수 있습니다. 하지만 이것은 각종 삼마지의 일종으로 무상삼마지 (無相三摩地)에 속할 뿐이니, 뭐 그리 대단할 것도 없습니다.

무엇을 낮지도 않고 높지도 않다고 하는가. 거스르고 수순하는 두 가지 상에 상응하지 않기 때문이다.

云何名爲不低不昻, 違順二相, 不相應故.

번뇌가 오는 것이 '거스르는[違]' 상이니, 망념이 바로 거스르는 것입니다. '수순하는[順]' 상은 바로 심경이 평안하게 머무름이니, 번뇌도 없고 망념도 없습니다. 어떠한 경계든지 만약에 그것을 붙잡으면 옳지 않습니다. 그런 까닭에 공(空)도 취하지 않고 유(有)도 취하지 않으며 평정에도 머무르지 않습니다. "상응하지 않기 때문에[不相應故]" 즉 공(空)과 유(有)가 그에게 아무런 상관이 없고 집착도 하지 않으니, 바로 그런 무상(無相)입니다.

무상정에 들어가는 두 가지 방법

또 두 가지 인연으로 무상정에 들어가니, 첫째는 일체의 상을 사유하지 않기 때문이고 둘째는 무상계를 바르게 사유하기 때문이다.

又二因緣, 入無相定, 一不思惟一切相故. 二正思惟無相界故.

이 "무상정(無相定)"은 대단히 편안합니다! 두 가지의 인연이 있으면

무상정으로 들어갈 수 있으니, 말하자면 수행으로 무상정의 경계에 도달하는 데에는 두 가지 방법이 있습니다. 첫 번째 방법은 일체의 상을 사유하지 않는 것입니다. 바로 일체의 경계를 마다하는 것으로, 심지어 불보살이 눈앞에 나타나도 마다하고 집착하지 않습니다. 그러나 특별히 주의해야 할 것이 있으니 혼침(昏沈)에 떨어져서는 안 됩니다. 두 번째 방법은 사유를 사용해도 되는데 무엇을 사유합니까? 사유수(思惟修)로 무상(無相)에 도달합니다.

일체의 상을 사유하지 않기 때문에 저 모든 상에 대하여 싫어하지도 무너뜨리지도 않는다. 오로지 가행하고 작의하고 사유하지 않으니, 그러므로 낮지 않다고 한다. 무상계에 대하여 바르게 사유하기 때문에 저 무상계에 대하여 굳게 집착하지 않으니, 그러므로 높지 않다고 한다.

由不思惟一切相故, 於彼諸相不厭不壞. 唯不加行作意思惟, 故名不低, 於無相界正思惟故, 於彼無相不堅執着, 故名不昂.

　무상(無相)을 바르게 사유하는 첫 번째는 일체의 상을 생각하지 않고 일체의 경계를 구하지도 않는 것입니다. 타좌를 시작하면 시작하고, 정주(定住)하면 정주합니다. 창밖을 봤는데 앞쪽에 사람이 있다 해도 그에게 저리 가라고 하지 않습니다. 내가 타좌를 하려고 하니 당신은 시끄럽게 떠들지 말라고 한다면 그것은 상에 집착하는(着相) 것입니다. 면전에서 여러분을 건드리는 것이 사람이 됐든 고양이나 개가 됐든 아무튼 그 상(相)을 상관하지 않고 내버려 둡니다. 비록 여러분이 그를 보았다 할지라도, 보지 않았다는 것이 아니라 마음속으로 집착하지 않으면 아무 일도 없습니다. 당신이 남자가 됐건 여자가 됐건, 늙은이가 됐건 젊은이가 됐건, 심지어 부처가 됐건 마귀가 됐건 보살이 됐건 어차피 나는 일

체 무상(無相)입니다. "불염(不厭)"은 싫어하지 않는다는 말입니다. 내가 막 타좌를 하려는데 당신이 내 앞에서 왔다 갔다 하더라도 나는 싫다고 할 것도 없으니 어차피 일체 무상(無相)입니다.

참으로 무상(無相)의 경계를 해낼 수 있다면 도를 수행하지 못할 것이 어디 있습니까! 댄스홀에 가도 무상이니, 시끄러운 음악을 들어도 다른 사람이 춤추는 것을 봐도 지금 이 순간이 바로 정토(淨土)입니다. 일체 중생 일체 보살이 모두 염불(念佛)하고 염법(念法)하고 염승(念僧)합니다. 여러분이 이 경계에 도달하면 어디든지 갈 수 있습니다. 이 경계에 도달하지 않으면 불당(佛堂)조차도 가서는 안 됩니다. 불당에 가면 상(相)에 집착하게 되기 때문입니다. 아저씨 아주머니들이 부처님께 절하고 향을 사르는 모습, 상에 집착하는 그 모습, 한 가닥 향을 사르면서 부처님이 보우하사 부자가 되게 해 달라고 비는 그런 탐심의 모습을 보면 일반인이라도 싫어하여 무너뜨리는 마음이 생겨날 것입니다. 무상(無相)을 해내면 싫어하지 않습니다. 좋고 나쁨에 상관없이 싫어서 미워함〔厭惡〕이 없으니, 어떤 사람도 싫어하지 않으며 청정이나 불청정도 싫어하지 않습니다.

무상(無相)은 일체의 상을 무너뜨리지 않으면서 상이 없음이니, 산은 여전히 산이고 물은 여전히 물입니다. 다만 산과 물이 자신과 서로 상관하지 않을 뿐입니다. 예를 들어 이백의 시에 "서로 바라보아도 둘이 싫어하지 않는 것은, 오직 경정산이 있을 뿐이네〔相看兩不厭, 唯有敬亭山〕"라고 했는데, 그는 상(相)에 집착했습니까? 물론 상에 집착했습니다. 그는 단지 서로 바라보아도 둘이 싫어하지 않을 따름이었고 여전히 산의 상에 집착했습니다. 도연명의 "동쪽 울타리 아래에서 국화를 따노라니, 멀리 남산이 보이네〔採菊東籬下, 悠然見南山〕"라는 시 역시 상에 집착한 것입니다. 눈이 사시(斜視)라도 됩니까? 이쪽에서 동쪽 울타리 아래 국화를 따고 있는데, 또 어떻게 저쪽의 남산이 멀리 보입니까?

우리는 일체의 현상(現象)을 마주하고 있다고 늘 말합니다. 일반인들은 이런 말을 들으면, 현상이 바깥 경계[外境界]를 가리키는 말이라고 생각합니다. 그러나 사실 일체의 현상은 심신 안팎의 경계를 모두 포함합니다. 일체의 상(相)에 대하여 그것을 비워[空] 버리지도 않고, "가행하고 작의하고 사유하지 않으니[不加行作意思惟]", 즉 특별히 주의하지도 않으니, 그런 까닭에 "낮지 않다[不低]"고 합니다. 저울과 똑같아서 평평합니다. 하지만 무상(無相)의 경계에 대해서도 굳게 붙잡지 않습니다. 반드시 무상을 해내야 한다고 말한다면 오히려 무상을 가중시키게 되니 그 또한 옳지 않습니다. 그런 까닭에 이 무상의 관념을 "굳게 집착하지 않으니[不堅執着]" 그러므로 "높지 않다[不昂]"고 말합니다.

무상 평정에 이를 때까지 채찍질하고 면려한다

이 삼마지에는 간략하게 두 가지가 있으니, 첫째는 방편이며 둘째는 방편과이다. 방편이라고 하는 것은 자주자주 책려하고 사택하고 안립하지만, 저 모든 상에 대하여 해탈하지 못하여 상相과 식識을 따름으로 말미암아 때때로 마음을 요란하게 하기 때문에, 저는 다시 자주자주 스스로 책려하고 사택하고 안립하여 비로소 과를 취할 수 있다.

此三摩地略有二種, 一者方便, 二方便果. 言方便者, 數數策勵, 思擇安立, 於彼諸相未能解脫, 由隨相識, 於時時中擾亂心故, 彼復數數自策自勵, 思擇安立, 方能取果.

이 무상정(無相定)의 경계에는 두 가지가 있습니다. 우리가 지금 좌선이나 염불을 하는 것은 단지 선정을 닦는다고 말할 수 있을 뿐이고 결코

증과(證果)하지는 못했습니다. 이치가 어디에 있을까요? 무상정에는 두
가지가 있는데, 하나는 방편이니 바로 문(門)에 들어가는 방법이고 둘째
는 증과(證果)입니다. 이른바 방법 방편이라고 하면 "자주자주 책려함
[數數策勵]"입니다. '책(策)'은 채찍으로 자기를 때리고 자기를 면려함이
니, 수시로 자기를 관리해야 합니다. 이것을 수행이라고 하며 수시로 노
력해야 합니다. 무상(無相) 경계를 "사택하고 안립하여[思擇安立]" 일처
리, 말하기, 사람을 대하는 태도를 막론하고 모두 이와 같이 해서 수시
로 무상(無相)을 해내야 합니다. 비록 무상을 수행하고는 있지만 안팎의
일체에 대해 해탈을 이루지는 못했습니다. 예를 들어 사람들은 어떤 종
류의 정(定)을 수행하든 하나같이 사흘이나 닷새입니다. 어쩌다 경계가
좀 좋은 날도 있겠지만 그런 후에는 이십 일간 고통 속에 있습니다. 그
렇기 때문에 수행해도 해탈을 이루지 못하는 것입니다. "상과 식을 따름
으로 말미암아[由隨相識]", 바깥 경계의 현상에다가 내재된 자신의 심의
식(心意識)의 작용을 더하기 때문에 언제 어디서나 자신의 마음을 요란
하게 하고 있습니다. 우리는 외부 환경이 잘 갖추어지지 않았다고 탓해
서는 안 되며, 다른 사람을 탓해서도 안 됩니다. 오로지 스스로를 채찍
질하고 스스로를 면려하여, 어떻게 하면 자기 자신으로 하여금 무상(無
相) 평정(平靜)에 도달하게 할 수 있을지 연구해야 합니다. 그렇게 해야
천천히 무상정(無相定)의 과위를 증득할 수 있습니다.

상을 따름을 벗어나고 이것으로부터 해탈하는데, 또 해탈하기 때문에 스스
로 책려하고 사택하지 않고 머무르게 되니, 이 때문에 극선해탈이라고 하
는 것이다.

解脫隨相, 於此解脫, 又解脫故, 不自策勵思擇而住, 是故名爲極善解脫.

자신의 마음이 해탈하여 외계 환경을 따라서 변하지 않으면, 그것이 바로 "상을 따름을 벗어남[解脫隨相]"입니다. 해탈수상(解脫隨相) 이 네 글자에 주의해야 합니다. 여러분 혼자서 책을 읽다 보면 이 부분은 이해한 것 같아서 그냥 한번 보고 넘어가 버립니다. 하지만 이 구절이 무슨 뜻인지 질문해 보면 한참을 생각해도 대답하지 못합니다. "이것으로부터 해탈하는데[於此解脫]"의 의미는 바로 상(相)에서 해탈한다는 것으로, 당시의 환경을 따르면 곧 해탈할 수 있고 상에 집착하지 않습니다. 자신이 무상(無相) 경계에 머물러 있도록 수시로 책려하고, 게다가 그 일이 마음에 있기 때문입니다. 해탈을 이루게 되는 때에 이르면, 더는 자신이 무상(無相)의 경계에 머물러 있기를 책려할 필요가 없게 됩니다. 이것이 바로 해탈에 아주 뛰어나게[極善] 된 것입니다.

만약 자주 책려하고 사택하고 안립하여 비로소 머무름을 얻은 자는 비록 해탈이라고 하지만 선해탈은 아니다.

若數策勵, 思擇安立, 方得住者, 雖名解脫, 非善解脫.

만약 자신의 그때그때의 경각(驚覺)에 기대어 이 경계를 붙잡아 옴으로써 비로소 바깥 경계를 없애 버린다면, 비록 해탈이라고 부르기는 해도 해탈에 뛰어난 것은 아닙니다. 그 사이에도 차이가 있습니다.

과위를 증득하였음을 알다

또 과를 밝히 깨닫고 공덕을 밝히 깨닫는 것은, 말하자면 번뇌가 끊어지는 구경이기 때문이며 현관의 법락이 머무르는 구경이기 때문이다.

又曉了果, 曉了功德者, 謂煩惱斷究竟故, 現法樂住究竟故.

자신이 이미 증과(證果)를 했고 공덕이 있음을 알면, 그것이 바로 수지(修持)의 공력이 도달한 것입니다. 도를 이루었다면 자기 심중의 번뇌도 없어집니다. 송 왕조 때 득도한 장자양(張紫陽) 진인이 쓴 『오진편(悟眞篇)』에 "번뇌가 일어나지 않아 마음 쓸 것이 없다〔煩惱無由更上心〕"라는 구절이 있습니다. 이때에 이르면 번뇌를 일으키고 싶어도 일어날 수가 없고 철저하게 번뇌가 없어집니다. 이것을 번뇌구경단(煩惱究竟斷)이라고 하는데, 자연스럽게 끊어지는 것이지 마음속에서 의식적으로 끊는 것이 아닙니다. 현관(現觀)의 법락(法樂)이 수시로 해탈의 법락 경계에 있어서 구경의 과위를 얻는데, 이것을 증과(證果)라고 합니다.

또 멸도를 함께 마땅히 밝히 깨달아야 하는데, 곧 이 두 가지를 그 차례에 따라서 과를 밝히 깨닫고 공덕을 밝히 깨달음이라고 한다.

又復滅道俱應曉了, 卽此二種, 隨其次第, 名曉了果, 曉了功德.

이때가 되면 자연스럽게 수시로 도(道) 가운데 있어서 일체의 번뇌가 사라지는데, 자연스럽게 없어진 것이 불이 꺼진 것과 같습니다. 언제 어디서나 분명하게 알아서 도(道) 가운데 있기 때문에, "과를 밝히 깨닫고 공덕을 밝히 깨달음〔曉了果, 曉了功德〕"이라고 합니다. 이미 증과했다는 것을 스스로 알게 되는 것입니다. "산에서 흘러내린 물이 집을 감싸니 그 깊이를 알겠네〔山泉繞屋知深淺〕"라고 했듯이, 스스로 그 깊이〔深淺〕를 알게 되니 분명히 아는 것입니다.

또 제현관과 아라한과를 함께 마땅히 밝히 깨달아야 하는데, 견도위에 대

하여 과를 밝히 깨달음이라고 하고, 아라한과에 대하여 공덕을 밝히 깨달음이라고 한다.

又諦現觀阿羅漢果, 俱應曉了, 於見道位中, 名曉了果. 於阿羅漢果, 名曉了功德.

　자신이 아라한의 과위를 증득하였는지 아닌지 자세히 관찰해 보면, 과를 얻었는지 못 얻었는지 스스로 압니다. 마치 밥을 먹는 것과 똑같아서 배불리 먹었는지 아닌지를 자신은 분명히 알아도 다른 사람은 분명하게 보지 못합니다. "견도위에 대하여 과를 밝히 깨달음이라고 한다〔於見道位中, 名曉了果〕"고 했는데, 참으로 도를 보게〔見道〕 되는데 어째서 도를 본다고 할까요? 교리를 가지고 말할 것이니, 여러분이 대답해 보세요. 소승 견도위(見道位)에 대해 말해 보십시오. (동학이 조용하다.) 다들 모르고 있습니다! 여러분은 늘 "스승님, 수업이 좋습니다!"라고 말하지만, 그것은 자신을 속이고 남을 속이는 말입니다. 저는 그런 말을 들으면 화가 납니다. 무명이 일어납니다.

　'견사혹(見思惑)'은 다섯 가지 견혹(見惑), 다섯 가지 사혹(思惑)을 포함합니다. '오견혹(五見惑)'은 신견(身見) 변견(邊見) 견취견(見取見) 계금취견(戒禁取見) 사견(邪見)이고, '오사혹(五思惑)'은 탐(貪) 진(瞋) 치(癡) 만(慢) 의(疑)입니다. "견도위(見道位)"는 이 오견혹을 모두 비워〔空〕 버려서 견혹이 없어집니다. 여러분이 설사 부처님을 배운다고 할지라도 수시로 오견혹에 집착하고 수시로 오사혹에 집착하고 있기 때문에 도를 닦아도 증과할 수 없습니다. 신견(身見)만 공(空)이어야 하는 것이 아니라 오견(五見)이 모두 공이어야 하니, 이것이 견도위입니다. 그런데 사혹위(思惑位)에서의 탐진치만의의 습기는 여전히 존재합니다. 그런 까닭에 아라한은 여전히 여습(餘習)을 지니고 있습니다. 『유마경(維摩經)』에서 말하기를, 유마거사의 방에서 천녀가 공중에 꽃을 흩뿌렸는데 꽃잎이 보살의 몸에 떨어지자 붙어 있지 못하고 떨어져 내렸습니다. 그런데 대아라한의 몸에 떨어지자 들러붙어서 화라한(花羅漢)으로 변해 버렸습니다. 왜 떨어지지 않고 붙어 있을까요? 대아라한이 이미 나한과를 증득했다 할지라도 여습이 아직 다하지 않아서 그 습기의 흡인력이 존재하기 때문에 천화(天花)가 몸에 붙어 떨어지지 않은 것입니다. 유악(劉鶚)의 소설에 아주 훌륭한 시가 몇 수 있는데, "찰나의 순간에 인아상을 없애지 못하니, 천화가 가득 붙어 몸을 보호하는 구름이로다〔利那未除人我相, 天花粘滿護身雲〕"라는 구절이 바로 이 이치입니다.

견도위에서 경계상으로는 과위를 증득했지만 사혹(思惑)의 습기는 끊어지지 않았습니다. 그런 까닭에 많은 생 여러 겁에 음악을 좋아했던 가섭 존자는 증과한 이후에 천룡팔부의 음악신 건달바(乾闥婆)[196]가 공중에서 연주하는 소리를 듣자 타좌를 하면서도 한편으로는 박자를 맞췄다고 합니다. 그의 마음은 흔들리지 않았지만 몸은 선율의 박자에 따라서 흔들렸습니다. 이것이 바로 무시이래의 습기입니다. 또 필릉가바차(畢陵伽婆蹉)는 다생 누겁에 바라문이었기 때문에 과위를 증득한 후에 강을 건너면서 강의 신을 불렀습니다. "이 계집애야, 강물을 끊어라. 내가 강을 건너려고 하지 않느냐." 강의 신이 부처님께 가서 고했습니다. 그러자 부처님이 그를 찾아와서 물었습니다. "무엇 때문에 다른 사람을 혼냈는가?" 그가 말했습니다. "저는 다른 사람을 혼낸 적이 없습니다. 계집애야, 내가 언제 너를 혼냈느냐?" 그는 다생 누겁(累劫)에 늘 다른 사람을 부렸기 때문에 타인을 혼내는 것에 익숙해졌습니다. 하지만 자신은 혼낸 것이 아니라고 생각했는데 그것이 바로 습기입니다.

---

196 팔부중(八部衆)의 하나로써, 제석천(帝釋天)을 섬기며 음악을 연주하는 신(神)이다. 향기만 먹고 산다고 해서 식향(食香), 심향(尋香), 향음(香陰)이라 번역한다.

만약 이 곳에 저 물질이 없다면 이 이치로 말미암아 그것을 관하여 공이라고 하니, 그러므로 공성이라고 한다. 곧 관찰된 공에 대하여 바랄 만한 원이 없으니, 그러므로 무원이라고 한다. 일체의 행상을 멀리 떠나는 것을 관하니, 그러므로 무상이라고 한다.

若於此處無有彼物, 由此道理觀之爲空, 故名空性. 卽所觀空無可希願, 故名無願. 觀此遠離一切行相, 故名無相.

공(空) 무원(無願) 무상(無相) 이 경계가 모두 이것은 이론이 아니라 몸으로 증도(證到)해야 하는 것이라고 우리에게 말합니다. 견도위에 있는 것을 "과를 밝히 깨달음[曉了果]"이라고 하고, 아라한에 있는 것을 "공덕을 밝히 깨달음[曉了功德]"이라고 하는데, 지위도 다르고 명칭도 다릅니다. 머물러서 눈으로 일체의 물리세계를 보면 선종의 산을 보아도 산이 아니고 물을 보아도 물이 아닙니다. 즉 예쁜 것을 봐도 예쁜 것이 아니고 못생긴 것을 봐도 못생긴 것이 아닙니다. 이런 이치를 처음 공성을 본다[初見空性]고 하는데, 이것은 여전히 외공(外空)입니다. 바깥 경계의 일체 현상이 공함을 보게 되면 내재적인 부분도 따라서 공이 됩니다. 공의 경계에서 바라는 바가 없는 것이 "무원(無願)"입니다. "일체의 행상을 멀리 떠남을 관하니[觀此遠離一切行相]", 무원 가운데는 비어[空] 있고 본래 일체 상이 없습니다. 그런 까닭에 "무상(無相)"이라고 합니다.

공, 무상, 무원, 심사를 다시 말하다

무슨 까닭에 여기에서는 먼저 공성을 말하는데, 다른 곳에서는 무상하기 때문에 고이고, 고이기 때문에 무아라고 베풀어 말하고, 나중에 비로소 공을 말하는 것인가.

何故此中先說空性, 餘處宣說無常故苦, 苦故無我, 後方說空.

여기에서 문제를 하나 제기했습니다. 왜 여기에서는 먼저 공(空)을 말했을까요? 왜 다른 경전에는 무상(無常) 고(苦) 무아(無我)를 먼저 말하고 마지막에 다시 공(空)을 말하는 걸까요?

만약 무아가 없다면 무상, 고를 관해서는 끝내 청정해지지 않음을 말한다.

謂若無無我, 無常苦觀終不清淨.

답은 이러합니다. 수행하면서 먼저 무아(無我)의 경계를 증도하지 않으면, 이른바 외계의 무상(無常)을 보고 세상일의 일체 고(苦)를 보는 이런 관행(觀行)으로는 영원히 청정을 해낼 수 없습니다. 그것은 입으로만 이치를 말하는 것이고 증도함이 없습니다.

반드시 먼저 무아의 상에 편안히 머무르고, 이것으로부터 끊어짐이 없어야 비로소 무원을 얻는다.

要先安住無我之想, 從此無間, 方得無願.

무아를 해내야 합니다. 수지해서 무아에 도달함이란 이론상으로 도달하는 것이 아니라 무아를 증도하는 것입니다. 반드시 먼저 심신이 이 경계에 편안히 머물러야 하고, 끊어짐이 없어서 행주좌와 언제 어디서나 "무아상(無我想)"이어야 무원에 도달할 수 있습니다.

이런 까닭에 경에서 말하기를, 모든 무상상은 무아상에 의지하여 편안히 머무름을 얻는다고, 더 나아가서 자세히 말하였다. 저 무상에 대하여 무아를 관하고 나서 희원을 내지 않고 오직 무상만을 원하여 오로지 출리를 구하니, 그러므로 이러한 끊어짐 없이 무상을 베풀어 말하는 것이다.

是故經言, 諸無常想, 依無我想而得安住, 乃至廣說. 彼於無常觀無我已, 不生希願, 唯願無相, 專求出離, 故此無間, 宣說無相.

그런 까닭에 불경에서는 말했습니다. 일체의 "무상상(無常想)"은 무아로부터 오기 때문에, 먼저 무아를 증도하면 자연스럽게 일체의 무상의 관행(觀行)을 해내게 되고, 그러면 이 경계에 "편안히 머물러서〔安住〕" 정(定)을 계속할 수 있습니다. 더 자세히 말한다면 일체 행(行)의 무상을 관하는 것입니다. 무아이기 때문에 일체 행의 무상을 보고, 그런 까닭에 세간 일체에 대하여 바라는 것이 없습니다. 바라는 것이 없다는 것은 실망한다는 말이 아니라, 다른 사람을 이롭게 하고 다른 사람을 돕는다는 말입니다. 그것이 마땅히 해야 할 일이라 생각할 뿐 달리 무엇을 바라지 않습니다. 보답을 구하지 않으며 자신이 대단하다고 여기지도 않습니다. 그리하여 일체의 무상(無相) 무원(無願)을 짓고 오로지 삼계를 출리(出離)할 것만 구합니다. "무간(無間)"은 영원히 끊어짐이 없음이니, 이것이 무상(無相)의 중요성입니다.

유심유사, 무심유사, 무심무사의 삼마지

다음으로 무엇을 유심유사삼마지라고 하는가. 심(尋)과 사(伺)와 상응하는 삼마지를 말한다.

復次. 云何有尋有伺三摩地. 謂三摩地尋伺相應.

다음으로 넘어갑니다. '유심유사(有尋有伺)'는 옛날에는 유각유관(有覺有觀)으로 번역했는데, 마음을 일으키고 생각을 움직일 때마다 찾아야 한다는 의미이니 수련을 하는 단계입니다. 어쩌다 한 번 눈먼 고양이가 죽은 쥐를 맞닥뜨려서 붙잡았다면, 한번에 또 없어지고 놓쳐 버립니다. 한 며칠은 제대로 타좌를 했더라도 한번에 또 어긋나 버리고 그래서 또 되찾아 오려고 하는 이것이 "유심유사지(有尋有伺地)"입니다.

무엇을 무심유사삼마지라고 하는가. 오직 사(伺)와 상응하는 삼마지를 말하는데, 대범을 닦고 나서 대범왕이 된다.

云何無尋唯伺三摩地. 謂三摩地唯伺相應. 大梵修已, 爲大梵王.

'무심유사(無尋有伺)'는 바로 더 이상 찾을 필요가 없어졌다는 뜻입니다. 영원히 이 청정의 경계에 머물러 있는데, 비록 청정의 경계를 지니기는 했어도 보리를 증득한 것은 아닙니다. 그렇더라도 대단합니다. 이미 욕계를 뛰어넘었기 때문입니다. 이것은 색계천 대범천의 대범행(大梵行)이니, 그것을 가볍게 여겨서는 안 됩니다. 세상의 부귀영화를 말할 것이 있겠습니까! 그렇지만 매 순간 청정 속에 있어야 합니다. 대범행을 수행하려면 "무심유사지(無尋有伺地)"를 해내야 합니다.

무엇을 무심무사삼마지라고 하는가. 심과 사 두 가지 모두와 상응하지 않는 삼마지를 말한다.

云何無尋無伺三摩地. 謂三摩地尋伺二種俱不相應.

언제나 정의 경계에 있어서 더는 심사(尋伺)할 필요가 없고 이 경계를 찾을 필요가 없지만 이 경계에 머물러 있는 것도 아닙니다. 이것이 바로 "무심무사지(無尋無伺地)"입니다.

이것을 수습하기 때문에 다음의 상지에 태어나고 유정천에까지 이르는데, 오직 무루의 모든 삼마지는 제외한다.

修習此故, 生次上地, 乃至有頂, 唯除無漏諸三摩地.

수행해서 한걸음 더 나아가면 대범천의 경계를 뛰어넘어 "유정천(有頂天)"에 도달하는데, 유정천은 곧 대자재천(大自在天)입니다. 색계 유정천에까지 올라가는데, 이것은 수지의 공덕이 도달한 것입니다. 하지만 무루과의 증득까지는 아직 거론할 수 없으니, 아직 문제가 있습니다.

무엇을 무심무사삼마지상이라고 하는가. 심사에 대하여 마음에서 버림을 내며, 오로지 일미로 말미암아 내소연에 대하여 승해를 지으며, 또 오로지 일미가 평등하게 나타나는 것을 말한다.

云何無尋無伺三摩地相. 謂於尋伺, 心生棄捨, 唯由一味, 於內所緣而作勝解, 又唯一味平等顯現.

"무심무사"에 이르면 곧 보살의 무공용지(無功用地)에 도달하는 것으로, 이 경계에 이르면 힘을 쓸 필요가 없이 자연스럽게 정(定) 경계에 있습니다. 선종 신수(神秀)의 게송에 "몸은 보리수요 마음은 명경대 같아서, 수시로 부지런히 털어서 먼지가 일지 않게 하네[身是菩提樹, 心如明鏡臺, 時時勤拂拭, 勿使惹塵埃]"라고 하는 이것은 유심유사이니, 수련을 해서 그것을 청결하게 하지 않으면 안 됩니다. 육조가 말한 "보리는 본디

나무가 없고 명경 또한 대가 아니라, 본디 하나의 물건도 없으니 어디에서 먼지가 일어나리〔菩提本無樹, 明鏡亦非臺, 本來無一物, 何處惹塵埃〕”라는 것에 이르렀을 때가 바로 무심무사의 경계에 도달한 것입니다. 바로 일미(一味) 유가(瑜伽)요 일미 평등이기도 합니다. “내소연에 대하여 승해를 짓는〔於內所緣而作勝解〕”것은, 이 경계에서 여러분은 내재적인 지혜가 개발되는 것입니다. 일미(一味)의 경계가 “평등하게 나타나는〔平等顯現〕” 즉 언제 어디서나 눈앞에 나타나기 때문이니, 수증의 공부가 여기에 이르러야 도달했다고 할 수 있습니다.

그 뒤부터 제12권 끝(284면)까지는 스스로 보고 스스로 연구해서 시험을 보도록 하겠습니다. 여러분이 저에게 내용을 이야기해 주고 저는 듣겠습니다. 제가 계속 여러분의 책 읽기를 도와주고 여러분에게 내용을 이야기해 준다면, 그건 여러분에게 의뢰심이 생기게 만드는 것이라서 아무 소용이 없으니까요! 그러므로 반드시 자신을 채찍질하고 격려해야 하며, 스스로 매달리지 않으면 안 됩니다. 그뿐 아니라 여러분 스스로 연구해서 이해하는 것이 제 강의를 듣고 이해하는 것보다 천만 배 더 얻는 바가 있습니다. 제가 강의하는 것만 들어서는 수업이 끝나면 바로 없어집니다. 이론은 이해한 것 같아도 실제로 해내지 못하고 그저 다른 사람을 비평할 줄만 압니다. 여러분이 책을 읽으면서 그 속으로 들어갈 수 있다면, 그래야 얻는 바가 무궁할 것입니다.

여러분의 이번 생에 수지가 필요하다는 말은 본문에 너무 많아서 이루다 헤아릴 수 없을 지경입니다. 계속 이렇게 말한다면 저는 천 개의 입과 천 개의 손과 천 개의 눈으로 변할 것입니다. 그런 후에 여러분에게 천 개의 귀가 생겨나서 듣는다면 그제서야 되겠지요. 저에게 설사 천 개의 입이 있어도 여러분이 단지 두 개의 귀만 있다면 받아들이지 못합니다. 그러므로 자신의 심의식(心意識)에 의지해서 노력하는 것만 못합니다.

앞에서 말씀드리지 않은 부분은 스스로가 노력해야 합니다. 문자를 봐도 이해하지 못하겠다고 말하는데, 저도 여러분이 문자를 잘 모른다는 것을 알고 있습니다. 사전 두 권을 사서 찾아보십시오.『국어자전(國語字典)』에 각각의 글자를 다 해설해 놓았는데도 어리석음의 길을 걸어가고 있지 않습니까!『사해(辭海)』를 사서 성실히 한 줄 한 줄 읽으면 되지 않습니까! 제 친구 하나는『사해』를 공부해서 학문을 성취하였는데, 나중에 당정(黨政)의 주요 행정관인 비서장(秘書長)이 되고 지위도 아주 높았습니다. 여러분도 이렇게 할 수 있습니다. 이렇게 하지 못하는 것은 게으름이니 스스로를 채찍질하고 격려하지 않습니다! 이상은 아주 높지만 그런 후에 눈은 높고 손은 낮습니다. 이것이 현대 교육의 결과인데 참으로 가엾고도 한탄스럽습니다. 스스로 노력해서 연구하십시오!

비구 성문도의 필수 과목, 삼매 지관의 경계

이제부터는 제13권 본지분 중 삼마희다지 제육의 삼〔本地分中三摩呬多地第六之三〕(285면)을 보도록 하겠습니다. 바로 삼매 지관의 경계를 수행하는 것입니다. 이것은 출가한 비구가 성문도를 닦을 때 반드시 수행해야 하는 과목입니다.

다음으로 세존께서 말씀하셨듯이 너희 필추들은 마땅히 공한처를 좋아하고 관행을 부지런히 수행하며 내심으로 정사마타에 편안히 머물러야 한다.

復次如世尊言, 汝等苾芻, 當樂空閑, 勤修觀行, 內心安住正奢摩他者.

부처님께서는 출가한 비구에게 분부하시기를, 마땅히 공한(空閑)하고

청정한 곳에서 열심히 관(觀) 수행을 하는 것을 좋아해야 한다고 했습니다. 어떻게 수행합니까? "내심으로 정사마타에 편안히 머물러야 하니〔內心安住正奢摩他〕" 즉 바른 지관(止觀), 바른 정(定) 수행을 합니다. 정(定)을 수행하는 것은 공법(共法)으로, 외도와 사마(邪魔)와 범부가 모두 정의 경계를 지니고 있고 그 나름의 정력(定力)이 있습니다. 그러나 출리도(出離道)를 수행하는 것, 특히 비구들이 출리도를 수행하는 정사마타의 길이 진정한 불법의 정(定) 수행이며 일반적인 것과는 다릅니다.

와구에 탐착함을 멀리 떠나고, 혹은 공한에 처하거나 혹은 나무 아래에 앉아서 염을 묶어 눈앞에 나타낼 수 있으니, 더 나아가서 자세히 말하였다. 공한을 좋아한다고 하니, 이 말은 몸이 멀리 떠나야 함을 나타내는 것인 줄 알아야 한다.

謂能遠離臥具貪着, 或處空閑, 或坐樹下, 繫念現前, 乃至廣說, 名樂空閑, 當知此言顯身遠離.

출가인은 침구〔臥具〕를 탐하고 추구함에서 멀리 떠날 수 있어야 합니다. 무엇이 생활 용품을 탐하고 추구함에서 멀리 떠나는 것입니까? 두타행(頭陀行)은 절간에 가서 눕지 않고 오로지 앉아 있는데, 그것이 와구에 탐착함을 멀리 떠남입니다. 사람은 누워서 잠드는 것이 아주 편안하지만, 편안한 것은 제멋대로 하는 것이고 게으름을 부리는 것입니다. 그렇기 때문에 "와구에 탐착함을 멀리 떠나는〔遠離臥具貪着〕" 것은 아주 어렵습니다. "공한(空閑)"은 시간이 비어 있음〔空〕을 말하는 것이 아니라 환경을 말하는데, 사람이 없는 곳을 가리킵니다. 많은 사람이 사람 없는 곳에 가게 되면, 썰렁한 절에 외로운 승려나 된 것처럼 자신도 모르게 눈물이 흐르고 밤이 되면 놀라서 모골이 송연해집니다. 입으로는 공념

(空念)이니 무상(無相)이니 떠들지만 부는 바람에 풀만 흔들거려도 모든 것이 상(相)입니다. 사람이 살지 않는 낡은 집은 가을밤에 혼자 앉아 있으면 이쪽에서 쿵 소리가 들리고 저쪽에서 쿵 소리가 들려서 놀라게 합니다. 공한(空閑)한 장소에 홀로 있으면서 공포감이 없다는 것만도 이미 어려운 일인데, 한밤중에 홀로 나무 아래에 앉아서 날이 밝을 때까지 그러고 있으려면 여러분은 약이라도 먹어야 할 것입니다. 나무 아래에 앉아 있는 것은 그렇게 쉬운 일이 아닙니다. 두타행을 하는 출가인은 우산처럼 커다란 삿갓을 머리에 쓰고, 종려 잎으로 만든 방석을 짊어지고 다닙니다. 그것은 바닥의 물과 습기를 막기 위한 것으로, 비가 올 때면 그렇게 앉아 있습니다.

『지월록』의 기록에 따르면, 어떤 선사가 겨울에 절에 가서 자려고 했지만 너무 늦게 도착하는 바람에 세 개의 문이 모두 닫혀 어쩔 수 없이 대문 앞에 앉아 있었습니다. 밤에 눈이 내렸는데 북방의 겨울 눈에 문세 개가 모두 막혀 버렸습니다. 다음날 사람들이 문을 억지로 열었더니 눈 쌓인 땅에 승려가 앉아서 정(定)에 들어 있었습니다. 그런데 사방에 눈이 그렇게 높이 쌓였는데 그 사람이 앉아 있는 주위는 눈에 얼어붙지 않았습니다. 이것이 무슨 공부입니까? 사가행의 난(煖)입니다! 따뜻함〔煖〕을 얻었기에 눈에 얼지 않은 것입니다. 두타행은 바로 나무 아래에 앉아서 마음을 일념에 묶어 심일경성(心一境性)이 되는 것입니다. "공한을 좋아함〔樂空閑〕"이란 여러분이 말하는 것처럼 수업이 좀 적어서 여유〔空閑〕가 많아진 것 같은 것이 아닙니다. 그것은 게으름입니다. 공한(空閑)은 넓고 텅 빈 장소를 가리킵니다. 곧 이 심념이 몸과 마음을 이 혼탁한 세간으로부터 떼어 놓습니다.

만약 안으로 아홉 가지의 머무르는 마음이 있을 수 있으면, 이와 같은 것을

내심으로 정사마타에 편안히 머무른다고 한다.

若能於內九種住心, 如是名爲內心安住正奢摩他.

마음 안에는 "아홉 가지의 머무르는 마음〔九種住心〕"이 있으니, 내심 (內心)의 공부입니다. 이 마음을 바른 지〔正止〕의 수행에 편안히 머무르 게 해야 합니다. 재가거사는 불학의 바른 수행의 길을 배워야 하는데, 바로 이 단락이며 이것을 수행이라고 합니다. 여러분은 바나나 세 송이 가져와서 절하고 저기에 공덕금(功德金) 조금 내고 여기에 경서 한 권 바 치는 것이 수행이라고 생각하십니까? 그것은 각종 선근에 지나지 않습 니다. 바른 수행의 길, 정사마타는 지(止)를 수행하고 관(觀)을 수행하는 것입니다.

이 말은 마음이 멀리 떠나야 함을 나타내는 것인 줄 알아야 한다. 만약 공한 에 처하기를 좋아하면 곧 내심을 끌어내어 정사마타에 편안히 머무를 수 있다.

當知此言顯心遠離, 若樂處空閑, 便能引發內心安住正奢摩他.

아홉 가지 머무르는 마음〔九住心〕은 "마음이 멀리 떠나야 함〔心遠離〕" 을 말하는데, 마음이 속세의 티끌을 떠나야 한다고 여러분에게 명백하 게 말합니다. 솔직히 말해서 여러분이 부처님을 배우는 것은 세상의 모 든 것을 다 가지려고 하면서 도(道) 역시 가지려고 하는 것입니다. 그렇 지요? (동학이 대답하다: 그렇습니다.) 여러분의 대답은 참되고 진실되고 거짓이 아닙니다. 일반인이 부처님을 배우면서, 특히 거사들이 부처님 을 배우면서 어떤 것을 마다합니까? 부귀공명도 가지려 하며 그런 후에 재신법(財神法)이나 쌍수법(雙修法)을 들으면 더 구하지 못해 안달을 합

니다. 탐심이 얼마나 큰지요! 하지만 "세간에서 어찌 쌍전법을 얻어, 여래도 저버리지 않고 벼슬도 저버리지 않을 수 있으랴[世間安得雙全法, 不負如來不負卿]"라고 했습니다.

　그러므로 주의해야 합니다. 바른 수행의 노선은 마음이 참으로 멀리 떠날 수 있는 것입니다. 몸이 멀리 떠나는 것은 소용없습니다. 출가해서 절 뒷산 초가에 머무른다고 하지만, 여러분의 그것이 바로 대탐(大貪)이요 큰 문제점입니다. 여러분이 이 세간에 집착하기 때문에 마음이 평온하지 않습니다. 그저 자신의 명(命)이 맑고 높을 따름이니, 이러한 마음에는 진정한 멀리 떠남이 없습니다. "마음이 멀리 떠나야 함을 나타낸다 [顯心遠離]"는 말에 주의하십시오! 이것은 심량(心量)을 아주 크게 넓혀야 함을 말합니다. 게다가 초가에 머무르는 것을 좋아함은 "공한에 처하기를 좋아함[樂處空閑]"이 아닙니다. 그것은 게으름을 피우는 것입니다. "공한에 처하기를 좋아함"은 두타행(頭陀行)이며, 외로운 봉우리 꼭대기에 이르는 것입니다. 마치 석가모니 부처님이 출가한 후처럼 혼자서 눈덮인 산으로 달려가서 정(定)을 수행합니다. 그런 곳은 사람이 이르지 못하는 장소일 뿐 아니라 귀신도 이르지 못합니다. 그러니 여러분이 그런 장소로 가서 일 년이든 이 년이든 해 본 다음에 다시 말하십시오! 진정한 수행인은 "공한에 처하기를 좋아해야" 하고 "마음이 멀리 떠나야 함을 나타내야" 합니다. 그래야 "내심을 끌어내어 정사마타에 편안히 머무를[引發內心安住正奢摩他]" 수 있습니다. 출가한 비구는 '정사마타'에 주의해야 합니다.

만약 내심으로 정사마타에 편안히 머무르면 곧 비발사나를 끌어내며, 비발사나를 잘 수습하고 나면 곧 제법에 대하여 여실히 깨달음을 끌어낼 수 있다.

若內心安住正奢摩他, 便能引發毘鉢舍那, 若於毘鉢舍那善修習已, 卽能引發於諸
法中如實覺了.

진정한 지(止)를 얻어야 진정한 관(觀)을 일으킬 수 있습니다. 진정으로 바른 지(止)와 바른 관(觀)을 해낸다면, 일체 만법과 불법 속에서 "여실히 깨달아[如實覺了]" 즉 진정으로 깨닫게 됩니다. '여실(如實)'에 주의해야 하는데, 성실하게 실행해 내고 깨달아야 합니다. 이것은 요강이기 때문에 특별히 언급한 것이니, 출가 동학은 특히 주의해야 합니다.

다음으로 세존께서 말씀하셨듯이 너희 필추들은 삼마지에서 마땅히 무량·상위·정념에 편안히 머무름을 부지런히 수습해야 하니, 말하자면 앞의 총표에서 삼마지에 대하여 부지런히 수습하고 그 이후에 세 가지로 나누어 수행상을 나타낸 것을 말한다.

復次如世尊言, 汝等苾芻, 於三摩地, 當勤修習無量·常委·安住正念者, 謂先總標,
於三摩地勤修習已, 後以三事別顯修相.

지금 여기에서 말한 것은 모두 부처님이 말씀하신 것을 인용한 것으로 훨씬 더 신중하게 여러분에게 말했습니다. 예를 들어 부처님이 말씀하시기를, 여러분 일체 출가한 비구는 삼마지, 바른 지[正止] 바른 정[正定]의 경계에 대하여 부지런히 수습해야 한다는 이것이 첫 번째 요강입니다. 진정한 수행으로 바른 지(止) 바른 정(定), 지관의 바른 정(定)의 경계에 도달한 후에 또다시 수행의 길에는 세 가지 범위가 있음을 우리에게 말해 주고 있습니다.

무량이란 사무량을 말한다. 상위란 항상 짓는 바가 있고 지은 바를 자세히 아는 것을 말하니, 그러므로 상위라고 한다.

無量者, 謂四無量. 常委者, 謂常有所作及委悉所作, 故名常委.

여러분은 유가의 맹자가 말한 수양의 이치를 보았는데, 심중에 "반드시 섬기는 바가 있습니다〔必有事焉〕." 그러니까 언제나 그런 일이 있습니다. 일념이 존재하지 않으면 이 마음은 바로 어지럽게 흩어집니다. 맹자가 말한 이 구절이 바로 "상위(常委)"인데, 자신이 지금 무엇을 하고 있는지를 내심으로 알고 있는 것이기도 합니다. 자신은 지금 출가해서 수도하고 있다는 것을, 자신의 정념(正念)을 잊어버려서는 안 됩니다.

정념에 편안히 머무름이란 사념주를 나타내니 그 마음을 편안히 머무르게 한다.

安住正念者, 顯於四念住, 安住其心.

정념에 편안히 머무름이란 바로 "사념주(四念住)"이니, 그 마음을 편안히 머무르게 하는 것입니다. 이것은 모두 큰 강령〔大綱〕으로, 출가 비구는 무엇을 수행이라고 합니까? 언제 어디서나 마음속에 이 세 가지 수행상, "무량·상위·정념에 편안히 머무름〔無量·常委·安住正念〕"을 지니는 것입니다.

무슨 까닭에 이 세 가지 수행상을 말하는가. 말하자면 두 가지의 원만에 의지하기 때문이니, 첫째는 세간 원만이고 둘째는 출세간 원만이다. 무량을 닦기 때문에 곧 세간 원만을 끌어낼 수 있다. 정념을 닦기 때문에 곧 출세간 원만을 끌어낼 수 있다. 상위를 수습하기 때문에 이 두 가지에 대하여 빨리 통달하게 되며 이 인연으로 말미암아 둘 중에 처한다고 말하니, 이 때문에

단지 세 가지의 수행상을 말하는 것이다.

何故說此三種修相. 謂依二種圓滿故, 一者世間圓滿, 二者出世圓滿. 修無量故, 便能引發世間圓滿. 修正念故, 便能引發出世圓滿. 常委修故, 於此二種速得通達, 由此因緣處二中說, 是故但說三種修相.

　　이것은 여전히 요강이며, 아래에서 조금씩 조금씩 다시 우리에게 말해 줍니다. 그렇기 때문에 여러분은 『유가사지론』 한 권을 손에 넣으면 한 평생의 수지가 충분합니다. 불학을 이야기하자면, 이것이 불학의 진정한 큰 강령입니다. 수지의 경계를 이야기하자면, 현밀(顯密)의 원통(圓通)을 모두 지니고 있습니다.

또 무량이란 사마타도를 나타낸다. 정념에 머무름이란 비발사나도를 나타낸다. 상위란 이 두 가지가 빨리 증도에 나아감을 나타낸다.

又無量者, 顯奢摩他道. 住正念者, 顯毘鉢舍那道. 常委者, 顯此二種速趣證道.

　　"무량(無量)"은 지(止)의 방법이 아주 많음을 나타내고, 관(觀)은 정념(正念)에 머무름을 나타냅니다. 지관이 항상 마음속에 있음이 바로 "상위(常委)"이니, 반드시 섬기는 바가 있어서〔必有事焉〕수행을 하면 아주 빨리 증도(證道)할 수 있습니다.

또 무량이란 복덕으로 나아가는 행을 나타낸다. 정념에 머무름이란 열반에 나아가는 행을 나타낸다.

又無量者, 顯趣福德行. 住正念者, 顯趣涅槃行.

　　무량은 복덕의 성취에 도달함이기도 하니, 세간의 공덕이 원만합니다.

정념에 머무르면 그 최후는 열반을 증득하고 득도합니다.

상위란 두 가지에 나아가 빨리 원만해지는 행을 나타낸다. 먼저 사마타를 잘 수습하고 나서 나중에 비발사나와 더불어 비로소 함께 행하게 된다.

常委者, 顯趣二種速圓滿行. 先於奢摩他善修習已, 後與毘鉢舍那方得俱行.

먼저 수행으로 지(止) 정(定)의 경계에 도달하고, 그런 후 다시 관(觀)을 수행해야 지관(止觀)이 함께 행함[俱行]을 얻을 수 있습니다.

이 두 가지의 삼마지를 수행하기 때문에 알아야 할 바의 경계를 여실히 깨닫는 것이다.

修此二種三摩地故, 如實覺了所知境界.

세간 및 출세간의 두 가지 정(定)을 수행해야 알아야 할 바[所知]의 경계를 진실하게 이해할 수 있습니다.

다음은 계속해서 정(定)을 수행하는 방면을 말할 텐데, 왜 여러분에게 이 방면에 관해 말할까요? 특히 우리가 이야기했던 것은 모두 중요한 부분이니, 여러분이 수지에 치중해서 바른 길을 걸어갈 수 있기를 희망합니다. 특히 출가자의 수지의 길을 여러분에게 자세히 설명해 주고 그것이 여러분의 수지를 위해 쓰이기를 바랍니다.

찾아보기

480